国家资助农业项目
政策解读及案例分析

孟繁森　主编

中国农业出版社

编 委 会

前　　言

　　中国特色社会主义已进入了新时代。我们踏上了决胜全面建成小康社会、开启全面建设社会主义现代化国家的新征程。为使企业、科研单位深入了解中央财政科技计划（专项、基金等）管理改革及国家资助科技项目的最新政策，以及申报国家科技资助项目的相关程序，近期我编著出版了《国家资助企业大学研究院所政策解读及案例分析》一书，市场反响强烈，销售速度超出我的预期。企业是技术创新的主体。该书的畅销说明了企业重视创新驱动，希望通过突破核心技术、掌握自主知识产权，提升企业自主创新能力，进一步增强竞争能力；同时也说明越来越多的企业渴望学习和了解国家相关科技政策，急需了解国家政策的新动向，为大众创业、万众创新打下基础。

　　近几年，我国在农业转方式、调结构、促改革等方面取得积极进展，为进一步推进农业转型升级打下一定基础，但农产品供求结构失衡，粮食种植面积扩大空间受限，农业生产成本高，资源环境压力加大等问题仍很突出。同时，由于"农业苦、农业累"在人们的思想观念中根深蒂固，从事农业科研生产的人员必须背朝蓝天、脚踩黄土。造成农业院校毕业的新人不愿下基层、老的农业科技人才流失局面不断发生。一些从事农业科研生产活动的单位由于不了解农业科研经费的申报渠道以及申请办法，总感觉报国无门。如何进一步调动农业科技人员的积极性，更好地维护农民的经济利益，促进农业可持续发展，使"农民希望高产、低耗；消费者希望好吃、安全；政府希望农产品安全、高产"的目标协调一致，已经成为当前迫切需要解决的重要课题。

　　《关于深入推进农业供给侧结构性改革　加快培育农业农村发展新动能的若干意见》提出，坚持把农业农村作为财政支出的优先保障领域，确保农业农村投入适度增加，吸引金融和社会资本更多投向农业、农村。采取政府和社会资本合作、以奖代补和贴息、建立担保机制、建立风险补偿基金、设立各类农业农村发展投资基金、加大地方政府债券支持农村基础设施建设力度等措施。发挥规划统筹引领作用，多层次多形式推进涉农资金整合。推进专项转移支付预算编制环节源头整合改革，探索实行"大专项＋任务清单"管理方式。牢牢把握住推进农业供给侧结构性改革这条主线，发展休闲农业、乡村旅游、乡村养老等新产业新业态。《国民经济和社会发展第十三个五年规划纲要》明确，建立农业农村投入稳定增长机制，优化财政支农支出结构，创新涉农资金投入方式和运行机制，推进整合统筹，提高农业补贴政策效能的农业资助原则。《全国农村经济发展"十三五"规划》突出加强了重大工程、重大改革、重大政策方面的谋划。同时，推进政府与社会资本合作，创新农业农村投融资机制，采取政府购买服务、担保贴息、以奖代补、民办公助、风险补偿等措施，发挥财政资金的引导和杠杆作用，引导金融和社会资本投向农业农村，并加大专项建设基金对"三农"重点项目和工程的支持力度。

对于企业而言，无论是融资，还是申请国家资金支持，编写项目可行性研究报告（商业策划书）是关键环节之一。宏观决策的失误，靠微观很难纠偏。可行性研究报告既是项目实施前的蓝图规划，又是企业科学决策的基础，关系企业未来发展前景。而掌握编写可行性研究报告的方法要领、关键点及基本流程，又是可行性报告成功与否的关键要素。编写可行性研究报告的核心，就是要从宏观上把握市场需求、技术的成熟性、可靠性，经济上的合理性。论证报告必须从理论、逻辑、物理、操作等层面对项目的可行性进行综合分析和论证。只有不拒绝开放，不纠缠于细枝末节，站在"巨人肩膀上"、善于借鉴他人经验的企业，才能取得成功。

编写本书的主要目的，一是帮助农业科技工作者了解、把握国家政策，充分利用国家农业资助政策。2018年中央1号文件重申，农业农村农民问题是关系国计民生的根本性问题。没有农业农村的现代化，就没有国家的现代化。坚持把解决好"三农"问题作为全党工作重中之重，坚持农业农村优先发展。农业科研从选题立项到研发推广，要更精准地聚焦实施乡村振兴战略这条主线，加强科技创新引领，加快结构调整步伐，完善国家农业科技创新体系和现代农业产业技术体系，提高农业综合效益和竞争力。本书总结了中央财政科技计划（专项、基金等）管理改革最新成果，并对国家鼓励农业技术创新方面的政策进行梳理和解读，突出强调必须根据农村新产业新业态的需要和现代农业发展的趋势，拓展农业科研领域，要以产业需求为导向，从农民的实际需要出发，建立产学研用相结合的技术创新体系。二是聚焦农业供给侧结构性改革，交流借鉴科技成果转化为现实生产力的成功经验，促进农业科技成果推广，为农业生产增效益。近年来通过各类农业计划的资助，已积累不少科技成果，当前核心的问题是尽快把真正成熟的粮食、蔬菜、林果、畜禽、牧草等成果转化为现实生产力，使其能推广和应用。我国地域宽广，气候、土质差异大，地方和相关企业要抓住市场机遇，善于吸纳优秀成熟的科技成果和技术，可以通过购买、消化吸收再创新的方式缩短与先进水平的差距。这样不仅可以少走弯路，少交学费，而且可以结合当地的实际情况进行再创新，形成自身特色。三是结合案例分析，使国家相关资助政策解读与项目可行性研究报告编制实现有机结合，为企业编写可行性报告解疑释惑。结合本人长期从事科技管理工作的经验，本书介绍了一些成功案例及专家评议以解决好农业成果转化中的现实问题。项目可行性报告案例不是抽象的理论，而是帮助企业规避风险，达到投资收益最优的具体思路方法和工具。

2018年是全面贯彻落实党的十九大精神，决胜全面建成小康社会的关键年，愿《国家资助农业项目政策解读及案例分析》一书似一缕春风吹入读者的心田，使企业能健康地发展，使农民能真正受益。但由于个人能力和水平有限，本书难免有疏漏和不足，敬请读者雅正。本书中的某些观点，不代表任何部门和组织，仅由我个人负责。在此，向给予我支持的单位和学者们致以崇高敬意！

孟繁森

2018年3月于北京

目　　录

第一章 农业科技发展形势和优势农产品区域发展布局

第一节 农业科技发展状况

首先，"十三五"农业农村经济发展面临着农产品供需的结构性矛盾，需调整优化农业生产结构。因为，我国居民人均大米、小麦等谷物消费从20世纪90年代后期就开始呈下降趋势，而畜产品、水产品和蔬菜水果等高附加值农产品占食物消费的比例持续快速增长。但是，我国农业生产结构调整滞后于优质化、多样化和专用化的需求结构变化，牛羊肉、奶类、优质高端苹果等高品质产品供需矛盾加剧。"十三五"期间农业结构调整优化的思路是，重点保口粮，统筹兼顾棉油糖、蔬菜等其他农产品生产，充分挖掘饲草料生产潜力，大力发展草牧业，促进粮食主产区的农牧结合、粮经饲兼顾，努力提升大中城市的"菜篮子"产品自给能力。

其次，科技创新能力仍是现代农业发展的瓶颈，需进一步强化科技支撑能力建设。推进现代农业发展、推进"四化同步"，进一步强化科技创新，依靠创新驱动实现农业增产增效。"十三五"期间，应紧紧围绕条件建设、技术创新、集成示范、成果转化四大环节，瞄准关键技术突破、创新机制完善、创新人才培养、成果转化率提高四大目标，不断加大投入力度，夯实现代农业发展的科技基础。

第三，农业发展面临巨大人才缺口，应加大农村人才培养力度。"十三五"期间，人才将成为制约我国农业发展的关键性因素。一是我国农业产业在世界竞争格局中仍处在产业链的中低端，农业科技人才数量不足，质量有待提高；二是农村大量青壮年劳动力外出务工，农村"空心化"，农村实用型人才"青黄不接"；三是农村基层干部队伍年龄结构老化问题严重。因此，促使项目推进与人才培养并重。

第四，农业生产的环境负效应日益凸显，我国为了保障国内较高水平的"粮食自给率"，忽视了水土资源利用和环境的可持续性。"十三五"期间，促进农业生产的同时，将更加注重保护生态环境：一是要推进农业秸秆的综合利用；二是要强化对化肥农药使用的管理，推广实施精准施肥等技术；三是要加强对规模化畜禽养殖粪污排放的管理。通过农业投入品减量和农业废弃物资源化利用相结合的途径促进农业绿色发展。

第五，"十三五"农民增收面临严峻挑战，加快建立农民持续增收将成为长效机制。宏观经济步入"新常态"，一是导致农产品需求和出口下降，农业生产需要的劳动力数量减少，加上非农劳动力需求下降，可能导致农村劳动力的失业率上升，农民收入下降；二是政府的财政收入增幅放缓，对农业和农村发展的支持力度下降，对农村社会事业发展和反贫困产生不利影响。"十三五"期间，将加快建立农民持续增收的长效机制。提高农村转移劳动力的劳动生产率，持续较快增加农民工资性收入；创新农业经营体系，持续较快增加农民经营性收入；推进农村产权制度改革，持续较快增加农民财产性收入；加强农村社会保障，持续较快增加农民转移性收入；加大扶贫和救助力度，持续较快增加农村贫困人口收入。

第二节 "十三五"农业农村科技创新专项规划（节选）

专栏1 "十三五"农业农村科技创新规划指标与目标值			
	指标	2015年指标值	2020年目标值
农业现代化水平	农业科技进步贡献率（%）*	56	60
	主要农作物耕种收综合机械化水平（%）*	63	70
	农业物联网等信息技术应用比例（%）*	10.2	17
	农业高新技术企业（个）	6 800	>10 000
	农业劳动生产率（万元/人）*	3	4.7
农业自主创新能力	国家农业高新技术产业示范区（个）	2	30
	国家现代农业产业科技创新中心（个）	—	30
	农口产业技术创新战略联盟（个）	36	80
	国际农业科技创新共同体（个）	—	10
区域农业科技创新能力	创新型县市（个）	—	100
	国家农业科技园区（个）	246	300
	星创天地（个）	—	3 000
	科技特派员（人）	70万	80万
	农田灌溉用水有效利用系数*	0.53	0.55
	主要农作物农药利用率（%）*	36.6	40
农业可持续发展能力	主要农作物化肥利用率（%）*	35.2	40
	主要农作物秸秆综合利用率（%）	80	85
	养殖废弃物综合利用率（%）*	60	75

附注：带"*"的指标来源于《全国农业现代化规划（2016—2020年）》。

专栏 2　转基因重大专项

1. 强化基因克隆、转基因操作技术研发。获取一批具有重要应用价值和自主知识产权的功能基因，在水稻、小麦等主粮作物中，重点支持基于非胚乳特异性表达、基因编辑等新技术的性状改良研究。

2. 培育重大转基因新品种。加强作物抗虫、抗病、抗旱、抗寒转基因技术研究，培育一批抗病虫、抗逆、优质、高产、高效的重大转基因新品种。

3. 强化生物安全评价技术研究。强化基于基因组测序与计算生物学的分子特征分析、鉴别技术研究，重点支持核酸、蛋白精准测量技术研究，研制一批转基因检测标准物质，初步建立基因组学的安全评价技术新体系。

专栏 3　种业自主创新重大工程

1. 主要农作物育种。以水稻、小麦、玉米、大豆、棉花等主要农作物种业科技创新和产业化为重点，突破基因挖掘、品种设计和良种繁育核心技术，创造有重大应用前景的新种质，培育和应用一批具有自主知识产权的突破性重大新品种。

2. 主要经济作物育种。以蔬菜、油料作物、食用菌、糖料作物、茶叶、薯类作物、饲料作物等为重点，开展种质资源收集、评价、利用，重要基因挖掘，分子设计与转基因育种，分子标记辅助选择育种等关键技术研究，创制一批优质、高产、高效新品种。

3. 主要畜禽水产育种。以猪、牛、羊、鸡、水禽等主要畜禽，鱼、虾、蟹、贝、藻、参等主要水产动（植）物为重点，重点突破基因挖掘、品种设计和良种繁育核心技术，加大对国外引进生物物种资源筛查与甄别检验技术研究，培育一批高性能动物品种。

4. 主要林果花草育种。开展林果花草种质资源收集、评价、利用，深化细胞工程育种、基因工程育种、分子标记辅助育种、航天育种等前沿科学研究，创新育种方法，突破育种关键技术，培育一批优良新品种。

专栏 4　农业重大科学与前沿技术

1. 作物光合作用、结瘤固氮、作物与微生物互作机制。

2. 畜禽主要生产性状、耐药性性状形成的生物学机制。

3. 农业生产系统建构与平衡机理。

4. 新一代系统设计育种技术。

5. 合成生物学技术。

6. 动物干细胞技术。

7. 生物 4D 打印技术。

8. 植物高光效利用技术。

9. 农业大数据整合技术。

10. 农业纳米技术。

11. 农业人工智能技术。

专栏 5　主要农产品有效供给

1. 粮食丰产增效。重点在东北、黄淮海和长江中下游 13 个粮食主产省，开展水稻、小麦、玉米高产高效和稳产增收、生产全程机械化、防灾减损和安全贮运等研究，构建产业链完整的粮食丰产增效技术体系，建设好国家粮仓。

2. 耕地质量提升与中低产田综合改良。加强盐碱地水盐运移机理与调控、耐盐碱农作物品种筛选与替代种植、水分调控等应用基础研究及开展耕地质量与生产力提升、耕地地力保育、中低产田综合改良、高标准农田建设与土地综合整治增粮增效关键技术研发，开发新型高效盐碱地改良剂、生物有机肥等新产品和新材料；开发盐碱地治理新装备，选择典型盐碱地及低产田区域建立示范基地，促进研发成果示范应用。

3. 粮食绿色生态收储。研究建立粮食"全程不落地"收储运模式和技术体系；突破粮食现代储备、节粮减损与品质控制关键技术；开发粮食储藏粮情监测预警云平台，建立粮食交易（含进境粮）、运输过程在途数量、质量快速检测、全程监控和粮食产地、品种、质量全程追溯的粮食物流公共信息平台；研究散粮集装单元化装具及运输模式；开展现代粮仓绿色生态储粮科技示范。

4. 主要经济作物优质高产。围绕蔬菜、果树、食用菌、糖料、油料、薯类、茶叶、小杂粮等主要经济作物和特色作物产业链建设，重点开展资源高效利用生理生态机制、抗逆栽培和丰产技术、配套设施与智能机械设备等关键技术研究，促进产业提质增效。

5. 农林重大病虫害防控。开展主要农作物和林业重大病虫害监测预警技术、暴发成灾规律及防控关键技术研究；开展农林重大入侵物种的检测监测和防控技术研究；加强农药替代品种与技术研究，发现一批新先导和新靶标，创新一批安全高效绿色农药和植物健康激活剂。

6. 畜禽安全高效养殖。以安全、环保、高效为目标，围绕主要畜禽疫病检测与防控，主要畜禽安全健康养殖工艺与环境控制，畜禽养殖设施设备和自动化，智能化控制，养殖废弃物无害化处理与资源化利用全产业链提质增效等方面开展技术研发，为我国养殖业转型升级提供理论与技术支撑；开展口岸外来动物疫病痕量检测，高通量筛查与溯源技术研究。

7. 饲料和草牧业可持续发展。构建草牧业创新链，重点突破饲料和非粮型饲料资源挖掘高效利用，营养需求与精准饲养，加工工艺，绿色饲料添加剂等技术瓶颈；开展人工草地建植，规模化牧草丰产，多元化草产品加工，草畜一体化，草原生态保护，牧区生态生产生活保障等关键技术研究。

8. 淡水渔业健康发展。开展淡水种质资源保护及可持续开发利用，淡水生物种业，主导及特色品种生态高效养殖技术装备模式与智能化管理，病害免疫防控体系构建，营养饲料，淡水养殖产品增值与加工利用等关键技术，推动现代淡水渔业健康发展。

专栏 6　农业绿色发展

1. 节水农业。重点开展作物水分生理与作物生长发育调控机理，作物生命需水过程控制与生理调控技术，水肥一体化智能灌溉技术与装备，高效农艺节水技术，高效节水灌溉与输配水技术与装备产品，现代灌区及农业水管理等研究，建立旱作农田、灌溉农业作物高效用水的现代化农业生产体系。

2. 循环农业。重点开展农业与畜牧业结合过程中循环农业系统物质能量循环调控与节能减排机理，风险污染物阻控机制等基础理论研究，研发农田复合生物循环、农牧循环、农菌循环、农牧沼循环以及农业企业（园区）循环等循环农业模式，构建循环农业产业链。

3. 农业面源和重金属污染农田综合防治与修复。重点开展农田、林地、水体有害污染物的动态监测、评价、综合治理与修复等关键技术与产品研发。

4. 化学肥料和农药减施增效。重点开展化肥农药高效利用机理与投入基准，肥料农药技术创新与装备研发，化肥农药减施技术集成研究，构建化肥农药减施与高效利用的理论、方法和技术体系。

5. 农林防灾减灾。重点开展极端天气气候事件和气象、海洋灾害对我国农林业生产的影响机理与过程，农林生态系统生物固碳、土壤及生物质储碳潜力的评估与挖掘，农业耕作管理、施肥及灌溉等对温室气体排放控制，病虫害、森林火灾、生物入侵成灾规律与防控机制、灾害监测、预测与防控技术等研究。

6. 农产品绿色物流。重点研究大宗和特色农产品物流模式、技术、环境等因素对质量的影响规律，建立农产品物流过程质量控制技术与标准；重点开展不同农产品产地商品化处理、物流过程损耗与质量控制、信息化监控、防霉防蛀防腐、包装等核心技术与配套装备等研究、示范、推广、应用，支撑农产品生产和物流健康发展。

专栏7　农业生物制造

1. 新一代农业生物技术。研发重要农业性状生物合成、基因组编辑、基因表达网络调控、精准标记、靶向筛选、生物信息学、系统生物学、结构生物学等新技术，发展高效细胞工程、代谢工程、发酵工程、酶工程等技术，促进生物技术与育种和新产品开发相结合。

2. 农业生物制品。创制新型生物农药、生物兽药、新型安全高效除草剂、生物肥料、生物调节剂，研究关键生产工艺、设备，实现产业化；研究开发重大疫病基因工程疫苗、免疫佐剂，实现工业化生产。

3. 生物质能源。创制高产、优质、抗逆非粮生物质原料新品种，建立规模化高效生产技术体系；研发农林生物质资源技术装备，开发生物天然气、燃料乙醇、燃料丁醇、生物柴油等重大产品，开展产业化示范。

4. 生物基材料。研究生物基塑料、新型农用膜材料、生物树脂材料等生物基高分子材料的先进制造技术，研发平台化合物生物转化关键技术和装备，开发高效微生物工程菌和生物催化剂，开展产业化示范。

5. 生物质炭化。阐明生物质炭化机制，创新秸秆等生物质炭化关键技术和配套装备，形成覆盖生物炭全产业链的系统化技术体系，研制新产品、形成产业标准和规程，开展产业化示范。

专栏8　智慧农业

1. 智能农机装备。重点突破作业对象信息感知、决策智控、智能导航、试验检测等应用基础技术，开发大型与专用拖拉机、田间作业及收获等主导产品智能技术与产品，创制农产品产地处理等专用装备；鼓励农业科技创新基地与农机装备优势企业建立对接平台，开展先进农机装备和农业生产示范。

2. 智能高效设施。突破设施光热动力学机制、环境与生物互作响应机理等基础理论，特种膜等功能材料、作业全程机械化、水肥管理一体化等关键技术瓶颈，创制温室节能蓄能、光伏利用、智慧空中农场、农业生物专用光照产品等高新技术和装备，实现设施农业科技与产业跨越发展。

3. 农业智能生产。重点突破动植物生命信息获取与解析、表型特征识别与可视化表达、大数据分析与智能决策等应用基础理论与方法；研制"星-机-地"信息协同技术与系统，建立主要投入品精准实施技术体系和以信息化技术为先导、先进农艺与智能装备为支撑的智能农业生产体系，并开展集成应用示范。

4. 农业智慧经营。集成农业物联网、农业大数据、农业云服务等新一代信息技术，研究构建农业主要产业动态数据库和大数据平台，开发面向农产品产销对接、农机及植保服务、农副产品质量追溯等业务的经营管理信息系统，培育"互联网＋"现代农业的新模式、新业态。

专栏 9　现代林业

1. 人工用材林资源培育与利用。以主要速生用材树种、珍贵用材树种、工业原料树种和竹子等为对象，按照资源培育、林产品加工利用全产业链设计，开展资源产量和质量形成机理研究，突破一批资源培育及高效加工利用共性关键技术，在典型区域开展全产业链技术集成与示范。

2. 林业特色资源高效培育与利用。以林特产资源、林下动植物、观赏植物（花卉）、沙生植物等为对象，加强资源高效培育、活性物质提取、新产品精深加工利用等关键技术研究以及全产业链技术集成示范；加强农林复合经营技术研究。

3. 木本粮油提质增效。以主要木本粮油树种为对象，研究其产量和品质形成机理及其调控机制，开展绿色丰产栽培、储运保鲜、高值化综合利用和产品质量安全控制等技术的集成创新与示范。

4. 森林质量精准提升。开展森林生长发育规律及经营的调控作用机理等基础研究，研发立地质量精准评价、森林结构优化和可持续经营、森林质量监测评价、森林生态系统功能提升等关键技术，加强主要森林类型和主要树种的全周期经营技术集成与示范，形成中国特色的森林质量提升理论与技术体系。

5. 林业生态建设。紧密结合天然林保护、退耕还林、京津冀风沙源治理、森林城市、国家公园等林业生态工程，攻克森林、湿地、荒漠生态系统保护与修复、生物多样性保育以及生态系统服务功能监测评估等关键技术，加强技术集成示范。

专栏 10　现代海洋农业

1. 海水养殖新品种选育。重点进行重要海水养殖生物组学与遗传学基础研究，研发高效的全基因组选择育种、细胞工程育种与性控育种以及基因编辑育种等技术，实施海水现代种业标准化工程等，创制高产、优质、抗病、抗逆的海水养殖新品种。

2. 设施养殖与新生产模式。开展重要海水养殖动物行为学特征等基础研究，研发自动化和信息化的工厂化养殖系统装备、设施与技术，研发专业化、多功能的养殖工船等作业平台，构建海陆接力养殖与工程化开发新模式，研发海湾、岛礁等典型海域海洋牧场建设关键工程化设施，突破牧场生态安全和环境保障技术。

3. 海水养殖动物营养与健康调控。研究海水养殖动物饲料养分高效利用的营养代谢与精准调控机制，开发高营养效价的鲜活饵料和新型饲料蛋白源，开发环境友好和无抗型高效配合饲料；研究养殖动物疫病发生分子基础与免疫应答机制，研制安全高效疫苗、抗病生物制品和安全高效药物，开发免疫防治和生态防控技术体系。

4. 近海资源养护与牧场建设。重点研究近海增养殖生态环境效应和承载力评估，研发多元化的重要渔业水域环境优化调控与修复技术，研究人工渔礁生境构建、海洋牧场构建等技术，建立近海渔业资源养护与持续利用技术体系。

（续）

5. 友好型捕捞与新资源开发。突破渔情卫星遥感监测等关键技术，开发多功能渔情分析、捕捞生产综合服务管理系统，研发高效作业船型与"船-机-桨-网"优化配置技术，研发生态友好型捕捞装备与渔法，发展海洋渔业远洋捕捞技术。

6. 海产品绿色加工与高值利用。研究海洋水产品全资源利用功能物质及生物作用机制，开发加工废弃物综合利用技术，研发生态保活运输和冷链运输过程中的品质保持、监控和追溯等新型节能装备和技术，建立关键危害物质风险预警和全生产过程的质量安全防控技术体系。

7. 海洋生态环境评价与修复。创新渔业资源和环境监测与评价技术，研究全球气候变化对海洋渔业资源影响的评估与监测技术，强化海洋生态灾害预警与防治技术，突破近海生态修复技术、区域海洋综合管理技术和基于生态系统的海洋渔业资源可持续管理技术。

专栏 11　宜居村镇建设

1. 宜居村镇规划与评价。针对村镇聚落空间演变机理的基础理论及村镇发展的科学规律，重点开展村镇体系评价与重构、县（市）域村镇规划布局、村镇发展的层级规划和技术标准、农村土地利用智能调查监测等技术研究，形成新时期宜居村镇规划体系与理论，构建村镇规划信息系统与平台。

2. 宜居村镇住宅建设。围绕村镇宜居住宅设计和建造的科技需求，重点开展村镇既有住宅与新建住宅功能提升、村镇住宅结构体系与装配式住宅建造、村镇生态建筑材料与产品、住宅物理性能优化等技术研究，建立宜居村镇建设技术评价指标体系，构建基于大数据的村镇建设绿色技术集成信息平台。

3. 宜居村镇环境治理与新能源利用。重点开展村镇生态环境修复、生态景观构建、村镇饮水安全、村镇生产生活污水深度处理与利用、河道修复与整治、村镇固体废物无害处理与资源化利用、村镇社区多能源整合系统构建、村镇基础设施功能提升等技术研发。

4. 传统村落与传统建筑保护利用。重点开展传统村落价值研究、传统村落保护发展规划、村落传统建筑建造技术传承、传统建筑解析与传承等技术研究，加强传统村落动态监测，开发建设传统村落数字博物馆，构建历史文化名镇名村保护数据库和评价指标体系。

5. 宜居村镇示范区建设。结合我国各区域生产经济条件、地域生态特色、民俗文化特征等，对土地集约化、住宅标准化与产业化、节能住宅与基础设施建造、村镇社区环境整治与质量提升、传统村落保护与传承等关键技术进行集成，在我国东北、华北、华东、华中、华南、西南以及西北等地区开展一批典型特色示范区建设，构建适合我国不同区域不同类型的新农村建设模式，以科技创新支撑我国社会主义新农村的建设和发展。

专栏 12　农业科技创新平台基地

1. 国家农业科技创新基地与平台。着眼于提高自主创新能力，加强统筹部署、优化布局，新建一批产业技术创新战略联盟，进一步优化和夯实现有平台基地建设；着眼于提升企业创新主体地位，支持农业高新技术企业建立高水平研发机构。

2. 现代农业产业科技创新中心。重点推进生物育种、农机装备、肉类加工、竹资源利用等重点领域先行先试，构建"政府引导、市场运作、协同开放、投资多元、成果共享"的政产学研用创协同创新综合体，促进科技经济深度融合，支撑和引领产业升级。

（续）

3. 区域农业创新中心（实验站）。围绕关系国计民生的优势主产区大宗农产品，选择优势单位，建设国家大宗农产品产业创新中心，并在不同优势地区，依托优势地区省级专门研究机构，设立综合实验站，形成研究网络和研究合力，系统解决制约大宗农产品产业发展的理论与关键技术问题，确保农业产业安全；围绕事关国家重大区域战略、人类生产生活健康以及制约可持续发展的区域发展问题，建立部省、省级互动的区域农业发展创新中心。

4. 农业科技资源开放共享与服务平台。充分发挥国家重大科研基础设施、大型科学装置和科研设施、野外科学观测试验台站、南繁科研育种基地等重要公共科技资源优势，推动面向科技界开放共享；整合和完善科技资源共享服务平台，形成涵盖科研仪器、科研设施、科学数据、科技文献、实验材料等的科技资源共享服务平台体系；建立健全共享服务平台运行绩效考核、后补助和管理监督机制。

专栏 13　农业高新技术产业

1. 实施农业高新技术企业培育工程。面向生物种业、农机装备、农业物联网、食品制造等现代农业产业，研究出台孵化、培育农业高新技术企业的扶持政策，鼓励产学研合作申报承担国家相关科技计划，力争到 2020 年培育 10 000 家左右农业高新技术企业。

2. 提升国家农业科技园区建设水平。以提高农业园区发展质量和产出效益为核心，编制实施《"十三五"国家农业科技园区发展规划》，发挥国家农业科技园区示范带动作用，建设 30 个国家农业高新技术产业示范区，300 个国家农业科技园区，3 000 个省级农业科技园区。

专栏 14　农业科技国际合作

1. 打造"一带一路"创新共同体。面向"一带一路"沿线国家，建立中国-中亚、中国-阿拉伯国家、中国-东盟农业创新共同体，多国参与，推动建设国际一流水平的研究机构，开展现代农业技术研究与示范推广。

2. 加强双边和多边国际科技合作。在全球范围内选择与我国有良好合作基础和合作潜力的农业科技强国、农业大国和具有区域代表性的发展中国家开展农业科技国际合作；继续做好中美农业旗舰、中加、中以等多双边科技合作项目；鼓励国内外科研机构、大学、企业共建联合实验室、联合研究中心、国际技术转移中心等平台，推动海外农业科技创新示范工作；支持企业在海外设立研发中心、参与国际标准制定，推动装备、技术、标准、服务走出去。

专栏 15　基层科技创新服务能力

1. 新型农业社会化科技服务体系。深入推行科技特派员制度，促进农业科技成果转移转化和示范推广；建设星创天地，为科技特派员、大学生、返乡农民工、职业农民等农村创新创业营造低成本、便利化、信息化环境；发挥高等学校新农村发展研究院农业科技推广和引领支撑作用。

2. 创新型县（市）。选择 100 个产业优势明显、创新基础扎实、示范带动能力强的县（市），加强优势科研单位与县（市）科技合作平台建设，加快发展县（市）科技成果转化与创新服务平台，以培育壮大农村特色新兴产业为抓手，推进一二三产业融合发展，拓展农业产业增值空间，为县域经济社会协调发展提供新动能。

专栏 16 科技扶贫

1. 培育贫困地区创业主体。加强行业扶贫，实施科技扶贫行动，带动人才、技术、管理、信息以及资本等现代生产要素向贫困地区逆向流动；指导支持贫困地区、革命老区建设一批"星创天地"、科技园区，引进和孵化一批科技型企业；鼓励支持国家重点实验室、工程技术（研究）中心与贫困地区对接；发挥高等学校新农村发展研究院作用，为贫困地区产业发展提供智力支持和技术支撑。

2. 壮大贫困地区特色支柱产业。征集、凝练、发布一批贫困地区、革命老区急需适用的"技术成果包"、"农村科技口袋书"；鼓励支持国家高新技术企业到贫困地区投资兴业；鼓励贫困地区、革命老区建立完善技术中介机构，发展技术市场；发挥科技成果转化引导基金的带动作用，推动贫困地区、革命老区特色支柱产业发展。

3. 加强贫困地区科技人才队伍建设。推进实施边远贫困地区、边疆民族地区和革命老区人才支持计划科技人员专项计划，开展创业式扶贫服务；加大对乡土人才和创业队伍培养力度，建设贫困地区、革命老区自身科技服务队伍；鼓励和支持高等学校、科研院所发挥人才、成果、基地等方面的优势，为贫困地区培养懂技术、会经营、善管理的致富带头人。

4. 创新科技扶贫模式。开展定点扶贫，部省市县四级联动，向定点扶贫县选派科技扶贫团，建立"一县一团"组团式扶贫模式；支持定点扶贫县产业园区发展，坚持问题导向，实施"一县一策"；支持定点扶贫县科技管理部门加强干部队伍建设，加强定点扶贫县县域科技创新体系建设；将定点扶贫工作与党建工作密切结合起来，千方筹措帮扶资源，为定点扶贫县贫困群众办好事，办实事；开展片区扶贫，加强与秦巴山片区各有关省（市）和相关部委的联系沟通，完善片区联系协调机制，发挥好片区跨省重大基础设施项目协调推进机制和片区扶贫攻坚跨省协调机制作用，加强对片区脱贫攻坚的统筹，实施好片区区域发展与脱贫攻坚规划；推动秦巴山片区形成"科技扶贫示范区"。

5. 组织开展"百千万"科技扶贫工程。在贫困地区建设"一百个"科技园区、星创天地等平台载体，动员组织高校、院所、园区与贫困地区建立"一千个"科技精准帮扶结对，基本实现"十万个"贫困村科技特派员全覆盖。

（注：全文请参阅《关于印发〈"十三五"农业农村科技创新专项规划〉的通知》国科发农〔2017〕170 号）

第三节 "十三五"国家科技创新规划涉及农业部分

一、深入实施国家科技重大专项

加快实施已部署的国家科技重大专项，推动专项成果应用及产业化，提升专项实施成效，确保实现专项目标。持续攻克"核高基"（核心电子器件、高端通用芯片、基础软件）、集成电路装备、宽带移动通信、数控机床、油气开发、核电、水污染治理、转基因、新药创制、传染病防治等关键核心技术，着力解决制约经济社会发展和事关国家安全的重大科技问题；研发具有国际竞争力的重大战略产品，建设高水平重大示范工程，发挥对民生改善和国家支柱产业发展的辐射带动作用；凝聚和培养一批科技领军人才和高水平创新创业团队，建成一批引领性强的创新平台和具有国际影响力的产业化基地，造就一批具有较强国际竞争力的创新型领军企业，在部分领域形成世界领先的高科技产业。

转基因生物新品种培育。加强作物抗虫、抗病、抗旱、抗寒基因技术研究，加大转基因棉花、玉米、大豆研发力度，推进新型抗虫棉、抗虫玉米、抗除草剂大豆等重大产品产业化，强化基因克隆、转基因操作、生物安全新技术研发，在水稻、小麦等主粮作物中重点支持基于非胚乳特异性表达、基因编辑等新技术的性状改良研究，使我国农业转基因生物研究整体水平跃居世界前列，为保障国家粮食安全提供品种和技术储备。建成规范的生物安全性评价技术体系，确保转基因产品安全。

二、构建具有国际竞争力的现代产业技术体系

把握世界科技革命和产业变革新趋势，围绕我国产业国际竞争力提升的紧迫需求，强化重点领域关键环节的重大技术开发，突破产业转型升级和新兴产业培育的技术瓶颈，构建结构合理、先进管用、开放兼容、自主可控的技术体系，为我国产业迈向全球价值链中高端提供有力支撑。

发展高效安全生态的现代农业技术。以加快推进农业现代化、保障国家粮食安全和农民增收为目标，深入实施藏粮于地、藏粮于技战略，超前部署农业前沿和共性关键技术研究。以做大做强民族种业为重点，发展以动植物基因组学为基础的设计育种关键技术，培育具有自主知识产权的优良品种，开发耕地质量提升与土地综合整治技术，从源头上保障国家粮食安全；以发展农业高新技术产业、支撑农业转型升级为目标，重点发展农业生物制造、农业智能生产、智能农机装备、设施农业等关键技术和产品；围绕提高资源利用率、土地产出率、劳动生产率，加快转变农业发展方式，突破一批节水农业、循环农业、农业污染控制与修复、盐碱地改造、农林防灾减灾等关键技术，实现农业绿色发展。力争到2020年，建立信息化主导、生物技术引领、智能化生产、可持续发展的现代农业技术体系。支撑农业走出产出高效、产品安全、资源节约、环境友好的现代化道路。

现 代 农 业 技 术

1. 生物育种研发。以农作物、畜禽水产和林果花草为重点，突破种质资源挖掘、工程化育种、新品种创制、规模化测试、良种繁育、种子加工等核心关键技术，培育一批有效聚合高产、高效、优质、多抗、广适等多元优良性状的突破性动植物新品种；培育具有较强核心竞争力的现代种业企业，显著提高种业自主创新能力。

2. 粮食丰产增效。围绕粮食安全和农业结构调整对作物高产高效协同、生产生态协调的科技需求，在东北、黄淮海、长江中下游三大平原，开展水稻、小麦、玉米三大作物丰产增效新理论、新技术和集成示范研究，使产量提高5%，减损降低5%以上，肥水效率提高10%以上，光温资源效率提高15%，生产效率提高20%。

3. 主要经济作物优质高产与产业提质增效。以种植规模较大的果树、花卉、茶叶、木本（草本）油料、热带经济作物、特色经济植物、杂粮等为对象，重点突破增产提质增效理论和方法，创制优异新种质，研发新产品，形成高效轻简技术，确保我国农业产品多样性和国家农业安全，促进主要经济作物产业提质增效。

（续）

4. 海洋农业（蓝色粮仓）与淡水渔业科技创新。研究种质资源开发、新品种选育、淡水与海水健康养殖、捕捞与新资源开发、精深加工、渔业环境保护等新原理、新装备、新方法和新技术，建成生态优先、陆海统筹、三产贯通的区域性蓝色粮仓，促进海洋农业资源综合利用，改善渔业生态环境，强化优质蛋白供给，引领海洋农业与淡水渔业健康发展。

5. 畜禽安全高效养殖与草牧业健康发展。以安全、环保、高效为目标，围绕主要动物疫病检测与防控、主要畜禽安全健康养殖工艺与环境控制、畜禽养殖设施设备、养殖废弃物无害化处理与资源化利用、饲料产业、草食畜牧业、草原生态保护和草牧业全产业链提质增效等方面开展技术研发，为我国养殖业转型升级提供理论与技术支撑。

6. 林业资源培育与高效利用。加强速生用材林、珍贵用材林、经济林、花卉等资源的高效培育与绿色增值加工等关键技术研究，开展林业全产业链增值增效技术集成与示范，形成产业集群发展新模式，单位蓄积增加15%，资源利用效率提高20%，主要林产品国际竞争力显著提升。

7. 农业面源和重金属污染农田综合防治与修复。突破农林生态系统氮磷、有毒有害化学品与生物、重金属、农林有机废弃物等污染机理基础理论及防治修复重大关键技术瓶颈，提升技术、产品和装备标准化产业化水平。制定重点区域污染综合防治技术方案，有效遏制农业面源与重金属污染问题。

8. 农林资源环境可持续发展利用。突破肥药减施、水土资源高效利用、生态修复、农林防灾减灾等关键技术，加强农作物病虫害防控关键技术研究，提升农作物病虫害综合治理能力，推动形成资源利用高效、生态系统稳定、产地环境良好、产品质量安全的农业发展格局。

9. 盐碱地等低产田改良增粮增效。加强盐碱地水盐运移机理与调控、土壤洗盐排盐、微咸水利用、抗盐碱农作物新品种选育及替代种植、水分调控等基础理论及改良重大关键技术研究，开发新型高效盐碱地改良剂、生物有机肥等新产品和新材料。开发盐碱地治理新装备，选择典型盐碱地及低产田区域建立示范基地，促进研发成果示范应用。

10. 农业生物制造。以生物农药、生物肥料、生物饲料为重点，开展作用机理、靶标设计、合成生物学、病原作用机制、养分控制释放机制等研究，创制新型基因工程疫苗和分子诊断技术、生物农药、生物饲料、生物肥料、植物生长调节剂、生物能源、生物基材料等农业生物制品并实现产业化。

11. 农机装备与设施。突破决策监控、先进作业装置及其制造等关键核心技术。研发高效环保农林动力、多功能与定位变量作业、设施种植和健康养殖精细生产、农产品产地处理与干燥、林木培育、采收加工、森林灾害防控等技术与装备，形成农林智能化装备技术体系，支持全程全面机械化发展。

12. 农林生物质高效利用。研究农林废弃物（农作物秸秆、畜禽粪便、林业剩余物等）和新型生物质资源（能源植物、微藻等）的清洁收集、高效转化、产品提质、产业增效等新理论、新技术和新业态，使农林生物质高效利用技术进入国际前列，利用率达到80%以上。

13. 智慧农业。研发农林动植物生命信息获取与解析、表型特征识别与可视化表达、主要作业过程精准实施等关键技术和产品，构建大田和果园精准生产、设施农业智能化生产及规模化畜禽水产养殖信息化作业等现代化生产技术系统，建立面向农业生产、农民生活、农村管理以及乡村新兴产业发展的信息服务体系。

14. 智能高效设施农业。突破设施光热动力学机制、环境与生物互作响应机理等基础理论，以及设施轻简装配化、作业全程机械化、环境调控智能化、水肥管理一体化等关键技术瓶颈，创制温室节能蓄能、光伏利用、智慧空中农场等高新技术及装备，实现设施农业科技与产业跨越发展。

三、发展现代食品制造技术

遵循现代食品制造业高科技、智能化、多梯度、全利用、低能耗、高效益、可持续的国际发展趋势，围绕标准化加工、智能化控制、健康型消费等重大产业需求，以现代加工制造为主线，加快高效分离、质构重组、物性修饰、生物制造、节能干燥、新型杀菌等工程化技术研发与应用；攻克连续化、自动化、数字化、工程化成套装备制造技术，突破食品产业发展的装备制约；重视食品质量安全，聚焦食品源头污染问题日益严重、过程安全控制能力薄弱、监管科技支撑能力不足等突出问题，重点开展监测检测、风险评估、溯源预警、过程控制、监管应急等食品安全防护关键技术研究；围绕发展保鲜物流，开展智能冷链物流、绿色防腐保鲜、新型包装控制、粮食现代储备、节粮减损等产业急需技术研发；以营养健康为目标，突破营养功能组分稳态化保持与靶向递送、营养靶向设计与健康食品精准制造、主食现代化等高新技术。力争到 2020 年，在营养优化、物性修饰、智能加工、低碳制造、冷链物流、全程控制等技术领域实现重大突破，形成较为完备的现代食品制造技术体系，支撑我国现代食品制造业转型升级和持续发展。

现代食品制造技术

1. 加工制造。开展新型节能干燥、超微粉碎、冷冻冷藏、杀菌包装等共性技术研究，突破物性重构、风味修饰、质构重组、低温加工和生物制造等关键技术，攻克绿色加工、低碳制造和品质控制等核心技术，有效支撑食品加工产业技术升级。

2. 机械装备。开展食品装备的机械物性、数字化设计、信息感知、仿真优化等新方法、新原理研究，研发非热加工、新型杀菌、高效分离、自动包装等共性装备，节能挤压、高效干燥、连续焙烤、3D 打印等关键装备，以及连续化、自动化、智能化和工程化成套加工装备，为食品装备升级换代提供支撑。

3. 质量安全。开展食品品质评价与系统识别、危害因子靶向筛查与精准确证、多重风险分析与暴露评估、在线监测与快速检测、安全控制原理和工艺、监管和应急处置等共性技术研究，重点突破食品风险因子非定向筛查、快速检测核心试剂高效筛选、体外替代毒性测试、致病生物全基因溯源、全产业链追溯与控制、真伪识别等核心技术，加强食品安全防护关键技术研究，强化食品安全基础标准研究，加强基于互联网新兴业态的监管技术研究，构建全产业链质量安全技术体系。

4. 保鲜物流。开展物流过程中食品品质保持、损耗控制、货架期延长等共性技术研究，突破环境因子精准控制、品质劣变智能检测与控制、新型绿色包装等关键技术，加强粮食现代储备关键技术装备研发，开展粮食流通节粮减损关键技术研发和示范，掌握智能冷链物流、绿色防腐保鲜等核心技术，构建我国食品冷链物流新模式，推动食品保鲜物流产业跨越式发展。

5. 营养健康。开展食品营养品质调控、营养组学与抗慢性疾病机理研究，突破营养功能组分筛选、稳态化保持、功效评价等关键技术，掌握营养功能组分高效运载及靶向递送、营养代谢组学大数据挖掘等核心技术，以及基于改善肠道微生态的营养靶向设计与新型健康食品精准制造技术，加强主食营养健康机理与现代化关键技术研发，开发多样性和个性化营养健康食品，有力支撑全民营养健康水平提升。

四、发展新型城镇化技术

围绕新型城镇化领域的瓶颈制约，针对绿色、智慧、创新、人文、紧凑型城市建设，以系统工程理念为出发点，尊重城市发展规律，创新和改进规划方法，把生态环境承载力、历史文脉传承、绿色低碳等理念融入规划设计全过程，通过科技创新统筹引领城市规划、建设、管理等各个环节，研发系统性技术解决方案。加强城镇区域发展动态监测、城镇布局和形态功能优化、城镇基础设施功能提升、城镇用地节约集约和低效用地再开发、城市地下综合管廊、地下空间合理布局与节约利用、城市信息化与智慧城市等关键技术研发，加强绿色生态基础设施和海绵城市建设技术研发，着力恢复城市自然生态；加强建筑节能、室内外环境质量改善、绿色建筑及装配式建筑等的规划设计、建造、运维一体化技术和标准体系研究，发展近零能耗和既有建筑改造技术体系，推进和提升节地、节能、节水、节材和环保技术在城市建设中的应用推广；加强文化遗产保护传承和公共文化、体育健身等公共服务关键技术研究，培育教育、文化、体育、旅游等城市创新发展新业态，推动历史文脉延续和人文城市建设。力争到 2020 年形成较为完备的新型城镇化建设和发展理论体系、共性关键技术和标准规范体系，推动城镇可持续人居环境建设和公共服务功能提升，有力保障中国特色新型城镇化建设。

新型城镇化技术

1. 城镇功能提升和协调发展。开展城镇空间规划、基础设施建设和功能提升、城镇用地节约集约和低效用地再开发等关键技术研发及示范，形成城镇规划建设管理和基础设施功能提升的技术体系与装备，突破城市地下综合管廊建设关键技术及装备、支撑城市地下基础设施管网建设的地质勘测技术、城市生态修复和有机更新技术、市政管线建设—探测—维护—修复和运行技术、城镇电—气—热能源系统结构布局和管网优化技术，推动海绵城市、绿色城市、智慧城市建设和城市精细化管理，优化城镇化布局和形态，构建综合性城市管理数据库和基础设施智能管控系统，推动智慧住区、社区和园区建设，全面推进区域人居环境优化提质和城市文脉传承，为建设绿色、智慧、创新、人文、紧凑型城市提供科技支撑。

2. 绿色建筑与装配式建筑研究。加强绿色建筑规划设计方法与模式、近零能耗建筑、建筑新型高效供暖解决方案研究，建立绿色建筑基础数据系统，研发室内环境保障和既有建筑高性能改造技术。加强建筑信息模型、大数据技术在建筑设计、施工和运维管理全过程研发应用。加强装配式建筑设计理论、技术体系和施工方法研究。研究装配式混凝土结构、钢结构、木结构和混合结构技术体系、关键技术和通用化、标准化、模数化部品部件。研究装配式装修集成技术。构建装配式建筑的设计、施工、建造和检测评价技术及标准体系，开发耐久性好、本质安全、轻质高强的绿色建材，促进绿色建筑及装配式建筑实现规模化、高效益和可持续发展。

3. 文化遗产保护与公共文化服务。加强文化遗产认知、保护、监测、利用、传承等技术研发与示范，支撑文化遗产价值挖掘，支撑馆藏文物、重要遗产地、墓葬、壁画等的保护，支撑智慧博物馆、"平安故宫"工程建设和"中华古籍保护计划"实施，促进世界遗产和风景名胜区的管理、保护和利用。加强文化设施空间与服务的技术研发应用，促进公共文化资源开放共享。开展竞技体育和体育装备关键技术研发与示范，促进全民健康水平提高和体育产业发展。

五、提升基层科技创新服务能力

进一步加强基层科技工作系统设计与指导，坚持面向基层、重心下移，统筹中央和地方科技资源支持基层科技创新。开展县域创新驱动发展示范，加强全国县（市）科技创新能力监测和评价。加强基层科技管理队伍建设，发展和壮大社会化创业服务，鼓励和培育多元化、个性化服务模式。深入推行科技特派员制度，发展壮大科技特派员队伍，培育发展新型农业经营和服务主体，健全农业社会化科技服务体系，鼓励创办领办科技型企业和专业合作社、专业技术协会，加大先进适用技术的推广应用力度。

县域创新驱动发展示范

1. 创新驱动发展示范县。选择有示范带动能力的特色县（市），重点开展科研单位与县（市）科技合作平台建设，培育壮大农业高新技术产业，发展县（市）科技成果转化与创新服务平台，加强创新驱动的考核评价。

2. 农业现代化科技示范县。选择农业现代化水平高、科技创新能力强、农业高新技术产业密集、科教资源丰富的县（市），创建农业现代化科技示范县，形成农业现代化发展样板。

3. 农村一二三产业融合发展示范县。选择农业资源、生物质资源、休闲农业资源丰富，产业基础好的县（市），发展"互联网＋"现代农业，延伸拓展农业产业链，促进农村一二三产业融合发展，拓展农业产业增值空间。

（注：全文请参阅《国务院关于印发"十三五"国家科技创新规划的通知》国发〔2016〕43号）

第四节　"十三五"规划纲要中有关建设社会主义新农村的内容

"十三五"时期是全面建成小康社会决胜阶段。全面推进创新发展、协调发展、绿色发展、开放发展、共享发展，确保全面建成小康社会。

农业是全面建成小康社会和实现现代化的基础，必须加快转变农业发展方式，着力构建现代农业产业体系、生产体系、经营体系，提高农业质量效益和竞争力，走产出高效、产品安全、资源节约、环境友好的农业现代化道路。

一、推进农业现代化

（一）增强农产品安全保障能力

确保谷物基本自给、口粮绝对安全，调整优化农业结构，提高农产品综合生产能力和质量安全水平，形成结构更加合理、保障更加有力的农产品有效供给。

1. 提高粮食生产能力保障水平

坚持最严格的耕地保护制度，全面划定永久基本农田。实施藏粮于地、藏粮于技战略，以粮食等大宗农产品主产区为重点，大规模推进农田水利、土地整治、中低产田改造和高标准农田建设。完善耕地占补平衡制度，研究探索重大建设项目国家统筹补充耕地办法，全面推进建设占用耕地耕作层剥离再利用。建立粮食生产功能区和重要农产品生产保护区，确保稻谷、小麦等口粮种植面积基本稳定。健全粮食主产区利益补偿机制。深入推进粮食绿色高产高效创建。

2. 加快推进农业结构调整

推动粮经饲统筹、农林牧渔结合、种养加一体发展。积极引导调整农业种植结构，支持优势产区加强棉花、油料、糖料、大豆、林果等生产基地建设。统筹考虑种养规模和资源环境承载力，推广粮改饲和种养结合模式，发展农区畜牧业。分区域推进现代草业和草食畜牧业发展。提高畜禽、水产标准化规模化养殖水平。促进奶业优质安全发展。实施园艺产品提质增效工程。发展特色经济林和林下经济。优化特色农产品生产布局。加快现代农业示范区建设。

3. 推进农村一二三产业融合发展

推进农业产业链和价值链建设，建立多形式利益联结机制，培育融合主体、创新融合方式，拓宽农民增收渠道，更多分享增值收益。积极发展农产品加工业和农业生产性服务业。拓展农业多种功能，推进农业与旅游休闲、教育文化、健康养生等深度融合，发展观光农业、体验农业、创意农业等新业态。加快发展都市现代农业。激活农村要素资源，增加农民财产性收入。

4. 确保农产品质量安全

加快完善农业标准，全面推行农业标准化生产。加强农产品质量安全和农业投入品监管，强化产地安全管理，实行产地准出和市场准入制度，建立全程可追溯、互联共享的农产品质量安全信息平台，健全从农田到餐桌的农产品质量安全全过程监管体系。强化农药和兽药残留超标治理。严格食用农产品添加剂控制标准。开展国家农产品质量安全县创建行动。加强动植物疫病防控能力建设，强化进口农产品质量安全监管。创建优质农产品品牌，支持品牌化营销。

5. 促进农业可持续发展

大力发展生态友好型农业。实施化肥农药使用量零增长行动，全面推广测土配方施肥、农药精准高效施用。实施种养结合循环农业示范工程，推动种养业废弃物资源化利用、无害化处理。开展农业面源污染综合防治。开展耕地质量保护与提升行动，推进农产品主产区深耕深松整地，加强东北黑土地保护。重点在地下水漏斗区、重金属污染区、生态严重退化地区，探索实行耕地轮作休耕制度试点。在重点灌区全面开展规模化高效节水灌溉行动。推广旱作农业。在南疆叶尔羌河、和田河等流域，以及甘肃河西走廊、吉林白城等严重缺水区域，实施专项节水行动计划。加强气象为农服务体系建设。创建农业可持续发展试验示范区。

6. 开展农业国际合作

健全农产品贸易调控机制，优化进口来源地布局，在确保供给安全条件下，扩大优势农产品出口，适度增加国内紧缺农产品进口。积极开展境外农业合作开发，建立规模化海外生产加工储运基地，培育有国际竞争力的农业跨国公司。拓展农业国际合作领域，支持开展多双边农业技术合作。

（二）构建现代农业经营体系

以发展多种形式适度规模经营为引领，创新农业经营组织方式，构建以农户家庭经营为基础、合作与联合为纽带、社会化服务为支撑的现代农业经营体系，提高农业综合效益。

1. 发展适度规模经营

稳定农村土地承包关系，完善土地所有权、承包权、经营权分置办法，依法推进土地经营权有序流转，通过代耕代种、联耕联种、土地托管、股份合作等方式，推动实现多种形式的农业适度规模经营。

2. 培育新型农业经营主体

健全有利于新型农业经营主体成长的政策体系，扶持发展种养大户和家庭农场，引导和促进农民合作社规范发展，培育壮大农业产业化龙头企业，大力培养新型职业农民，打造高素质现代农业生产经营者队伍。鼓励和支持工商资本投资现代农业，促进农商联盟等新型经营模式发展。

3. 健全农业社会化服务体系

实施农业社会化服务支撑工程，培育壮大经营性服务组织。支持科研机构、行业协会、龙头企业和具有资质的经营性服务组织从事农业公益性服务，支持多种类型的新型农业服务主体开展专业化、规模化服务。推进农业生产全程社会化服务创新试点，积极推广合作式、托管式、订单式等服务形式。加强农产品流通设施和市场建设，完善农村配送和综合服务网络，鼓励发展农村电商，实施特色农产品产区预冷工程和"快递下乡"工程。深化供销合作社综合改革。创新农业社会化服务机制。

（三）提高农业技术装备和信息化水平

健全现代农业科技创新推广体系，加快推进农业机械化，加强农业与信息技术融合，发展智慧农业，提高农业生产力水平。

1. 提升农业技术装备水平

加强农业科技自主创新，加快生物育种、农机装备、绿色增产等技术攻关，推广高产优质适宜机械化品种和区域性标准化高产高效栽培模式，改善农业重点实验室创新条件。发展现代种业，开展良种重大科技攻关，实施新一轮品种更新换代行动计划，建设国家级育制种基地，培育壮大育繁推一体化的种业龙头企业。推进主要作物生产全程机械化，促进农机农艺融合。健全和激活基层农业技术推广网络。

2. 推进农业信息化建设

推动信息技术与农业生产管理、经营管理、市场流通、资源环境等融合。实施农业物联网区域试验工程，推进农业物联网应用，提高农业智能化和精准化水平。推进农业大数据应用，增强农业综合信息服务能力。鼓励互联网企业建立产销衔接的农业服务平台，加快发展涉农电子商务。

（四）完善农业支持保护制度

以保障主要农产品供给、促进农民增收、实现农业可持续发展为重点，完善强农惠农富农政策，提高农业支持保护效能。

1. 持续增加农业投入

建立农业农村投入稳定增长机制。优化财政支农支出结构，创新涉农资金投入方式和运行机制，推进整合统筹，提高农业补贴政策效能。逐步扩大"绿箱"补贴规模和范围，调整改进"黄箱"政策。将农业"三项补贴"合并为农业支持保护补贴，完善农机具购置补贴政策，向种粮农民、新型经营主体、主产区倾斜。建立耕地保护补偿制度。

2. 完善农产品价格和收储制度

坚持市场化改革取向和保护农民利益并重，完善农产品市场调控制度和市场体系。继续实施并完善稻谷、小麦最低收购价政策。深化棉花、大豆目标价格改革。探索开展农产品目标价格保险试点。积极稳妥推进玉米价格形成机制和收储制度改革，建立玉米生产者补贴制度。实施粮食收储供应安全保障工程，科学确定粮食等重要农产品储备规模，改革完善粮食储备管理体制和吞吐调节机制，引导流通、加工企业等多元化市场主体参与农产品收储。推进智慧粮库建设和节粮减损。

3. 创新农村金融服务

发挥各类金融机构支农作用，发展农村普惠金融。完善开发性金融、政策性金融支持农业发展和农村基础设施建设的制度。推进农村信用社改革，增强省级联社服务功能。积极发展村镇银行等多形式农村金融机构。稳妥开展农民合作社内部资金互助试点。建立健全农业政策性信贷担保体系。完善农业保险制度，稳步扩大"保险＋期货"试点，扩大保险覆盖面，提高保障水平，完善农业保险大灾风险分散机制。

二、推进新型城镇化

坚持以人的城镇化为核心、以城市群为主体形态、以城市综合承载能力为支撑、以体制机制创新为保障，加快新型城镇化步伐，提高社会主义新农村建设水平，努力缩小城乡发展差距，推进城乡发展一体化。

（一）加快农业转移人口市民化

统筹推进户籍制度改革和基本公共服务均等化，健全常住人口市民化激励机制，推动更多人口融入城镇。

1. 深化户籍制度改革

推进有能力在城镇稳定就业和生活的农业转移人口举家进城落户，并与城镇居民享有同等权利和义务。优先解决农村学生升学和参军进入城镇的人口、在城镇就业居住 5 年以上、举家迁徙的农业转移人口、新生代农民工落户问题。省会及以下城市要全面放开对高校毕业生、技术工人、职业院校毕业生、留学归国人员的落户限制。推广专业技术职称、技能等级等同大城市落户挂钩做法。大中城市不得采取购买房屋、投资纳税、积分制等方式设置落户限制。超大城市和特大城市要以具有合法稳定就业和合法稳定住所（含租赁）、参加城镇社会保险年限、连续居住年限等为主要条件，实行差异化的落户政策。强化地方政府推动农业转移人口市民化主体责任。

2. 实施居住证制度

全面实施居住证暂行条例，推进居住证制度覆盖全部未落户城镇常住人口。保障居住证持有人在居住地享有义务教育、公共就业服务、公共卫生服务等国家规定的基本公共服务。鼓励各级政府不断扩大对居住证持有人的公共服务范围并提高服务标准，缩小与户籍人口的差距。

3. 健全促进农业转移人口市民化的机制

健全财政转移支付同农业转移人口市民化挂钩机制，建立城镇建设用地增加规模同吸纳农业转移人口落户数量挂钩机制，建立财政性建设资金对城市基础设施补贴数额与城市吸纳农业转移人口落户数量挂钩机制。维护进城落户农民土地承包权、宅基地使用权、集体收益分配权，并支持引导依法自愿有偿转让。深入推进新型城镇化综合试点。

（二）优化城镇化布局和形态

加快构建以陆桥通道、沿长江通道为横轴，以沿海、京哈京广、包昆通道为纵轴，大中小城市和小城镇合理分布、协调发展的"两横三纵"城市化战略格局。

1. 加快城市群建设发展

优化提升东部地区城市群，建设京津冀、长三角、珠三角世界级城市群，提升山东半岛、海峡西岸城市群开放竞争水平。培育中西部地区城市群，发展壮大东北地区、中原地区、长江中游、成渝地区、关中平原城市群，规划引导北部湾、山西中部、呼包鄂榆、黔中、滇中、兰州-西宁、宁夏沿黄、天山北坡城市群发展，形成更多支撑区域发展的增长极。促进以拉萨为中心、以喀什为中心的城市圈发展。建立健全城市群发展协调机制，推动跨区域城市间产业分工、基础设施、生态保护、环境治理等协调联动，实现城市群一体化高效发展。

2. 增强中心城市辐射带动功能

发展一批中心城市，强化区域服务功能。超大城市和特大城市要加快提高国际化水平，适当疏解中心城区非核心功能，强化与周边城镇高效通勤和一体发展，促进形成都市圈。大中城市要加快产业转型升级，延伸面向腹地的产业和服务链，形成带动区域发展的增长节点。科学划定中心城区开发边界，推动城市发展由外延扩张式向内涵提升式转变。

3. 加快发展中小城市和特色镇

以提升质量、增加数量为方向，加快发展中小城市。引导产业项目在中小城市和县城布局，完善市政基础设施和公共服务设施，推动优质教育、医疗等公共服务资源向中小城市和小城镇配置。加快拓展特大镇功能，赋予镇区人口 10 万以上的特大镇部分县级管理权限，完善设市设区标准，符合条件的县和特大镇可有序改市。因地制宜发展特色鲜明、产城融合、充满魅力的小城镇。提升边境口岸城镇功能。

（三）建设和谐宜居城市

转变城市发展方式，提高城市治理能力，加大"城市病"防治力度，不断提升城市环境质量、居民生活质量和城市竞争力，努力打造和谐宜居、富有活力、各具特色的城市。

1. 加快新型城市建设

根据资源环境承载力调节城市规模，实行绿色规划、设计、施工标准，实施生态廊道建设和生态系统修复工程，建设绿色城市。加强现代信息基础设施建设，推进大数据和物联网发展，建设智慧城市。发挥城市创新资源密集优势，打造创业乐园和创新摇篮，建设创新城市。提高城市开放度和包容性，加强文化和自然遗产保护，延续历史文脉，建设人文城市。加强城市空间开发利用管制，建设密度较高、功能融合、公交导向的紧凑城市。

2. 加强城市基础设施建设

构建布局合理、设施配套、功能完备、安全高效的现代城市基础设施体系。加快城市供水设施改造与建设。加强市政管网等地下基础设施改造与建设。加强城市道路、停车场、交通安全等设施建设，加强城市步行和自行车交通设施建设。全面推进无障碍设施建设。严格执行城市新建居民区配套建设幼儿园、学校的规定。严格执行新建小区停车位、充电桩等配建标准。加强城市防洪防涝与调蓄、公园绿地等生态设施建设，支持海绵城市发展，完善城市公共服务设施。提高城市建筑和基础设施抗灾能力。

3. 加快城镇棚户区和危房改造

基本完成城镇棚户区和危房改造任务。将棚户区改造与城市更新、产业转型升级更好结合起来，加快推进集中成片棚户区和城中村改造，有序推进旧住宅小区综合整治、危旧住房和非成套住房改造，棚户区改造政策覆盖全国重点镇。完善配套基础设施，加强工程质量监管。

4. 提升城市治理水平

创新城市治理方式，改革城市管理和执法体制，推进城市精细化、全周期、合作性管理。创新城市规划理念和方法，合理确定城市规模、开发边界、开发强度和保护性空间，加强对城市空间立体性、平面协调性、风貌整体性、文脉延续性的规划管控。全面推行城市科学设计，推进城市有机更新，提倡城市修补改造。发展适用、经济、绿色、美观建筑，提高建筑技术水平、安全标准和工程质量，推广装配式建筑和钢结构建筑。

（四）健全住房供应体系

构建以政府为主提供基本保障、以市场为主满足多层次需求的住房供应体系，优化住房供需结构，稳步提高居民住房水平，更好保障住有所居。

1. 完善购租并举的住房制度

以解决城镇新居民住房需求为主要出发点，以建立购租并举的住房制度为主要方向，深化住房制度改革。对无力购买住房的居民特别是非户籍人口，支持其租房居住，对其中符合条件的困难家庭给予货币化租金补助。把公租房扩大到非户籍人口，实现公租房货币化。研究完善公务人员住房政策。

2. 促进房地产市场健康发展

优化住房供给结构，促进市场供需平衡，保持房地产市场平稳运行。在住房供求关系紧张地区适度增加用地规模。在商品房库存较大地区，稳步化解房地产库存，扩大住房有效需求，提高棚户区改造货币化安置比例。积极发展住房租赁市场，鼓励自然人和各类机构投资者购买库存商品房，扩大租赁市场房源，鼓励发展以住房租赁为主营业务的专业化企业。促进房地产业兼并重组，提高产业集中度，开展房地产投资信托基金试点。发展旅游地产、养老地产、文化地产等新业态。加快推进住宅产业现代化，提升住宅综合品质。

3. 提高住房保障水平

将居住证持有人纳入城镇住房保障范围。统筹规划保障性住房、棚户区改造和配套设施建设，确保建筑质量，方便住户日常生活和出行。完善投资、信贷、土地、税费等支持政策。多渠道筹集公共租赁房房源。实行实物保障与货币补贴并举，逐步加大租赁补贴发放力度。健全保障性住房投资运营和准入退出管理机制。

（五）推动城乡协调发展

推动新型城镇化和新农村建设协调发展，提升县域经济支撑辐射能力，促进公共资源在城乡间均衡配置，拓展农村广阔发展空间，形成城乡共同发展新格局。

1. 发展特色县域经济

培育发展充满活力、特色化、专业化的县域经济，提升承接城市功能转移和辐射带动乡村发展能力。依托优势资源，促进农产品精深加工、农村服务业及劳动密集型产业发展，积极探索承接产业转移新模式，融入区域性产业链和生产网络。引导农村二三产业向县城、重点乡镇及产业园区集中。扩大县域发展自主权，提高县级基本财力保障水平。

2. 加快建设美丽宜居乡村

推进农村改革和制度创新，增强集体经济组织服务功能，激发农村发展活力。全面改善农村生产生活条件。科学规划村镇建设、农田保护、村落分布、生态涵养等空间布局。加快农村宽带、公路、危房、饮水、照明、环卫、消防等设施改造。开展新一轮农网改造升级，农网供电可靠率达到99.8%。实施农村饮水安全巩固提升工程。改善农村办学条件和教师工作生活条件，加强基层医疗卫生机构和乡村医生队伍建设。建立健全农村留守儿童和妇女、老人关爱服务体系。加强和改善农村社会治理，完善农村治安防控体系，深入推进平安乡村建设。加强农村文化建设，深入开展"星级文明户"、"五好文明家庭"等创建活动，培育文明乡风、优良家风、新乡贤文化。开展农村不良风气专项治理，整治农村非法宗教活动等突出问题。开展生态文明示范村镇建设行动和农村人居环境综合整治行动，加大传统村落和民居、民族特色村镇保护力度，传承乡村文明，建设田园牧歌、秀山丽水、和谐幸福的美丽宜居乡村。

3. 促进城乡公共资源均衡配置

统筹规划城乡基础设施网络，健全农村基础设施投入长效机制，促进水电路气信等基础设施城乡联网、生态环保设施城乡统一布局建设。把社会事业发展重点放在农村和接纳农业转移人口较多的城镇，推动城镇公共服务向农村延伸，逐步实现城乡基本公共服务制度并轨、标准统一。

（注：全文请参阅《中华人民共和国国民经济和社会发展第十三个五年规划纲要》）

《全国农村经济发展"十三五"规划》（节选）

规划提出，到2020年，现代农业建设取得明显进展，新农村建设水平显著提高，农民生活达到全面小康水平，生态环境质量总体改善，农村发展活力进一步增强。

规划提出，大规模推进高标准农田建设，到2020年确保建成8亿亩[①]、力争建成10亿亩高标准农田；加强农田水利建设，加快大中型灌区续建配套和节水改造，开展大中型灌区现代化改造试点；推动种业科技创新，全面推进良种重大科研联合攻关，加快主要粮

---

① 亩为非法定计量单位，1亩＝1/15公顷。——编者注

食作物新一轮品种更新换代；大力推进农业机械化，推进主要粮食作物生产全程机械化，提高水稻栽植、玉米和马铃薯收获等环节机械化作业水平。

规划还提出，加快农业信息化建设，实施"互联网＋"现代农业行动，推进现代信息技术应用于农业生产、经营、管理和服务，发展网络化、智能化、精细化的现代种养加模式。采用大数据、物联网、云计算等技术，建立数据智能化采集、处理、应用、服务、共享体系。发展智慧气象和农业遥感技术应用，建立健全农业信息监测预警体系，提高农业信息化水平。

此外，规划称，继续实施全国新增1 000亿斤粮食生产能力规划，提升800个产粮大县粮食生产能力，扩大东北大豆种植，巩固新疆棉花、广西和云南甘蔗、长江流域油料等生产能力，支持中西部地区因地制宜发展特色经济作物、山地牧业、木本油料、林果业、食用菌、中医药、林下经济等。

规划提出，积极推动农业走出去：充分发挥农业产业化龙头企业、农垦企业的优势，培育一批具有国际竞争力和品牌知名度的跨国粮商、流通商和农业企业集团。支持企业在境外建设农产品生产、加工、储运基地，打造全球农业全产业链。加强与国际农业企业的联合，促进农机装备、农兽药、化肥等领域的产能合作。完善农产品市场骨干网络，推动农产品批发市场或物流中心升级改造，加快打造一批具有国内外影响力的农产品集散中心、物流加工配送中心和国际农产品展销中心，发挥价格形成中心的作用。

（注：全文请参阅《全国农村经济发展"十三五"规划》发改农经〔2016〕2257号）

第五节　《国家中长期科学和技术发展规划纲要》中关于农业科技部分

《国家中长期科学和技术发展规划纲要（2006—2020年）》中重点讨论了解决"三农"（即农民、农业、农村）问题。其中提到了农业在国民经济中的重要作用和当前所面临的问题。我国自然资源的硬约束不断增强，人均耕地、水资源量明显低于世界平均水平；粮食、棉花等主要农产品的需求呈刚性增长，农业增产、农民增收和农产品竞争力增强的压力将长期存在；农业结构不合理、产业化发展水平及农产品附加值低；生态与环境状况依然严峻，严重制约农业的可持续发展；食物安全、生态安全问题突出。我国的基本国情及面临的严峻挑战，决定了必须把科技进步作为解决"三农"问题的一项根本措施，大力提高农业科技水平，加大先进适用技术推广力度，突破资源约束，持续提高农业综合生产能力，加快建设现代农业的步伐。

发展思路：①以高新技术带动常规农业技术升级，持续提高农业综合生产能力。重点开展生物技术应用研究，加强农业技术集成

评议

宏观决策的失误靠微观很难纠偏，作为企业和研究单位，最怕是选错方向，定错位。

预则立，不预则废，规划的目的就是全面地综合资源，环境优势，集成科技力量，重点突破制约农业发展

评议

的瓶颈，以提高农业综合生产能力，加快建设现代农业的步伐。

对中国而言，到2020年农业用水增加，耕地面积净减10%，人均耕地面积由1.5亩减少到相当比例，所以，这是一场目标与条件悬殊的硬仗。在这个时期，起实质作用的是粮食的综合生产能力和提高单产，其中，主要的制约因素是：水土资源的短缺和科技支持力度的不足。

对于科技工作者而言，既不能过高地估计自然资源对经济发展的约束，也不能过低地估价科技、教育和人口素质的作用。为此，我认为：物质资源的开发是有限的，而智力资源的开发是无限的。也就是通过科技和人力资本的集约化投入，提高资源的生产率和以非常规

和配套，突破主要农作物育种和高效生产、畜牧水产育种及健康养殖和疫病控制关键技术，发展农业多种经营和复合经营，在确保持续增加产量的同时，提高农产品质量。②延长农业产业链，带动农业产业化水平和农业综合效益的全面提高。重点发展农产品精深加工、产后减损和绿色供应链产业化关键技术，开发农产品加工先进技术装备及安全监测技术，发展以健康食品为主导的农产品加工业和现代流通业，拓展农民增收空间。③综合开发农林生态技术，保障农林生态安全。重点开发环保型肥料、农药创制技术及精准作业技术装备，发展农林剩余物资源化利用技术，以及农业环境综合整治技术，促进农业新兴产业发展，提高农林生态环境质量。④积极发展工厂化农业，提高农业劳动生产率。重点研究农业环境调控、超高产高效栽培等设施农业技术，开发现代多功能复式农业机械，加快农业信息技术集成应用。

优先主题：

（1）种质资源发掘、保存和创新与新品种定向培育

重点研究开发主要农作物、林草、畜禽与水产优良种质资源发掘与构建技术，种质资源分子评价技术，动植物分子育种技术和定向杂交育种技术，规模化制种、繁育技术和种子综合加工技术。

（2）畜禽水产健康养殖与疫病防控

重点研究开发安全优质高效饲料和规模化健康养殖技术及设施，创制高效特异性疫苗、高效安全型兽药及器械，开发动物疫病及动物源性人畜共患病的流行病学预警监测、检疫诊断、免疫防治、区域净化与根除技术，突破近海滩涂、浅海水域养殖和淡水养殖技术，发展远洋渔业和海上贮藏加工技术与设备。

（3）农产品精深加工与现代储运

重点研究开发主要农产品和农林特产资源精深及清洁生态型加工技术与设备，粮油产后减损及绿色储运技术与设施，鲜活农产品保鲜与物流配送及相应的冷链运输系统技术。

（4）农林生物质综合开发利用

重点研究开发高效、低成本、大规模农林生物质的培育、收集与转化关键技术，沼气、固化与液化燃料等生物质能以及生物基新材料和化工产品等生产关键技术，农村垃圾和污水资源化利用技术，开发具有自主知识产权的沼气电站设备、生物基新材料装备等。

（5）农林生态安全与现代林业

重点研究开发农林生态系统构建技术，林草生态系统综合调控技术，森林与草原火灾、农林病虫害特别是外来生物入侵等生态灾害及气象灾害的监测与防治技术，生态型林产经济可持续经营技术，人工草地高效建植技术和优质草生产技术，开发环保型竹木基复合

材料技术。

（6）环保型肥料、农药创制和生态农业

重点研究开发环保型肥料、农药创制关键技术，专用复（混）型缓释、控释肥料及施肥技术与相关设备，综合、高效、持久、安全的有害生物综合防治技术，建立有害生物检测预警及防范外来有害生物入侵体系；发展以提高土壤肥力，减少土壤污染、水土流失和退化草场功能恢复为主的生态农业技术。

（7）多功能农业装备与设施

重点研究开发适合我国农业特点的多功能作业关键装备，经济型农林动力机械，定位变量作业智能机械和健康养殖设施技术与装备，保护性耕作机械和技术，温室设施及配套技术装备。

（8）农业精准作业与信息化

重点研究开发动植物生长和生态环境信息数字化采集技术，实时土壤水肥光热探测技术，精准作业和管理技术系统，农村远程数字化、可视化信息服务技术及设备，农林生态系统监测技术及虚拟农业技术。

（9）现代奶业

重点研究开发优质种公牛培育与奶牛胚胎产业化快繁技术，奶牛专用饲料、牧草种植与高效利用、疾病防治及规模化饲养管理技术，开发奶制品深加工技术与设备。

评议

灌溉水及非常规耕地进行替代，即：以智力资源替代紧缺的自然资源——这就是我们科技工作者的责任，这就是提高农民及全民素质的最终目标。

2016 年中央 1 号文件，是进入新世纪以来，党中央连续发出的第十三个指导"三农"的 1 号文件。文件围绕加快农业现代化建设，实现全面小康目标，特别是以发展新理念引领农村新发展，提出一系列新观点、新政策、新举措，对做好"三农"工作具有十分重要的意义。

（注：全文请参阅《国家中长期科学和技术发展规划纲要（2006—2020 年）》中华人民共和国国务院）

第六节　国家创新驱动发展战略（节选）

2016 年 5 月，中共中央、国务院印发了《国家创新驱动发展战略纲要》，提出国家创新驱动发展的基本原则是：紧扣发展、深化改革、强化激励、扩大开放。

一、战略背景

创新驱动就是创新成为引领发展的第一动力，科技创新与制度创新、管理创新、商业模式创新、业态创新和文化创新相结合，推动发展方式向依靠持续的知识积累、技术进步和劳动力素质提升转变，促进经济向形态更高级、分工更精细、结构更合理的阶段演进。创新驱动是国家命运所系。创新驱动是世界大势所趋。创新驱动是发展形势所迫。

当前，我国创新驱动发展已具备发力加速的基础。经过多年努力，科技发展正在进入由量的增长向质的提升的跃升期，科研体系日益完备，人才队伍不断壮大，科学、技术、工程、产业的自主创新能力快速提升。经济转型升级、民生持续改善和国防现代化建设对创新提出了巨大需求。庞大的市场规模、完备的产业体系、多样化的消费需求与互联网时代创新效率的提升相结合，为创新提供了广阔空间。中国特色社会主义制度能够有效结合集中力量办大事和市场配置资源的优势，为实现创新驱动发展提供了根本保障。

同时也要看到，我国许多产业仍处于全球价值链的中低端，一些关键核心技术受制于人，发达国家在科学前沿和高技术领域仍然占据明显领先优势，我国支撑产业升级、引领未来发展的科学技术储备亟待加强。适应创新驱动的体制机制亟待建立健全，企业创新动力不足，创新体系整体效能不高，经济发展尚未真正转到依靠创新的轨道。科技人才队伍大而不强，领军人才和高技能人才缺乏，创新型企业家群体亟须发展壮大。激励创新的市场环境和社会氛围仍需进一步培育和优化。

在我国加快推进社会主义现代化、实现"两个一百年"奋斗目标和中华民族伟大复兴中国梦的关键阶段，必须始终坚持抓创新就是抓发展、谋创新就是谋未来，让创新成为国家意志和全社会的共同行动，走出一条从人才强、科技强到产业强、经济强、国家强的发展新路径，为我国未来十几年乃至更长时间创造一个新的增长周期。

二、战略要求

（一）指导思想

以邓小平理论、"三个代表"重要思想、科学发展观为指导，深入贯彻习近平总书记系列重要讲话精神，按照"四个全面"战略布局的要求，坚持走中国特色自主创新道路，解放思想、开放包容，把创新驱动发展作为国家的优先战略，以科技创新为核心带动全面创新，以体制机制改革激发创新活力，以高效率的创新体系支撑高水平的创新型国家建设，推动经济社会发展动力根本转换，为实现中华民族伟大复兴的中国梦提供强大动力。

（二）基本原则

紧扣发展。坚持问题导向，面向世界科技前沿、面向国家重大需求、面向国民经济主战场，明确我国创新发展的主攻方向，在关键领域尽快实现突破，力争形成更多竞争优势。

深化改革。坚持科技体制改革和经济社会领域改革同步发力，强化科技与经济对接，遵循社会主义市场经济规律和科技创新规律，破除一切制约创新的思想障碍和制度藩篱，构建支撑创新驱动发展的良好环境。

强化激励。坚持创新驱动实质是人才驱动，落实以人为本，尊重创新创造的价值，激发各类人才的积极性和创造性，加快汇聚一支规模宏大、结构合理、素质优良的创新型人才队伍。

扩大开放。坚持以全球视野谋划和推动创新，最大限度用好全球创新资源，全面提升我国在全球创新格局中的位势，力争成为若干重要领域的引领者和重要规则制定的参与者。

（三）战略目标

分三步走：

第一步，到2020年进入创新型国家行列，基本建成中国特色国家创新体系，有力支撑全面建成小康社会目标的实现。

第二步，到 2030 年跻身创新型国家前列，发展驱动力实现根本转换，经济社会发展水平和国际竞争力大幅提升，为建成经济强国和共同富裕社会奠定坚实基础。

第三步，到 2050 年建成世界科技创新强国，成为世界主要科学中心和创新高地，为我国建成富强民主文明和谐的社会主义现代化国家、实现中华民族伟大复兴的中国梦提供强大支撑。

三、战略部署

实现创新驱动是一个系统性的变革，要按照"坚持双轮驱动、构建一个体系、推动六大转变"进行布局，构建新的发展动力系统。

双轮驱动就是科技创新和体制机制创新两个轮子相互协调、持续发力。抓创新首先要抓科技创新，补短板首先要补科技创新的短板。科学发现对技术进步有决定性的引领作用，技术进步有力推动发现科学规律。要明确支撑发展的方向和重点，加强科学探索和技术攻关，形成持续创新的系统能力。体制机制创新要调整一切不适应创新驱动发展的生产关系，统筹推进科技、经济和政府治理等三方面体制机制改革，最大限度释放创新活力。

一个体系就是建设国家创新体系。要建设各类创新主体协同互动和创新要素顺畅流动、高效配置的生态系统，形成创新驱动发展的实践载体、制度安排和环境保障。明确企业、科研院所、高校、社会组织等各类创新主体功能定位，构建开放高效的创新网络，建设军民融合的国防科技协同创新平台；改进创新治理，进一步明确政府和市场分工，构建统筹配置创新资源的机制；完善激励创新的政策体系、保护创新的法律制度，构建鼓励创新的社会环境，激发全社会创新活力。

六大转变就是发展方式从以规模扩张为主导的粗放式增长向以质量效益为主导的可持续发展转变；发展要素从传统要素主导发展向创新要素主导发展转变；产业分工从价值链中低端向价值链中高端转变；创新能力从"跟踪、并行、领跑"并存、"跟踪"为主向"并行"、"领跑"为主转变；资源配置从以研发环节为主向产业链、创新链、资金链统筹配置转变；创新群体从以科技人员的小众为主向小众与大众创新创业互动转变。

四、战略任务

紧紧围绕经济竞争力提升的核心关键、社会发展的紧迫需求、国家安全的重大挑战，采取差异化策略和非对称路径，强化重点领域和关键环节的任务部署。

（一）推动产业技术体系创新，创造发展新优势

1. 发展新一代信息网络技术，增强经济社会发展的信息化基础。

2. 发展智能绿色制造技术，推动制造业向价值链高端攀升。

3. 发展生态绿色高效安全的现代农业技术，确保粮食安全、食品安全。以实现种业自主为核心，转变农业发展方式，突破人多地少水缺的瓶颈约束，走产出高效、产品安全、资源节约、环境友好的现代农业发展道路。系统加强动植物育种和高端农业装备研发，大面积推广粮食丰产、中低产田改造等技术，深入开展节水农业、循环农业、有机农业和生物肥料等技术研发，开发标准化、规模化的现代养殖技术，促进农业提质增效和可

持续发展。推广农业面源污染和重金属污染防治的低成本技术和模式，发展全产业链食品安全保障技术、质量安全控制技术和安全溯源技术，建设安全环境、清洁生产、生态储运全覆盖的食品安全技术体系。推动农业向一二三产业融合，实现向全链条增值和品牌化发展转型。

4. 发展安全清洁高效的现代能源技术，推动能源生产和消费革命。

5. 发展资源高效利用和生态环保技术，建设资源节约型和环境友好型社会。采用系统化的技术方案和产业化路径，发展污染治理和资源循环利用的技术与产业。建立大气重污染天气预警分析技术体系，发展高精度监控预测技术。建立现代水资源综合利用体系，开展地球深部矿产资源勘探开发与综合利用，发展绿色再制造和资源循环利用产业，建立城镇生活垃圾资源化利用、再生资源回收利用、工业固体废物综合利用等技术体系。完善环境技术管理体系，加强水、大气和土壤污染防治及危险废物处理处置、环境检测与环境应急技术研发应用，提高环境承载能力。

6. 发展海洋和空间先进适用技术，培育海洋经济和空间经济。

7. 发展智慧城市和数字社会技术，推动以人为本的新型城镇化。依靠新技术和管理创新支撑新型城镇化、现代城市发展和公共服务，创新社会治理方法和手段，加快社会治安综合治理信息化进程，推进平安中国建设。发展交通、电力、通信、地下管网等市政基础设施的标准化、数字化、智能化技术，推动绿色建筑、智慧城市、生态城市等领域关键技术大规模应用。加强重大灾害、公共安全等应急避险领域重大技术和产品攻关。

8. 发展先进有效、安全便捷的健康技术，应对重大疾病和人口老龄化挑战。

9. 发展支撑商业模式创新的现代服务技术，驱动经济形态高级化。

10. 发展引领产业变革的颠覆性技术，不断催生新产业、创造新就业。

（二）强化原始创新，增强源头供给

坚持国家战略需求和科学探索目标相结合，加强对关系全局的科学问题研究部署，增强原始创新能力，提升我国科学发现、技术发明和产品产业创新的整体水平，支撑产业变革和保障国家安全。

1. 加强面向国家战略需求的基础前沿和高技术研究。

2. 大力支持自由探索的基础研究。

3. 建设一批支撑高水平创新的基础设施和平台。

（三）优化区域创新布局，打造区域经济增长极

聚焦国家区域发展战略，以创新要素的集聚与流动促进产业合理分工，推动区域创新能力和竞争力整体提升。

1. 构建各具特色的区域创新发展格局。

2. 跨区域整合创新资源。

3. 打造区域创新示范引领高地。

（四）深化军民融合，促进创新互动

1. 健全宏观统筹机制。

2. 开展军民协同创新。

3. 推进军民科技基础要素融合。

4．促进军民技术双向转移转化。

（五）壮大创新主体，引领创新发展

1．培育世界一流创新型企业。

2．建设世界一流大学和一流学科。

3．建设世界一流科研院所。

4．发展面向市场的新型研发机构。

5．构建专业化技术转移服务体系。

（六）实施重大科技项目和工程，实现重点跨越

在关系国家安全和长远发展的重点领域，部署一批重大科技项目和工程。

面向 2020 年，继续加快实施已部署的国家科技重大专项，聚焦目标、突出重点，攻克高端通用芯片、高档数控机床、集成电路装备、宽带移动通信、油气田、核电站、水污染治理、转基因生物新品种、新药创制、传染病防治等方面的关键核心技术，形成若干战略性技术和战略性产品，培育新兴产业。

面向 2030 年，坚持有所为有所不为，尽快启动航空发动机及燃气轮机重大项目，在量子通信、信息网络、智能制造和机器人、深空深海探测、重点新材料和新能源、脑科学、健康医疗等领域，充分论证，把准方向，明确重点，再部署一批体现国家战略意图的重大科技项目和工程。

面向 2020 年的重大专项与面向 2030 年的重大科技项目和工程，形成梯次接续的系统布局，并根据国际科技发展的新进展和我国经济社会发展的新需求，及时进行滚动调整和优化。要发挥社会主义市场经济条件下的新型举国体制优势，集中力量，协同攻关，持久发力，久久为功，加快突破重大核心技术，开发重大战略性产品，在国家战略优先领域率先实现跨越。

（七）建设高水平人才队伍，筑牢创新根基

加快建设科技创新领军人才和高技能人才队伍。围绕重要学科领域和创新方向造就一批世界水平的科学家、科技领军人才、工程师和高水平创新团队，注重培养一线创新人才和青年科技人才，对青年人才开辟特殊支持渠道，支持高校、科研院所、企业面向全球招聘人才。倡导崇尚技能、精益求精的职业精神，在各行各业大规模培养高级技师、技术工人等高技能人才。优化人才成长环境，实施更加积极的创新创业人才激励和吸引政策，推行科技成果处置收益和股权期权激励制度，让各类主体、不同岗位的创新人才都能在科技成果产业化过程中得到合理回报。

发挥企业家在创新创业中的重要作用，大力倡导企业家精神，树立创新光荣、创新致富的社会导向，依法保护企业家的创新收益和财产权，培养造就一大批勇于创新、敢于冒险的创新型企业家，建设专业化、市场化、国际化的职业经理人队伍。

推动教育创新，改革人才培养模式，把科学精神、创新思维、创造能力和社会责任感的培养贯穿教育全过程。完善高端创新人才和产业技能人才"二元支撑"的人才培养体系，加强普通教育与职业教育衔接。

（八）推动创新创业，激发全社会创造活力

建设和完善创新创业载体，发展创客经济，形成大众创业、万众创新的生动局面。

1. 发展众创空间。依托移动互联网、大数据、云计算等现代信息技术，发展新型创业服务模式，建立一批低成本、便利化、开放式众创空间和虚拟创新社区，建设多种形式的孵化机构，构建"孵化＋创投"的创业模式，为创业者提供工作空间、网络空间、社交空间、共享空间，降低大众参与创新创业的成本和门槛。

2. 孵化培育创新型小微企业。适应小型化、智能化、专业化的产业组织新特征，推动分布式、网络化的创新，鼓励企业开展商业模式创新，引导社会资本参与建设面向小微企业的社会化技术创新公共服务平台，推动小微企业向"专精特新"发展，让大批创新活力旺盛的小微企业不断涌现。

3. 鼓励人人创新。推动创客文化进学校，设立创新创业课程，开展品牌性创客活动，鼓励学生动手、实践、创业。支持企业员工参与工艺改进和产品设计，鼓励一切有益的微创新、微创业和小发明、小改进，将奇思妙想、创新创意转化为实实在在的创业活动。

实施创新驱动发展战略是我们党在新时期的重大历史使命。全党全国必须统一思想，各级党委和政府必须切实增强责任感和紧迫感，统筹谋划，系统部署，精心组织，扎实推进。

加强领导。按照党中央、国务院统一部署，国家科技体制改革和创新体系建设领导小组负责本纲要的具体组织实施工作，加强对创新驱动发展重大战略问题的研究和审议，指导推动纲要落实。全党全社会要紧密团结在以习近平同志为总书记的党中央周围，把各方面力量凝聚到创新驱动发展上来，为全面建成创新型国家、实现中华民族伟大复兴的中国梦而努力奋斗。

（注：全文请参阅《国家创新驱动发展战略纲要》2016-05-19）

第七节　优势农产品区域布局

全国种植业结构调整规划（2016—2020 年）

种植业是农业的重要基础，粮棉油糖菜是关系国计民生的重要产品。"十二五"时期，我国粮食连年增产，种植业持续稳定发展，为经济发展和改革大局提供了有力支撑。"十三五"时期是全面建成小康社会的决胜阶段，面临的形势更加复杂、发展的任务更加繁重。适应经济发展新常态，推进农业供给侧结构性改革，必须加快转变发展方式，调整优化种植结构，全面提高发展质量，全力保障国家粮食安全和重要农产品有效供给。

本规划调整的主要作物为粮食、棉花、油料、糖料、蔬菜及饲草作物，规划期为2016—2020 年。

一、种植业结构调整的必要性紧迫性

"十二五"以来，特别是党的十八大以来，中央高度重视"三农"工作，作出了一系列重大部署，出台了一系列强农惠农富农政策，有力促进了粮食和种植业持续稳定发展，取得了巨大成就。农业生产能力稳步提升。粮食产量连续五年超过 5.5 亿吨，连续三年超

过 6 亿吨，综合生产能力超过 5.5 亿吨。同时，果菜茶等园艺作物稳定发展，棉油糖等工业原料作物单产水平进一步提高。已建成一批粮、棉、油、糖等重要农产品生产基地，"米袋子"、"菜篮子"的生产基础不断夯实。农业基础条件持续改善。农田有效灌溉面积达到 9.86 亿亩、占耕地总面积的 54.7%，农田灌溉水有效利用系数达到 0.52；新建一批旱涝保收的高标准农田，耕地质量有所改善。科技支撑水平显著增强。农业科技进步贡献率超过 56%，主要农作物特别是粮食作物良种基本实现全覆盖；农机总动力达到 11 亿千瓦，主要农作物耕种收综合机械化率达到 63%。生产集约程度不断提高。承包耕地流转面积达到 4.03 亿亩、占家庭承包经营耕地面积的 30.4%；农民专业合作社 128.88 万家，入社农户占全国农户总数的 36% 左右；主要农作物重大病虫害统防统治覆盖率达到 30%。主要产品优势带初步形成。小麦以黄淮海为重点，水稻以东北和长江流域为重点，玉米以东北和黄淮海为重点，大豆以东北北部和黄淮海南部为重点，棉花以新疆为重点，油菜以长江流域为重点，糖料以广西、云南为重点，形成了一批特色鲜明、布局集中的农产品优势产业带。

当前，我国农业发展环境正发生深刻变化，老问题不断积累、新矛盾不断涌现，面临不少困难和挑战。一是品种结构不平衡。小麦、稻谷口粮品种供求平衡，玉米出现阶段性供大于求，大豆供求缺口逐年扩大。棉花、油料、糖料等受资源约束和国际市场冲击，进口大幅增加，生产出现下滑。优质饲草短缺，进口逐年增加。二是资源环境约束的压力越来越大。工业化城镇化快速推进，还要占用一部分耕地，还要挤压一部分农业用水空间。耕地质量退化、华北地下水超采、南方地表水富营养化等问题突出，对农业生产的"硬约束"加剧，靠拼资源消耗、拼物质要素投入的粗放发展方式难以为继。三是消费结构升级的要求越来越高。经济的发展使城乡居民的支付能力和生活水平不断提高，消费者对农产品的需求由吃得饱转向吃得好、吃得安全、吃得健康，进入消费主导农业发展转型的新阶段。四是产业融合的程度越来越深。现代农业产业链条不断延伸，产业附加值不断提升，需要开发农业多种功能和多重价值，推进农牧结合，实现一二三产业融合发展。五是国内外市场联动越来越紧。经济全球化和贸易自由化深入发展，国内与国际市场深度融合，资源要素和产品加速流动，国内农产品竞争优势不足，进口压力加大。此外，受全球气候变暖影响，高温、干旱、洪涝等极端天气频发重发，病虫害发生呈加重趋势，对农业生产安全带来威胁。

新形势下，农业的主要矛盾已由总量不足转变为结构性矛盾，推进农业供给侧结构性改革，加快转变农业发展方式，是当前和今后一个时期农业农村经济的重要任务。这些重大部署和要求，给种植业结构调整带来难得的机遇。一是有发展新理念的引领。"创新、协调、绿色、开放、共享"五大发展新理念，为调整优化种植结构提供了基本的遵循。二是有巨大市场消费的拉动。还有五年的时间就实现第一个百年奋斗目标，加之工业化、城镇化快速推进，进入消费需求持续增长、消费结构加快升级、消费拉动经济作用明显增强的重要阶段，蕴藏着巨大的市场空间，外在动力持续增强。三是有科技创新加速的支撑。以生物、信息、新材料、新能源技术为中心的新一轮科技革命和产业变革正蓄势待发，物联网、智能装备、DNA 生物记忆卡等一批新技术不断涌现，国家科技创新驱动战略和"大众创业、万众创新"的深入实施，智慧农业、生态农业等新业态应运而生，内在动力持续增强。四是有农村改革的深入推进。农村集体产权制度改革，改革完善粮食等农产品价格形成机制和收储制度，健全农业农村投入持续增长机制，推动金融资源更多向农村倾斜，将进一步释放改革红利。五是有国际国内的深度融合。我国已深度融入全球化格局中，"一带一路"战略的加快实施，统筹国际国内两个市场、两种资源，为调整优化种植结构拓展了空间。

面对新形势、应对新挑战，必须主动作为、顺势而为，加快转变农业发展方式，推进种植业结构调整，提升质量效益和竞争力，保障国家粮食安全，促进种植业可持续发展。

二、种植业结构调整的思路、原则和目标任务

（一）总体思路

全面贯彻党的十八大和十八届三中、四中、五中全会精神，深入贯彻习近平总书记系列重要讲话精神，以发展新理念为统领，实施新形势下国家粮食安全战略和藏粮于地、藏粮于技战略，坚持市场导向、科技支撑、生态优先，转变发展方式，加快转型升级，巩固提升粮食产能，推进种植业结构调整，优化品种结构和区域布局，构建粮经饲统筹、农牧结合、种养加一体、一二三产业融合发展的格局，走产出高效、产品安全、资源节约、环境友好的农业现代化道路。

（二）基本原则

1. 坚持底线思维，确保粮食安全。种植业结构调整要立足我国国情和粮情，集中力量把最基本、最重要的保住，守住"谷物基本自给、口粮绝对安全"的战略底线。加强粮食主产区建设，建立粮食生产功能区和重要农产品生产保护区，巩固提升粮食产能。

2. 坚持市场导向，推进产业融合。发挥市场配置资源决定性作用，引导农民安排好生产和种植结构。以关联产业升级转型为契机，推进农牧结合，发展农产品加工业，扩展农业多功能，实现一二三产业融合发展，提升农业效益。

3. 坚持突出重点，做到有保有压。根据资源禀赋及区域差异，做到保压有序、取舍有度。优化品种结构，重点是保口粮、保谷物，兼顾棉油糖菜等生产，发展适销对路的优质品种。优化区域布局，发挥比较优势，巩固提升优势区，适当调减非优势区。优化作物结构，建立粮经饲三元结构。

4. 坚持创新驱动，注重提质增效。推进科技创新，强化农业科技基础条件和装备保障能力建设，提升种植业结构调整的科技水平。推进机制创新，培育新型农业经营主体和新型农业服务主体，发展适度规模经营，提升集约化水平和组织化程度。

5. 坚持生态保护，促进持续发展。树立尊重自然、顺应自然、保护自然的理念，节约和高效利用农业资源，推进化肥农药减量增效，建立耕地轮作制度，实现用地养地结合，促进资源永续利用、生产生态协调发展。

6. 坚持着眼全球，统筹两个市场。在保障国家粮食安全底线的前提下，充分利用国际农业资源和产品市场，保持部分短缺品种的适度进口，满足国内市场需求。引导国内企业参与国际产能合作，在国际市场配置资源、布局产业，提升我国农业国际竞争力和全球影响力。

（三）发展目标

种植业结构调整的目标，主要是"两保、三稳、两协调"。

"两保"，即保口粮、保谷物。到 2020 年，粮食面积稳定在 16.5 亿亩左右，其中稻谷、小麦口粮品种面积稳定在 8 亿亩，谷物面积稳定在 14 亿亩。

"三稳"，即稳定棉花、食用植物油、食糖自给水平。到 2020 年，力争棉花面积稳定在 5 000 万亩左右，油料面积稳定在 2 亿亩左右，糖料面积稳定在 2 400 万亩左右。

"两协调"，即蔬菜生产与需求协调发展、饲草生产与畜牧养殖协调发展。到 2020 年，蔬菜面积稳定在 3.2 亿亩左右，饲草面积达到 9 500 万亩。

（四）调整任务

1. 构建粮经饲协调发展的作物结构。适应农业发展的新趋势，建立粮食作物、经济作物、饲草作物三元结构。粮食作物：加强粮食主产区建设，建设一批高产稳产的粮食生产功能区，强化基础设施建设，提升科技和物质装备水平，不断夯实粮食产能。经济作物：稳定棉花、油料、糖料作物种植面积，建设一批稳定的商品生产基地。稳定蔬菜面积，发展设施生产，实现均衡供应。饲草作物：按照以养带种、以种促养的原则，积极发展优质饲草作物。

2. 构建适应市场需求的品种结构。消费结构升级，需要农业提供数量充足、品质优良的产品。发展优质农产品，优先发展优质稻米、强筋弱筋小麦、"双低"油菜、高蛋白大豆、高油花生、高产高糖甘蔗等优质农产品。发展专用农产品，积极发展甜糯玉米、加工型早籼稻、高赖氨酸玉米、高油玉米、高淀粉马铃薯等加工型专用品种，发展生物产量高、蛋白质含量高、粗纤维含量低的苜蓿和青贮玉米。发展特色农产品，因地制宜发展传承农耕文明、保护特色种质资源的水稻，有区域特色的杂粮杂豆，风味独特的小宗油料，有地理标志的农产品。培育知名品牌，扩大市场影响，为消费者提供营养健康、质量安全的放心农产品。

3. 构建生产生态协调的区域结构。综合考虑资源承载能力、环境容量、生态类型和发展基础等因素，确定不同区域的发展方向和重点，分类施策、梯次推进，构建科学合理、专业化的生产格局。提升主产区，重点是发展东北平原、黄淮海地区、长江中下游平原等粮油优势产区，新疆内陆棉区，桂滇粤甘蔗优势区，发展南菜北运基地和北方设施蔬菜，加强基础设施建设，稳步提升产能。建立功能区，优先将水土资源匹配较好、相对集中连片的小麦、水稻田划定为粮食生产功能区，特别是将非主产区的杭嘉湖平原、关中平原、河西走廊、河套灌区、西南多熟区等区域划定为粮食生产功能区。建立保护区，加快将资源优势突出、区域特色明显的重要农产品优先列入保护区，重点是发展东北大豆、长江流域"双低"油菜、新疆棉花、广西"双高"甘蔗等重要产品保护区。

4. 构建用地养地结合的耕作制度。根据不同区域的资源条件和生态特点，建立耕地轮作制度，促进可持续发展。东北冷凉区，实行玉米大豆轮作、玉米苜蓿轮作、小麦大豆轮作等生态友好型耕作制度，发挥生物固氮和养地肥田作用。北方农牧交错区，重点发展节水、耐旱、抗逆性强等作物和牧草，防止水土流失，实现生态恢复与生产发展共赢。西北风沙干旱区，依据降水和灌溉条件，以水定种，改种耗水少的杂粮杂豆和耐旱牧草，提高水资源利用率。南方多熟地区，发展禾本科与豆科、高秆与矮秆、水田与旱田等多种形式的间作、套种模式，有效利用光温资源，实现永续发展。此外，以保障国家粮食安全和农民种植收入基本稳定为前提，在地下水漏斗区、重金属污染区、生态严重退化地区开展休耕试点。禁止弃耕、严禁废耕，鼓励农民对休耕地采取保护措施。

三、品种结构与区域布局

（一）品种结构调整重点

表 1-1　农产品品种结构调整重点

序号	品种	结构	结构调整与区域布局		
1	粮食		守住"谷物基本自给、口粮绝对安全"的底线，坚持有保有压，排出优先序，重点是保口粮、保谷物，口粮重点发展水稻和小麦生产，优化玉米结构，因地制宜发展食用大豆、薯类和杂粮杂豆。		
		稳面积与提品质并举，杂交稻与常规稻并重。	稳面积与提品质并举。巩固北方粳稻产区，稳定南方双季稻生产，扩大优质稻种植面积，促进提质增效。到2020年，水稻面积稳定在4.5亿亩，优质稻比例达到80%。	杂交稻与常规稻并重。发挥我国杂交水稻育种技术优势，加快选育高产优质高抗杂交稻新品种，稳定杂交稻面积，促进单产提高、品质提升。利用现代育种技术，加快常规稻品种提纯复壮，降低用种成本，发挥常规稻品质优势，提升种植效益。	
		稳定冬小麦、恢复春小麦，抓两头、带中间。	稳定冬小麦、恢复春小麦。稳定黄淮海、长江中下游等主产区冬小麦。结合建立合理轮作体系，在东北冷凉地区、内蒙古河套地区、新疆天山北部地区等，适当恢复春小麦。到2020年，小麦面积稳定在3.6亿亩左右，其中冬小麦稳定在3.3亿亩。	抓两头、带中间。"抓两头"，大力发展市场紧缺的用于加工面包的优质强筋小麦和加工饼干蛋糕的优质弱筋小麦。"带中间"，带动用于加工馒头、面条的中筋或中强筋小麦品质提升。	
		调减籽粒玉米，扩大青贮玉米，适当发展鲜食玉米。	调减籽粒玉米。巩固提升玉米优势区，适当调减非优势区，重点是调减东北冷凉区、北方农牧交错带、西北风沙干旱区春玉米，以及黄淮海地区低产的夏玉米面积，大力推广适合籽粒机收品种，推进全程机械化生产。到2020年，玉米面积稳定在5亿亩左右，重点是调减"镰刀弯"地区玉米面积5000多万亩。	扩大青贮玉米。根据以养带种、以种促养的要求，因地制宜发展青贮玉米，提供优质饲料来源，就地过腹转化增值。到2020年，青贮玉米面积达到2500万亩。	适当发展鲜食玉米。适应居民消费升级的需要，扩大鲜食玉米种植，为居民提供营养健康的膳食纤维和果蔬。到2020年，鲜食玉米面积达到1500万亩。

（续）

序号	品种	结构	结构调整与区域布局	
1	粮食	大豆	粮豆轮作、恢复面积，改善品质、提高效益。	粮豆轮作、恢复面积。因地制宜开展粮豆轮作，在东北地区推广玉米大豆轮作模式，在黄淮海地区推广玉米大豆轮作、麦豆一年两熟或玉米大豆间套作，适当恢复大豆种植面积。到2020年，大豆面积达到1.4亿亩、增加4 000万亩左右。	改善品质、提高效益。根据我国居民的饮食习惯和大豆市场供求现状，东北地区扩大优质食用大豆面积，稳定油用大豆面积。黄淮海地区以优质高蛋白食用大豆为重点，适当恢复面积。加快科技创新、加大政策扶持，推进经营体制创新，实现增产增效、节本增效、提质增效。实现国产大豆与国外高油大豆的错位竞争，满足国民对健康植物蛋白的消费需求。
		薯类杂粮	扩大面积、优化结构，加工转化、提质增效。	扩大面积、优化结构。适当调减"镰刀弯"地区玉米面积，改种耐旱耐瘠薄的薯类、杂粮杂豆，满足市场需求，保护生态环境。到2020年，薯类杂粮种植面积达到2.3亿亩左右。	加工转化、提质增效。按照"营养指导消费、消费引导生产"的要求，开发薯类杂粮营养健康、药食同源的多功能性，广泛应用于主食产品开发、酿酒酿造、营养保健、精深加工等领域，推进规模种植和产销衔接，实现加工转化增值，带动农民增产增收。
2	棉花		稳定面积、双提增效。	稳定面积。受种植效益下降等因素影响，棉花生产向优势区域集中、向盐碱滩涂地和沙性旱地集中、向高效种植模式区集中，在已有的西北内陆棉区、黄河流域棉区、长江流域棉区"三足鼎立"的格局下，提升新疆棉区，巩固沿海沿江沿黄环湖盐碱滩涂棉区。到2020年，棉花面积稳定在5 000万亩左右，其中新疆棉花面积稳定在2 500万亩左右。	双提增效。着力提高单产、提升品质、增加效益。加快选育耐盐碱、抗性强、宜机收的高产棉花品种，集成配套棉花生产机械移栽收获等技术。同时，解决棉花"三丝"等异性纤维，以及机收杂质、纤维长度和强度降低等品质问题，实现增产增效、节本增效、提质增效。

（续）

序号	品种	结构	结构调整与区域布局		
3	油料	两油为主，多油并举。	两油为主。重点发展油菜和花生生产。稳定长江流域油菜、花生面积和黄淮海花生面积，因地制宜扩大东北农牧交错区花生面积。到2020年，油菜面积稳定在1亿亩左右，花生面积稳定在7 000万亩左右。	多油并举。因地制宜发展耐旱耐盐碱耐瘠薄的油葵、芝麻、胡麻等小宗油料作物，积极发展高油玉米。在适宜地区示范推广油用牡丹、油莎豆等，增加新油源。充分利用棉籽、米糠等原料，开发食用植物油。	
4	糖料	稳定面积、双提双增。	稳定面积。通过完善甘蔗价格形成机制，集成配套以机械收割等为主的节本增效技术，调动农民种植甘蔗积极性。重点是稳定广西、云南等优势产区，适当调减不具备比较优势的甘蔗产区。到2020年，糖料面积稳定在2 400万亩左右，其中甘蔗面积稳定在2 100万亩左右。	双提双增。着力提高单产、提高含糖率、增加产量、增加效益。加快选育高产高糖抗逆及适宜机械收割的新品种，大力推广甘蔗脱毒健康种苗，集成配套轻简高效栽培技术模式，提高单产、提高品质、增加效益。	
5	蔬菜	稳定面积、保质增效、均衡供应。	稳定面积。统筹蔬菜优势产区和大中城市"菜园子"生产，巩固提升北方设施蔬菜生产，稳定蔬菜种植面积。到2020年，蔬菜面积稳定在3.2亿亩左右，其中设施蔬菜达到6 300万亩。	保质增效。重点是推广节水环保和绿色防控等技术，建立系统完整的从田间到餐桌产品质量追溯体系，确保蔬菜产品质量安全。提升设施农业的防护能力，推广肥水一体和小型作业机械，因地制宜推广智能监控和"互联网＋"等现代技术，实现增产增效、节本增效。	均衡供应。统筹南菜北运蔬菜基地和北方设施蔬菜生产，发展春提早和秋延后以及越冬蔬菜生产。完善流通设施，加强产地冷链建设，着力解决蔬菜供应时空分布不均的矛盾，实现周年均衡供应。
6	饲草作物	以养带种、多元发展。	以养带种。根据养殖生产的布局和规模，因地制宜发展青贮玉米等优质饲草饲料，逐步建立粮经饲三元结构。到2020年，青贮玉米面积达到2 500万亩，苜蓿面积达到3 500万亩。	多元发展。北方地区重点发展优质苜蓿、青贮玉米、饲用燕麦等饲草，南方地区重点发展黑麦草、三叶草、狼尾草、饲用油菜、饲用苎麻、饲用桑叶等。	

（二）区域布局调整重点

综合考虑自然生态条件、生产发展现状、结构调整潜力，明确六大区域的调整重点和方向。

表 1-2　农产品区域布局调整重点

序号	地区	区域特点	调整方向
1	东北地区	本区地域辽阔，耕地面积大。松嫩平原、三江平原和辽河平原位于本区核心位置，耕地肥沃且集中连片，适宜农业机械耕作。雨量充沛，年降水量 500～700 毫米，无霜期 80～180 天，初霜日在 9 月上、中旬，≥10℃ 积温 1 300～3 700℃，日照时数 2 300～3 000 小时，雨热同季，适宜农作物生长，是我国条件最好的一熟制作物种植区和商品粮生产基地。区内光温水热条件可以满足春小麦、玉米、大豆、粳稻、马铃薯、花生、向日葵、甜菜、杂粮、杂豆及温带瓜果蔬菜的种植需要。进入 21 世纪以来，本区种植业生产专业化程度迅速提高，成为我国重要的玉米和粳稻集中产区。与此同时，其他作物的面积不断减少，尤其是传统优势作物大豆的种植面积不断缩减。由于气候和品种原因，本区粮食生产在一定程度上存在专用品种少、市场竞争力不强的现象。	调整方向：突出"稳、减、扩、建"四字要领，即稳定水稻面积，调减玉米面积，扩种大豆、杂粮、薯类和饲草作物，构建合理轮作制度。 稳定水稻面积。稳定三江平原、松嫩平原等优势产区的水稻面积。加快大中型灌区续建配套和节水改造，特别是加大"两江一湖"（黑龙江、乌苏里江、兴凯湖）水利工程建设力度，改进水稻灌溉方式，扩大自流灌溉面积，减少井灌面积，控制地下水开采。到 2020 年，东北地区水稻自流灌溉面积比例达到 2/3 左右。 调减玉米面积。调减黑龙江北部、内蒙古呼伦贝尔等第四、五积温带，以及农牧交错带的玉米种植面积。到 2020 年，调减籽粒玉米面积 3 000 万亩以上。 扩种大豆杂粮薯类和饲草作物。调减的玉米面积改种大豆、春小麦、杂粮杂豆及青贮玉米等作物。其中，2020 年大豆面积达到 8 100 万亩，青贮玉米面积达到 1 000 万亩。 构建合理轮作制度。在黑龙江、内蒙古第四、五积温带推行玉米大豆、小麦大豆、马铃薯大豆轮作，在黑龙江南部、吉林和辽宁东部地区推行玉米大豆轮作，在东北的农牧交错区推行"525 轮作"（即 5 年苜蓿、2 年玉米、5 年苜蓿），在大兴安岭沿麓地区推行小麦油菜轮作，实现用地养地相结合，逐步建立合理的轮作体系。 此外，该区域要在大中城市因地制宜发展日光温室大棚等设施蔬菜，提高冬春淡季蔬菜自给率。
2	黄淮海地区	本区位于秦岭-淮河线以北、长城以南的广大区域，属温带大陆季风气候，农业生产条件较好，土地平整，光热资源丰富。年降水量 500～800 毫米，≥10℃ 积温 4 000～4 500℃，无霜期 175～220 天，日照时数 2 200～2 800 小时，可以两年三熟到一年两熟，是我国冬小麦、玉米、花生和大豆的优势区和传统棉区，是应季蔬菜和设施蔬菜的重要产区。水资源不足、地下水超采、耕地数量和质量下降是本区农业生产的主要限制因素。北京、天津两大直辖市位于本区，京津冀协同发展对本区农业生产结构有着特殊要求。	调整方向：稳字为重，压保并进，粮经饲统筹。 稳字为重。本区是我国重要的粮棉油菜饲生产基地，形成了一套成熟的耕作制度和种植模式。重点是稳定小麦面积，完善小麦/玉米、小麦/大豆（花生）一年两熟种植模式，搞好茬口衔接，大力发展优质强筋小麦。稳定蔬菜面积，扩大青贮玉米面积。到 2020 年，小麦面积稳定在 2.4 亿亩，玉米面积稳定在 1.6 亿亩，蔬菜面积稳定在 1 亿亩。 压保并进。在稳步提升粮食产能的前提下，适度调减华北地下水严重超采区小麦种植面积，改种耐旱耐盐碱的棉花和油葵等作物，扩种马铃薯、苜蓿等耐旱作物。保持滨海盐碱地、滩涂地棉花面积稳定。 粮经饲统筹。统筹粮棉油菜饲生产，适当扩种花生、大豆、饲草。到 2020 年，花生面积稳定在 3 700 万亩以上，大豆面积达到 4 000 万亩，苜蓿面积达到 500 万亩。

（续）

序号	地区	区域特点	调整方向
3	长江中下游地区	本区属亚热带季风气候，水热资源丰富，河网密布，水系发达，是我国传统的鱼米之乡。年降水量 800～1 600 毫米，无霜期 210～300 天，≥10℃积温 4 500～5 600℃，日照时数 2 000～2 300 小时，耕作制度以一年两熟或三熟为主，大部分地区可以发展双季稻，实施一年三熟制。耕地以水田为主，占耕地总面积的 60％左右。种植业以水稻、小麦、油菜、棉花等作物为主，是我国重要的粮、棉、油生产基地。本区是我国稻麦两熟的主产区，粳稻与小麦两熟季节紧，上下茬之间如何协调以实现周年高产是当前的主要问题。	调整方向："两稳一提"，即稳定双季稻面积，稳定油菜面积，提升品质。 稳定双季稻面积。推广水稻集中育秧和机插秧，提高秧苗素质，减轻劳动强度，保持双季稻面积稳定。规范直播稻发展，减少除草剂使用，规避倒春寒、寒露风等灾害，修复稻田生态，因地制宜发展再生稻。到 2020 年，双季稻面积稳定在 1.1 亿亩。 稳定油菜面积。加快选育推广生育期短、宜机收的油菜品种，做好茬口衔接。开发利用冬闲田，扩大油菜种植。加快选育不同用途的油菜品种，积极拓展菜用、花用、肥用、饲用等多种功能。到 2020 年，油菜面积稳定在 6 000 万亩。 提升品质。选育推广生育期适中、产量高、品质好的优质籼稻和粳稻品种，组装配套技术模式，合理安排茬口。选育推广高产优质的弱筋小麦专用品种，集成配套高产高效技术模式，因地制宜扩种优质弱筋小麦，增加市场供应。推广"双低"油菜，提高油菜籽品质。 此外，开发利用沿海沿江环湖盐碱滩涂资源种植棉花，开发冬闲田扩种黑麦草等饲草作物。
4	华南地区	本区大部分属于南亚热带湿润气候，是我国水热资源最丰富的地区，年降水量 1 300～2 000 毫米，无霜期 235～340 天，≥10℃积温 6 500～9 300℃，日照时数 1 500～2 600 小时。南部属热带气候，终年无霜，可一年三熟。本区人口密集，人均耕地少。耕地以水田为主；地形复杂多样，河谷、平原、山间盆地、中低山交错分布，是我国重要的热带水果、甘蔗和反季节蔬菜产区，产品销往港澳地区。传统粮食作物以水稻为主，兼有鲜食玉米，近年马铃薯发展较快。油料作物以花生为主。	调整方向："两稳一扩"，即稳定水稻面积、稳定糖料面积、扩大冬种面积。 稳定水稻面积。稳定双季稻面积，集成推广集中育秧、机插秧及抛秧等关键技术，提高生产组织化程度；选育推广优质籼稻，着力改善稻米品质，推进稻米加工转化，提高市场竞争能力。因地制宜发展再生稻。到 2020 年，水稻面积稳定在 7 500 万亩。 稳定糖料面积。推广应用脱毒健康种苗，加强"双高"蔗田基础设施建设，推动生产规模化、专业化、集约化，加快机械收获步伐，大力推广秋冬植蔗，深挖节本增效潜力，促进稳定发展。 扩大冬种面积。充分利用冬季光温资源，开发冬闲田，扩大冬种马铃薯、玉米、蚕豌豆、绿肥和饲草作物等，加强南菜北运基地基础设施建设，实现错季上市、均衡供应，增加农民收入。

（续）

序号	地区	区域特点	调整方向
5	西南地区	本区地处我国长江、珠江等大江大河的上游生态屏障地区，地形复杂，山地、丘陵、盆地交错分布，垂直气候特征明显，生态类型多样，冬季温和，生长季长，雨热同季，适宜多种作物生长，有利于生态农业、立体农业的发展。年降水量 800～1 600 毫米，无霜期 210～340 天，≥10℃ 积温 3 500～6 500℃，日照时数 1 200～2 600 小时，主要种植玉米、水稻、小麦、大豆、马铃薯、甘薯、油菜、甘蔗、烟叶、苎麻等作物，是我国重要的蔬菜和中药材生产区域。本区主要制约因素是土地细碎，人地矛盾紧张，石漠化、水土流失、季节性干旱等问题突出，坡耕地比重大，不利于机械作业。	调整方向：稳粮扩经、增饲促牧，间套复种、增产增收。 稳粮扩经、增饲促牧。因地制宜推广轻简栽培及小型机具，稳定水稻、小麦生产，发展再生稻，稳定藏区青稞面积，扩种马铃薯和杂粮杂豆。推广油菜育苗移栽和机械直播等技术，扩大优质油菜生产。对坡度 25° 以上的耕地实行退耕还林还草，调减云贵高原非优势区玉米面积，改种优质饲草，发展草食畜牧业。到 2020 年，水稻面积稳定在 6 700 万亩，小麦面积稳定在 2 900 万亩，玉米面积稳定在 5 500 万亩，油菜面积达到 3 300 万亩。 间套复种、增产增收。发挥光温资源丰富、生产类型多样、种植模式灵活的优势，推广玉米/大豆、玉米/马铃薯、玉米/红薯间套作等生态型复合种植，合理利用耕地资源，提高土地产出率，实现增产增收。
6	西北地区	本区大部分位于我国干旱、半干旱地带，土地广袤，光热资源丰富，耕地充足，人口稀少，增产潜力较大。但干旱少雨，水土流失和土壤沙化现象严重。年降水量小于 400 毫米，无霜期 100～250 天，初霜日在 10 月底，≥10℃ 积温 2 000～4 500℃，日照时数 2 600～3 400 小时。农业生产方式包括雨养农业、灌溉农业和绿洲农业，是我国传统的春小麦、马铃薯、杂粮、春油菜、甜菜、向日葵、温带水果产区，是重要的优质棉花产区。	调整方向：稳夏优秋、稳棉保供、特色增效。 稳夏优秋。以推广覆膜技术为载体，顺应天时、趋利避害，稳定小麦等夏熟作物，积极发展马铃薯、春小麦、杂粮杂豆，因地制宜发展青贮玉米、苜蓿、饲用油菜、饲用燕麦等饲草作物。 稳棉保供。推进棉花规模化种植、标准化生产、机械化作业，提高生产水平和效率。发挥新疆光热和土地资源优势，推广膜下滴灌、水肥一体等节本增效技术，积极推进棉花机械采收，稳定棉花种植面积，保证国内用棉需要。到 2020 年，棉花面积稳定在 2 500 万亩以上。 特色增效。积极发展特色杂粮杂豆，扩种特色油料，增加市场供应，促进农民增收。充分利用西北地区光热资源优势，加强玉米、蔬菜、脱毒马铃薯、苜蓿等制种基地建设，满足生产用种需要。

四、推进种植业结构调整的政策措施

种植业结构调整是一项系统工程，需要加强顶层设计，搞好规划指导，构建上下联动、协同推进的工作机制。同时，要强化项目支撑和政策扶持，调动地方政府和农民群众的积极性。

（一）完善农产品价格政策

统筹考虑水稻、小麦、玉米、大豆、油料、棉花等作物的比较效益，健全完善主要农产品价格形成机制，释放价格信号，引导农民按照市场需求调整优化种植结构。坚持实施稻谷、小麦最低收购价政策，保持价格基本稳定。完善玉米收储政策，玉米价格要反映市场供求关系，调节生产与需求，落实好玉米生产补贴，保持优势区玉米种植收益基本稳定。合理确定大豆目标价格水平，改进补贴方式，提早公布年度目标价格。完善油菜籽、食糖收储和棉花目标价格政策。

（二）建立合理轮作补助政策

整合项目资金，加大补助力度，支持各地因地制宜推行耕地轮作模式，逐步建立粮豆轮作、粮经轮作、粮饲轮作等耕地轮作制度，促进农业可持续发展。扩大粮改饲试点范围，以养带种，农牧结合，促进饲草生产与畜牧养殖协调发展。此外，在地下水漏斗区、重金属污染区和生态严重退化地区开展耕地休耕制度试点，合理确定补助标准。

（三）加强高标准农田建设

实施"藏粮于地"战略，加快实施《全国高标准农田建设总体规划》、《全国新增千亿斤粮食生产能力规划》，加大资金投入，加快建设集中连片、旱涝保收、稳产高产、生态友好的高标准农田，优先建设口粮田。强化耕地质量保护与提升，开展土壤改良、地力培肥和养分平衡，防止耕地退化，提高地力水平。抓好东北黑土地退化区、南方土壤酸化区、北方土壤盐渍化区综合治理，保护和提升耕地质量。

（四）推进农业科技创新

实施"藏粮于技"战略，加强农业关键共性技术研究，在节本降耗、节水灌溉、农机装备、绿色投入品、重大生物灾害防治、秸秆综合利用等方面取得一批重大实用技术成果。推进种业科技创新，深入推进种业科研成果权益分配改革，探索科研成果权益分享、转移转化和科研人员分类管理机制。全面推进良种重大科研联合攻关，创新育种方法和技术，改良育种材料，加快培育和推广一批高产优质多抗适宜机收的突破性新品种，加快主要粮食作物新一轮品种更新换代。加大现代种业提升工程实施力度，改善种业育种创新装备条件。推进技术集成创新，深入开展绿色高产高效创建和模式攻关，集成组装一批高产高效、资源节约、生态环保的技术模式，示范带动均衡增产和可持续发展。

（五）提升农机装备水平

发挥农业机械在结构调整中集成技术、节本增效、推动规模经营的重要作用。开展新型高效农业机械研发，推广一批适宜不同区域、不同作物、不同环节的新机具。促进农机农艺融合，着力解决水稻机插和玉米、油菜、甘蔗、棉花、花生、马铃薯等机播机收突出问题，加大蔬菜、饲草生产机械装备研发和示范应用，提高生产机械化水平。推进主要农作物生产全程机械化，探索总结全程机械化的技术路径、技术模式、机具配套、操作规程及服务方式。

（六）完善金融保险政策

加大金融保险对种植业结构调整的支持力度。发挥财政投入的杠杆作用，通过补贴、贴息等方式，撬动金融资本、社会资本进入，形成多方投入的机制。加快建立农业信贷担保体系，解决新型经营主体融资难问题。扩大农业政策性保险覆盖面，稳步提高保障水平。探索开展农产品价格保险试点。

（七）加大生态保护力度

打好农业面源污染攻坚战，努力实现"一控两减三基本"的目标。推进农业节水增效，发展旱作农业、节水农业和雨养农业，重点推广水肥一体化技术，提高水资源和肥料利用率。推进化肥农药减量增效，推广精准施肥施药技术和高效施肥施药机械，推广有机肥替代化肥、高效低毒低残留及生物农药替代高毒高残留农药等技术。推进测土配方施肥和病虫害统防统治，提高化肥、农药利用率。推进农业废弃物资源化利用，建立农业废弃物肥料化、饲料化、能源化、基料化、原料化"五化"综合利用体系。开展地膜总量和区域控制及区域性残膜回收利用示范，创新地膜回收与再利用机制。

（八）强化农产品市场调控

加强对主要农产品生产、消费、进出口、储运等重点环节的监测，建立健全中长期供求总量平衡机制、市场监测预警机制、信息会商机制和信息发布机制。完善主要农产品储备调控体系，优化储备布局，建立吞吐轮换机制。加强进出口调控，根据国内外市场供求情况，把握好农产品进口节奏、规模、时机。统筹谋划农产品进出口，科学确定优势的出口产品和紧缺的进口产品，合理布局国际产能，建立海外稳定的重要农产品原料生产基地，增强国际市场话语权。

第八节　国家科技计划管理改革

一、解决科技资源"碎片化"更加聚焦国家目标

改革开放 30 多年来，我国科技计划做出过重要贡献。但近些年，科技计划的产出与国家发展的要求差距增大，很多重要领域亟须真正具有标志性、带动性，能够解决制约发展"卡脖子"问题的重大科学技术突破。科技计划在体系布局、管理体制、运行机制、总体绩效等方面存在诸多问题，突出表现在政府各部门多头管理，重复投入，科技计划"碎片化"和科技项目取向聚焦不够两个方面。这些问题反映出科技宏观管理体制和政府部门的职能定位与科技创新及产业变革的趋势不相适应。

此项改革的总体目标是，强化顶层设计，打破条块分割，加强部门功能性分工，建立具有中国特色的以目标和绩效为导向的科技计划（专项、基金等）管理体制。更加聚焦国家目标，更加符合科技创新规律，更加高效配置科技资源，更加强化科技与经济的紧密结合，最大限度激发科研人员创新热情。

二、五项原则优化财政科技计划体系

1. 转变政府科技管理职能。政府各部门不再直接管理具体项目。

2. 聚焦国家重大战略任务。面向世界科技前沿、面向国家重大需求、面向国民经济主战场来优化科技计划（专项、基金等）布局，确定主攻方向。

3. 促进科技与经济深度融合。围绕产业链部署创新链，围绕创新链完善资金链，使科技创新更加主动地服务于经济发展方式转变和经济结构调整。

4. 明晰政府与市场的关系。政府重点支持市场不能有效配置资源的公共科技活动，以普惠性政策和引导性为主的方式支持企业技术创新活动和成果转化。

5. 坚持公开透明和社会监督。加强科技计划（专项、基金等）全过程的信息公开和痕迹管理，接受社会监督。营造遵循科学规律、鼓励探索、宽容失败的氛围。

三、建立新的国家科技管理平台（进行六个方面的重点工作）

1. 建立科技计划管理联席会议制度，通过建立由科技部门牵头，财政、发改等相关部门参加的科技计划（专项、基金等）管理联席会议，加强统筹规划。共同制定议事规则，负责审议科技发展战略规划、科技计划（专项、基金等）的布局与设置、战略咨询与综合评审委员会的设立、专业机构的遴选择优等事项。

2. 依托专业机构管理项目。组建一批专业化项目管理机构。专业机构负责受理项目申请，组织项目评审立项、过程管理和验收。

3. 设立战略咨询和综合评审委员会。为联席会议的决策提供咨询、提供支撑。统一对科技发展战略规划和科技计划（专项、基金等）提供决策咨询，对项目评审提出指导意见，对特别重大的项目组织评审。

4. 建立统一的评估和监管机制。从任何渠道下去的，中央财政的，中央财政科技经费由科技部、财政部统一监管。监督和评估结果作为财政后续支持的重要依据，提高科技投入的绩效，多出成果和人才。

5. 建立动态调整和终止机制。定期评估，非因科学研究正常原因实施效果不好的，或者已经完成历史使命的，就要及时调整或终止。

6. 完善国家科技管理信息系统。为科技计划（专项、基金等）宏观统筹和信息公开提供技术支撑，并主动向社会公开信息，接受公众监督。

四、新的科技计划（专项、基金等）体系（主要包括五个方面）

从 2017 年以后按以下计划体系执行：

1. 国家自然科学基金。加强基础研究和科学前沿探索，支持人才和团队建设，增强我国源头创新能力。

2. 国家科技重大专项。聚焦国家重大战略产品和重大产业化目标，在设定时限内进行集成式协同攻关，解决国际科技竞争中"卡脖子"问题。

3. 国家重点研发计划。解决国民经济和社会发展各主要领域的重大、核心、关键科技的瓶颈问题。

4. 技术创新引导专项（基金）。通过风险补偿、后补助、创投引导等方式，按照市场规律引导支持企业技术创新活动，促进科技成果转移转化和资本化、产业化。

5. 基地和人才专项。加强科研条件建设，促进科技资源开放共享，打造国家科技创新高地，支持创新人才和优秀团队的科研工作。

这五个方面的科技计划（专项、基金等）均纳入公开统一的国家科技管理平台。

在五类计划中设立国家重点研发计划，就是《方案》提出的重大改革举措。当前，新科技革命的一个重要特征是从"科学"到"技术"到"市场"的演进周期大为缩短。为此，将整合科技部管理的国家重点基础研究发展计划（"973 计划"）、国家高技术研究发展计划（"863 计划"）、国家科技支撑计划、国际科技合作与交流专项，发展改革委、工业和信息化部管理的产业技术研究与开发资金等，形成国家重点研发计划。新设立的国家重点研发计划，将瞄准国民经济和社会发展各主要领域的重大、核心、关键科技问题，以重点专项的方式，从基础前沿、重大共性关键技术到应用示范进行全链条设计，一体化组织实施，使其中的基础前沿研发活动具有更明确的需求导向和产业化方向，加速基础前沿最新成果对创新下游的渗透和引领。

第九节　关于扩大种业人才发展和科研成果权益改革试点的指导意见

一、切实提高对改革重要性和紧迫性的认识

（一）种业科研人才和成果权益改革试点成果明显

针对种业科研创新能力不强、成果转化效率低、产学研用结合不紧密等问题，按照国务院部署，2014年以来农业部会同科技部、财政部在中国农业科学院、中国农业大学部分研究所（中心）开展种业科研成果权益比例改革试点；会同人力资源和社会保障部明确了科研人员到种子企业开展技术服务的政策要求。通过试点，在激发科研人员创新活力、加速成果转化、促进人才流动、强化制度管控等方面进行了富有成效的探索，在促进种业发展方面取得明显成效。

（二）扩大试点是贯彻中央人才强国战略和创新驱动发展战略的具体举措

当前世界种业正孕育新一轮的科技革命，抓住发展机遇，建设现代种业，关键是人才，重点在改革。要按照中央人才强国战略和创新驱动发展战略要求，进一步扩大种业人才发展和科研成果权益改革试点，激发创新活力，释放创新潜能，提升自主创新能力。要充分认识扩大改革试点重大意义，准确把握改革要求，增强责任感和紧迫感，坚定不移地将改革推向深入，为种业强国和农业现代化建设提供重要保障。

二、明确改革总体思路、基本原则和目标

（三）总体思路

全面贯彻落实党的十八大、十八届三中、四中、五中全会和习近平总书记系列重要讲话精神，按照党中央国务院一系列改革部署，以创新种业人才发展机制和深化科研成果权益改革为突破口，建立健全种业人才培养、评价、流动和分类管理机制，促进科研成果转移转化、权益分享，着力激发科研人员创新热情，解决制约科技创新、成果转化、人才发展等方面的突出问题。通过改革创新，形成充满活力的科技管理和人才发展机制，走出一条具有中国特色创新驱动发展的种业强国之路。

（四）基本原则

激励创新，激发科研人员创新积极性，统筹推进种业基础理论创新、技术创新、品种创新、管理创新，激活科技人才和科研成果两大资源，实现种业创新能力提升与可持续发展。分类管理，根据科研类型、职务职权等情况，对科研人员持股、兼职、评价进行分类管理，既调动科研人员创新转化积极性，又切实做到管理规范有序。统筹协调，处理好国家、科研单位和科研人员三者关系，确保国家基础科研能力不能改弱、科研单位实力不能改小、科研人员收入不能改少，形成改革合力，实现改革最大公约数。依法依纪，严格遵

守人才管理、成果转化等相关法律法规和政策要求，以及党员领导干部廉洁从政有关规定，严禁以权谋私，严防职务腐败。

（五）改革目标

建立种业人才培养、评价、流动和科研成果权益改革的新机制，培养引进一批具有国际领先水平的种业科技人才，取得一批具有基础性、战略性和重大应用前景的突破性种业科研成果，成果转化收入明显增长，形成一批典型示范；到 2020 年，构建起以科研院校为主体的基础性公益性研究和以企业为主体的技术创新相对分工、相互融合、"双轮驱动"的现代种业科技创新体系，为建设种业强国提供坚实支撑。

三、落实改革重点任务

（六）确定改革单位范围

种业改革单位包括种业科研领域的中央级和各省（区、市）属科研院所和高等院校。中国农业科学院、中国农业大学、中国热带农业科学院要整体推进种业人才发展和科研成果权益改革，发挥引领示范作用。北京、黑龙江、江苏、山东、河南、湖北、湖南、广东、四川、陕西等省（市）作为改革重点省份，要发挥科研和产业优势，深入推进，率先突破；其他省（区、市）要结合实际，选择部分科研教学单位开展试点，根据进展情况，逐步扩大范围。

（七）实行科研人员分类管理

各省（区、市）各改革单位要按照有关规定要求，报上级主管部门备案后，出台科研人员分类管理办法，规范科研人员兼职取酬、成果作价持股等事项，明确审核审批和公示等要求。

科研院所、高等院校正职和领导班子成员中属中央管理的干部，所属单位中担任法人代表的正职领导，作为科技成果主要完成人，可以按照科技成果转化法的规定获得现金奖励，原则上不得获取股权激励。其他担任领导职务的科研人员和没有领导职务的科研人员，作为科技成果主要完成人，可依法获得现金奖励或股权激励。获得股权激励的领导人员不得利用职权为所持股权的企业谋取利益。

科研院所和高等院校正职领导不得到企业兼职；领导班子其他成员根据工作需要，经批准可在本单位出资的企业或参与合作举办的民办非企业单位兼职，但不得在兼职单位领取薪酬；科研院所、高等院校所属的院系所及内设机构领导人员，经批准可在企业或民办非企业单位兼职，个人按照有关规定在兼职单位获得的报酬，应当全额上缴本单位，由单位根据实际情况给予适当奖励；没有领导职务的科研人员可以兼职和兼薪。

（八）鼓励科研人员到种子企业开展科技创新

鼓励科研院所、高等院校的种业科研人员在履行岗位职责、完成本职工作的前提下，经单位同意到种子企业兼职从事科研育种工作，或者离岗创业，从事科研创新和转化工作，在原则上不超过 3 年时间内保留人事关系。科研人员兼职期间，应与所在单位其他在岗人员同等享有参加职称评聘、荐奖评优、岗位等级晋升和社会保险等方面权利。

（九）完善种业科研人员评价考核和培养引进机制

健全种业科研人员分类评价考核制度，坚持以科技创新质量、贡献、绩效为导向，基础研究人员以同行学术评价为主，应用研究人员突出创新转化和市场评价，将企业兼职成效作为评价指标，不将论文等作为限制性条件。鼓励科研院所和高等院校设立一定比例流动岗位，吸引具有创新实践经验的企业家、科技人才兼职，建立产学研用结合的协同育人模式。鼓励高等院校和科研院所与有实力的企业合作，联合培养企业需要的高端育种人才。鼓励科研单位和种子企业积极引进海内外高层次人才，对急需紧缺的特殊人才，采取特殊政策，实现精准引进。

（十）明确种业科研成果权益

种业科研成果覆盖育种创新全过程，包括植物新品种权、专利、著作权、技术秘密等。改革单位要根据相关法律法规和政策，制定或完善相关规定，明确科研成果完成单位、科研团队及完成人相应权益；要全面梳理已有科研成果，依据规定明确权益到人。要严格界定成果完成人范围，成果完成人必须对成果实质性特点做出创造性贡献。

（十一）推进成果转移转化和公开交易

鼓励采用转让、许可、作价入股等方式开展转移转化。应当通过协议定价、在技术交易市场挂牌交易、拍卖等市场化方式确定科研成果价格；协议定价的，应在本单位公示成果名称和拟交易价格，公示期不少于15日。国家种业科研成果公开交易平台要完善成果展示、价值评估、产权交易、咨询服务等功能，为成果持有人提供便捷、高效和优质服务。鼓励各省（区、市）建立种业科研成果转移转化服务机构，促进成果转化。

（十二）规范科研成果权益分配

成果转移转化所获得的收入全部留归本单位，纳入单位预算，实行统一管理。给予成果完成人和转化人员奖励和报酬的支出，计入当年本单位工资总额，但不受当年本单位工资总额限制，不纳入本单位工资总额基数。成果完成单位应制定科研成果权益分配相关规定，明确权益分配方式、比例、时限等事项，细化程序要求。科研成果权益分配应当兼顾科研成果完成人、成果转化人员及科研单位等方面利益和事业发展。

（十三）强化种业基础性公益性研究

国家和省级科研院所、高等院校要加强种质资源搜集、保护、鉴定，突破性育种材料的改良和创制，育种理论方法等基础性、战略性研究以及常规作物育种等公益性研究，增强原始创新和集成创新能力。国家和各省（区、市）要加大对科研院所和高等院校基础性公益性研究支持力度，建立长期稳定的经费支持机制，完善基础研究人才培养机制。鼓励企业和社会力量增加基础研究投入。鼓励成果完成单位提高对成果完成人奖励和报酬的比例。

四、加强领导，确保改革措施落到实处

（十四）加强组织领导

各省（区、市）农业、科技、财政、教育、人力资源和社会保障等相关部门要高度重视，在当地党委政府的领导下，根据各自职能合力做好改革工作，研究出台改革政策，指导推动政策落实。省级农业主管部门要充分发挥好牵头和组织协调作用。改革试点单位要

成立改革领导小组，充分听取科研人员意见，制定改革工作方案，建立健全规章制度，规范成果确权、分类管理、持股兼职及审核审批等事项，强化公开公示，加强监督考核，积极稳妥推进改革。

（十五）完善配套政策

各省（区、市）各改革单位要以推动科技创新为核心，引领体制机制改革，强化政策创设。要加快建立以产业为主导、以科技咨询为支撑的科技决策机制，落实完善科研项目资金管理等政策。发挥集中力量办大事的制度优势，加快构建政产学研用协同创新机制，开展重点作物良种科研联合攻关。支持企业与科研单位深入开展人才交流和合作研究，完善商业化育种体系。加强信贷和人才政策扶持，落实税收优惠政策，鼓励各省（区、市）引导社会资本进入种业领域，促进资本与科技、产业相结合。加强知识产权保护和运用，严厉打击侵权假冒行为。

（十六）做好工作衔接

改革政策措施应与现有法律法规、政策制度相衔接。涉及重大改革事项时，省级农业主管部门应及时报告省委省政府。建立一季度一调度的工作机制，各省（区、市）要在每季度末及时总结报送改革进展情况，年底前报送全年改革工作总结。

（十七）强化机制创新和总结宣传

各省（区、市）各改革单位要结合实际，深入调查研究，积极探索种业改革发展政策路径，及时解决改革工作中出现的问题，及时总结宣传改革中的好做法、好经验，形成可复制、可推广的好制度、好机制，促进改革工作取得明显成效。

（注：全文请参阅《农业部　科技部　财政部　教育部　人力资源和社会保障部关于扩大种业人才发展和科研成果权益改革试点的指导意见》农种发〔2016〕2号）

第十节　国家农业科技计划体系

表 1-3　农业科技计划项目体系

序号	项目隶属部门	项目类型	项目名称	支持方式	重点支持范围	简要说明
1	国家自然科学基金委员会	国家自然科学基金	面上项目	国家或地方财政拨款	数理科学、化学科学、生命科学、地球科学、工程与材料科学、信息科学、管理科学、医学科学	支持从事基础研究的科学技术人员在科学基金资助范围内自主选题，开展创新性的科学研究，促进各学科均衡、协调和可持续发展
			重点项目		重视学科交叉与渗透，有效利用国家和部门现有重要科学研究基地的条件，积极开展实质性的国际合作与交流	支持从事基础研究的科学技术人员针对已有较好基础的研究方向或学科生长点开展深入、系统的创新性研究，促进学科发展，推动若干重要领域或科学前沿取得突破

（续）

序号	项目隶属部门	项目类型	项目名称	支持方式	重点支持范围	简要说明
1	国家自然科学基金委员会	国家自然科学基金	重大研究计划	国家或地方财政拨款	涵盖国家重大战略需求和重大科学前沿领域，包括培育项目、重点支持项目、集成项目3类	围绕国家重大战略需求和重大科学前沿，加强顶层设计，凝练科学目标，凝聚优势力量，形成具有相对统一目标或方向的项目集群，促进学科交叉与融合，培养创新人才和团队，提升我国基础研究的原始创新能力，为国民经济、社会发展和国家安全提供科学支撑
			联合基金项目		生物与农业领域	粮食核心区主要粮食作物持续丰产提质增效的基础研究，为保障主要粮食作物持续增产提质增效提供理论和应用基础
			国际农业合作项目		生物多样性、热带农业、林业、农作物改良	国际交流
			青年科学基金		数理科学、化学科学、生命科学、地球科学、工程与材料科学、信息科学、管理科学、医学科学	支持青年科学技术人员在科学基金资助范围内自主选题，开展基础研究工作，培养青年科学技术人员独立主持科研项目、进行创新研究的能力，激励青年科学技术人员的创新思维，培育基础研究后继人才
			地区科学基金		隶属于内蒙古自治区、宁夏回族自治区等少数民族自治区及援疆、援藏的科学技术人员	支持特定地区的部分依托单位的科学技术人员在科学基金资助范围内开展创新性的科学研究，培养和扶植该地区的科学技术人员，稳定和凝聚优秀人才，为区域创新体系建设与经济、社会发展服务
2	国家科技部	国家科技重大专项（16项）（部分）	水污染治理	国家财政拨款	水体污染控制与治理	国家水体污染控制与治理科技重大专项研发了一系列关键技术，并进行了规模化示范应用，实现了生态治污
			转基因重大专项		转基因生物新品种培育	转基因生物新品种培育，保障粮食安全和农产品有效供给

（续）

序号	项目隶属部门	项目类型	项目名称	支持方式	重点支持范围	简要说明
3	国家科技部	国家重点研发计划（部分节选）	"化学肥料和农药减施增效综合技术研发"试点专项	国家财政拨款	围绕化肥农药减施增效的理论基础、产品装备、技术研发、技术集成、示范应用等环节，对专项一体化设计，设置基础研究，重大技术、产品及装备研发，技术集成与示范三大任务	通过化学肥料和农药高效利用，到2020年，项目区氮肥利用率由33%提高到43%，磷肥利用率由24%提高到34%，化肥氮磷减施20%；化学农药利用率由35%提高到45%，化学农药减施30%；农作物平均增产3%，实现作物生产提质、节本、增效
			"七大农作物育种"试点专项		以七大农作物为对象，围绕种质创新、育种新技术、新品种选育、良种繁育等科技创新链条，培育重大新品种并推广应用，提高良种对增产的贡献率	农作物优良品种是农业增产的核心要素，是种子产业发展的命脉。大力发展现代农作物育种技术，强化科技创新，创制重大新品种，驱动我国农业生产方式转型发展、提升种业国际竞争力、保障粮食安全和农产品有效供给
			"粮食丰产增效科技创新"重点专项		专项围绕总体目标，从基础研究、关键技术创新与区域技术集成示范三个层次部署重点任务	专项围绕粮食丰产增效可持续发展，实现粮食作物增产，生产效率提高，效益增加。形成高度规模机械化、信息标准化、精准轻简化水平的生产体系
			"农业面源和重金属污染农田综合防治与修复技术研发"重点专项		以我国农业面源污染高发区和重金属污染典型区为重点，突破农田污染物全方位防治与修复关键技术	按照"基础研究、共性关键技术研究、技术集成创新研究与示范"全链条一体化设计，组织实施"保护耕地资源，防治耕地重金属污染"、"治理环境污染，改善农业农村环境"的任务
			"现代食品加工及粮食收储运技术与装备"重点专项		为食品产业转型升级、提质增效、营养健康提供科技支撑；为确保储粮安全和现代粮食收储运提供技术支撑；整体上构建以企业为主导产学研用协同创新机制和基地	以创新驱动发展战略为核心，紧紧围绕食品产业在新型加工与绿色制造，粮食收储运技术装备，现代食品物流的信息化、智能化与低碳化研发，全产业链品质量过程控制开发，中华传统与民族特色食品工业化与成品化以及工程化食品加工技术装备创制等关键问题与重大科技需求，依靠科技创新，实现新知识支撑，新工艺创建，新技术突破，新装备保障，新产品创制和新格局形成

（续）

序号	项目隶属部门	项目类型	项目名称	支持方式	重点支持范围	简要说明
3	国家科技部	国家重点研发计划（部分节选）	"畜禽重大疫病防控与高效安全养殖综合技术研发"重点专项	国家财政拨款	专项聚焦畜禽重大疫病防控、养殖废弃物无害化处理与资源化利用、养殖设施设备研发3大领域，进行一体化设计	大力开展畜禽疫病防控、净化与根除，推进养殖废弃物的无害化处理与资源化利用，加强养殖设施设备的自主创新与产业化。驱动我国畜禽养殖产业转型升级与可持续发展
			"林业资源培育及高效利用技术创新"重点专项		以速生用材、珍贵用材、工业原料等树种为对象，开展资源产量和质量形成机理研究、资源培育和利用关键技术研发、全产业链增值增效技术集成与示范研究	加强林业资源培育及高效利用科技创新，推进种苗繁育、营造林、加工利用全产业链技术升级，提高人工林生产力和资源利用水平。为进一步提升林业资源培育及高效利用自主创新能力，促进林业产业结构调整和转型升级
			"智能农机装备"重点专项		开发大型与专用拖拉机、田间作业及收获等主导产品智能技术与智能制造技术，创立自主的农业智能化装备技术体系；创制丘陵山区、设施生产及农产品产地处理等装备，支撑全程全面机械化发展	围绕提高农业产业竞争力和引领现代农业产业发展的宗旨，立足"智能、高效、环保"，瞄准"关键核心技术自主化，主导装备产品智能化，薄弱环节机械化"的目标，进行智能装备、精益制造、精细作业的产业链与基础研究、关键攻关、装备研制与示范应用创新链相结合的一体化科技创新设计
			现代服务业共性关键技术研发及应用示范	中方财政经费资助额度不超过1 000万人民币	1. 现代服务科学理论 2. 服务关键核心技术 3. 新兴服务业支撑平台研发与示范 4. 科技服务业支撑平台研发与示范 5. 文化科技服务业支撑平台研发与示范	针对我国现代服务业发展模式创新不足、科技创新支持不足、服务实体经济能力薄弱等突出问题，创新发展跨界融合的现代服务新生态，服务实体经济转型升级
			国际科技合作		政府间科技合作协议以及双方政府共识，确定的年度拟支持的重点领域与重点方向	为落实双边政府间科技合作协议，促进和支持双边实质的基础性和战略性研究合作

（续）

序号	项目隶属部门	项目类型	项目名称	支持方式	重点支持范围	简要说明
4	科技部等部委	技术创新引导专项（基金）	创业投资子基金	股权投资、风险补偿、绩效奖励	包括国家（行业、部门）科技计划（专项、项目）、地方科技计划（专项、项目）及其他由事业单位产生的新技术、新产品、新工艺、新材料、新装置及其系统等	转化利用财政资金形成的科技成果
5	中组部、人社部等11个部委	基地与人才专项	"千人计划"项目"万人计划"项目	特殊支持经费、安家补助、地方和用人单位配套经费支持	引进并支持一批海外高层次人才回国（来华）创新创业；面向国内遴选高端人才，实现人才的高端引领、梯次配置	将各级各类人才凝聚到建设创新型国家、实现中华民族伟大复兴的宏伟事业中来
6	国家发展和改革委员会		现代农业等高技术产业化专项	1. 银行贷款 2. 地方、部门配套资金	1. 农、林、牧、渔良种快繁技术、深加工、新型设施 2. 畜禽疫病诊断与疫苗、生物制剂、重大疾病创新药物 3. 先进节能技术工业和生态环境建设与保护	根据国务院关于投资体制改革决定的精神和正在实施的高技术产业化专项的执行情况，决定在国家发展改革委员会的组织下继续实施现代农业、信息、生物、航空航天、新材料、先进能源、先进制造、节能环保和资源综合利用、海洋、高技术服务十大产业高技术产业化专项
			农业产业化龙头企业项目	1. 金融信贷 2. 中央财政拨款 3. 融资贴息 4. 外资合资和合作	1. 农村基础设施建设 2. 生态环境建设 3. 西部地区特色农业	对于重点龙头企业，国家在项目建设中给予优惠的金融、财政、税收政策。在外经贸方面，对符合中央外贸发展基金使用方向和条件的农产品及其加工品出口项目融资予以贴息。鼓励重点龙头企业多渠道筹集资金
			资源节约与环境保护项目	1. 国家财政拨款 2. 各方投资	1. 高效、电机系统、建筑节能示范及产业化 2. 海水淡化 3. 循环经济示范、技术装备改造、循环型服务示范 4. 农、林、矿、建筑等废弃物综合利用 5. 行业清洁示范、环保重大技术装备和产品产业化	围绕节能、节水、循环经济、资源综合利用、污染防治五个方面，示范项目、产业化项目的实施，实现资源节约环境保护目标

（续）

序号	项目隶属部门	项目类型	项目名称	支持方式	重点支持范围	简要说明
6	财政部		田园综合体建设试点项目	中央财政统筹安排，地方采取资金整合、先建后补、以奖代补、政府与社会资本合作、政府引导基金等方式支持开展试点项目建设	围绕田园综合体的建设目标和功能定位，重点抓好生产体系、产业体系、经营体系、生态体系、服务体系、运行体系等六大支撑体系建设	积极探索推进农村经济社会全面发展的新模式、新业态、新路径，逐步建成以农民合作社为主要载体，让农民充分参与和受益，集循环农业、创意农业、农事体验于一体的田园综合体
	国家科学技术部		科技基础性工作专项	中央财政拨款500万～1 500万元	农作物、农产品加工原料、动物源性食品等的资源、资源污染、有害物残留调查；树种种质资源收集和保存等	专项对于推进基础学科发展、支撑国家宏观决策、促进经济社会发展和保障国家安全具有重要战略意义。目前重点支持科学考察与调查、科技资料整编和科学典籍志书编研、科学规范研制
			"十三五"先进制造技术领域科技创新专项	政策性补助	1. 人口健康2. 生态环境3. 公共安全4. 城镇发展	国家组织实施，推动科技成果转化和应用，发挥科技进步在基层改善民生和促进社会发展中的支撑引领作用
	国家农业部		农机合作社示范创建项目	先建后补、以奖代补、贷款贴息	引导支持示范社加大配套机具和基础设施投入，提高服务能力，打造服务品牌	"十三五"期间，农业部拟组织创建1 000个全国农机合作示范社，切实树立可学可比的样板，营造规范办社、比学赶超、争创先进的良好氛围，打造农机合作社升级版，为推进农业机械化和现代农业发展贡献力量
			全国十佳农民	授予称号	遴选范围为从事现代农业的新型职业农民	树立以农业为主要职业，以农业收入为主要经济来源的新型职业农民形象，为广大农民提供可学习、可效仿的目标、经验
			农业部部门预算项目	中央财政资金资助100万元左右/项	农业产业化、农业农村资源保护、物种品种资源保护、病虫害检测防治	充分发挥农业各行业政策引导、技术服务、示范推广、支撑体系等优势，提高农业综合生产能力，引导农业和农村产业可持续发展

（续）

序号	项目隶属部门	项目类型	项目名称	支持方式	重点支持范围	简要说明
6	国家农业部		农业综合开发专项	农作物秸秆综合利用试点采取"以奖代补"方式，中央财政根据试点省秸秆综合利用情况予以适当补助	1. 区域生态循环农业示范 2. 农副资源饲料化利用示范 3. 稻渔共生综合种养基地	以绿色生态为导向，中央财政继续支持并选择部分地区重点开展农作物秸秆综合利用试点，推动地方进一步做好秸秆禁烧和综合利用工作
			农作物秸秆综合利用试点项目	财政补助、贷款贴息	秸秆肥料化和饲料化利用是增加土壤有机质、发展循环农业的有效途径。生物质燃油、乙醇、秸秆发电、秸秆多糖、秸秆淀粉、造纸、板材等	以加快发展现代农业、提升农业竞争力和促进农业可持续发展为目标，以支持区域农业优势特色产业发展为重点，大力推进新型农业经营体系设，强化现代农业发展的产业支撑
			农业综合开发产业化经营项目	单个项目中央投资不低于200万元，自筹资金不低于财政资金总额的50%	经济林及设施农业、畜禽水产养殖等种植养殖基地项目；粮油、果蔬、畜禽等农产品加工项目；农产品储藏保鲜、产地批发市场等流通设施项目	围绕保障国家木材战略安全和维护国家粮油供给安全，建设国家储备林和木本油料示范样板；围绕生态脆弱区综合治理，建设防沙治沙示范样板；围绕促进农民增收，建设优势特色经济林产业示范样板
			农业综合开发林业项目	中央财政资金、地方财政配套、农村集体和农民筹资（含以物折资）投劳	林业生态示范项目名优经济林等示范项目	农业综合开发土地治理项目的主要任务是加强农业基础设施和生态建设，提高农业综合生产能力，保证国家粮食安全
			综合开发土地治理项目	国家财政拨款	1. 中低产田改造项目 2. 生态综合治理项目 3. 中型灌区节水配套改造项目	土地治理项目建设以中低产田改造为重点，建设旱涝保收、稳产高产、节水高效的高标准农田。项目的扶持对象主要是农民。实现经济、社会、生态效益的统一

（续）

序号	项目隶属部门	项目类型	项目名称	支持方式	重点支持范围	简要说明
6	国家农业部		农垦（热作）部门预算项目	国家财政拨款	物种品种资源保护、农作物病虫鼠害疫情监测与防治（热带作物）、农业业务培训、农业农村资源等监测统计、农垦执法监管专项工作、农业技术试验示范与技术服务支持、农业农村资源等监测统计	加强对农垦（热作）生产、质量、品种、疫情的监测、保护及发展。提高农垦（热作）项目的安全
			现代农业生产发展项目	中央财政补助资金采取"先建后补"、贷款贴息、设立产业引导基金等方式	畜禽良种繁育、畜禽水产标准化养殖、农村一二三产业融合发展	中央财政补助资金重点支持带动或辐射农民分享二三产业增值收益的新型农业经营主体和农业产业化龙头企业，支持农村一二三产业融合发展的关键环节和重点领域
			农业技术推广与服务补助项目	国家财政补助	粮食绿色高产高效创建项目、测土配方施肥项目、园艺作物标准化生产项目、耕地休耕试点项目	大力发展绿色、科技、标准化农业生产，高效、持续改善生态环境、资源永续利用
			农业环境重点实验室	国家财政资助	气候变化与农业、农业气象防灾减灾、农业与环境保护	围绕气候变化与农业、农业气象防灾减灾、农业面源污染防治、产地环境保护、生物多样性农业利用研究
			农业绿色发展五大行动		畜禽粪污资源化利用行动、果菜茶有机肥替代化肥行动、东北地区秸秆处理行动、农膜回收行动、以长江为重点的水生生物保护行动	坚持节约资源和保护环境的基本国策，推动形成绿色发展方式和生活方式。中央1号文件提出，要推行绿色生产方式，增强农业可持续发展能力
			农业综合开发区域生态循环农业项目	国家财政、地方财政资助及项目单位自筹	畜禽养殖废弃物资源化利用、农副资源综合开发、标准化清洁化生产	按照完整的生态循环农业链条进行项目设计，在完整设计的项目建设内容中，围绕关键环节、关键措施、关键技术，进行菜单式选择和搭配

（续）

序号	项目隶属部门	项目类型	项目名称	支持方式	重点支持范围	简要说明
6	国家农业部		中国美丽休闲乡村建设	由农业部认定为中国美丽休闲乡村并授牌，各地加大政府投入和扶持力度	历史古村、特色民居村、现代新村、特色民俗村等类型，集中连片发展较好的、以休闲农业和乡村旅游为主要产业的特色小镇	打造一批天蓝、地绿、水净，安居、乐业、增收的美丽休闲乡村，积极推动农业供给侧结构性改革，培育经济发展新动能，促进新型城镇化和城乡一体化发展，推进社会主义新农村和美丽中国建设
			国家农业可持续发展试验示范区项目		坚持绿色可持续导向、政策支持有力、创建成效明显	试验示范区农业生产与资源环境承载力基本匹配，初步形成农业可持续发展的政策支持体系，具有较强的示范带动作用
	国家农业部等九部委		特色农产品优势区创建工作	国家、地方相关扶持政策	创建形成一批特色优势明显、带动能力强的特优区；打造一批特色农业的区域公用品牌、企业品牌和产品品牌	将特色农业培育成农村经济的重要支柱产业、农民持续增收的重要战略产业，提升我国特色农产品的产品优势、产业优势和竞争优势，更好满足城乡居民多样化的消费需求
	农业部、财政部		国家现代农业产业园项目	中央财政通过以奖代补方式对批准创建的国家现代农业产业园给予适当支持	建设优势特色产业引领区、现代技术与装备集成区、一二三产业融合发展区、新型经营主体创业创新孵化区、现代农业示范核心区	建成一批产业特色鲜明、要素高度聚集、设施装备先进、生产方式绿色、经济效益显著、辐射带动有力的国家现代农业产业园，加快补齐农业现代化短板，推动农业农村经济向更高阶段演进
	人社部、农业部、国务院扶贫办、共青团中央、全国妇联等		农民工培训	国家财政扶持	对处于创业初期的人员，重点开展企业经营管理等培训；对已经成功创业的人员，重点开展发达地区产业组织形式、经营管理方式等培训	从2016年至2020年，利用5年左右时间，力争使有创业要求和培训愿望、具备一定创业条件或已创业的农民工等人员都能参加一次创业培训，有效提升创业能力
	国家质量监督检验检疫总局		绿色市场认证	政府推动，企业自愿	批发市场，零售市场	推进全国"三绿工程"建设，促进绿色市场认证工作，建立确保食品安全的流通网络体系，维护消费者的权益

（续）

序号	项目隶属部门	项目类型	项目名称	支持方式	重点支持范围	简要说明
6	商务部		智慧物流配送示范单位项目	政策支持	智慧物流配送体系建设和商贸物流标准化体系	推荐商贸物流标准化专项行动重点推进企业（协会）和智慧物流配送示范单位，促进智慧物流配送体系建设
			农产品流通"绿色通道"项目	财政拨款	鲜活农产品运销	构建全国鲜活农产品产销区"绿色通道"网络
	国土资源部		国家投资土地开发整理项目	1. 中央资金和地方资金1：1配套 2. 中央资金为主，地方资金配套 3. 国家适当资金补助，地方各级根据财力自行解决 4. 建立多元投资渠道	1. 耕地开发的土地开发整理项目 2. 具有示范作用土地整理项目 3. 适当资金补助的开发整理项目	国家投资土地开发项目，是指国家使用新增建设用地土地有偿使用费，上缴中央财政部分安排的土地开发整理项目。近年来，国家在增加有效耕地面积，提高耕地质量，改善生产条件和生态环境，促进农村经济发展等土地开发整理发挥了重要作用
	住建部		特色小镇	政策性支持	根据小城镇区位、交通、人口、经济水平、产业基础等社会经济发展基本情况。进行特色化城镇建设	特色小镇是推进新型城镇化建设的一条有效路径，对区域经济发展有带动作用。2020年前，将培育1 000个各具特色、富有活力的特色小镇
	水利部		科技成果推广项目	1. 国拨资金 2. 地方配套资金 3. 单位自筹资金		科技成果重点推广项目是一项促进水利科技成果向现实生产力转化，促进水利行业科技进步，为实现传统水利向现代水利转变服务的水利部重点科技计划。推广计划实施的项目分为重点项目和自由申请项目。申请纳入推广计划管理的自筹经费项目，按照自由申请项目类申报
			农业综合开发水利骨干工程项目	1. 中央财政拨款 2. 地方财政资金、水利部门自筹、集体和群众自筹、以物折资等地方配套资金	输水（排水）干支渠（沟）开挖疏浚、建筑物更新改造、续建配套、改建和加固、干支渠道衬砌防渗以及输水渠管等节水工程及设备、配套输变电工程、工程管理设施	为加强农业综合开发水利骨干工程项目和资金管理，保证项目建设的顺利进行，提高投资效益，对灌区水利设施进行以节水为中心的改造，是农业综合开发的重点工作。列为农业综合开发区的灌区（排涝区）要普及节水灌溉，并按照现代农业园区的要求做好规划，国家对其水利骨干工程予以支持

第二章　国家自然科学基金

第一节　概　　述

一、国家自然科学基金概况

自然科学基金坚持支持基础研究，逐渐形成和发展了包括探索、人才、工具、融合四大系列组成的资助格局。探索系列主要包括面上项目、重点项目、应急管理项目等；人才系列主要包括青年科学基金、地区科学基金、优秀青年科学基金、国家杰出青年科学基金、创新研究群体、海外及港澳优秀学者项目、外国青年学者研究基金等；工具系列主要包括国家重大科研仪器研制项目、相关基础数据与共享资源平台建设等；融合系列主要包括重大项目、重大研究计划、联合基金项目、国际合作项目、科学中心项目等。着眼国家创新驱动发展战略全局，自然科学基金委统筹实施各类项目资助计划，不断增强资助计划的系统性和协同性，努力提升资助管理效能。随着国家财政对基础研究的投入不断增长，自然科学基金项目资助强度稳步提高，推动我国基础研究创新环境不断优化。

二、国家自然科学基金项目类别简介

1. 面上项目

面上项目是国家自然科学基金研究项目系列中的主要部分，支持从事基础研究的科学技术人员在国家自然科学基金资助范围内自主选题，开展创新性的科学研究，促进各学科均衡、协调和可持续发展。

2. 重点项目

重点项目是国家自然科学基金研究项目系列中的一个重要类型，支持从事基础研究的科学技术人员针对已有较好基础的研究方向或学科生长点开展深入、系统的创新性研究，促进学科发展，推动若干重要领域或科学前沿取得突破。

重点项目体现有限目标、有限规模、重点突出的原则，重视学科交叉与渗透，有效利用国家和部门现有重要科学研究基地的条件，积极开展实质性的国际合作与交流。

3. 重大项目

重大项目面向国家经济建设、社会可持续发展和科技发展的重大需求，选择具有战略意义的关键科学问题，汇集创新力量，开展多学科综合研究和学科交叉研究，充分发挥导向和带动作用，进一步提升我国基础研究源头创新能力。重大项目采取统一规划、分批立项的方式，根据科学基金优先发展领域，在深入研讨和广泛征求科学家意见的基础上提出重大项目立项领域。侧重支持在科学基金长期资助基础上产生的"生长点"，期望通过较高强度的支持，在解决关键科学问题方面取得较大突破。

4. 重大研究计划

重大研究计划遵循"有限目标、稳定支持、集成升华、跨越发展"的总体思路，针对国家重大战略需求和重大科学前沿两类核心基础科学问题，结合我国具有基础和优势的领域进行重点部署，凝聚优势力量，形成具有相对统一目标或方向的项目群，并加强关键科学问题的深入研究和集成，以实现若干重点领域和重要方向的跨越发展。

5. 国家杰出青年科学基金

国家杰出青年科学基金项目支持在基础研究方面已取得突出成绩的青年学者自主选择研究方向开展创新研究，促进青年科学技术人才的成长，吸引海外人才，培养造就一批进入世界科技前沿的优秀学术带头人。

6. 创新研究群体项目

创新研究群体项目支持优秀中青年科学家为学术带头人和研究骨干，围绕某一重要研究方向开展创新研究，培养和造就具有创新能力的研究群体。

参加评审的创新研究群体项目申请由教育部、中国科学院、中国科协及自然科学基金委推荐产生。

被推荐的群体应当按照创新研究群体项目申请书正文撰写提纲的要求，输入准确信息，撰写申请书并提交相关附件材料。依托单位对申请书审核并签署推荐意见后，将纸质申请书和附件材料一式两份报送自然科学基金委。

7. 专项基金项目

专项项目是自然科学基金委为专门支持或加强某一领域或某一方面而设立的专款资助项目，目前包括数学天元基金、科学仪器基础研究专款和重点学术期刊专项基金等，其中数学天元基金项目、重点学术期刊专项基金项目等不受申请和承担项目总数限制，科学仪器基础研究专款项目计入申请和承担项目总数限制范围。希望引起申请人的特别注意。

8. 联合基金项目

自然科学基金委与有关部门、地方政府和企业共同投入经费设立联合基金，目的是更好地发挥科学基金的导向作用，引导社会资源，共同资助若干特定领域和方向的基础研究。联合基金面向国家需求和科学重点发展方向，吸引全国范围内科研人员在相关鼓励领域开展基础研究，从而解决关键科学问题，促进产学研合作，培养科学与技术人才，推动我国相关领域、行业（企业）或区域的自主创新能力的提升。联合基金是国家自然科学基金资助体系的组成部分，按照科学基金运行机制和相关管理规定遴选优秀项目予以资助及管理。

9. 青年科学基金项目

青年科学基金项目是国家自然科学基金人才项目系列的重要类型，支持青年科学技术人员在国家自然科学基金资助范围内自主选题，开展基础研究工作，培养青年科学技术人员独立主持科研项目、进行创新研究的能力，激励青年科学技术人员的创新思维，培育基础研究后继人才。

10. 地区科学基金项目

地区科学基金项目是国家自然科学基金人才项目系列中快速发展的一个项目类型，支持特定地区的部分依托单位的科学技术人员在国家自然科学基金资助范围内开展创新性的科学研究，培养和扶植该地区的科学技术人员，稳定和凝聚优秀人才，为区域创新体系建设与经济、社会发展服务。

11. 海外及港澳学者合作研究基金项目

为充分发挥海外及港澳科技资源优势，吸引海外及港澳优秀人才为国（内地）服务，自然科学基金委设立海外及港澳学者合作研究基金，资助海外及港澳 50 岁以下华人学者与国内（内地）合作者开展高水平的合作研究。

海外及港澳学者合作研究基金项目采取 2+4 的资助模式，获资助项目两年资助期满后可申请延续资助。经评审，对其中有实质性合作并有明显发展潜力的项目，给予 4 年期的延续资助。

三、资助政策

根据项目类别不同，国家资助资金从几万、几十万到几百万人民币/项不等。

四、申报条件（以下基本条件根据具体项目时有微调）

1. 面上项目申请人应当具备以下条件

（1）具有承担基础研究课题或者其他从事基础研究的经历；

（2）具有高级专业技术职务（职称）或者具有博士学位，或者有两名与其研究领域相同、具有高级专业技术职务（职称）的科学技术人员推荐。

正在攻读研究生学位的人员不得申请面上项目，但在职人员经过导师同意可以通过其受聘单位申请。

面上项目申请人应当充分了解国内外相关研究领域发展现状与动态，能领导一个研究组开展创新性研究工作；依托单位应当具备必要的实验研究条件；申请人应当按照面上项目申请书撰写提纲撰写申请书，申请的项目有重要的科学意义和研究价值，理论依据充分，学术思想新颖，研究目标明确，研究内容具体，研究方案可行。面上项目合作研究单位不得超过 2 个，资助期限为 4 年（仅在站博士后研究人员作为申请人申请的项目，可按照依托单位的书面承诺填写相应的资助期限）。

2. 重点项目申请人应当具备以下条件

（1）具有承担基础研究课题的经历；

（2）具有高级专业技术职务（职称）。

在站博士后研究人员、正在攻读研究生学位人员以及无工作单位或者所在单位不是依托单位的人员不得作为申请人进行申请。

重点项目每年确定受理申请的研究领域或研究方向，发布指南引导申请。申请人应当按照本《指南》的要求和重点项目申请书撰写提纲撰写申请书，根据申请项目的研究内容确定项目名称，尽量避免使用领域名称作为项目名称。注意明确研究方向和凝练研究内容，避免覆盖整个领域。

重点项目一般由 1 个单位承担，确有必要时，合作研究单位不得超过 2 个，资助期限为 5 年。

3. 重大研究计划项目申请人应当具备以下条件

（1）具有承担基础研究课题的经历；

（2）具有高级专业技术职务（职称）。

在站博士后研究人员、正在攻读研究生学位人员以及无工作单位或者所在单位不是依托单位的人员均不得申请。

申请人同年只能申请 1 项重大研究计划项目（不包括集成项目及战略研究项目）；上一年度获得重大研究计划项目资助的项目负责人（不包括集成项目及战略研究项目），本年度不得再申请重大研究计划项目。

申请人应当是申请重大研究计划项目的实际负责人，限 1 人。

申请人申请项目的数量应当符合年度项目指南中对申请和承担项目数量的限制。

重大研究计划项目包括培育项目、重点支持项目、集成项目 3 类。申请人应当按照本《指南》相关重大研究计划的要求和重大研究计划项目申请书撰写提纲撰写申请书，应突出有限目标和重点突破，体现学科交叉研究特征，明确对实现重大研究计划总体目标和解决核心科学问题的贡献。申请书中的资助类别选择"重大研究计划"，亚类说明选择"培育项目"、"重点支持项目"或"集成项目"，附注说明选择相应的重大研究计划名称。选择不准确或未选择的项目申请将不予受理。

重大研究计划培育项目的资助期限一般为 3 年，重点支持项目的资助期限一般为 4 年，集成项目的资助期限由各重大研究计划指导专家组根据实际需要确定。培育项目和重点支持项目的合作研究单位数量不得超过 2 个，集成项目的合作研究单位不得超过 4 个。集成项目不计入高级专业技术职务（职称）人员申请和承担项目总数的限制范围，主要参与者必须是"集成项目"的实际贡献者，合计人数不超过 9 人。

4. 青年科学基金项目申请人应当具备以下条件

（1）具有从事基础研究的经历；

（2）具有高级专业技术职务（职称）或者具有博士学位，或者有 2 名与其研究领域相同、具有高级专业技术职务（职称）的科学技术人员推荐；

（3）申请当年 1 月 1 日男性未满 35 周岁，女性未满 40 周岁。

符合上述条件的在职攻读博士研究生学位的人员，经过导师同意可以通过其受聘单位申请，但在职攻读硕士研究生学位的人员不得申请。作为负责人正在承担或者承担过青年科学基金项目的（包括资助期限 1 年的小额探索项目以及被终止或撤销的项目），不得作为申请人再次申请。

青年科学基金项目重点评价申请人本人的创新潜力。申请人应当按照青年科学基金项目申请书撰写提纲撰写申请书。青年科学基金项目的合作研究单位不得超过 2 个，资助期限为 3 年（仅在站博士后研究人员作为申请人申请的项目可按照依托单位的书面承诺填写相应的资助期限）。

第二节　重大项目农业领域案例

"棉纤维发育的基础研究"重大项目指南

棉花是关系国计民生的重要战略物资，是我国第一大经济作物，涉及农业和纺织工业两大产业。我国是重要的产棉大国和纺织品出口国，棉花在我国国民经济中起着举足轻重的作用。

棉纤维长度是决定纺纱质量的重要指标。由于要适应机械化采摘，对棉花的纤维长度提出了更高的要求，因此，解析棉纤维起始伸长及长短绒比率调控的分子机制，通过增加长纤维细胞的数量促进正常纤维细胞进一步伸长，实现棉花纤维品质和产量的同步育种改良，从而解决我国高品质原棉严重不足的重大问题，促进我国棉花产业的可持续发展。

（一）科学目标

紧紧围绕"棉纤维发育的分子、细胞机制及育种应用基础研究"中的重大科学问题，运用育种学、遗传学、细胞生物学、分子生物学和生物信息学等多学科技术方法和研究手段，解析棉纤维发育的分子、细胞机制及育种应用的基础研究，为解决"棉花长纤维不足"重大生产问题提供科技支撑。

（二）研究内容

1. 棉花纤维发育的分子机制

2. 棉花纤维细胞机制

3. 棉花纤维发育机制在育种中的应用基础研究

（三）申请注意事项

（1）申请书的附注说明选择"棉纤维发育的基础研究"（以上选择不准确或未选择的项目申请不予受理）。

（2）本项目要求项目申请人围绕核心科学问题，按三个研究内容设置3个课题，3个课题要紧紧围绕"棉纤维发育的分子、细胞机制及育种应用的基础研究"这一主题开展深入、系统研究，课题间要有紧密和有机联系，研究内容互补，充分体现合作与材料、数据的共享。

（3）项目依托单位和合作研究单位数量合计不得超过3个。

（4）申请人申请的直接费用预算不得超过1 300万元/项（含1 300万元/项）。

（5）本项目由生命科学部负责受理。

第三节　重大研究计划农业项目案例

"主要农作物产量性状的遗传网络解析"集成项目

该重大研究计划以玉米、水稻为主要研究对象，围绕控制产量性状的遗传网络解析，综合应用生物学、农学及信息学等多学科交叉的手段，集中深入地探讨株型发育和籽粒形成这两个密切相关并影响作物产量性状的重要生物学过程的遗传及生理生化调控机理，进一步通过分析籽粒形成和株型发育过程中不同阶段生物学过程之间的互作关系，阐明影响作物产量性状的遗传调控网络。在此基础上，开展高产育种的分子设计理论研究，为我国玉米、水稻等主要农作物高产育种提供理论及技术支撑。

（一）科学目标

针对我国粮食安全的重大需求和生命科学的前沿领域，解析玉米、水稻株型发育（分蘖、株高、茎叶夹角、穗型等）和籽粒形成（花/穗建成、籽粒发育等）这两个影响作物产量性状且密切相关的重要生物学过程的分子遗传及生理生化调控网络，为我国主要农作物高产品种培育提供理论支撑。

（二）核心科学问题

解析玉米、水稻株型发育和籽粒形成的多基因遗传调控网络，分析并阐明影响产量性状的主要基因和基因之间的互作调控规律，为作物高产育种的分子设计提供理论基础。

（三）年度资助计划、拟资助集成项目的研究方向

该重大研究计划年度计划资助经费约 2 800 万元，拟资助集成项目约 4 项。集成项目的平均资助强度为 500 万～800 万元/项，资助期为两年。每个集成项目的骨干参加人员原则上不超过 5 人。

拟资助的集成项目研究方向如下：

1. 水稻粒重关键基因遗传网络的解析及功能分析

该集成方向将重点阐明控制水稻籽粒性状形成的基因数目、互作网络和主要基因的生物学功能及对品种遗传改良的贡献。

2. 水稻株型性状的遗传调控网络

该方向将重点揭示与农业生产密切相关的水稻株型性状的主效基因数量及其互作调控网络。

3. 玉米籽粒性状的遗传调控网络

该方向将集中研究控制玉米粒数和粒重等性状的主效基因数量及其功能。

4. 玉米株型性状的遗传调控网络

该方向将集中研究控制玉米株高的主效基因数量及其调控网络。

（四）项目预申请方式

预申请人主要为已参加该重大研究计划前期重点项目或培育项目的负责人。其他具有较好的研究基础但没有参加该重大研究计划前期研究的人员也可以申请。研究内容在国家其他研究计划中已经支持的不予考虑。

拟参加集成方向研究的预申请人需要撰写"预申请书"。"预申请书"的主要内容应包括项目的立项依据，对该集成研究方向的可能贡献，项目研究内容、研究目标及拟解决的关键科学问题，拟采取的研究方案及可行性分析，项目的特色与创新之处，与该集成研究方向相关的研究基础与工作条件，正在承担的与该集成项目相关的科研项目的情况，申请人简介等。

第三章　国家科技重大专项

第一节　概　　述

一、国家科技重大专项

国家科技重大专项（National Science and Technology Major Project）是为了实现国家目标，通过核心技术突破和资源集成，在一定时限内完成的重大战略产品、关键共性技术和重大工程。《国家中长期科学和技术发展规划纲要（2006—2020年）》确定了大型飞机等16个重大专项。这些重大专项是我国到2020年科技发展的重中之重。

二、重大专项介绍

1. 核心电子器件、高端通用芯片及基础软件产品专项

核高基重大专项的主要目标是：在芯片、软件和电子器件领域，追赶国际技术和产业的迅速发展。通过持续创新，攻克一批关键技术、研发一批战略核心产品。通过核高基重大专项的实施，到2020年，我国在高端通用芯片、基础软件和核心电子器件领域基本形成具有国际竞争力的高新技术研发与创新体系，并在全球电子信息技术与产业发展中发挥重要作用；我国信息技术创新与发展环境得到大幅优化，拥有一支国际化的、高层次的人才队伍，形成比较完善的自主创新体系，为我国进入创新型国家行列做出重大贡献。

2. 极大规模集成电路制造装备与成套工艺专项

重点进行纳米关键制造装备攻关，开发纳米互补金属氧化物半导体（CMOS）工艺、90-65纳米特色工艺，开展纳米前瞻性研究，形成纳米装备、材料、工艺配套能力及集成电路制造产业链，进一步缩小与世界先进水平差距，增加装备和材料占国内市场的份额，开拓国际市场。

3. 新一代宽带无线移动通信网专项

提升我国在国际标准制定中的地位。加快突破移动互联网、宽带集群系统、新一代无线局域网和物联网等核心技术，推动产业应用，促进运营服务创新和知识产权创造，增强产业核心竞争力。

4. 高档数控机床与基础制造装备专项

重点攻克数控系统、功能部件的核心关键技术，增强我国高档数控机床和基础制造装备的自主创新能力，实现主机与数控系统、功能部件协同发展，重型、超重型装备与精细装备统筹部署，打造完整产业链。基本满足航天、船舶、汽车、发电设备制造等四个领域的重大需求。

5. 大型油气田及煤层气开发专项

以寻找大油气田、提高采收率、打造具有国际竞争力的油田技术服务和非常规天然气战略性产业为主攻方向，加强油气资源勘探开发地质理论研究，攻克非常规天然气高效增产等重大技术，研制深水油田工程支持船等重大设备，勘探开发整体技术水平达到或接近国际大石油公司的水平。

6. 大型先进压水堆及高温气冷堆核电站专项

突破先进压水堆和高温气冷堆技术，完善标准体系，搭建技术平台，提升核电产业国际竞争力。加强压水堆及高温气冷堆安全技术支撑和核电站乏燃料后处理科研攻关，保障核电安全。

7. 水体污染控制与治理专项

重点攻克重污染行业废水全过程治理技术、重污染河流和富营养化湖泊综合治理技术、面源污染控制技术、适用于不同水源水质的净化技术、水环境风险评估与预警遥感监测等关键成套技术。重点研发监控预警设备、饮用水水质净化及输配管网检漏设备，提高设备国产化率，降低成本。在太湖、辽河等重点流域开展综合示范，示范流域水环境质量提高等级，基本建立流域水污染治理和水环境管理技术体系。

8. 转基因生物新品种培育专项

转基因生物新品种培育重大专项的目标，是要获得一批具有重要应用价值和自主知识产权的基因，培育一批抗病虫、抗逆、优质、高产、高效的重大转基因生物新品种，提高农业转基因生物研究和产业化整体水平，为我国农业可持续发展提供强有力的科技支撑。实施转基因生物新品种培育重大专项，对于增强农业科技自主创新能力，提升我国生物育种水平，促进农业增效和农民增收，提高我国农业国际竞争力，具有重大战略意义。

9. 重大新药创制专项

针对满足人民群众基本用药需求和培育发展医药产业的需要，突破一批药物创制关键技术和生产工艺，完善新药创制与中药现代化技术平台，建设一批医药产业技术创新战略联盟，基本形成具有中国特色的国家药物创新体系，增强医药企业自主研发能力和产业竞争力。

10. 艾滋病和病毒性肝炎等重大传染病防治专项

针对提高人口健康水平和保持社会和谐稳定的重大需求，重点围绕艾滋病、病毒性肝炎、结核病等重大传染病，突破检测诊断、监测预警、疫苗研发和临床救治等关键技术，显著提升重大传染病的应急和综合防控能力，有效降低艾滋病、病毒性肝炎、结核病的新发感染率和病死率。

11. 大型飞机专项

以当代大型飞机关键技术需求为牵引，开展关键技术预研和论证。以国产大型飞机的系统集成、动力系统和试验系统的设计、开发和制造为重点，突破核心关键技术，为研制大型客机做好技术储备。

12. 高分辨率对地观测系统专项

重点发展基于卫星、飞机和平流层飞艇的高分辨率先进观测系统；形成时空协调、全天候、全天时的对地观测系统；建立对地观测数据中心等地面支撑和运行系统，提高我国空间数据自给率，形成空间信息产业链。

13. 载人航天与探月工程专项

建立具有一定应用规模的短期有人照料、长期在轨自主飞行的空间实验室。探月工程从绕月探测起步，研制月球探测卫星，突破月球探测的关键技术，为全面开展探月工程奠定基础。

三、资助政策

课题所需经费由申报单位依据课题实施的实际需要进行编制，中央重大专项资金支持，同时促进多元化和多渠道投融资机制。

四、申报条件

在中国大陆运营、具备独立法人资格的企业（注册资本不低于所申请中央财政资金额度）或具备独立法人资格的科研院所和高校等事业单位。重大专项课题实行法人负责制。

第二节　民口科技重大专项资金
管理的规定（节选）

一、概述

重大专项的资金包括中央财政资金、地方财政资金、单位自筹资金以及从其他渠道获得的资金。都应当按照"集中财力，聚焦重点。放管结合，权责对等。多元投入，注重绩效。专款专用，单独核算"的原则使用和管理。

二、管理机构与职责

重大专项资金实行分级管理，分级负责。在部际联席会议制度下，科技部、发展改革委、财政部负责组织重大专项实施方案（含总概算和阶段概算）编制论证，开展阶段实施计划（含分年度概算，下同）、年度计划综合平衡工作，统筹协调重大专项与国家其他科技计划（专项、基金等）、国家重大工程的关系；组织重大专项的监督评估、检查监督和总结验收等。

财政部会同科技部、发展改革委制定重大专项资金管理制度，审核专项总概算和阶段概算。财政部会同科技部组织开展阶段概算的分年度概算评审；对专项牵头组织单位、项目管理专业机构（以下简称专业机构）的重大专项资金管理情况进行监督检查，对项目（课题）资金使用情况和财务验收情况进行抽查。财政部审核批复分年度概算，按部门预算程序审核批复年度预算、执行中的重大概预算调剂。

出资的地方财政部门负责落实其承诺投入的资金，提出资金安排意见，并加强对资金使用的管理。牵头组织单位负责重大专项具体实施工作，制订资金管理实施细则，协调落实重大专项实施的相关支撑条件和配套政策。专业机构接受部际联席会议办公室与牵头组织单位的共同委托，负责重大专项项目（课题）的具体管理工作。项目（课题）承担单位（以下简称承担单位）是项目（课题）资金使用和管理的责任主体，应强化法人责任，规范资金管理。

三、重大专项概算管理

重大专项概算是指对专项实施周期内，专项实施所需总费用的事前估算，是重大专项预算安排的重要依据。重大专项概算包括总概算、阶段概算和年度概算。

重大专项概算应当同时编制收入概算和支出概算，确保收支平衡。

重大专项收入概算包括中央财政资金概算和其他来源资金概算。

重大专项支出概算包括支出总概算、支出阶段概算和支出年度概算。支出概算应当在充分论证、科学合理的基础上，根据任务相关性、配置适当性和经济合理性的原则，按照任务级次和不同研发阶段分别编列。

四、资金核定方式及开支范围

重大专项资金由项目（课题）经费和管理工作经费组成，分别核定与管理。

重大专项项目（课题）经费由直接费用和间接费用组成，适用于前补助和事前立项事后补助项目（课题）。

（一）直接费用是指在项目（课题）实施过程（包括研究、中间试验试制等阶段）中发生的与之直接相关的费用。主要包括：

1. 设备费：是指在项目（课题）实施过程中购置或试制专用仪器设备，对现有仪器设备进行升级改造，以及租赁使用外单位仪器设备而发生的费用。应当严格控制设备购置，鼓励共享、试制、租赁专用仪器设备以及对现有仪器设备进行升级改造，避免重复购置。

2. 材料费：是指在项目（课题）实施过程中由于消耗各种必需的原材料、辅助材料等低值易耗品而发生的采购、运输、装卸和整理等费用。

3. 测试化验加工费：是指在项目（课题）实施过程中支付给外单位（包括承担单位内部独立经济核算单位）的检验、测试、设计、化验、加工及分析等费用。

4. 燃料动力费：是指在项目（课题）实施过程中相关大型仪器设备、专用科学装置等运行发生的水、电、气、燃料消耗费用等。

5. 会议/差旅/国际合作与交流费：是指在项目（课题）实施过程中发生的会议费、差旅费和国际合作与交流费。

会议费：是指在项目（课题）实施过程中为组织开展相关的学术研讨、咨询以及协调任务等活动而发生的会议费用。

差旅费：是指在项目（课题）实施过程中开展科学实验（试验）、科学考察、业务调研、学术交流等所发生的外埠差旅费、市内交通费用等。

国际合作与交流费：是指在项目（课题）实施过程中相关人员出国（境）、外国专家来华及港澳专家来内地（大陆）工作而发生的费用。

在编制项目（课题）预算时，本科目支出预算不超过直接费用10％的，不需要提供预算测算依据。承担单位和科研人员应当按照实事求是、精简高效、厉行节约的原则，严格执行国家和单位的有关规定，统筹安排使用。

6. 出版/文献/信息传播/知识产权事务费：是指在项目（课题）实施过程中，需要支付的出版费、资料费、专用软件购买费、文献检索费、专业通信费、专利申请及其他知识产权事务等费用。

7. 劳务费：是指在项目（课题）实施过程中支付给参与研究的研究生、博士后、访问学者以及项目（课题）聘用的研究人员、科研辅助人员等的劳务性费用。

项目（课题）聘用人员的劳务费标准，参照当地科研和技术服务业人员平均工资水平，根据其在项目（课题）研究中承担的工作人员确定，其社会保险补助纳入劳务费科目列支。劳务费预算不设比例限制，据实编制。

8. 专家咨询费：是指在项目（课题）实施过程中支付给临时聘请的咨询专家的费用。专家咨询费不得支付给参与项目（课题）研究及其管理相关的工作人员。专家咨询费的标准按国家有关规定执行。

9. 基本建设费：是指项目（课题）实施过程中发生的房屋建筑物购建、工程配套机电设备购置等基本建设支出，应当单独列示，并参照基本建设财务制度执行。

10. 其他费用：是指在项目（课题）实施过程中除上述支出项目之外的其他直接相关的支出。其他费用应当在申请预算时详细说明。

（二）间接费用是指承担单位在项目（课题）组织实施过程中无法在直接费用中列支的相关费用。主要包括承担单位为项目（课题）研究提供的房屋占用，日常水、电、气、暖消耗，有关管理费用的补助支出，以及激励科研人员的绩效支出等。

结合承担单位信用情况，间接费用实行总额控制，按照不超过课题直接费用扣除设备购置费和基本建设费后的一定比例核定。具体比例如下：500 万元及以下部分为 20%，超过 500 万元至 1 000 万元的部分为 15%，超过 1 000 万元以上的部分为 13%。

五、预算编制与审批

预算编制与审批程序适用于前补助和事前立项事后补助项目（课题）。

重大专项实行全口径预算编制，应当全面反映重大专项组织实施过程中的各项收入和支出，明确提出各项支出所需资金的来源渠道。预算包括收入预算和支出预算，做到收支平衡。

专业机构委托具有独立法人资格的、具有相应资质的第三方机构进行预算评审。

预算评审第三方机构应当具备丰富的国家科技计划预算评审工作经验，熟悉国家科技计划（专项、基金等）和资金管理政策，建立了相关领域的科专家队伍支撑，拥有专业的预算评审人才队伍等。

事前立项事后补助是指单位围绕重大专项目标任务，按照前补助规定的程序立项后，先行投入组织研发活动并取得预期成果，按规定程序通过审核、评估和验收后，给予相应补助的财政支持的方式。

采用事前立项事后补助方式的项目（课题），可事先拨付不超过该项目（课题）中央财政核定专项资金总额 30% 的启动资金，启动经费列入当年预算。待专业机构对项目（课题）进行验收、提出其余中央财政资金预算安排建议，经牵头组织单位审批后，在以后年度预算中安排，承担单位可以统筹使用。

六、预算执行

自 2018 年 1 月 1 日起，重大专项资金不再通过特设账户拨付，资金支持按照国库集中支付制度有关规定执行。

承担单位应当严格执行国家有关财经法规和财务制度，切实履行法人责任，建立健全项目（课题）资金内部管理制度和报销规定，确保资金使用安全规范有效。

承担单位应当严格执行国家有关支出管理制度。对应当实行"公务卡"结算的支出，按照中央财政科研项目使用公务卡结算的有关规定执行。对设备费、大宗材料费和测试化验加工费、劳务费、专家咨询费等支出，原则上应当通过银行转账方式结算。对野外考察、心理测试等科研活动中无法取得发票或者财政性票据的，在确保真实性的前提下，可按实际发生额予以报销。

承担单位应当按照下达的预算执行。项目（课题）在研期间，年度剩余资金结转下一年度继续使用。预算确有必要调剂时，应当按照调剂范围和权限，履行相关程序。

重大专项项目（课题）通过财务验收后，各承担单位应当在一个月内及时办理财务结账手续。

项目（课题）因故撤销或终止，承担单位应当及时清理账目与资产，编制财务报告及资产清单，报送专业机构。专业机构研究提出清查处理意见并报牵头组织单位审核批复，牵头组织单位确认后，按规定程序将结余资金（含处理已购物资、材料及仪器设备的变价收入）上缴国库。

对于项目（课题）结余资金（不含审计、年度监督评估等监督检查中发现的违规资金），项目（课题）完成任务目标并一次性通过验收，且承担单位信用评价良好的，结余资金按规定留归项目承担单位使用，2 年内（自验收结论下达后次年的 1 月 1 日起计算）统筹安排用于科研活动的直接支出。2 年后结余资金未使用完成的，按规定原渠道收回。

七、监督检查

三部门、牵头组织单位、专业机构和承担单位应当根据职责和分工，建立覆盖资金管理使用全过程的资金监督检查机制。监督检查应当加强统筹协调，加强信息共享，避免重复交叉。

牵头组织单位应当指导专业机构做好重大专项资金管理工作，对重大专项的实施进展情况、资金使用和管理进行监督检查。牵头组织单位按照规定组织开展项目（课题）绩效评价。牵头组织单位对监督检查中发现的问题，及时督促专业机构整改，追踪问责。

（注：全文请参阅《财政部　科技部　发展改革委关于印发〈国家科技重大专项（民口）资金管理办法〉的通知》财科教〔2017〕74 号）

点评：

科研工作是严肃的科学问题，一切靠数据说话，德高望重学者的成就或荣誉，并非开门就是高山大海，同样需要日积月累、集腋成裘。

过去的科研费用，没有真正用在科研工作上，而是用于：协调上下、左右关系和"管理"上。有的竟高达 30％以上，加上其他各种耗费，最后真正用于直接科研的费用就不到50％了。这是我们科研工作长期存在的顽症，所以，最近在经费管理方面启动了重大改革。

第四章　国家重点研发计划

第一节　概　述

一、国家重点研发计划

在整合形成的五大科技计划中，国家重点研发计划是改革的重中之重，也是五类计划中启动最早的一项改革。国家重点研发计划整合了原有的"973计划"、"863计划"、国家科技支撑计划、国际科技合作与交流专项，发改委、工信部管理的产业技术研究与开发资金，以及有关部门管理的公益性行业科研专项等内容。计划主要针对事关国计民生的农业、能源资源、生态环境、健康等领域中需要长期演进的重大社会公益性研究，以及事关产业核心竞争力、整体自主创新能力和国家安全的战略性、基础性、前瞻性重大科学问题、重大共性关键技术和产品、重大国际科技合作等。

国家重点研发计划目前形成了59个重点专项的总体布局和优先启动48个重点专项的相关建议。

二、国家重点研发计划及组织实施方式

聚焦国家重大战略任务，遵循研发和创新活动的规律和特点，将国家重点基础研究发展计划、国家高技术研究发展计划、国家科技支撑计划、国际科技合作与交流专项、产业技术研究与开发资金、公益性行业科研专项等，整合形成国家重点研发计划。

国家重点研发计划面向事关国计民生需要长期演进的重大社会公益性研究，以及事关产业核心竞争力、整体自主创新能力和国家安全的重大科学问题、重大共性关键技术和产品、重大国际科技合作，按照重点专项的方式组织实施，加强跨部门、跨行业、跨区域研发布局和协同创新，为国民经济和社会发展主要领域提供持续性的支撑和引领。

重点专项是国家重点研发计划组织实施的载体，是聚焦国家重大战略任务、围绕解决当前国家发展面临的瓶颈和突出问题、以目标为导向的重大项目群。重点专项要针对不同研发任务的特点和规律进行全链条创新设计，一体化组织实施；要目标具体、边界清晰、周期明确；要强化项目、人才与基地建设的统筹。

科技部、财政部研究制定国家重点研发计划管理办法和经费管理办法。管理流程将包括：

——面向各部门（行业）、各地方及有关单位征集重点研发任务建议；

——根据国家重大部署和研发任务征集情况，科技部会同相关部门和地方等，按照"自上而下"和"自下而上"相结合、中央及地方财政和企业共同投入的原则，凝练提出重点专项动议，并根据竞争择优原则，遴选提出相关专业机构建议；

——提请战略咨询与综合评审委员会对重点专项动议提出咨询意见，据此进一步修改完善，形成重点专项建议；

——提请部际联席会议审议重点专项和相关专业机构建议，审定后按程序报批；

——对经批准的重点专项，编制细化实施方案，统一发布年度项目申报通知，并委托专业机构开展后续组织实施工作；

——在国家重点研发计划管理的各个环节，科技部会同相关部门强化重点专项组织实施的协调保障和监督评估，确保完成重点专项的既定目标和任务。

为做好"十三五"国家重点研发计划的任务部署，将依据上述流程和相关经费预算安排，形成一批"十三五"优先启动的重点专项，从 2016 年开始组织实施。

三、国家重点研发计划主要项目（农业部分）

"智能农机装备"重点专项

"林业资源培育及高效利用技术创新"重点专项

"现代食品加工及粮食收储运技术与装备"重点专项

"畜禽重大疫病防控与高效安全养殖综合技术研发"重点专项

"粮食丰产增效科技创新"重点专项

"七大农作物育种"试点专项

"化学肥料和农药减施增效综合技术研发"试点专项

"农业面源和重金属污染农田综合防治与修复技术研发"重点专项

"典型脆弱生态修复与保护研究"重点专项

"水资源高效开发利用"重点专项

四、资助政策

国拨经费单项总概算约 10 亿元，其他经费（包括地方财政经费、单位出资及社会渠道资金等）与中央财政经费比例不低于 1：1、1：2 等。

第二节 农业领域重点研发计划案例

一、"七大农作物育种"试点专项

（一）申报指南

保障国家粮食安全和生态安全是关系我国国民经济发展和社会稳定的全局性重大战略问题。农作物优良品种是农业增产的核心要素，是种子产业发展的命脉。大力发展现代农作物育种技术，强化科技创新，创制重大新品种，对驱动我国农业生产方式转型发展、提升种业国际竞争力、保障粮食安全和农产品有效供给具有重大战略意义。为深入贯彻落实《国务院关于加快推进现代农作物种业发展的意见》（国发〔2011〕8 号）和《国务院办公厅关于深化种业体制改革提高创新能力的意见》（国办发〔2013〕109 号），依据《国家中长期科学与技术发展规划纲要（2006—2020 年）》、《国家粮食安全中长期规划纲要（2008—2020 年）》和《国务院关于深化中央财政科技计划（专项、基金等）管理改革方案的通知》(国发〔2014〕64号),启动实施水稻、玉米、小麦、大豆、棉花、油菜、蔬菜等七大农作物育种试点专项。

专项按照"加强基础研究、突破前沿技术、创制重大品种、引领现代种业"的总体思路,以七大农作物为对象,围绕种质创新、育种新技术、新品种选育、良种繁育等科技创新链条,重点突破基因挖掘、品种设计和种子质量控制等核心技术,获得具有育种利用价值和知识产权的重大新基因,创制优异新种质,形成高效育种技术体系,主要农作物新品种选育效率提高50%,培育重大新品种并推广应用,推动良种对增产的贡献率由43%提高到50%。

专项依据总体目标部署五大任务,即优异种质资源鉴定与利用、主要农作物基因组学研究、育种技术与材料创新、重大品种选育、良种繁育与种子加工。围绕种业科技创新链条系统设计并分解为主要农作物优异种质资源精准鉴定与创新利用、主要农作物优异种质资源形成与演化规律、重要性状形成的分子基础、功能基因组学研究与应用、主要农作物杂种优势利用技术及强优势杂交种创制、主要农作物分子设计育种、主要农作物染色体细胞工程、主要农作物诱变育种、水稻优质高产高效新品种培育、玉米抗逆高产环境友好新品种培育、小麦优质节水高产新品种培育、大豆优质高产广适新品种培育、油菜高产优质适于机械化新品种培育、棉花优质高产适于机械化新品种培育、蔬菜优质多抗适应性强新品种培育、主要农作物良种繁育关键技术研究与示范、主要农作物种子加工与质量控制、主要农作物种子分子指纹检测技术研究与应用等40余个项目。

根据试点专项的统一部署,结合农作物育种创新链条的特点和育种规律,2016年度首批指南发布三个方向任务共15个项目,即优异种质资源鉴定与利用任务方向的"主要粮食作物种质资源精准鉴定与创新利用"和"主要经济作物种质资源精准鉴定与创新利用"等2个项目;主要农作物基因组学研究任务方向的"主要农作物优异种质资源形成与演化规律、主要农作物产量性状形成的分子基础、主要农作物品质性状形成的分子基础、主要农作物抗病虫抗逆性状形成的分子基础、主要农作物养分高效利用性状形成的分子基础、主要农作物杂种优势形成与利用机理、水稻功能基因组研究与应用、小麦等作物功能基因组研究与应用"等8个项目;育种技术与材料创新任务方向的"主要农作物杂种优势利用技术与强优势杂交种创制、主要粮食作物分子设计育种、主要经济作物分子设计育种、主要农作物染色体细胞工程育种和主要农作物诱变育种"等5个项目。

(二)申报项目

1. 主要农作物优异种质资源鉴定与利用

(1)主要粮食作物种质资源精准鉴定与创新利用;

(2)主要经济作物种质资源精准鉴定与创新利用。

2. 主要农作物基因组学研究

(1)主要农作物优异种质资源形成与演化规律;

(2)主要农作物产量性状形成的分子基础;

(3)主要农作物品质性状形成的分子基础;

(4)主要农作物抗病虫抗逆性状形成的分子基础;

（5）主要农作物养分高效利用性状形成的分子基础；

（6）主要农作物杂种优势形成与利用机理；

（7）水稻功能基因组研究与应用；

（8）小麦等作物功能基因组研究与应用。

3. 育种技术与材料创新

（1）主要农作物杂种优势利用技术与强优势杂交种创制；

（2）主要粮食作物分子设计育种；

（3）主要经济作物分子设计育种；

（4）主要农作物染色体细胞工程育种；

（5）主要农作物诱变育种。

（三）"七大农作物育种"试点专项形式审查条件要求

申报项目如不符合下述任一条件要求，将不能通过形式审查。

1. 推荐程序和填写要求

（1）由指南规定的推荐单位在规定时间内出具推荐函。

（2）申报单位同一项目须通过单个推荐单位申报，不得多头申报和重复申报。

（3）项目申报书内容与申报的指南方向基本相符。

（4）项目申报书及附件按格式要求填写完整。

2. 项目及下设任务（课题）负责人应具备的资格条件

（1）申报项目当年不超过 60 周岁。

（2）具有高级职称或博士学位。

（3）为本项目工作时间每年不得少于 6 个月。

（4）具有中华人民共和国国籍；或是受聘于内地单位的外籍科学家及港、澳、台地区科学家可作为试点专项的项目负责人，全职受聘人员须由内地受聘单位提供全职受聘的有效证明，非全职受聘人员须由内地受聘单位和境外单位同时提供受聘的有效证明，并随纸质项目申报书一并报送。

（5）限申报一个项目，"973 计划"、"863 计划"、国家科技支撑计划、国家国际科技合作专项、国家重大科学仪器开发专项、公益性行业专项（以下简称改革前计划）在研项目（含任务或课题）负责人不得申报国家重点研发计划试点专项项目；项目主要参加人员的国家重点研发计划试点专项申报项目和改革前计划在研项目总数不得超过两个；改革前计划的在研项目（含任务或课题）负责人不得因申报国家重点研发计划试点专项项目而退出目前承担的项目（含任务或课题）。计划任务书执行期到 2016 年 6 月底的在研项目（含任务或课题）不在限项范围内。

（6）特邀咨评委委员及参与 6 个试点专项咨询评议的专家，不能申报本人参与咨询和论证过的试点专项项目（含任务或课题）；参与试点专项实施方案或指南编制的专家，不能申报该试点专项项目（含任务或课题）。

（7）在承担（或申请）国家科技计划项目中，没有严重不良信用记录。

3. 申报单位应具备的资格条件

（1）是在中国境内登记注册的科研院所、高等学校和企业等法人单位。

（2）申报时注册期满一年以上。

（3）在承担（或申请）国家科技计划项目中，没有严重不良信用记录。

4. 本试点专项指南规定的其他形式审查条件要求

（1）以项目为单元申报，内容需覆盖该项目全部研究内容和考核指标。

（2）项目申报单位（包括参与申报单位）、申报人（包括参与申报人），对同一项目不得进行重复或交叉申报与参与。

二、"化学肥料和农药减施增效综合技术研发"项目

（一）申报指南

我国化学肥料和农药过量施用严重，由此引起环境污染和农产品质量安全等重大问题。化肥和农药过量施用的主要原因：一是对不同区域不同种植体系肥料农药损失规律和高效利用机理缺乏深入的认识，制约了肥料农药限量标准的制订；二是化肥和农药的替代产品研发相对落后，施肥施药装备自主研发能力薄弱，肥料损失大，农药跑冒滴漏严重；三是针对不同种植体系肥料和农药减施增效的技术研发滞后，亟须加强技术集成，创新应用模式。因此，制定化肥农药施用限量标准，发展肥料有机替代和绿色防控技术，创制新型肥料和农药，研发大型智能精准机具，以及加强技术集成创新与应用是我国实现化肥和农药减施增效的关键。

国家重点研发计划试点专项"化学肥料和农药减施增效综合技术研发"，旨在立足我国当前化肥农药减施增效的战略需求，按照《全国优势农产品区域布局规划》、《特色农产品区域布局规划》，聚焦主要粮食作物、大田经济作物、蔬菜、果树化肥农药减施增效的重大任务，按照"基础研究、共性关键技术研究、技术集成创新研究与示范"全链条一体化设计，强化产学研用协同创新，解决化肥、农药减施增效的重大关键科技问题，为保障国家生态环境安全和农产品质量安全，推动农业发展"转方式、调结构"，促进农业可持续发展提供有力的科技支撑。

本专项主要通过化学肥料和农药高效利用机理与限量标准、肥料农药技术创新与装备研发、化肥农药减施增效技术集成与示范应用研究，构建化肥农药减施增效与高效利用的理论、方法和技术体系，到2020年，项目区氮肥利用率由33％提高到43％，磷肥利用率由24％提高到34％，化肥氮磷减施20％；化学农药利用率由35％提高到45％，化学农药减施30％；农作物平均增产3％，实现作物生产提质、节本、增效。

本专项围绕化肥农药减施增效的理论基础、产品装备、技术研发、技术集成、示范应用等环节，对专项一体化设计，拟设置化肥农药减控基础与限量标准，重大技术、产品及装备研发，技术集成创新与应用三个任务方向共42个项目。化肥农药减控基础与限量标准任务方向包括项目1～8共8个项目，该部分研究为化肥农药减施增效技术、产品及装备研发提供理论基础，为主要农区不同作物化肥和农药减施增效提供技术标准；重大技术、产品及装备研发任务方向包括项目9～18共10个项目，该部分研究为化肥农药减施增效提供重大技术、产品及装备；技术集成创新与应用任务方向包括项目19～42共24个项目，该部分研究为全面实现化肥农药减施增效的专项总体目标提供集成技术模式，并示范应用。2016年度首批指南发布三个任务方向共13个项目，项目实施周期为2016年1

月 1 日至 2020 年 12 月 31 日。

（二）申报项目

1. 化肥农药减控基础与限量标准

（1）肥料养分推荐方法与限量标准；

（2）化学农药在不同种植体系的归趋特征与限量标准；

（3）耕地地力影响化肥养分利用的机制与调控。

2. 重大技术、产品及装备研发

（1）新型复混肥料及水溶肥料研制；

（2）化学农药协同增效关键技术及产品研发；

（3）智能化精准施肥及肥料深施技术及其装备；

（4）地面与航空高工效施药技术及智能化装备。

3. 技术集成创新与应用

（1）长江中下游水稻化肥农药减施增效技术集成研究与示范；

（2）茶园化肥农药减施增效技术集成研究与示范；

（3）设施蔬菜化肥农药减施增效技术集成研究与示范；

（4）苹果化肥农药减施增效技术集成研究与示范；

（5）化肥农药减施增效的环境效应评价；

（6）化肥农药减施增效技术应用及评估研究。

三、"粮食丰产增效科技创新"重点专项

（一）申报指南

"十三五"期间是确保我国粮食安全、实施"调结构—转方式"，提升可持续发展能力和推进现代农业发展的关键时期。组织实施粮食丰产增效科技创新试点十分必要。一是有效地落实"坚持以我为主，立足国内，确保产能，适度进口，科技支撑的国家粮食安全战略"；二是有效地落实"主动适应经济发展新常态，是按照稳粮增收、提质增效、创新驱动"总的要求进行粮食生产的"调结构—转方式"新要求；三是落实十八届三中全会提出的"藏粮于地"、"藏粮于技"战略，有效地解决我国粮食生产长期面临诸多资源和环境压力和国际粮食市场价格与质量的竞争压力；四是有效地实现我国粮食科技在"十二五"期间粮食丰产科技成果的基础上，向粮食丰产增效和现代化技术更高目标发展；五是有效地集中力量破解我国丰产增收协同面临的科学、技术难题和生产需求的新问题。因此，实施重点专项，对国家粮食安全、"调结构—转方式"、可持续发展、提升竞争能力、因势利导发展粮食生产意义重大，十分迫切。

专项规划主要依据《国家中长期科学与技术发展规划纲要（2006—2020 年）》、《国家粮食安全中长期规划纲要（2008—2020 年）》和《国务院关于深化中央财政科技计划（专项、基金等）管理改革方案的通知》（国发〔2014〕64 号）计划实施，年限为 2016 年 1 月 1 日至 2020 年 12 月 31 日。

专项主要目标是围绕粮食丰产增效可持续发展，聚焦 3 大粮食作物（水稻、小麦、玉米）、突出 3 大主产平原（东北、黄淮海、长江中下游的 13 个粮食主产省）、注重 3 大目

标（丰产、增效与环境友好）、强化 3 大功能区（核心区、示范区与辐射区）建设、衔接 3 大层次（基础理论、共性关键技术、区域集成示范），开展科技创新。

具体指标为：①实现丰产增效目标协同：a. 丰产目标：三大作物平均单产新增 5%，降低产量损失 5%以上；b. 增效目标：肥水效率提高 10%以上，光温资源效率提高 15%，生产效率提高 20%；②推进粮食主产省"三区"建设：专项每个实施省（区）a. 核心区建设：万亩以上 1～2 个；b. 示范区建设：50 万亩以上；c. 辐射区建设：500 万亩以上；d. "三区"总增产 2 300 万吨以上，增加效益 320 亿元以上；③提升粮食科技"四大能力"：即 a. 前沿理论创新能力取得重大新进展，高水平论文 200 篇以上，专著 10 部；b. 共性关键技术创新能力取得新突破，创新关键技术 50 套以上，物化产品 40 个以上；c. 集成示范能力产生新效果，技术规程 20 个以上，模式 25 套以上；d. 现代化生产能力稳步提升，实现良种良法配套、农机农艺融合、高产高效协同、生产生态兼顾。形成高度规模机械化、信息标准化、精准轻简化水平的粮食作物生产体系。

在粮食丰产增效科技创新重点专项实施方案中，以衔接基础研究、关键技术创新与区域技术集成示范三个层次为指导：在基础研究方面，以作物、环境与措施三者互作关系为核心，以产量与资源效率层次差异性、资源优化配置和气候变化响应机制等三方面前沿性科学问题为重点，探索粮食丰产增效、低环境代价的可挖掘的潜力、关键调控机制和技术途径，为关键技术创新提供理论指导；在共性关键技术研究方面，以突破生产共性关键问题为核心，从良种良法配套、信息化精准栽培、土壤培肥耕作、灾变控制、抗低温干旱、均衡增产和节本减排 7 项技术为重点，创新可持续丰产增收和环境支好的关键技术，为技术集成提供核心技术；在区域技术集成示范方面，以构建规模机械化现代新型技术模式为核心，以三大粮食主产区 13 省（市）的 5 种植模式（东北春玉米、东北粳稻、黄淮海冬小麦夏玉米、长江中下游稻麦和稻作，其粮食总产占全国的 75%左右）的"三区"建设为重点，基于理论与关键技术创新，进行集成与示范，实现三大粮食作物在 1.87 亿亩面积上的丰产与增效的协同。

基于粮食丰产增效科技创新重点专项实施方案，本专项指南，总项目设计为 24 项，其中对应基础研究 3 项，对应关键技术创新 8 项（其中良种良法配套任务按作物类型拆分为 3 个项目；土壤培肥耕作任务按农田类型拆分为 2 个项目；灾变控制任务分为生物与非生物 2 项目；抗低温干旱、均衡增产和节本减排任务为区域相关的关键技术，与区域技术集成示范任务并行研究），集成示范 5 种模式分别按 13 省列为 13 项目。按着优先启动三分之一的原则，根据研究的顺序性和紧迫性，优先启动的项目共计 10 项，其中基础理论 2 项，共性关键技术 8 项，13 项集成示范和 1 项基础研究随后重点启动。优先启动项目如下。

（二）申报项目

（1）粮食作物产量与效率层次差异及其丰产增效机理；

（2）粮食作物丰产增效协同的资源优化配置机理与高效种植模式；

（3）玉米密植高产宜机收品种筛选及其配套栽培技术；

（4）小麦优质高产品种筛选及其配套栽培技术；

（5）水稻优质高效品种筛选及其配套栽培技术；

（6）粮食作物生长监测诊断与精确栽培技术；

（7）粮食主产区主要气象灾变过程及其减灾保产调控关键技术；

（8）粮食主产区主要病虫草害发生及其绿色防控关键技术；

（9）旱作区土壤培肥与丰产增效耕作技术；

（10）稻作区土壤培肥与丰产增效耕作技术。

四、"畜禽重大疫病防控与高效安全养殖综合技术研发"重点专项

（一）申报指南

畜禽养殖产业是关系国计民生的农业支柱产业。当前，我国畜禽养殖产业正面临"养殖效益低下、疫病问题突出、环境污染严重、设施设备落后"4 大瓶颈问题。解决这些问题的根本出路在于大力开展畜禽疫病防控、净化与根除，推进养殖废弃物的无害化处理与资源化利用，加强养殖设施设备的自主创新与产业化。

为推进我国畜禽重大疫病防控与高效安全养殖的科技创新，驱动我国畜禽养殖产业转型升级与可持续发展，依据《国家中长期科学与技术发展规划纲要（2006—2020年）》、《国家中长期动物疫病防治规划（2012—2020年）》（国办发〔2012〕31 号）和《国务院关于深化中央财政科技计划（专项、基金等）管理改革方案的通知》（国发〔2014〕64 号）等精神，启动实施"畜禽重大疫病防控与高效安全养殖综合技术研发"重点专项。

专项聚焦畜禽重大疫病防控、养殖废弃物无害化处理与资源化利用、养殖设施设备研发 3 大领域，贯通基础研究、共性关键技术研究、集成示范科技创新链条，进行一体化设计，突破畜禽重大疫病防控与高效安全养殖领域的重大基础理论，攻克关键核心技术，建立应用示范基地，辐射带动产业创新能力整体提升。实现核心场与示范场在原有基础上，畜禽病死率下降 8%～10%，常规污染物排放消减 60%，粪污及病死动物资源化利用率达80%以上，"全封闭、自动化、智能化、信息化"养殖。

依据专项总体目标，围绕畜禽重大疫病防控与高效安全养殖的科技创新链条，设计并分解为 40 余个项目。

根据专项的统一部署，结合畜禽重大疫病与安全高效养殖科技创新链条的特点与规律，2016 年度第一批指南发布 15 个项目，即 5 个基础研究项目（新发与再现畜禽重大疫病的致病与免疫机制研究；动物流感遗传变异与致病机理研究；重大突发动物源性人畜共患病跨种感染与传播机制研究；重要神经嗜性人畜共患病免疫与致病机制研究；养殖环境对畜禽健康的影响机制研究）和 8 个共性关键技术研究（猪重要疫病的诊断与检测新技术研究；家禽重要疫病诊断与检测新技术研究；牛羊重要疫病诊断与检测新技术研究；宠物疾病诊疗与防控新技术研究；潜在入侵的畜禽疫病监测与预警技术研究；畜禽营养代谢与中毒性疾病防控技术研究；畜禽重要病原耐药性检测与控制技术研究；畜禽废弃物无害化处理与资源化利用新技术及产品研发）及 2 个集成示范类项目（种畜场口蹄疫净化技术集成与示范；种禽场高致病性禽流感、新城疫、禽白血病和沙门氏菌病综合防控与净化技术集成与示范）。项目实施周期为 2016 年 1 月 1 日至 2020年 12 月 31 日。

（二）申报项目

1. 基础研究

（1）新发与再现畜禽重大疫病的致病与免疫机制研究；

（2）动物流感遗传变异与致病机理研究；

（3）重大突发动物源性人畜共患病跨种感染与传播机制研究；

（4）重要神经嗜性人畜共患病免疫与致病机制研究；

（5）养殖环境对畜禽健康的影响机制研究。

2. 共性关键技术研究

（1）猪重要疫病的诊断与检测新技术研究；

（2）家禽重要疫病诊断与检测新技术研究；

（3）牛羊重要疫病诊断与检测新技术研究；

（4）宠物疾病诊疗与防控新技术研究；

（5）潜在入侵的畜禽疫病监测与预警技术研究；

（6）畜禽营养代谢与中毒性疾病防控技术研究；

（7）畜禽重要病原耐药性检测与控制技术研究；

（8）畜禽废弃物无害化处理与资源化利用新技术及产品研发。

3. 集成示范

（1）种畜场口蹄疫净化技术集成与示范；

（2）种禽场高致病性禽流感、新城疫、禽白血病、沙门氏菌病综合防控与净化技术集成与示范。

五、"现代食品加工及粮食收储运技术与装备"重点专项

（一）申报指南

现代食品加工产业上牵亿万农户，与"三农问题"密切关联，下联亿万国民，是与公众的膳食营养和饮食安全息息相关的"国民健康产业"。目前，全球食品加工产业正在向多领域、多梯度、深层次、高技术、智能化、低能耗、全利用、高效益、可持续的方向发展。随着一大批新技术（如云计算）的开发，新业态（如网络电商）的出现，新模式（如全产业链控制）的形成和新产业（如现代调理）的发展，现代食品加工产业不仅成为拉动我国国民经济发展的"新兴产业"和新的经济"增长点"，也将拓展现代农业发展的"新空间"，成为引领和带动我国现代农业发展的"新动力"。随着我国新型工业化、信息化、城镇化和农业现代化同步推进，"方便、美味、可口、实惠、营养、安全、健康、个性化、多样性"的产品新需求，以及"智能、节能、低碳、环保、绿色、可持续"的产业新要求已成为食品产业发展的"新常态"，也对食品加工产业科技发展提出了新的挑战。因此，实施"现代食品加工及粮食收储运技术与装备"重点专项是对《国家中长期科学和技术发展规划纲要（2006—2020年）》的具体贯彻和落实，是支撑现代食品工业快速健康和可持续发展的重要保障，是确保国家食品品质营养与质量安全及粮食安全的重要环节，也是保证农民增产增收和资源高效利用与农业综合效益的重要手段。

（二）申报项目

1. 食品加工制造应用基础研究

（1）生鲜食用农产品物流环境适应性及品质控制机制研究；

（2）食品加工过程中组分结构变化及品质调控机制研究。

2. 食品加工制造核心关键技术开发与装备创制

（1）食品工程化与智能化加工新技术装备开发研究；

（2）中华传统食品工业化加工关键技术研究与装备开发；

（3）传统酿造食品制造关键技术研究与装备开发；

（4）营养功能性食品制造关键技术研究与新产品创制；

（5）方便即食食品制造关键技术开发研究及新产品创制；

（6）食品添加剂与配料绿色制造关键技术研究及开发；

（7）果蔬采后质量与品质控制关键技术研究及装备开发；

（8）粮食收储保质降耗关键技术研究与装备开发；

（9）跨境食品品质与质量控制数据库构建及创新集成开发；

（10）主要食品全产业链品质质量控制关键技术开发研究。

3. 食品加工制造技术集成应用与产业化示范

（1）薯类主食化加工关键新技术装备研发及示范；

（2）大宗油料适度加工与综合利用技术及智能装备研发与示范；

（3）中式传统肉制品绿色制造关键技术与装备研发及示范；

（4）现代粮仓绿色储粮科技示范工程。

六、"林业资源培育及高效利用技术创新"重点专项

（一）申报指南

"林业资源培育及高效利用技术创新"重点专项紧紧围绕《国家中长期科学和技术发展规划纲要（2006—2020 年）》以及当前林业资源和产业发展面临的重大战略需求，通过林业资源培育及高效利用科技创新，有效支撑种苗繁育、营造林、加工利用全产业链技术升级，提高人工林生产力和资源利用水平，促进产业结构调整和转型升级，对于保障国家木材安全、生态安全、绿色发展，支撑生态文明和美丽中国建设，全面建成小康社会具有重要意义。

专项以"保障木材供给安全，促进产业转型升级"为目标，以速生用材、珍贵用材、工业原料等树种为对象，开展产量和质量形成机理研究、资源培育和利用关键技术研发、全产业链增值增效技术集成与示范，形成产业集群发展新模式，单位蓄积增加 15%，资源利用效率提高 20%，资源加工劳动生产率提高 50%。到 2020 年，为我国森林覆盖率达到 23%以上，年增加木材蓄积量 1.42 亿立方米，年新增木材供应量 9 500 万立方米，进口依存度降低到 45%和林业产业总产值达到 10 万亿元提供科技支撑。

专项按照产业链布局创新链、一体化组织实施的思路，围绕总体目标，从基础研究、关键技术创新与区域技术集成示范三个层次，共设计部署 14 项重点任务，包括主要用材林树种产量和质量形成的生理生态及遗传学基础、人工林重大灾害的成灾机理和调控机

制、木材材质改良的生物学与化学基础 3 项基础研究任务；主要速生用材树种高效培育技术研究、主要珍贵用材树种高效培育技术研究、主要工业原料林高效培育与利用技术研究、竹资源高效培育与产业链增值关键技术研究、人工林资源监测与灾害防控关键技术研究、木材高效利用技术研究、人工林非木质林产资源高质化利用技术创新等 7 项共性关键技术任务；珍贵树种定向培育和增值加工技术集成与示范、重点区域速丰林丰产增效技术集成与示范、南方竹产区竹资源全产业链增值增效技术集成与示范、人工林非木质资源全产业链增值增效技术集成与示范等 4 项技术集成与示范任务。其中，基础研究重点解决林业资源培育和高效加工的基础理论问题，为关键技术突破提供源头支撑；关键技术创新重点突破制约林业资源培育与高效利用的重大技术瓶颈；在此基础上，融合已有技术成果，按照区域特色和典型林种进行全产业链集成示范。

上述 14 项任务共设置 26 个项目。

专项实施周期五年，任务内容设置根据国家科技计划战略咨询与综合评审特邀委员会审议通过的林业资源培育及高效利用技术创新重点专项实施方案。2016 年度拟先期启动其中 9 个项目。

（二）申报项目

1. 基础研究

（1）林木次生生长的分子调控和环境胁迫机制；

（2）人工林生产力形成的结构与环境效应。

2. 关键技术研究

（1）杉木高效培育技术研究；

（2）杨树高效培育技术研究；

（3）桉树高效培育技术研究；

（4）南方主要珍贵用材树种高效培育技术研究；

（5）木材工业节能降耗与生产安全控制技术；

（6）人工林非木质林产资源高质化利用技术创新。

3. 技术集成与示范

竹资源全产业链增值增效技术集成与示范。

七、"智能农机装备"重点专项

（一）申报指南

农业是国民经济的基础，其根本出路在于机械化，农业机械化是农业现代化的重要标志，关乎"四化同步"推进全局。智能农机装备代表着农业先进生产力，是提高生产效率、转变发展方式、增强农业综合生产能力的物质基础，也是国际农业装备产业技术竞争的焦点。当前，我国农业现代化加速发展，农村土地规模经营、农业劳动力大量转移，对农机装备技术要求更高，产品需求巨大。长期以来，我国农机装备技术基础研究不足，整机可靠性和作业效率不高，核心部件和高端产品依赖进口，农业投入品施用粗放，经饲果牧等生产机械严重缺乏，导致农业综合生产成本居高不下；国际知名农机企业凭借技术和资本优势全面进入中国，抢占高端农机市场，我国农业生产和产业安全面临严峻挑战。加快发展智能农机装备技术，提升农机装备供给能力、缩小与国外主流产品差距、支撑现代农业发展、保障粮食和产业安全意义重大。

为深入贯彻落实《国务院关于促进农业机械化和农机工业又好又快发展的意见》（国发〔2012〕22 号）和《国务院关于加快转变农业发展方式的意见》（国办发〔2015〕59 号），依据《国家中长期科学和技术发展规划纲要（2006—2020 年)》、《国家粮食安全中长期规划纲要（2008—2020 年)》、《中国制造 2025》（国发〔2015〕28 号）和《国务院关于深化中央财政科技计划（专项、基金等）管理改革方案的通知》（国发〔2014〕64 号），立足"智能、高效、环保"，按照"关键核心技术自主化，主导装备产品智能化，薄弱环节机械化"的发展思路，进行智能装备、精益制造、精细作业的横向产业链与基础研究、关键攻关、装备研制与示范应用的纵向创新链相结合的一体化科技创新设计，启动实施智能农机装备重点专项。

本专项围绕现代农业发展方式转变、提质增效对高端技术和市场重大产品的紧迫需求，重点突破市场机制和企业无力解决的信息感知、决策智控、试验检测等基础和关键共性技术与重大产品智能化核心技术，实现自主化，破解完全依赖进口、受制于人的瓶颈；加大力度开发大型与专用拖拉机、田间作业及收获等主导产品智能技术与智能制造技术，创立自主的农业智能化装备技术体系；创制丘陵山区、设施生产及农产品产地处理等装备，支撑全程全面机械化发展。掌握 200 马力以上大型拖拉机和采棉机等高端产品和核心装置设计与制造关键技术；突破动植物对象识别与监控核心技术，田间播种施肥、植保、收获智能作业机械和养殖场挤奶机器人投入使用；大宗粮经作物生产全程机械品种齐全，国产农机产品市场占有率稳定并高于 90%，支撑主要作物耕种收综合机械化水平达到 70% 以上，为中国农机装备"走出去"提供科技支撑。突破信息感知、决策智控、试验检测、精细生产管控等应用基础及节能环保拖拉机、精量播栽、变量植保与高效收获装备等关键共性核心技术 200～300 项；创制关键共性核心技术装置与系统 60～80 项；研制大型及专用拖拉机、智能谷物联合收割机等智能化重大装备，甘蔗收获、棉花机采、橡胶割胶等薄弱环节装备，以及农产品智能化产地处理、丘陵山区优势作物生产等重大装备产品 115～165 种；建立典型示范基地 6～10 处，实现技术自主和产业应用。研制标准 150～250 项，申请专利 200～300 项，并培养创新人才 300～500 名，形成创新团队 15～20 个。构建形成关键共性技术、核心功能部件与整体试验检测开发和协同配套能力。

本专项围绕智能农机装备的应用基础技术研究、关键共性技术与重大装备开发、典型应用示范等环节，对专项一体化设计，拟设置围绕农机作业信息感知与精细生产管控应用基础研究，农机装备智能化设计与验证、智能作业管理关键技术开发，智能农业动力机械及高效精准环保多功能农田作业、粮食与经济作物智能高效收获、设施智能化精细生产、农产品产后智能化干制与精细选别技术装备研制，畜禽与水产品智能化产地处理、丘陵山区及水田机械化作业应用示范等 11 个任务方向共 47 个项目。

本专项首批指南发布 4 个任务方向共 19 个项目。农机作业信息感知与精细生产管控应用基础研究任务方向包括项目 1.1～1.3 共 3 个项目，该部分开展作业环境与本体信息感知与精细生产管控机理研究和机器作业状态参数测试方法研究，为农机智能装备精细作业提供精测、精施、精管理论方法与技术基础；智能农业动力机械研发任务方向包括项目

2.1～2.6 共 6 个项目，该部分研究为现代农业全面机械化提供绿色动力支撑；粮食作物高效智能收获技术装备研发任务方向包括项目 3.1～3.5 共 5 个项目，该部分研究为实现粮食作物收获机械技术升级换代提供支撑；经济作物高效能收获与智能控制技术装备研发任务方向包括项目 4.1～4.5 共 5 个项目，该部分研究为提升我国优势特色经济作物机械化收获水平、降低生产成本，提高产业竞争力提供支撑。

（二）申报项目

1. 农机作业信息感知与精细生产管控应用基础研究

（1）信息感知与作物精细生产管控机理研究；

（2）信息感知与动物精细养殖管控机理研究；

（3）机器作业状态参数测试方法研究。

2. 智能农业动力机械研发

（1）新型节能环保农用发动机开发；

（2）重型拖拉机智能化关键技术研究与整机开发；

（3）智能电动拖拉机开发；

（4）丘陵山地拖拉机关键技术研究与整机开发；

（5）水田拖拉机行走驱动技术研究与整机开发；

（6）园艺拖拉机智能化关键技术研究与整机开发。

3. 粮食作物高效智能收获技术装备研发

（1）智能化稻麦联合收获技术与装备研发；

（2）玉米联合收获技术与智能装备研发；

（3）薯类高效收获技术与装备研发；

（4）特色杂粮收获技术与装备研发；

（5）秸秆饲料收获技术与智能装备研发。

4. 经济作物高效能收获与智能控制技术装备研发

（1）棉麻智能高效收获技术与装备研发；

（2）甘蔗和甜菜多功能收获技术与装备研发；

（3）智能化油料作物收获技术与装备研发；

（4）饲草料作物收获技术与装备研发；

（5）农特产品收获技术与装备研发。

八、"农业面源和重金属污染农田综合防治与修复技术研发"重点专项

（一）项目指南

本专项以我国农业面源污染高发区和重金属污染典型区为重点，以农田面源污染物和重金属溯源、迁移和转化机制、污染负荷及其与区域环境质量及农产品质量关系等理论创新为驱动力，突破氮磷、有毒有害化学生物、重金属、农业有机废弃物等农田污染物全方位防治与修复关键技术瓶颈，提升装备和产品的标准化、产业化水平，建设技术集成示范基地。到 2020 年，示范区实现氮磷和农药污染负荷降低 20％以上、农药残留率降低 30％以上，污染农田重金属有效性降低 50％以上、农产品质量符合国家食品卫生标准，农业

有机废弃物无害化消纳利用率达到 95%。

（二）申报项目

1. 农业面源和重金属污染防治与修复基础研究

（1）农田氮磷淋溶损失污染与防控机制研究；

（2）农田有毒有害化学/生物污染与防控机制研究；

（3）农田和农产品重金属源解析与污染特征研究；

（4）农田系统重金属迁移转化和安全阈值研究。

2. 农业面源和重金属污染防治与修复共性关键技术研发

（1）水土流失型氮磷面源污染阻截技术与产品研发；

（2）水稻主产区氮磷流失综合防控技术与产品研发；

（3）农业废弃物好氧发酵技术与智能控制设备研发；

（4）农田重金属污染阻隔和钝化技术与材料研发；

（5）重金属污染农田的植物萃取技术、产品与装备研发；

（6）农业面源和重金属污染监测技术与监管平台研发。

3. 农业面源和重金属污染防治与修复技术集成示范

（1）京津冀设施农业面源和重金属污染防控技术示范；

（2）长江下游农业面源和重金属污染防控技术示范。

第五章　技术创新引导专项（基金）

第一节　概　　述

评议

技术创新引导专项（基金）已设立3支市场化运作的基金（国家科技成果转化基金、中小企业发展基金、新兴产业创投基金）和一个专项（中央引导地方科技发展专项资金），规模达100亿元。

技术创新引导计划是按照企业技术创新活动不同阶段的需求，对由发改委、财政部管理的新兴产业创投基金，科技部管理的政策引导类计划、科技成果转化引导基金，财政部、科技部等四部委共同管理的中小企业发展专项资金中支持科技创新的部分，以及其他引导支持企业技术创新的专项资金（基金）进行分类整合而成。

技术创新引导专项主要是充分发挥市场的作用，通过研发（技术交易）补助、天使引导、风险补偿代偿等方式，按照市场规律引导支持企业技术创新活动，促进科技成果转移转化和资本化、产业化。包括创新型企业培育、科技与金融结合、产学研合作专项和科技富民惠民专项。"智团"创业计划，科技型中小企业专项资金，整合到创新型企业培育专项中。天使投资引导基金、科技信贷代偿补偿资金整合到科技金融专项之中。国际科技合作、网上技术市场产学研合作项目、技术成果交易补助整合到产学研合作专项之中。农村科技创新创业资金、农业与社会发展科研攻关与应用计划整合到科技富民惠民专项之中。

现阶段，我国企业的创新能力依然薄弱，尚未真正成为创新决策、研发投入、科研组织和成果应用的主体，政府依然起充分发挥市场配置技术创新资源的决定性作用，通过技术创新引导专项（基金），采用天使投资、创业投资、风险补偿、后补助等引导性支持方式，激励企业加大自身科技投入，促进科技成果转移转化，不断提高企业技术创新能力。

图 5-1　技术创新引导专项（基金）下设基金

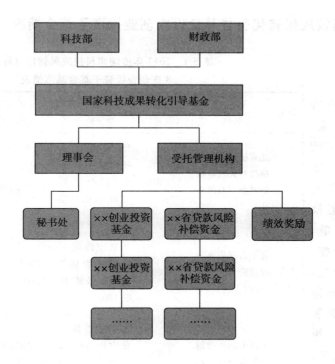

图 5-2 国家科技成果转化引导基金组织结构

第二节 国家科技成果转化引导基金

一、基金简介

转化基金遵循"引导性、间接性、非营利性、市场化"原则，主要用于支持转化利用财政资金形成的科技成果，包括国家（行业、部门）科技计划（专项、项目）、地方科技计划（专项、项目）及其他由事业单位产生的新技术、新产品、新工艺、新材料、新装置及其系统等。

转化基金支持科技成果转化的方式包括：设立创业投资子基金、贷款风险补偿和绩效奖励等。设立创业投资子基金是指转化基金与符合条件的投资机构共同发起设立创业投资子基金，为转化科技成果的企业提供股权投资。贷款风险补偿是指转化基金对合作银行发放的符合规定条件和程序的科技成果转化贷款，给予一定的风险补偿。绩效奖励是指转化基金对于为转化科技成果做出突出贡献的企业、科研机构、高等院校和科技中介服务机构，给予资金奖励。

同时，科技部、财政部还按照"统筹规划、分层管理、开放共享、动态调整"的原则，建立国家科技成果转化项目库，库中的科技成果摘要信息，除涉及国家安全、重大社会公共利益和商业秘密外，向社会公开，为与转化基金合作的创业投资机构、银行以及社会各界的参与者提供信息支持。

二、国家科技成果转化引导基金设立创业投资子基金情况

评议

中央财政科研资金管理若干政策，对项目资金管理的放、管、限进行了改革，其中，重点是赋予了大自主权（即：①预算调解，②劳务费分配管理，③间接费使用管理，④结转结余资金留用，⑤横向经费管理以及差旅会议等管理权限）的权限。简化了审批程序，提高了办事效率。各单位要对下放权限接得住，管得好。

一、为什么要设立科技成果转化引导基金创投子基金：

过去国家拨款支持成果转化，客观证明不可行。目前，必须发挥政府引导与市场配置相结合，使商业资本愿意进入风险大的科技成果转化领域，所以，需要按照市场规律，由第三方组织，通过政府引导基金及社会资本（符合条件的投资机构）

表 5-1　2017 年度国家科技成果转化引导基金
8 支创业投资子基金基本情况

序号	子基金名称	基金规模（万元）	子基金注册地址	子基金管理机构	投资领域
1	北京国科瑞华战略性新兴产业投资基金（有限合伙）	221 619	北京市北京经济技术开发区科创十四街 99 号 33 幢 D 栋二层 2158 号	中国科技产业投资管理有限公司	高端装备制造、信息技术、消费与生命健康
2	北京君联成业股权投资合伙企业（有限合伙）	170 000	北京市海淀区科学院南路 2 号院 1 号楼 16 层 1602	君联资本管理股份有限公司	智能制造、专业服务、TMT 及创新消费
3	天津天创盈鑫创业投资合伙企业	28 600	天津生态城动漫中路 482 号创智大厦 203 室－377	天津创业投资管理有限公司	节能环保、信息技术、先进制造
4	国投（上海）科技成果转化创业投资基金企业（有限合伙）	1 000 000	上海市杨浦区控江路 1142 号 23 幢 4064-31 室	国投（上海）创业投资管理有限公司	电子信息、先进制造、能源环保、生物医药等领域重大专项科技成果转化
5	国投京津冀科技成果转化创业投资基金（有限合伙）	100 000	河北省固安县工业园区东方街 3 号创业大厦	国投创业投资管理有限公司	信息技术、先进制造、生物医药等
6	新能源汽车科技创新（合肥）股权投资合伙企业（有限合伙）	50 000	安徽省合肥市高新区望江西路 860 号科技创新公共服务中心 C 座 518 室	合肥国科新能股权投资管理合伙企业（有限合伙）	新能源汽车及相关产业
7	上海高特佳懿海投资合伙企业（有限合伙）	35 243.2	上海市嘉定区胜辛南路 500 号 14 幢 3027 室	上海高特佳投资管理有限公司	生物医药等

（续）

序号	子基金名称	基金规模（万元）	子基金注册地址	子基金管理机构	投资领域
8	苏州瑞华投资合伙企业（有限合伙）	100 000	江苏省苏州市科灵路37号	江苏瑞华创业投资管理有限公司	生物医药、电子信息、新材料

表5-2 2016年度国家科技成果转化引导基金设立创业投资子基金情况

序号	子基金名称	子基金注册地	子基金规模（万元）	子基金主要投资方向	子基金管理机构
1	国投（上海）科技成果转化创业投资基金企业（有限合伙）	上海市	1 000 000	电子信息、先进制造、能源环保、生物医药等领域重大专项科技成果转化	国投（上海）创业投资管理有限公司
2	国投京津冀科技成果转化创业投资基金企业（有限合伙）	河北省	100 000	信息技术、先进制造、生物医药等	国投创业投资管理有限公司
3	新能源汽车科技创新（合肥）股权投资合伙企业（有限合伙）	安徽省	50 000	新能源汽车及相关产业	合肥国科新能股权投资管理合伙企业
4	中投建华（湖南）创业投资合伙企业（有限合伙）	湖南省	30 000	节能环保、新材料、信息技术等其他战略性新兴产业	中投建华（湖南）投资管理有限公司
5	上海高特佳懿海投资合伙企业（有限合伙）	上海市	35 243.2	生物医药等	上海高特佳投资管理有限公司
6	苏州瑞华投资合伙企业（有限合伙）	江苏省	100 000	生物医药、电子信息、新材料	江苏瑞华创业投资管理有限公司
合计	—	—	1 315 243.2	—	—

评议

组成科技成果转化引导基金创投子基金（简称创投子基金），这是一种探索，即利用政府资金引导市场化机制，支持科技成果转化。

二、创投子基金的作用是什么：

创投子基金作用就是通过该方式吸引更多的社会及商业资本，一个方面解决商业资本找项目难的问题，避免情况不明决心大，减少失误。另一方面，解决科技成果国家拨款经费不足的问题，通过这种方式达到四两拨千斤的效果。更主要的是按照市场规律，通过专业机构，专业知识决定资金的投入方向及具体项目，为投资企业提供股权投资的机会，使政府对成果由无偿的直接资助，转为间接的股权投资，这种形式转换也是一种创新。

三、如何发挥创投子基金资金的作用并回避风险：

评议

1. 始终以市场需求为导向，结合科技成果的成熟度，结合不同领域和行业的项目优势互补，集智攻难。

2. 通过子基金这个平台能吸引国内外专家，设备及资源优势进行产品的小试，中试及产业化。

3. 该平台在体制，机制及运作方式上更灵活，能够有效促进成果的产业化。

表 5-3　2015 年度国家科技成果转化引导基金设立创业投资子基金情况

序号	子基金名称	子基金注册地	子基金规模（万元）	子基金主要投资方向	子基金管理机构
1	北京国科瑞华战略性新兴产业投资基金（有限合伙）	北京市	221 619	高端装备制造、信息技术、消费与生命健康	中国科技产业投资管理有限公司
2	北京君联成业股权投资合伙企业（有限合伙）	北京市	170 000	现代服务业、信息技术、医疗健康	北京君联同道投资顾问合伙企业（有限合伙）
3	天创成果转化创业投资基金（有限合伙）	天津市	28 600	节能环保、信息技术、先进制造	天津创业投资管理有限公司
合计	—	—	420 219	—	—

三、国家科技成果转化引导基金贷款风险补偿

（1）贷款风险补偿是指转化基金对合作银行发放用于转化国家科技成果转化项目库中科技成果的贷款（以下简称科技成果转化贷款）给予一定的风险补偿。

（2）科技成果转化贷款应符合以下条件：

①向年销售额 3 亿元以下的科技型中小企业发放用于科技成果转化和产业化的贷款；

②贷款期限为 1 年期（含 1 年）以上。

（3）转化基金按照政府引导、共同支持、风险分担、适当补偿的原则，与设立贷款风险补偿资金的省、自治区、直辖市、计划单列市等（以下简称省市）联合实施贷款风险补偿工作。

（4）省市科技部门、财政部门应根据本办法，与合作银行省市机构等协商制定本地开展贷款风险补偿工作的具体实施方案，报科技部、财政部备案。

（5）科技部、财政部委托转化基金受托管理机构（以下简称受托管理机构）负责科技成果转化贷款风险补偿日常管理工作。

（6）受托管理机构通过招标确定合作银行，向社会公告；报科技部、财政部批准后，与合作银行签订贷款风险补偿合作协议。合作协议有效期一般为三年。

（7）合作银行应具备下列条件：

①在中国大陆境内注册，具有开展人民币贷款业务资格的银行业金融机构；

②自身实力较强，服务网点较多；

③资产状况良好，科技信贷管理机制较完善，具有较强的风险控制能力和较好的经营

业绩，无重大违法违规行为。

（8）合作银行应明确科技成果转化贷款的条件、标准和程序等，并在转化基金及合作银行等网站上公布。对于符合条件的贷款，合作银行应在综合评审、合理定价、风险可控的条件下积极支持，降低贷款成本，提高贷款效率。

（9）对合作银行年度风险补偿额按照合作银行当年实际发放的科技成果转化贷款额进行核定，最高不超过合作银行当年实际发放的科技成果转化贷款额的2%。具体比例另行核定。

（10）合作银行省市机构向省级科技部门报送在当地发生的科技成果转化贷款项目。省级科技部门会同同级财政部门对符合科技成果转化贷款条件的贷款项目进行确认。

（11）省级科技部门、财政部门应将确认结果及时反馈合作银行省市机构，同时报送受托管理机构。

（12）合作银行总行应汇总、审核其省市机构上一年度发生的经确认的科技成果转化贷款项目情况，于每年第一季度向受托管理机构提交贷款风险补偿申请。

（13）受托管理机构应根据核定的补偿比例以及省级科技部门、财政部门报送的科技成果转化贷款项目情况等，审核合作银行的贷款风险补偿申请，拟定年度科技成果转化贷款风险补偿方案，并提交转化基金理事会审议。

（14）受托管理机构根据转化基金理事会的审议意见，向科技部提交年度科技成果转化贷款风险补偿方案。

（15）科技部对年度科技成果转化贷款风险补偿方案进行合规性审查，提出转化基金贷款风险补偿年度预算安排建议，报财政部批复。按照财政部批复的预算和财政国库管理制度有关规定，向合作银行支付贷款风险补偿资金。

（16）联合开展贷款风险补偿资金的省市应于每年一季度向受托管理机构报送本地贷款风险补偿工作开展情况，不能有效开展工作的，科技部、财政部将暂停直至终止与其联合实施贷款风险补偿工作。

第六章 基地和人才专项

第一节 国家"千人计划"项目

一、概述

2008 年 12 月，中央决定实施引进海外高层次人才的"千人计划"，围绕国家发展战略目标，用 5 到 10 年时间，在国家重点创新项目、重点学科和重点实验室、中央企业和金融机构、以高新技术产业开发区为主的各类园区等，有重点地引进并支持一批海外高层次人才回国（来华）创新创业。

二、"千人计划"的组织领导

海外高层次人才引进工作小组负责"千人计划"的组织领导和统筹协调。工作小组由中央组织部、人力资源和社会保障部会同教育部、科技部、中国人民银行、国资委、中国科学院、中央统战部、外交部、发改委、工业和信息化部、公安部、财政部、侨办、中国工程院、自然科学基金委、外专局、共青团中央、中国科协等单位组成。

在中央组织部人才工作局设立海外高层次人才引进工作专项办公室，作为工作小组的日常办事机构，负责"千人计划"的具体实施。

三、申报条件

（一）国家重点创新项目平台

1. 长期项目

（1）申报人一般应在海外取得博士学位，原则上不超过 55 岁。

（2）在国际知名企业担任高管职务的专业技术人员，或在国外著名高等学校、科研机构担任相当于教授职务的专家学者。

（3）申报人的科研方向应面向世界科技前沿、面向经济主战场、面向国家重大需求，符合国家科技重大专项、国家科技计划等涉及的重点领域，拥有市场前景广阔的自主创新产品，或掌握解决核心、共性关键技术的方法。

（4）引进时未全职在国内（来华，下同）工作，或者在国内工作不超过 1 年。引进后须全职在国内工作 3 年以上。

对业绩特别突出或者国家急需紧缺人才，可适当放宽年龄、学历、专业职务要求。

2. 短期项目

引进时未全职在国内工作且符合国家重点创新项目平台长期项目其他资格条件。引进后须在国内连续工作 3 年以上，每年不少于 2 个月。

（二）重点学科和重点实验室平台

1. 长期项目

（1）申报人一般应在海外获得博士学位，原则上不超过 55 岁。

（2）在国外著名高等学校、科研机构担任相当于教授职称的专家学者。

（3）申报人一般应未全职在国内工作，已在国内工作的，回国时间应在 1 年内；引进后应全职在国内工作不少于 3 年。

（4）应具有世界一流的研究水平，近 5 年在重要核心刊物上发表具有重要影响的学术论文，或获得国际重要科技奖项，或掌握重要实验技能、科学工程建设关键技术。

2. 短期项目

引进时未全职在国内工作且符合重点学科和重点实验室平台长期项目其他资格条件。引进后须在国内连续工作 3 年以上，每年不少于 2 个月。

重点实验室作为人才引进平台，非特指国家重点实验室。

（三）创业人才平台

申报人一般应当在海外取得学位，年龄不超过 55 岁，并符合下列条件：

（1）拥有国际领先技术成果或者能够填补国内空白，产业化开发潜力大。

（2）有海外创业经验或者曾任国际知名企业中高层管理职位，有较强的经营管理能力。

（3）回国时间不超过 6 年，其创办企业成立 2 年以上、5 年以下，产品具有核心技术且处于中试或者产业化阶段。

（4）是企业主要创办人且为第一大股东或者最大自然人股东（股权一般不少于 30%，如企业注册资本巨大，持股比例可适当下调）。一家企业只能申报一名。

特别优秀的可适当放宽年龄要求。

（四）青年项目平台

申报人应取得博士学位，年龄不超过 40 岁，并有 3 年以上海外科研工作经历。引进后须全职在国内工作 3 年以上。申报时一般应未全职在国内工作，或者在国内工作不超过 1 年。

（五）顶尖人才与创新团队项目

顶尖人才与创新团队项目采取一事一议，申报材料单独报送。

四、申报"千人计划"的一般程序

（1）除创业人才外，用人单位与申报人达成初步意向后，应由学术（技术）委员会或类似机构，组织专家对申报人的学术（技术）水平进行评价，通过后签订工作合同或意向性协议，再填写申报书并按程序报送。

（2）除创业人才外，用人单位作为人才引进和使用的主体，须按要求认真填写推荐理由和支持条件（包括工作和生活等方面）相关材料，对是否签订工作合同或意向性协议情况进行审核，提出推荐意见。

（3）除创业人才外，有关主管单位负责审核申报材料，提出推荐理由和支持措施，并报送关于国家"千人计划"申报情况的报告和申报人选情况汇总表。

（4）创业人才申报人按要求填写《国家"千人计划"申报书（创业人才）》及相关材

料，按程序报所在省（区、市）党委组织部，由省（区、市）党委组织部对申报人创办的企业进行实地核查后报科技部。

（5）除顶尖人才与创新团队项目外，国家重点创新项目平台、重点学科和重点实验室平台、创业人才平台、青年项目申报人的申报材料均按照中央组织部通知要求。

依托国家重点创新项目引进的，填写《国家"千人计划"申报书（国家重点创新项目）》及相关材料，依托其他平台引进的，填写相应的申报书及相关材料。重大专项引才按程序报相关牵头组织单位后报科技部，其他国家科技计划引才按程序报科技部。

其中，国家重点创新项目平台接受国家科技重大专项和科技计划（包括国家重点研发计划等项目以及其他部门、地方重大科技任务）承担单位的申报，经科技计划（专项）主管部门或地方科技主管单位审核，并由主管部门或用人单位所在省（区、市）党委组织部推荐报送。

青年项目的申报人按要求填写《国家"千人计划"申报书（青年项目）》及相关材料。中央部门所属科研机构报科技部汇总。同时，用人单位通过评审系统上传相关材料。

顶尖人才与创新团队项目申报人按要求填写《国家"千人计划"申报书（顶尖人才与创新团队项目）》及相关材料。中央部门所属科研机构申报书及相关材料由科技部汇总审核后报海外高层次人才引进工作专项办公室。

第二节　国家"万人计划"项目

一、概述

国家高层次人才特殊支持计划，简称"国家特支计划"，亦称"万人计划"，是一项涵盖领域广、涉及部门多、实施周期长的宏大计划。是经中央批中组部、人社部等 11 个部委联合推出的面向国内高层次人才的支持计划。从 2012 年起，用 10 年时间，面向国内遴选 1 万名左右高端人才，包括自然科学、工程技术和哲学社会科学领域，分为杰出人才、领军人才、青年拔尖人才三个层次。

二、引进条件

"国家特支计划"按照高端引领、梯次配置的思路，重点支持三个层次、七类人才。

1. 杰出人才

计划支持 100 名处于世界科技前沿领域、科学研究有重大发现、具有成长为世界级科学家潜力的人才。

2. 领军人才

计划支持 8 000 名国家科技发展和产业发展急需紧缺的创新创业人才，包括科技创新领军人才、科技创业领军人才、哲学社会科学领军人才、教学名师和"百千万"工程领军人才等类别。

3. 青年拔尖人才

计划支持 2 000 名 35 周岁以下、具有特别优秀的科学研究和技术创新潜能、科研工作有重要创新前景的青年人才。

三、经费支持

为杰出人才、科技创新领军人才、哲学社会科学领军人才、"百千万"工程领军人才、教学名师提供每人不高于 100 万元的特殊支持经费。青年拔尖人才通过青年英才开发计划获得中央财政较大力度专项支持，不再另外提供特殊支持经费。

此前，"千人计划"提供每人 100 万元的安家补助，这是国内人才感到不平衡的突出问题。因此，"万人计划"也为入选者提供直接用于个人且力度较大的经费支持，与"千人计划"平衡。

但与"千人计划"的一次性补助主要用于引进人才的落户生活支出不同，"万人计划"特殊支持经费主要是用于入选对象开展自主选题研究、培养人才和团队建设等方面支出，同时鼓励地方和用人单位配套给予适当经费支持。

四、政策支持

各有关部门在科研管理、事业平台、人事制度、经费使用、考核评价、激励保障等方面制定具体支持政策，鼓励有关部门参照"千人计划"有关政策规定，结合国内人才实际，为"万人计划"制定落实工作条件、生活待遇等方面的特殊政策。

入选"万人计划"的杰出人才和领军人才将被纳入中央联系的高级专家范围。

五、申报推荐办法

申报推荐工作按照平台分工进行。中央宣传部接受哲学社会科学、文化艺术领域人选的申报推荐。教育部、科技部接受自然科学、工程技术领域人选的申报推荐。国防科工局负责组织国防科技等领域人选申报推荐工作。

申报人按照人事隶属关系向所属地方、部门进行申报。中央和国家机关各部委、各人民团体组织人事部门组织所属用人单位，分别向相关平台部门进行申报。各省区市宣传、教育、科技部门分别组织属地用人单位做好申报工作，申报材料经当地组织部门审核把关后，报相应平台部门。

第三节 "全国十佳农民"资助项目

一、推荐范围

"全国十佳农民"遴选范围为从事现代农业的新型职业农民。

二、推荐名额

各省、自治区、直辖市及新疆生产建设兵团各推荐 3 名候选人，其中从事种植业的 1 人，从事养殖业的 1 人，从事农产品初加工或休闲农业或农业电子商务的 1 人。推荐人选须进行排序。

三、人选条件

"全国十佳农民"应是以农业为主要职业，以农业收入为主要经济来源的新型职业农民，且具备下列条件：

（1）热爱祖国，献身农业，遵纪守法，能够自觉践行社会主义核心价值观；

（2）经营规模适度，具备良好的示范作用，能够为广大农民提供可学习、可效仿的成功经验；

（3）务实创业，生产技术先进，经营的产业市场竞争力强、生态环境可持续；

（4）有文化、懂技术、会经营、善管理；

（5）在推动农业农村经济发展、组织和带领农民增收致富方面带头作用显著；

（6）在当地口碑好，群众和基层干部认可；

（7）在种植、养殖、农产品初加工、休闲农业、农业电子商务等领域从业5年以上。

为引导新型职业农民发展适度规模经营，树立正确导向，各地在推荐人选时要把经营规模适度作为最重要的条件予以把握。

已获"农业科教兴村杰出带头人"、"全国杰出农村实用人才"等农业部项目资助的人选，获资助后在从事现代农业方面又做出新的突出业绩贡献且符合上述条件的也可以申报。

5年内曾发生严重违规违纪事件、重大安全事故的责任人不能申报。

四、推荐程序

（1）推荐人选须经村民代表大会民主推荐和讨论通过，填写《"全国十佳农民"资助项目推荐书》并附事迹材料，经本村党组织审核后，在本村公示5个工作日。

（2）在本村公示无异议后，推荐人选经所在地的县级及以上农业行政主管部门自下而上逐级审核推荐。

（3）省级农业行政主管部门牵头成立推荐评审委员会，严格按照分配名额对本辖区各地推荐的人选进行审核评议，并在本辖区主要媒体公示5个工作日。公示无异议后，报送中华农业科教基金会。

第四节 小微企业创业创新基地城市示范项目

一、概述

由财政部、工业和信息化部、科技部、商务部、国家工商行政管理总局（以下简称五部门）联合启动"小微企业创业创新基地城市示范"申报工作。

申请城市示范的省（自治区、直辖市、计划单列市，下同），由省级财政部门联合工信、科技、商务、工商等部门向五部门提出申请。各省限推荐1个城市（省会城市、一般地级城市、直辖市所属区县），计划单列市单独申报。已有城市纳入两创示范的省份本次不再申报。

二、小微企业创业创新基地城市示范实施方案编制指南

（一）城市现行支持小微企业发展的有关情况

1. 创业创新基地发展情况

2. 公共服务体系建设情况

3. 商事制度改革等落实情况

4. 其他促进小微企业发展的政策措施

（二）示范目标

1. 就业目标

2. 创业目标

3. 创新目标

（三）示范内容

1. 创业创新空间方面

2. 公共服务方面

3. 税费、融资等方面支持政策

4. 体制机制创新方面

5. 其他促进小微企业发展的政策措施

（四）保障措施

（五）其他需要说明的事项

表 6-1　小微企业创业创新基地城市示范实施方案表

序号			主要内容
一	现行支持小微企业发展的有关情况	小微企业发展情况	详细说明：截至 2015 年底，小微企业数量（单位：户）及在城市市场主体中占比、产业分布、吸纳就业人数（单位：万人）及在城镇就业人数中占比、营业收入（单位：万元）、营业利润（单位：万元）、税金总额（单位：万元）、技术合同成交额（单位：万元）及在城市中占比、拥有授权专利数（单位：项）及在城市中占比、电子商务交易额（单位：万元）及在城市中占比、营销模式和品牌创新情况等
		创业创新基地发展情况	1. 分别说明现有创业创新基地数量（单位：个）、基地地上总建筑面积（单位：平方米）、空间使用费减免额度（单位：万元）等
			2. 地方政府投入资金（单位：万元）。包括政府在基地建设、运维方面的投入，政府对小微企业空间使用费的补助等
			3. ……
		公共服务体系建设情况	1. 说明服务事项、政府提供公共服务的方式、享受各类公共服务的小微企业数量等
			2. 省级及以上公共服务示范平台数量（单位：个）等
			3. 地方政府投入资金（单位：万元），折算政府提供公共服务的财政资金支持
			4. ……

序号	主要内容		
一	现行支持小微企业发展的有关情况	商事制度改革等落实情况	1. 商事制度改革方面
			（1）先照后证
			（2）注册资本认缴登记制
			（3）企业年报公示制
			（4）……
			2. 其他方面
		其他促进小微企业发展的政策措施	1. 政府在解决小微企业融资难、融资贵方面已采取的措施（如：设立中小企业股权投资基金）
			2. 在支持创业方面采取的其他有效做法
			3. 在支持创新方面采取的其他有效做法
			4. 地方政府投入资金（单位：万元）
			5.……
二	示范目标	就业目标	分别说明"城镇新增就业人数"、"小微企业新增就业人数"（单位：万人）在2016年、2017年、2018年要达到的目标值（下同）
		创业目标	"小微企业营业收入"、"小微企业营业利润"、"小微企业实现的税金总额"（单位：万元）
		创新目标	1. "城市研究与试验发展经费投入占当地生产总值比重"（单位：%）
			2. "城市新增高新技术企业数量"（单位：户）
			3. "城市技术合同成交额"、"小微企业技术合同成交额"（单位：万元）
			4. "城市拥有授权专利数"、"小微企业拥有授权专利数"（单位：项）
三	示范内容	创业创新空间方面	1. 在充分利用闲置库房、工业厂房以及新增场地方面将采取哪些措施；在租金、用能、网络、税费等方面将实施哪些政策
			2. 分别说明2016年、2017年、2018年预计新增基地数量（单位：个）、新增基地地上总建筑面积（单位：平方米）、租金、用能、网络、税费等空间使用费减免额度（单位：万元）
			3.……
		公共服务方面	1. 在改进小微企业公共服务方面的政策措施、财政投入等，即创业创新大赛、人才培训、创业辅导、法律维权、管理咨询、财务指导、检验检测认证、知识产权保护、技术服务、研发设计、会展服务和重点展会参与等方面，以及在促进服务平台互联互通与协同服务、政府部门数据资源共享等方面将采取的政策措施
			2. 分别说明2016年、2017年、2018年预计新增公共服务事项、新增互联互通平台个数、政府部门数据资源共享规模等
			3.……
		税费、融资等方面支持政策	1. 在落实税费优惠政策方面的具体措施，分别说明2016年、2017年、2018年预计享受税收优惠的小微企业数量、减免税额等

（续）

序号			主要内容
三	示范内容	税费、融资等方面支持政策	2. 在融资支持方面的政策措施（例如：中小企业基金、融资担保、贷款风险分担机制、贸易保险等），分别说明 2016 年、2017 年、2018 年预计增加的小微企业贷款余额（单位：万元）及在城市企业贷款余额中占比、申贷获得率、增设基金数额（单位：万元），预计增加的股权投资资本量等
		体制机制创新方面	1. 商事制度创新方面
			（1）推进"多证合一"
			（2）推进"一照一码"
			（3）实施"企业简易注销登记制"
			（4）实施"企业信息公示制度"
			（5）政府部门涉及企业信息归集、信用监管、信用联合惩戒等方面的机制
			（6）……
			2. 小微企业发展信息体系
			3. 投融资机制创新方面
			（1）进一步降低创业投资门槛
			（2）在企业、银行、担保机构之间建立健全激励相容与风险分担机制
			（3）推进政府购买第三方服务
			（4）……
			4. 科技成果转化机制创新方面
			（1）推进科技成果使用处置和收益管理改革
			（2）建立健全科技人员股权和分红激励机制
			（3）……
			5. 建立健全涉企收费目录清单管理机制
			6. 建立贸易便利化机制，小微企业发展电子商务情况和连锁化率、拥有自创品牌数量
			7.……
		其他促进小微企业发展的政策措施	在促进大众创业、万众创新、培育小微企业方面将采取的其他特色、有效政策措施和制度建设及机制创新
四	保障措施	组织保障方面	包括成立领导组织机构等措施
		资金保障方面	1. 创业创新空间方面拟投入的财政资金与安排使用计划
			2. 公共服务方面拟投入的财政资金与安排使用计划
			3. 其他方面拟投入的财政资金与安排使用计划
		信息公开方面	加快建立健全预算公开等信息公开机制
		其他保障措施	……
		申请中央财政资金额度	……

点评：

现在工作的本质将会发生很大变化，将从工业型工作转变到知识型工作，公司不再需要单纯劳动力，即大量手工劳动生产标准化产品。公司需要的是，调动全体员工的智力（精神）能量来共同解决问题和设计全新产品。如今大部分企业的动力（燃料）已不是体力，而是智力（精神）能源。物质资源的开发是有限的，而智力资源的开发是无限的，要有效利用智力（精神）能源，大部分企业领导者需要做的是重新调整结构，改造工厂，来一场新管理革命。毕竟"真正的领导者将不再创新产品，而是创新平台，创新机制"，一句话，公司是一个"平台"，而不是"办公室"、"生产车间"。

第七章　各部委项目

第一节　农业部部门预算项目

（农业部）

一、项目概述

1. 项目目录

（1）农业组织创新与产业融合发展项目（海峡两岸农业合作）；

（2）农业农村资源等监测统计经费（农民收入和农村劳动力就业）；

（3）农业组织创新与产业融合发展项目（农业产业化、一村一品、农民合作社）；

（4）农业组织创新与产业融合发展项目（农产品促销）；

（5）农业农村资源等监测统计经费（农业产业损害监测预警）；

（6）农村能源综合建设项目；

（7）农业技术试验示范与服务支持项目（农业科技成果转化与推广应用）；

（8）农业生态环境保护项目；

（9）物种品种资源保护费（农业野生植物资源保护）；

（10）农作物病虫鼠害疫情监测与防治经费（外来入侵生物防治）；

（11）农作物病虫鼠害疫情监测与防治经费；

（12）农产品质量安全监管专项经费（种植业）；

（13）耕地质量保护专项；

（14）农业技术试验示范与服务支持项目（种植业）；

（15）农业农村资源等监测统计经费（种植业）；

（16）农产品质量安全监管专项经费（种子管理）；

（17）农业技术试验示范与服务支持项目（农机）；

（18）农业技术试验示范与服务支持项目（畜牧）；

（19）农产品质量安全监管专项经费（畜牧）；

（20）农业农村资源等监测统计经费（畜牧）；

（21）物种品种资源保护费（畜牧）；

（22）动物疫情监测与防治经费；

（23）农业技术试验示范与服务支持项目（农产品加工）；

（24）物种品种资源保护费（渔业）；

（25）农业农村资源等监测统计经费（渔业）；

（26）海洋渔业资源调查与探捕项目；

（27）农产品质量安全监管专项经费（农产品质量安全）；

（28）农业组织创新与产业融合发展项目（出口促进）；

（29）农业行业标准制定和修订项目。

2. 资金资助（100万元/项左右）

二、农业组织创新与产业融合发展项目（海峡两岸农业合作）

1. 项目内容

（1）深耕台湾基层，做台湾农民工作；

（2）加强对台创园内台农和台资企业的扶持；

（3）组织开展两岸经贸交流活动；

（4）台湾农业"五新"科技成果的引进、示范、集成和推广。

2. 申报条件

（1）申报项目的园区和地方要有明确的两岸农业交流合作意愿和良好的发展基础，园区管委会或地方农业部门具有与台湾开展农业交流合作的实务经验，项目组织管理能力强，财务管理严格规范，能够满足本项目实施的产业基础和组织保障条件。

（2）组织开展的两岸农业人员交流活动要立足于建平台、优机制、促合作，可持续、可放大、有实效。

（3）引进、示范、推广的科技成果要与园区和当地农业主导产业紧密对接。

3. 申报书（略）

三、农业组织创新与产业融合发展项目（农业产业化、一村一品、农民合作社）

（一）项目目标

通过项目实施，支持省级农业产业化主管部门通过财政"以奖代补"方式，鼓励当地农业产业化龙头企业（包括其控股子公司）为农户（包括家庭农场）提供贷款担保，帮助农户解决农业生产资金不足问题，完善龙头企业与农户利益联结关系，提升农业产业化水平，发挥农业产业化促进扶贫开发的作用；开展全国一村一品示范村镇品牌建设，增强示范村镇产品知名度和附加值，提升产业发展水平，更好带动农民就业致富，充分发挥其在知名品牌打造和农村脱贫开发中的示范引领作用，促进全国一村一品持续健康发展；支持农民合作社联合社建设，进一步发挥中央财政资金引导作用，抓住促进农民合作社联合社加快发展的关键环节，支持农民合作社联合社尽快做大做优做强，加强内部管理和规章制度等社务建设，改善生产经营条件，丰富营销推广渠道，不断增强农民合作社联合社引领带动能力、发展服务能力和市场竞争能力，使一批农民合作社联合社率先成为引领农民参与国内外市场竞争的现代农业经营组织，服务带动广大农民合作社规范运行、创新发展。

（二）项目内容和资金使用方向

1. 农业产业化

省级农业产业化主管部门是农业组织创新与产业融合发展项目（农业产业化）的申报实施主体，负责申报和实施项目。即省级农业产业化主管部门申报贷款担保"以奖代补"

资金，并把项目资金支付给相关农业产业化国家重点龙头企业，以引导龙头企业为农户提供贷款担保。

（1）资金支持对象。对农业产业化国家重点龙头企业为农户发展农业生产提供贷款担保服务给予奖励。其中，对参与扶贫开发的企业、贫困地区的企业、援疆援藏的企业、担保农户数量较多的企业，省级农业产业化主管部门要重点给予支持，优先纳入"以奖代补"资金奖补范围。对 2014—2016 年已连续三年获得农业部农业产业化项目资金的企业，省级农业产业化主管部门在测算本省（区、市）所需"以奖代补"资金总量时不得纳入，2017 年本项目资金对该类企业不予支持，但参与扶贫开发的企业、贫困地区的企业、援疆援藏的企业除外。

（2）资金测算依据。省级农业产业化主管部门根据当地国家重点龙头企业为农户贷款担保情况，测算本省（区、市）所需"以奖代补"资金总量。资金总量为各企业"以奖代补"资金之和。省级农业产业化主管部门支付给单个企业的"以奖代补"资金，按照2015 年 6 月—2016 年 5 月农户银行账户实际到账贷款资金的 2‰ 计算，且这期间，单个龙头企业担保的所有农户银行账户实际到账资金总额不得低于 500 万元，资金须用于农民开展农业生产。支付给单个企业的"以奖代补"资金最多不超过 100 万元。

（3）资金使用方向。省级农业产业化主管部门要把申请到的资金，全部支付给相关企业，负责指导监督企业使用资金。资金到达企业后，只能用于企业为农户提供贷款担保等服务农户的相关工作，包括弥补担保产生的坏账损失、开展担保的工作经费、帮助支付农户贷款利息、资助农户购买农业生产相关的保险、为农户提供免费或低价的技术培训、技术服务、生产资料等。省级农业产业化主管部门须要求企业设立专账使用资金，并保留有关原始凭证，以备审计。

2. 一村一品

2017 年在全国范围内选择部分具有明显发展潜力的全国一村一品示范村镇作为支持对象，支持其开展品牌建设，增强全国一村一品示范村镇发展能力，带动各地一村一品发展水平提升。项目资金主要用于对全国一村一品示范村镇在优势品牌打造、产品宣传推介、人员素质提升等方面进行补助，每个项目申请额度为 15 万元，用于以下方面：

（1）优势品牌打造。示范村镇在"三品一标"认证基础上，打造质量水平高、影响力大、质量可追溯的农业知名品牌。

（2）产品宣传推介。示范村镇开展品牌策划营销、电子商务营销，举办相关宣传推介活动和产销对接活动等。

（3）人员素质提升。对从事主导产业农户开展实用技术、职业技能、经营管理和市场营销等方面的培训。

3. 农民合作社

2017 年重点支持农民合作社联合社加强自身能力建设。包括：支持"互联网＋"联合社、支持农民合作社联合社兴办农产品加工业务、支持农民合作社联合社推广新品种新技术、支持农民合作社联合社开展市场营销等。以符合条件的农民合作社联合社为扶持对象，重点支持粮棉油、果菜茶、肉蛋奶、农产品加工销售服务等领域的农民合作社联合社，并向中西部地区、革命老区、民族地区、边疆地区和贫困地区倾斜。

（三）实施区域和申报方式

1. 农业产业化

（1）实施区域。根据各地已上报的国家重点龙头企业为农户提供贷款担保情况，同时兼顾东中西部和产业平衡等因素，优先在发展基础比较好的省份实施。各地省级农业产业化主管部门作为项目申报主体，项目中纳入"以奖代补"范围的企业最多不超过6家。

（2）申报方式。符合条件的企业应主动向省级农业产业化主管部门报送《企业为农户提供贷款担保情况明细表》和《贷款担保"以奖代补"资金使用计划表》等材料，并准备好相关担保合同、贷款合同、农户个人信用报告等（凭农户的书面授权材料、身份证原件和复印件，可向中国人民银行分支行、征信分中心查询农户个人信用报告）。其中，扶贫开发的企业、贫困地区的企业、援疆援藏的企业，需要提供《参与扶贫开发（援疆援藏）基本情况表》。省级农业产业化主管部门审查企业的材料，对每个企业抽查的农户不少于5户，重点检查企业、农户、银行之间的担保合同、贷款合同，以及农户个人信用报告所反映的贷款情况是否与《企业为农户提供贷款担保情况明细表》一致；此外，还要检查《贷款担保"以奖代补"资金使用计划表》的金额是否准确、使用方向是否符合要求等。经审查没问题的，在省级农业信息网公示，公示无异议后，填写《农业组织创新与产业融合发展项目（农业产业化）申报书》，上报农业部。

2. 一村一品

（1）实施区域。根据各地一村一品发展情况，同时兼顾东中西部和产业平衡等因素，在全国范围内实施本项目。

（2）申报方式。请各省级一村一品主管部门按要求择优确定有关示范村镇，由其所在县级农业主管部门指导准备项目申报材料并负责项目实施。申报材料包括：省级一村一品主管部门的申报文件、农业组织创新与产业融合发展项目（一村一品）申报书、示范村镇品牌建设情况证明材料（相关证书复印件或打印扫描件，不附上一律视为无）。由省级一村一品主管部门将申报材料报送农业部农村经济体制与经营管理司审核。省级一村一品主管部门负责对项目单位进行初审和申报工作，农业部农村经济体制与经营管理司将组织专家对各地申报材料进行评审，审核确定项目单位。

3. 农民合作社

（1）实施区域。在全国范围内实施。

（2）申报方式。省级农民合作社主管部门会同财务部门根据本指南要求，组织指导本地区申报、初审工作。省级农民合作社主管部门根据本指南申报要求，组织指导农民合作社联合社编制申报书，在农业财政项目管理系统中完成电子申报，并将申报文件以财（计财）字文件（一式三份）报送农业部农村经济体制与经营管理司审核。省级农民合作社主管部门负责对项目单位进行初审和申报工作，农业部农村经济体制与经营管理司组织专家评审，审核确定项目单位。农业部农村经济体制与经营管理司与省级农民合作社主管部门签订项目任务委托书。

（四）申报要求

1. 农业产业化

（1）项目申报材料。省级农业产业化主管部门的《农业组织创新与产业融合发展项目

（农业产业化）申报书》、企业为农户贷款担保情况的网上公示截图和各企业的《企业为农户提供贷款担保情况明细表》、《贷款担保"以奖代补"资金使用计划表》、《参与扶贫开发（援疆援藏）基本情况表》、担保合同、贷款合同、农户个人信用报告等（胶印成册，属于同一企业的材料必须装订在一起）。上述材料与省级农业产业化主管部门的正式申报文件各 1 份。省级农业产业化主管部门还要在农业部农业财政项目管理系统报送电子版材料，并确保电子材料的内容与纸质材料一致。

（2）有关要求。项目资金下达后，省级农业产业化主管部门要把资金及时支付给企业，指导监督企业规范有效使用资金，为农户提供更多的贷款担保等农业生产经营服务；资金使用后，企业要向省级农业产业化主管部门申请检查验收，省级农业产业化主管部门验收合格后，要把项目实施结果报农业部农村经济体制与经营管理司。省级农业产业化主管部门要严格把关，对项目的申报情况负责。省级农业产业化主管部门和获得"以奖代补"资金的企业要保留资金支付原始凭证 3 年以上，以备核查。对项目申报中弄虚作假的，要取消项目申报资格，已经下达的项目资金要追回。

2. 一村一品

（1）申报条件。项目支持的村镇必须为获得过农业部认定的全国一村一品示范村镇，同时具备以下条件：一是示范带动性强。示范村镇产业发展优势明显，对当地特色产业发展具有较强的辐射和带动作用，能带动周边多个村镇从事相关产业。二是品牌影响力大。示范村镇主导产品地方特色鲜明，在当地拥有较高知名度和影响力，已通过无公害农产品、绿色食品、有机农产品或农产品地理标志登记保护（农业部）认证；已经获得或正在申报省级以上著名商标、中国地理标志证明商标（国家工商总局）或国家地理标志保护产品（国家质检总局）等认证。三是发展潜力明显。示范村镇管理制度健全，财务管理规范，依托农民合作社或省级以上产业化龙头企业带动，重视特色产业发展，技术服务能力较强。

（2）申报数量。项目以省为单位推选产生，每个省（区、市）报送 1~2 个，不得超过限额。之前已被农业部列为品牌建设支持的村镇，不得再次申报。

（3）有关要求。一是省级一村一品主管部门要对项目申报材料严格审核把关，对项目申报情况负责，对弄虚作假的，取消其申报资格。项目资金下达后，省级一村一品主管部门要按照农业部要求，及时对项目实施进行指导、监督和总结。二是省级一村一品主管部门要按照附件的统一格式，报送申报材料纸质文件和电子版。

3. 农民合作社

（1）申报条件。申报本项目的农民合作社联合社应当符合以下条件：依照农民专业合作社法律法规规章登记设立，依法报送并公示年度报告，有固定的办公场所和独立的银行账号；实行民主管理，根据本社实际情况制定章程，规章制度健全、民主管理规范、组织机构有效运行；财务管理规范，配备必要的会计人员，设置会计账簿，编制会计报表，成员账户记录准确清楚，农民合作社联合社与成员合作社之间的产权关系明晰；服务成效明显，坚持服务成员的宗旨，成员以农民合作社为主，成员合作社数量达到 8 个以上，带动农民 400 户以上；社会声誉良好，遵纪守法，社风清明，诚实守信，在当地影响大、示范带动作用强。没有发生生产（质量）安全事故、环境污染、损害成员利益等严重事件，没有行业通报批评等造成不良社会影响，无不良信用记录。

(2) 申报数量。2017 年扶持 10 个左右农民合作社联合社，每个农民合作社联合社补助 100 万元左右。每省申报项目数量 1 个，不得超过限额。

(3) 其他有关要求。申请项目的农民合作社联合社在按以上程序报送项目申报书的同时，须报送以下材料的复印件：本社章程；农民专业合作社法人营业执照、组织机构代码证或载有统一社会信用代码的营业执照、工商登记机关备案的成员名册；财务管理、社务公开、盈余分配、组织机构运行决策等管理制度；2015 年资产负债表和收益分配表；产品注册商标证书、获得的名特优产品证书；无公害农产品、绿色食品、有机食品或相应生产基地认证证书；地理标志认证证书；中国农业名牌等知名商标品牌证书；执行的生产质量安全标准文本；获得的省级示范合作社表彰的相关文件等。省级农民合作社主管部门认真做好各项基础工作，加强对承担项目农民合作社联合社的跟踪指导，对项目实施开展全过程监督并上报项目实施情况，确保把项目资金落在实处。农业部负责对项目执行情况进行督导检查，做好项目总结和绩效评估。省级农民合作社主管部门要按照附件的统一格式，报送纸质文件和电子文档。

（五）申报书

附件 1

农业组织创新与产业融合发展项目
（农业产业化）任务申报书

项目任务：鼓励龙头企业为农户贷款担保

项目单位：省级农业产业化主管部门

通讯地址：

邮政编码：

联系电话：

联系人：

主管部门：省级农业产业化主管部门

通讯地址：

邮政编码：

联系电话：

联系人：

填制日期：

中华人民共和国农业部制

一、2016 年项目执行进展及下一步进度安排

获得 2016 年农业部农业产业化项目的省份须填写项目资金支付给企业的情况，企业使用资金的情况，企业使用该资金服务农户取得的成效，没有项目的不填写。

二、2017 年项目任务计划

（一）项目任务来由

通过财政"以奖代补"方式，鼓励当地龙头企业为农户提供贷款担保的必要性。

2014—2016 年本省（区、市）获得农业部农业产业化项目资金的情况。

（二）项目金额和效果

2017 年，省级农业产业化主管部门计划对以下国家重点龙头企业给予贷款担保"以奖代补"资金。

国家重点龙头企业名称（子公司名称写在括号内）	2015 年 6 月—2016 年 5 月担保农户数（户）	2015 年 6 月—2016 年 5 月农户获得银行贷款总额（万元）	计划给予企业"以奖代补"资金（万元）	企业参与扶贫开发（援疆援藏）所在县（企业本身就贫困地区的，也填写）
合计				—

（三）时间进度安排和资金使用方向

农业部的资金到达本单位账户后，及时支付给相关龙头企业，指导监督龙头企业根据《贷款担保"以奖代补"资金使用计划表》使用。（各企业的表格略）

（四）涉及的相关单位及事项

三、项目单位情况

（一）单位类型、隶属关系、职能业务范围

（二）技术设备条件、财务收支资产状况、内部管理制度建设情况

（三）有无不良记录（财政部门及审计机关处理处罚决定、行业通报批评、媒体曝光等）

四、人员分工

姓名	性别	工作单位	职务/职称	项目分工	联系电话
		省级农业产业化主管部门		总负责	
		省级农业产业化主管部门		编报、审核、拨款、检查、验收等	
		企业 1			
		企业 2		如实提供企业有关材料，并按规定使用项目资金，推动项目完成	
		企业 3			
		企业 4			
		企业……			

五、申请资金经济分类明细表

项目单位财务专用章（盖章）

单位：万元

项目内容	商品和服务支出								
	小计	印刷费	咨询费	差旅费	维修（护）费	租赁费	专用材料费	劳务费	其他商品和服务支出
合计									

注：1. 金额根据各个龙头企业支出预算合计填写；

2. 各科目都要体现企业为农户服务的工作；

3. 其他商品和服务支出需在项目申报书中注明具体内容；

4. 经济分类科目参见《2017年政府收支分类科目》。

六、申报意见表

省级农业产业化办公室（处室）意见	本单位对以上内容的真实性和准确性负责，特申请立项。 负责人签名：（单位公章） 年 月 日
省农业厅（农委、农工委）意见	经审核，同意报送。 负责人签名：（单位公章） 年 月 日
备注	

七、项目单位账号

项目单位财务专用章（盖章）

项目单位账户	收款单位：省级农业产业化主管部门开户名称
	开户银行：××银行××省××市××县（区）分行（支行）××营业部（分理处）或××省××市××县（区）××乡（镇）农村信用社
	账号：

附件 2

2017 年农业组织创新与产业融合发展项目
（一村一品）任务申报书

项目任务：开展全国一村一品示范村镇品牌建设

项目单位：

通讯地址：

邮政编码：

联系电话：

联系人：

主管部门（单位）：

通讯地址：

邮政编码：

联系电话：

联系人：

填制日期：

中华人民共和国农业部制

一、2016 年项目任务进展及下一步进度安排

（2016 年未安排执行本项目的，不填写此栏目）

二、2017 年项目任务计划

（一）项目任务来由（背景）

（二）年度目标与预期效益

（三）项目内容及金额

（四）时间进度（范围为 2017 年 1 月—12 月）

（五）涉及的相关单位（包括与实施项目有关的基层单位、科研院校、农资生产经营企业以及项目单位所属独立法人等）及事项

三、项目单位情况

（一）单位类型、隶属关系、主要职能及业务范围

（二）技术设备条件、财务收支、资产状况、内部管理制度建设情况

（三）有无不良记录（财政部门及审计机关处理处罚决定、行业通报批评、媒体曝光等）

四、人员分工

姓名	性别	工作单位	职务/职称	项目分工	联系电话

五、申请资金经济分类明细表

项目单位财务专用章（盖章）　　　　　　　　　　　　　　　　　　单位：万元

项目内容	商品和服务支出有关科目								
	小计	印刷费	咨询费	邮电费	差旅费	租赁费	专用材料费	劳务费	委托业务费
合计									

注：经济分类科目参见《2017年政府收支分类科目》。

六、申报意见表

项目单位意见	本单位对以上内容的真实性和准确性负责，特申请立项。 负责人签名：（单位公章） 　年　月　日
主管部门（单位）意见	经审核，同意报送。 负责人签名：（单位公章） 　年　月　日
备注	

七、项目单位账号

项目单位财务专用章（盖章）

项目单位账户	收款单位：（本单位在银行类金融机构所开账户的全称）
	开户银行：××银行××省××市××县（区）分行（支行）××营业部（分理处）或××省××市××县（区）××乡（镇）农村信用社
	账号：

附件3

2017 年农业组织创新与产业融合发展项目
（农民合作社）任务申报书

项目任务：

项目单位：

通讯地址：

邮政编码：

联系电话：

联系人：

主管部门（单位）：

通讯地址：

邮政编码：

联系电话：

联系人：

填制日期：

中华人民共和国农业部制

一、2017 年项目任务计划

（一）项目任务来由（背景）

（二）年度目标与预期效益

（三）项目内容及金额

（四）时间进度（范围为 2017 年 1 月—12 月）

（五）涉及的相关单位（包括与实施项目有关的基层单位、科研院校、农资生产经营企业以及项目单位所属独立法人等）及事项

二、项目单位情况

（一）单位类型、隶属关系、职能业务范围

（二）技术设备条件、财务收支资产状况、内部管理制度建设情况

（三）有无不良记录（财政部门及审计机关处理处罚决定、行业通报批评、媒体曝光等）

三、人员分工

姓名	性别	工作单位	职务/职称	项目分工	联系电话

四、申请资金经济分类明细表

项目单位财务专用章（盖章）   单位：万元

科目	商品和服务支出									其他资本性支出科目		
	印刷费	咨询费	手续费	邮电费	租赁费	差旅费	专用材料费	劳务费	其他商品和服务支出	专用设备购置	基础设施建设	信息网络构建
金额												

注：经济分类科目参见《2017年政府收支分类科目》。

五、申报意见表

项目单位意见	本单位对以上内容的真实性和准确性负责，特申请立项。 负责人签名：（单位公章） 年　月　日
主管部门（单位）意见	经审核，同意报送。 负责人签名：（单位公章） 年　月　日
备注	

六、项目单位账号

省级农民合作社主管部门（单位）财务专用章（盖章）

主管部门账户	收款单位：（本单位在银行类金融机构所开户头的全称）
	开户银行：××银行××省××市××县（区）分行（支行）××营业部（分理处）或××省××市××县（区）××乡（镇）农村信用社
	账号：

第二节　农业综合开发区域生态循环农业项目

（农业部）

一、项目概述

为贯彻落实党中央提出的新发展理念，推动资源利用高效化、农业投入减量化、废弃物利用资源化、生产过程清洁化，促进农业提质增效和可持续发展，农业部和国家农业综合开发办公室研究决定，在总结以前年度试点工作经验的基础上，从 2017 年起集中力量在农业综合开发项目区推进区域生态循环农业项目建设。2017—2020 年建设区域生态循环农业项目 300 个左右，积极推动资源节约型、环境友好型和生态保育型农业发展，提升农产品质量安全水平、标准化生产水平和农业可持续发展水平。

二、主要建设内容

（一）畜禽养殖废弃物资源化利用

根据养殖场清粪工艺、配套农田消纳面积等，因地制宜选择一种或几种循环利用模式，实现畜禽养殖废弃物资源化利用和达标排放。

1. 种养一体化模式
2. "三改两分再利用"模式
3. 污水深度处理模式
4. 养殖密集区废弃物集中处理模式

（二）农副资源综合开发

对农作物秸秆及农产品加工剩余物等农副资源进行饲料化、肥料化、基料化、燃料化等综合开发，促进农业废弃物资源化利用。

1. 农副资源饲料化
2. 农副资源肥料化
3. 农副资源基料化
4. 农副资源燃料化

（三）标准化清洁化生产

重点建设农业标准化生产、农田保育、稻渔生态种养、农药化肥氮磷控源治理等设施，实现农业生产的标准化与清洁化。

1. 标准化生产设施
2. 农田保育设施
3. 稻渔生态种养设施
4. 农药化肥氮磷控源治理设施

三、扶持区域、申报对象与条件

（一）扶持区域

项目所在区域必须是农业综合开发县，并且农业发展思路清晰、主导产业突出、新型农业经营主体发育良好、循环模式相对成熟。基本条件如下：

（1）县（市）级人民政府对生态循环农业发展高度重视，已制定生态循环农业发展规划或畜禽粪便、秸秆等农业废弃物综合利用、稻渔生态种养等相关规划；

（2）县（市）级人民政府建立了推进生态循环农业发展的组织协调机制，开展过生态循环农业管理制度创新与探索；

（3）对农牧渔业大县，以及列入国家现代农业示范区、国家农业综合改革试验区、国家可持续发展试验示范区的县市及开展农业废弃物资源化利用试点、种养循环果菜茶有机肥替代化肥行动的县市给予优先扶持，适当向中西部生态保护与建设重点地区倾斜。

（二）申报对象与条件

分为两类：

1. 龙头企业和农民合作组织

（1）申报方式：申报对象可单独申报项目或联合申报项目。

（2）申报条件：申报对象须在工商部门注册1年以上、具备可持续经营能力；通过信用中国网、中国政府采购网等查询，没有不良诚信记录或被列入监管黑名单；具有专门从事生态环境保护的专业人员和较强的技术力量；须委托专业机构作为技术依托单位，协助开展项目区域生态环境监测和实施综合养分管理计划等；项目区域为特定行政区域（至少为1个乡镇），边界清晰，相对集中连片；对于不能完成整乡镇推进的项目，要求项目覆盖农田面积不低于1万亩，畜禽饲养规模不低于1.5万头猪当量。

2. 县乡人民政府

（1）申报方式：县乡政府根据实际情况，提出项目申报方案，明确实施范围、循环模式、建设主体、建设内容、运营机制、资金测算、资金来源等。

（2）申报条件及有关要求：申报项目的县乡政府须委托专业机构作为技术依托单位，协助开展项目区域生态环境监测和实施综合养分管理计划等；项目区域为特定行政区域（至少为1个乡镇），边界清晰，相对集中连片；对于不能完成整乡镇推进的项目，要求项目覆盖农田面积不低于1万亩，畜禽饲养规模不低于1.5万头猪当量。县乡政府自身未被列入监管黑名单。

县乡政府只负责项目申报及项目实施的组织和协调，不能直接参与项目建设和运营管理。

四、资金资助

单个项目中央财政资金投入控制在1 000万元左右（地方财政资金投入比例高的省份可适当降低中央财政资金投入规模，全部财政资金投入控制在1 500万元左右）。地方财政投入比例及项目单位自筹资金比例原则上按国家农业综合开发产业化发展项目政策执行。

第三节　农业绿色发展五大行动

（农业部）

一、概述

落实新发展理念，加快推进农业供给侧结构性改革，增强农业可持续发展，农业部启动实施畜禽粪污资源化利用行动、果菜茶有机肥替代化肥行动、东北地区秸秆处理行动、农膜回收行动和以长江为重点的水生生物保护行动等农业绿色发展五大行动。

二、主要行动内容、对象、区域

（一）畜禽粪污资源化利用行动

以畜牧大县和规模养殖场为重点，加快构建种养结合、农牧循环的可持续发展新格局。在畜牧大县开展畜禽粪污资源化利用试点，组织实施种养结合一体化项目，集成推广畜禽粪污资源化利用技术模式，提升畜禽粪污处理能力。力争到 2020 年基本解决大规模畜禽养殖场粪污处理和资源化问题。

（二）果菜茶有机肥替代化肥行动

以果菜茶优势产区、核心产区、知名品牌生产基地为重点，大力推广有机肥替代化肥技术，加快推进畜禽养殖废弃物及农作物秸秆资源化利用，实现节本增效、提质增效。2017 年选择 100 个果菜茶重点县（市、区）开展示范，支持引导农民和新型经营主体积造和施用有机肥，因地制宜推广符合生产实际的有机肥利用方式，集成一批可复制、可推广、可持续的生产运营模式。围绕优势产区、核心产区，集中打造一批有机肥替代、绿色优质农产品生产基地（园区）。力争到 2020 年，果菜茶优势产区化肥用量减少 20％以上，果菜茶核心产区和知名品牌生产基地（园区）化肥用量减少 50％以上。

（三）东北地区秸秆处理行动

以玉米秸秆处理利用为重点，以提高秸秆综合利用率和黑土地保护为目标，大力推进秸秆肥料化、饲料化、燃料化、原料化、基料化利用，加强新技术、新工艺和新装备研发，加快建立产业化利用机制，不断提升秸秆综合利用水平。在东北地区 60 个玉米主产县率先开展秸秆综合利用试点，积极推广深翻还田、秸秆饲料无害防腐和零污染焚烧供热等技术。力争到 2020 年，东北地区秸秆综合利用率达到 80％以上，杜绝露天焚烧现象。

（四）农膜回收行动

以西北为重点区域，以棉花、玉米、马铃薯为重点作物，以加厚地膜应用、机械化捡拾、专业化回收、资源化利用为主攻方向，连片实施，整县推进，综合治理。在甘肃、新疆、内蒙古等地区建设 100 个治理示范县，全面推广使用加厚地膜，推进减量替代；推动建立以旧换新、经营主体上交、专业化组织回收、加工企业回收等多种方式的回收利用机制，试点"谁生产、谁回收"的地膜生产者责任延伸制度；完善农田残留地膜污染监测网络，探索将地面回收率和残留状况纳入农业面源污染综合考核。力争到 2020 年，农膜回收率达 80％以上，农田"白色污染"得到有效控制。

（五）以长江为重点的水生生物保护行动

坚持生态优先、绿色发展、减量增收、减船转产，逐步推进长江流域全面禁捕，率先在水生生物保护区实现禁捕，修复沿江近海渔业生态环境。加大资金投入，引导和支持渔民转产转业。到 2020 年全国压减海洋捕捞机动渔船 2 万艘、功率 150 万千瓦。开展水产健康养殖示范创建，推进海洋牧场建设，推动水产养殖减量增效。实施珍稀濒危物种拯救行动，加强水生生物栖息地保护，完善保护区功能体系，提升重点物种保护等级，加快建立长江珍稀特有物种基因保存库。力争到 2020 年，长江流域水生生物资源衰退、水域生态环境恶化和水生生物多样性下降的趋势得到有效遏制，水生生物资源得到恢复性增长，实现海洋捕捞总产量与海洋渔业资源总承载能力相协调。

三、政策、资金资助

采取政府购买服务等方式，加大市场主体培育力度，积极发展生产性服务业。充分发挥新型经营主体的引领作用，按照"谁参与谁受益"的原则，充分调动生产经营主体特别是规模经营主体的积极性，鼓励第三方和社会力量共同参与，合力推动农业绿色发展。

第四节　中国美丽休闲乡村建设

（农业部）

一、概述

以建设美丽宜居乡村为目标，以推进生态文明、实现人与自然和谐发展为核心，以传承农耕文明、展示民俗文化、保护传统民居、建设美丽田园、发展休闲农业为重点，打造一批天蓝、地绿、水净，安居、乐业、增收的美丽休闲乡村，积极推动农业供给侧结构性改革，培育经济发展新动能，促进新型城镇化和城乡一体化发展，推进社会主义新农村和美丽中国建设。

二、申报条件

以村为主体单位，包括历史古村、特色民居村、现代新村、特色民俗村等类型，集中连片发展较好的、以休闲农业和乡村旅游为主要产业的特色小镇也可推荐申报。参加推介的村应以农业为基础、农民为主体、乡村为单元，依托悠久的村落建筑、独特的民居风貌、厚重的农耕文明、浓郁的乡村文化、多彩的民俗风情、良好的生态资源，因地制宜发展休闲农业和乡村旅游，功能特色突出，文化内涵丰富，品牌知名度高，农民利益联结机制完善，具有较强的示范辐射和带动作用。具体条件为：

（一）优美的生态环境

能够贯彻落实中央保护环境的要求，制定具体有效的环境保护措施，自觉推动绿色发展、循环发展和低碳发展，形成山水林田湖有机生命综合体以及资源节约型空间格局、产业结构、生产方式和生活方式。

（二）多元的产业功能

农业功能得到充分拓展，农耕文明、田园风貌、民俗文化得到传承，农业生产功能与休闲功能有机结合，一二三产业有机融合，休闲农业发展充分，就地吸纳农民创业就业容量大，带动农民增收能力强。

（三）独特的村容景致

乡土民俗文化内涵丰富，村落民居原生状态保持完整，基础设施功能齐全，乡村各要素统一协调，传统文化与现代文明交相辉映，浑然一体，村容景致令人流连忘返。

（四）良好的精神风貌

基层组织健全，管理民主，社会和谐；村民尊老爱幼，邻里相互关爱，村民生活怡然自得；民风淳朴，热情好客，诚实守信。

三、推荐程序

（一）乡村申报

各村在对照推介条件进行自我评估的基础上，填写《中国美丽休闲乡村申报表》，向县级农业主管部门提出申请，并附本村综合情况材料。

（二）县级审核

县级农业主管部门负责对本县的申报乡村进行审核，符合条件的向省级农业主管部门推荐。

（三）省级推荐

省级农业主管部门初审后择优申报。

四、扶持政策

公示无异议的村，由农业部认定为中国美丽休闲乡村并授牌，各地将加大政府投入和扶持力度，促进美丽宜居乡村建设。

第五节 特色农产品优势区创建工作

（农业部 中央农村工作领导小组办公室 国家发展和改革委员会 财政部 国家林业局 科技部 国土资源部 环境保护部 水利部）

一、概述

创建特优区，顺应农业发展新趋势，培育发展新动能，带动传统农业区和贫困地区脱贫致富，推进农业供给侧结构性改革；发挥区域比较优势，提高特色产品附加值和溢价能力，拓宽农民增收路径；做大做强特色农业品牌，提高农产品市场竞争力。经农业部、中央农村工作领导小组办公室、国家发展改革委员会、财政部、国家林业局、科技部、国土资源部、环境保护部、水利部研究决定，在全国开展特优区创建工作。

二、发展目标

力争用 3～5 年的时间，以县（市、区）或垦区、林区为单位，创建形成一批特色优势明显、产业基础好、发展潜力大、带动能力强的特优区；在特优区内，培育一批经济效益好、辐射带动强的新型经营主体，打造一批特色农业的区域公用品牌、企业品牌和产品品牌，将特色农业培育成农村经济的重要支柱产业、农民持续增收的重要战略产业，提升我国特色农产品的产品优势、产业优势和竞争优势，更好满足城乡居民多样化的消费需求。

三、重点任务

（一）促进产业融合发展
（二）积极助推精准扶贫
（三）完善科技支撑体系
（四）建立评价标准体系
（五）培育新型经营主体
（六）强化品种资源支撑
（七）深化信息技术应用
（八）打造特色农业品牌

四、扶持政策

鼓励各地在党中央、国务院相关规定基础上，研究出台投资、财政、金融、科技、土地、环保、水利、林业等扶持政策，支持相关项目向特优区倾斜。发挥政府资金的撬动作用，激活民间投资，引导社会资本有序投入，形成多元化投入机制。

第六节 "十三五"现代服务业科技创新专项

（科技部）

一、概述

现代服务业是指在工业化比较发达的阶段产生的、主要依托信息技术和现代管理理念发展起来的、信息和知识相对密集的服务业，包括传统服务业通过技术改造升级和经营模式更新而形成的服务业，以及伴随信息网络技术发展而产生的新兴服务业。

在国际竞争日趋激烈和发展动力转换的形势下，我国经济结构中的服务业比重正在不断加大，正从工业大国向工业和服务业并重大国转型，面对新形势新需求，我国现代服务业及其科技发展还存在一些亟须解决的问题。主要表现在：服务业领域技术原创性、发展引领性不足，技术水平不高，服务效率和效益仍然较低；服务业基础共性服务支撑平台偏弱，创新政策体系有待加强；创新商业模式和标准规范制定方面相比国际先进水平差距较大，我国现代服务业企业综合竞争力有待进一步提高。未来五年，要进一步加大对现代服务业科技创新的支持力度，引导各级政府加强对现代服务业科技发展的投入和各类应用的支持，攻克难关，突破制约，强化部署，不断提高我国现代服务业科技创新和服务模式创新的能力。

现代服务业在保持经济增长、促进转型升级中承担的任务更加艰巨，必须坚持创新发展，推动生产性服务业向专业化和价值链高端延伸、生活性服务业向精细和高品质转变，实现服务业优势高效发展，不断释放经济增长新动能。

二、专项目标

到 2020 年，初步形成现代服务科学体系，理论技术水平大幅提高，生产性服务业、新兴服务业、文化与科技融合、科技服务业领域服务科学研究与实践能力进入世界前列。在重点领域攻克一批关键核心技术，形成一批国际、国家标准和行业解决方案，支持建设 10～20 个国家级现代服务业工程技术研究中心、国家重点实验室和企业技术中心，大幅提高科技在现代服务业增加值中的贡献度，全面提升现代服务业的规模、质量、效率和品质，实现我国现代服务业总体水平与发达国家并跑，在部分领域达到领跑水平。

三、重点任务

任务 1：生产性服务业技术研发与应用示范

实施生产性服务业技术研发与应用示范工程：网络定制服务技术研发与应用示范、网络交易服务技术研发与应用示范、跨境电商体验平台研发与应用示范、智能物流终端服务技术研发与应用示范、"金融＋"平台研发与应用示范等。

任务 2：新兴服务业技术研发与应用示范

实施新兴服务业技术研发与应用示范工程：健康养老跨界服务应用示范、汽车及机器人后服务平台研发与应用示范、数字教育众筹众创平台研发与应用示范等。

任务 3：文化科技融合服务技术研发与应用示范

实施文化科技融合服务技术研发与应用示范工程：文化资源数字化技术集成与应用示范、文化艺术展演技术集成系统装备与应用、专业内容知识服务众智平台与应用模式创新、出版融合发展示范引导与应用、国家数字出版创新促进工程、数字出版产业应用服务示范、影视媒体融合服务技术集成与应用、文化旅游综合服务云平台与服务示范、文化创意技术集成及产业化应用示范、艺术品认证鉴定服务平台的研发和应用示范等。

任务 4：科技服务业技术研发与应用示范

实施科技服务业技术研发与应用示范：技术转移服务应用示范、创业孵化综合服务平台应用示范、知识产权服务应用示范、科技咨询专业服务平台研发与应用示范、集成化检验检测及标准化服务应用示范、区域综合科技服务平台研发与应用示范、典型行业分布式科技服务平台研发与应用示范等。

四、扶持政策

引导社会资金投资现代服务业科技创新，积极探索公私合作模式，加快形成政府引导、多方参与的多元化投入机制。继续加大财政支持力度，在国家重点研发计划、技术创新引导专项（基金）等各类科技计划中，增加对现代服务业科技项目的投入，并将现代服务业科技创新纳入新兴产业创业投资引导基金、国家中小企业发展基金等专项基金的支持重点（费用支持详见指南要求）。发挥金融创新对现代服务业技术创新的助推作用，支持符合条件的现代服务企业在境内外资本市场通过股票上市、发行企业债券等多渠道筹措资金，形成各类金融工具协同支持现代服务业创新发展的良好局面。

第八章 项目申报书编写与答辩要求

第一节 编写项目申报书的程序及案例分析

一、概述

无论写什么报告必须注意以下几点：

（一）选对方向

选国家无偿资助；贷款贴息；减免税；社会融资。

（二）定好位

国家科学技术部有五大计划：国家自然科学基金、国家科技重大专项、国家重点研发计划、技术创新引导计划、基地和人才专项。

以申报"国家自然科学基金"为例：

1. 项目分类：根据申报项目的性质确定方向

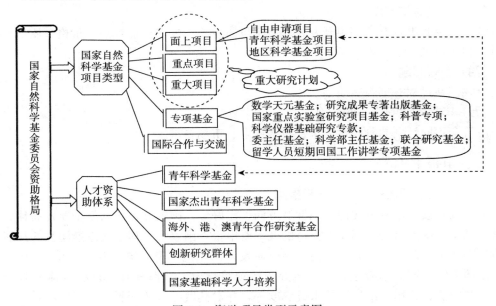

图 8-1 资助项目类型示意图

2. 国家自然科学基金面上项目有关规定

（1）依托单位的科学技术人员应具备下列条件：

①具有承担基础研究课题或者其他从事基础研究的经历；

②具有高级专业技术职务（职称）或者具有博士学位，或者有 2 名与其研究领域相同、具有高级专业技术职务（职称）的科学技术人员推荐。

从事基础研究的科学技术人员具备前款规定的条件、无工作单位或者所在单位不是依托单位的，经与依托单位协商，并取得该依托单位的同意可以申请。依托单位应当将其视为本单位科学技术人员实施有效管理。

正在攻读研究生学位的人员不得申请面上项目，但在职人员经过导师同意可以通过其受聘依托单位申请。

（2）青年科学基金项目申请人应当具备以下条件：

①具有从事基础研究的经历；

②具有高级专业技术职务（职称）或者具有博士学位，或者有2名与其研究领域相同、具有高级专业技术职务（职称）的科学技术人员推荐；

③申请当年1月1日男性未满35周岁，女性未满40周岁。

符合上述条件、在职攻读博士研究生学位的人员，经过导师同意可以通过其受聘单位申请，但在职攻读硕士研究生学位的人员不得申请。

青年科学基金项目申请、评审和管理机制与面上项目基本相同，重点评价申请人本人的创新潜力。

由此，符合条件的相关基金项目申请人，应根据项目指南公布的拟资助研究方向，可自行拟定项目名称、科学目标、研究内容、技术路线和相应的研究经费，按程序进行申报。

（三）市场导向问题

竞争目标是谁，有市场再开发，才有市场占有率，要有企业规划—价格—质量—技术人员—进入市场。

（四）创新问题

反映创新过程、创新实质。

（五）申报的时间段问题

应符合不同计划的阶段性要求、技术要求、市场要求。

二、申报书编写

（一）阅读国家法规文件及申报指南

要仔细阅读国家有关文件，把握好方向、定好位，国家支持什么就是要发展什么，使自己产品紧靠国家指南，国家不支持的就不要申报，国家明令禁止或逐渐淘汰的高能耗或环境污染严重的产业、产品，即使产品已研发出来，但不符合国家政策，也是白忙一场。在开发项目时决不能情有独钟，一定要了解项目指南，掌握其对项目的具体要求，如目标、工艺方法、费用、市场、技术成熟度等，并对其做出具体阐明。

（二）构思材料

编写申报书前，一定要注意研究和掌握编写的基本要求。

（1）准备素材。选取的素材应具有独特性、创新性以及区别于其他项目的差异性，也就是要向决策部门和投资人说明项目的亮点是什么，因此一定要精心筛选素材。如，同样的产品功能，由于不同的人，不同的视角，反映的材料就不同，最后导致结果就会差异很大。例如，不少企业只会干、不会说、也不会写，产品研制出来了，性能指标也很好，但就是不会组织材料，把复杂的研制过程简单化了，不能在可行性报告中体现其价值。而同样的产品在大学和研究所的笔下，就能把简单问题精细化，从产品的科学原理、设计思想，到逻辑层、物理层，再到如何实现性能指标，引用的数据准确，详细描述过程使专家们看了之后，认为此项目是可信且可行的，这样就容易得到方方面面的支持。因此，企业和大学要结合起来，以达到产学研优势互补的目的。

（2）项目的创新点、独占性的功能要经过众多实践和反复比较，从繁杂的事物中精心挑选出来，它要具有比同类产品"精"、"优"、"稳"、"新"、"特"等特点。这才是该项目（产品）的特色，是其亮点所在。这个最闪光的"亮点"，可以是项目中的关键材料，也可以是关键工艺或产品设备，即项目在研发过程中的难点，或事物矛盾的集结点，都可作为报告的重点。写报告时，抓住这个点，写深写透，以小见大，反映出该项目（产品）具有的良好经济效益、社会效益和生态环保效益。

如评议"风力发电轴承"项目的难点问题时，这篇报告应突出两兆瓦以上同机轴承的难点：一是尺寸大，要求加工精度高；其次是总体部件必须抗冲击、耐高温、耐磨损等难点问题。重点描述企业如何解决这些难题的过程，突出创新的工艺及设备特点。这些看似小的问题，但在风力发电系统中却是难解决的大问题。这就要求撰稿人必须身临其境，将攻关中的艰辛以及攻克难点过程中技术的相关性写得入木三分，这才会让外行人看得懂，内行人看了有水平、有高度。只有在攻克行业难点中具有突出业绩，这个方案才是同行业中最先进、最可靠的方案。

（3）找好切入点。在科技快速发展的今天，所有创新研发都有严格的时空与地域概念，因此可行性报告受篇幅和字数的限制应表现为"一时一地一事"的特征。有时产品生命期很短，因而很难系统工程化、立体化、全范围、深层次地反映项目的某个侧面，这是难以和其他报告方式相比的。

然而运用巧妙的切入方式，在一定程度上可以弥补报告的这种缺陷。通常可从以下几点切入：产品、工艺、消费人群、地域变化、销售方式（直销、代销）等。"创新点"的描述是可行性报告的重中之重，要表现出独占性、不可替代性，这是报告的核心，也是最难的一个问题。写"新"难，写"短"难，写好工艺过程更难。

（三）确定标题

如何确定项目名称：首先要高度概括、贴切精练、特色鲜明、准确规范；字数少于30字，反映项目的应用领域，隐含申请目的及技术创新性；不同等级项目的题目不同：自然基金体现探讨内容，重点研发项目体现实用性及急迫性；中小企业项目重实用，忌笼统、大、空、泛。

案例点评：

1. "由地震仪实时探测油气引导开发系统"

评议：表现了领域、设备及用途，表现了技术及系统的应用领域。

2. "应用北斗定位的车载监控服务系统"

评议：表现了系统探索的内涵。

3. "发电设备中有害气体在线检测技术与系统"

评议：范围太宽泛。可改成："硫化物在线检测技术与系统"。

4. "节能电机的研制"

评议：笼统、过于简单；节能电机可通过设计新工艺、新材料，通过降低电磁能、热能、机械能达到节能。可改成："稀土永磁节能电机的关键技术与系统研究"较好。

申报项目名称要主题鲜明，使人一目了然，能概括出文章所要传达的信息。举几个例子：《瘦肉型猪环保高效山区散养的中试报告》，此题目基本反映了申报项目的特征和内容。包含了产品型号、环保高效的技术特点、应用领域、产品形态、项目阶段等基本信息。而《轮胎废料生产多种纤维复合材料资源化利用技术开发》，则给审阅人员比较朦胧的概念，产品、技术、开发设备、工程应用等均不清楚，不明确，要让人去猜，这在一定程度上就会丢分。

（四）报告概述

通常要把全文写完之后再写概述部分。这部分是整个文章的精华总结。因为字数有限制，所以语言要精练。要突出写明以下几点：

（1）结合自然基金提纲，在符合指南方向条件下，具体的名称，研究方案，研究内容，目标等都由申请人自己提出，但是申请书有些共性内容要包括：

①理论依据与研究内容：结合国内外相关的基础理论、发展趋势、研究现状及分析，论述科学意义；如果是应用研究，就必须结合国民经济及社会发展中的热点及难点问题，来论述其应用前景；

②研究基础及可行性分析：如初步成果、实验室条件、尚缺乏的条件及解决方案；

③项目特色及创新；

④申请人及团队简介；

⑤经费预算说明；

⑥主要附件。

（2）如果是开发类项目，概述要求准确全面、重点突出、简明扼要、条理清晰，字数（200～500字），内容包括：研发背景、研究内容、工作原理、关键技术、应用范围、技术创新点及成熟程度、经济社会效益等。就必须说明几下几点：

①这个产品是什么、干什么用；

②为什么要做这件事，开发背景与当前社会及行业中关注的热点、难点有什么关系；

③技术先进程度及创新点是什么；

④有什么知识产权（专利证书，软件著作权）；

⑤应用前景怎么样；

⑥突出的经济效益、社会效益和生态环保效益。

报告要有主线，总体目标、分段实施、进度、资金使用计划、产品、产量、成本、利润等之间要协调匹配；全方位描述，让专家全面客观了解情况。单纯研发不易获得支持，中试项目要有检测报告、用户报告；取得的关键性成果都要描述。

项目概述中突出产品的特点，也就是你有别人没有的、别人有但你比别人更好的一些指标，项目的特点是吸引专家注意力和最终形成判断的关键所在。举例：棉花杂质是近年来困扰我国棉花产业的大问题，也是国际上棉花产业面临的难题。为了提高棉花杂质的检测效率，××省立为科技支撑计划项目（编号：××××），由××大学××系和××机械制造有限公司合作开发"棉纤维中异性纤维多光谱自动检测技术及设备"。

××××年×月×日，通过了×××组织的项目科技成果鉴定，评价为"项目研究成果总体技术水平处于当前国际同类产品的领先水平"。该项目已获得授权发明专利×项。

基于上述创新成果研制的××型和×××型三种异性纤维分拣设备的主要性能指标为：

异性纤维横截面分辨率0.1毫米、检出率91.3％、台时处理量1 230千克、单个三线平均落棉量1.88克，均优于国内外同类产品性能指标。可以在线检测和喷除棉花中掺杂的多种异性纤维杂质，解决了棉花工业中急待解决的难题。

年产100台套异性纤维分拣设备，可实现产值×××万元，实现利税×××万元以上。国内外市场前景广阔，按全国年产皮棉×××万吨计算，可节约棉花加工、纺织行业人工分拣成本数亿元，具有可观的社会效益和经济效益。

（五）国内外研究情况

首先要列出有关论文和实际案例，从理论上阐述，这个项目是具有前沿性的。其次分别写国内外研究状况，通过国外的研究情况来说明企业可借鉴的内容，如何少走弯路，衬托出项目研究方向是正确的；通过国内的情况分析，反映同行业同专业对此类项目研究的成熟度，说明可借鉴的方法和途径是什么，哪些是合作伙伴和竞争对手。再次，阐述出优势互补，各个单位所具备的有利条件，以达到在研发过程中所花费的精力和调用的资源最少，最大限度地节约社会成本，而所取得的成功概率又是最大的。

（六）项目提出的依据

应表明在国民经济建设中急需解决这样的问题。理论相对成熟，有继承性。正确分析项目的政策、市场、人才、资金和技术风险，关键技术和工艺是否掌握，是否已经有产品或样机，提供产品的性能水平、产品质量和用户意见，论述是否具备规模化生产所需的软硬件条件。

（七）项目的创新点

技术创新点提炼应新颖易懂、用语准确、证据充足、宁缺毋滥。

1. 如果是基金项目

用技术语言准确描述理论、应用、技术、材料、工艺、结构等方面的创新。每个创新点都必须有佐证（专利、查新、鉴定、检测结果等）。

一个项目不一定都具备以上几方面的创新点，突出强优势、说细说透；不要牵强附会，面面俱到；创新点不在多，在精、准、真。完全模仿不是创新，研究成果不都是创新点。

2. 如果是企业项目

创新的描述要以企业为主体，结合"专利"等知识产权展开描述，突出产学研相结合的思想，把技术思想、研发、生产、商品阶段过程中的创新内涵表现出来。要具有差异性、不可替代性和一致性。包括：①原理性的创新；②应用性的创新；③管理方面的创新；④检测方法的创新；⑤营销市场的创新；⑥材料、结构、工艺、设备上的创新；⑦体制、机制的创新。

通常情况下，讲到创新一定要结合查新报告的具体内容进行描述。查新的目的是为了给项目进行定位，定位其先进性、不可替代性和创造性。如：配方上、材质上有什么特点。根据专利来写出创新点，只要不泄露技术的秘密，要写透，要让别人理解、看得懂。

在描述创新点时，不一定要面面俱到，既写项目理论创新，又写材料、结构的创新，一个项目有百分之三十的创新就了不得了，否则，该项目就会被认为不成熟、不稳定。有些报告对项目（产品）描述得完美无缺，让人一看就情有独钟，但这是不现实的。叙述创新时要客观、实事求是、循序渐进；以数据为依据，有了数据的可靠性，才会有分析的有效性；切勿平铺直叙，要善于描写人物的活动，叙述攻关的艰辛及风险性，以及在攻克难关过程中有代表性的几个成功或失败的案例，善于把"创新"的静物与研发人员的动作结合起来，使过程静中有动，活灵活现，抓住人眼，抓住人心。

3. 技术创新点提炼——案例点评
针对某些农业设备和产品的项目技术关键点和主要创新点（原稿）

（1）制动器主体采用高品质特级电工纯铁 DT4E 加工，保证了铁芯有足够的磁力。

（2）弹簧采用进口高疲劳强度发动机专用弹簧钢制造，可保证压缩一千万次不变形。

（3）闸瓦采用德国无石棉新型材料制成，摩擦系数高、损耗小、精度高。

（4）线圈铁芯采用椭圆形结构，铁芯面积大、磁力强。

（5）弹簧分布点多，布局合理，受力均匀。

（6）手动开闸机构采用凸轮结构，结构稳定紧凑，开闸力小，开启方便。

（7）所有重要尺寸全部采用高精度加工中心加工，加工精度非常高。

修改一：

（1）采用自主设计的双线圈串并联启动结构，启动时两线圈并联，可加速启动，启动完成后通过一个惯性延时开关延时一定时间，触发转换开关。使线圈由并联改为串联，可降低温升和能耗，实现节能。

（2）合理选材，采用 DT4E 特级电工纯铁制作铁芯和端盖，导磁率高，动作灵敏；气隙部件用非磁性材料增强了吸合力，保证制动器安全。

修改二：

（1）采用自主设计的双线圈串并联启动结构，（启动时）实现两线圈并联，（可）加速启动。

（2）合理工艺及材料：使磁路更合理，提高效率；改变工艺，使其在高温下不退磁，提高可靠性。

4. 描写创新性的语言要准确

创新程度（重大、明显、一般）；

先进性（领先、先进、一般）；

难度复杂程度（自主创新、引进创新、技改）；

成熟度（高、较高、试用）；

应用效果（国际优势、国内优势、一定需求）；

经济、社会效益（显著、明显、一般）。

（八）单位所具备的条件

阐述企业的技术贮备和技术实力，包括具体的仪器、设备、人员和资金投入等实施该项目的基础条件，并写明企业财务状况，财务指标要符合申报基本条件。特别是企业具备必要的资金贮备，这些资金要符合完成项目投资具备的自筹资金的最低标准。

（九）申报单位的管理能力

这部分要反映出申报单位是否具有较高的管理水平，要反映申报单位的体制、管理机制的内容，反映申报单位具有的规章制度，尽量体现申报单位的特色。管理层的组成是否合理，反映申报单位是否具有良好的人才结构和人员素质，论述管理取得的业绩和申报单位的资信状况。

（十）经济社会和生态环保效益分析

应在分析市场空间和发展趋势的基础上，着重论述产品是否符合市场急需，性能价格比是否可以被用户接受，尽量避免笼统地分析和按比例放大等。分析方法，如果能够通过用户使用情况和产品订单来说明更好。对于一个中小企业而言，不可能拥有比较完善的市场空间和销售渠道，可以提出或者策划一个适合自己的销售模式来说明企业的推广力度，比如产品开发初期的代理制、网络推广，借助其他大企业的销售渠道等，如果不能拿出比较有说服力的模式，即使是一个很好的项目，也会由于市场分析的苍白无力而难以使专家折服，使其认为申报的项目市场风险过大，导致申报失败。

另外，重点论述项目技术对行业、地区和整个经济的带动作用，在增加税收、创造就业机会、替代进口等方面是否有积极的作用。能否培植新的经济增长点，为调整结构、保稳定、保增长作出贡献。社会经济和生态环保效益要避免空洞地说教，要针对项目进行定性定量地表述。申报国家级项目，一定要反映出该项目对行业、地区的带动性，对环境保护、就业机会、资源综合利用等方面的促进作用。

（十一）再强调几个问题

（1）申报书要让人相信，要实事求是，预测要有依据，不能言过其实。项目是知识和实践的体现，有些是用感知和探索来完成的，这种悟性（艺术）用文字表达很困难，不仅要求提供的信息准确，而且还要吸引读者的眼球，抓住读者的心。这就更增加了编写报告的难度。

（2）申报书要言中有物，推理合乎逻辑，论证可查可信，使专家认为"报告"具有可读性和吸引力。所以我们强调"报告"最好是科研人员亲自编写，只有亲身感知的现场，体验创新点的真实所在，身临其境的活素材，活的细节及感情色彩，才会使报告描述得鲜活，内涵丰富，入木三分。

（3）要想使申报书让专家觉得真实：首先，检测报告、查新报告要可信可靠，数据、量纲准确；其次，撰稿人要有出色的表达能力，巧妙地利用材料、文献，用户的原始数据；再次，整个报告逻辑性强，不能让人感觉是几个人写的，一看就是"各吹各的号，各唱各的调"。

（4）申报书概述中的"创新点"、"团队结构"、"单位的基础条件"、"规章制度"、"经费管理"、"项目进度安排"等都要彼此协调，要和"主题目标"、"研发方向"、"考验的指标"相一致。一定要重视这些细节，否则就可能蚁穴之穴溃千里之堤。不能想起什么写什么，自己对什么内容最感兴趣就写什么，更不能眉毛胡子一把抓，而是要选择那些有价值的"创新工艺"的过程和内涵来写，不求报告冗长和繁杂。可以从整个研发过程中截取几个场合或阶段，达到以点带面的功效。

举个例子，"运用现代高科技繁育优良种猪产业化示范工程"项目报告，这个项目的主题是现代育种技术，关键是种猪产业化示范工程。首先，"报告"要从现代育种技术的必要性切入，中国是育猪产业大国，但由于育种结构不合理、技术落后，在养猪效益和猪肉品质方面，与发达国家差距较大。例如：出栏率偏低，我国为140%，而发达国家约150%～160%；年初存栏一头猪当年可收回猪肉重量偏低，发达国家155千克，而我国只有100千克；屠宰猪的平均瘦肉率偏低，平均为55%，而发达国家一般都在70%以上，而造成这些问题的根本原因是我国育种技术落后，具体原因是：①育种结构不合理；②落后的育种技术制约优良品种的发展，延长了育种周期。"报告"具体阐述了该项目所报告现代育种技术的先进技术：①繁育体系建设。如基因定位技术，基因评测技术等；②养猪标准化的方式；③磁疗五福体系；④防疫体系等。

（5）关于示范工程，主要突出带动性和示范性。首先所有技术和工艺应标准化，所有的硬件具有可复制性，并且要具备一定的人、财、物等条件，这才能构建示范工程。通过对"技术"和"示范"的描述，衬托出规模化养殖与小农经济的差异性，突出了在新的养殖管理体制、机制下，运作方式必须改革的急迫性和必要性，强调了"十三五"用高新技术改变传统生产方式，调整产业结构的必要性，新技术必然会带动产品结构的调整。以小见大，为当地培植新的经济增长点做出贡献。

（6）在组织相关素材时，一定要紧密围绕申报的主题及研发目标，选择"亮点"、"创新点"、"独占性"、"不可替代性"等最佳角度去描述。不能干巴巴地讲道理，要用过程的图片来表现实际的运转场景，这样才能引人入胜。所有这些都需要"撰稿人"具备良好的科技新闻捕捉眼光，需要长期积累和观察，多看多想多写，才能写出优质的、令人信服的报告。

（7）申报书要写得鲜活，打动人心，抓住人眼，这就要求语言精练生动，否则就会把许多本来很"活"的创新报告，写得死气沉沉，呆板乏味。当然科技报告首先是科学严谨，但这和文字表达生动不矛盾。科技报告严肃，决不能胡编乱造，夸大事实，应该一切以事实、测试报告为依据，决不能毫无科学根据地去推想，去文学想象。总之，必须以德为本，以诚信为本，这就需要撰稿人对文字有立体化的组合能力。

（8）在科技开发的过程中，撰稿人要深入现场，不能仅听口述报告，要通过自己的观察写好所见所闻所感。写报告的人既是目击者、见证人，又是直接"参与者"，这样写的报告才能入情入理，十分真实。我看过的一些报告，往往都是讲该项目在材料上、结构上有明显创新，其技术水平达到国内先进水平，这样的报告就显得很俗套，把生动的创新过程写得冷冷冰冰，没有写好创新点及关键性的创新组合内涵，给人以苍白无力的感觉。撰稿人应勤观摩、勤记录、勤思考、勤总结。每次实验要抓细节抓规律。细节决定成败，决不能想当然，主观要遵守客观事实，决不能让事实按自己的思维取向去取舍。在观察中探索规律、尊重规律，不唯上、不唯下、不唯书、只唯实。袁隆平院士深入田头，最终在茫茫的稻田中发现了一株光敏核不育的野稻，就是靠着这株野稻子解决了我国大面积水稻丰产的问题，保障了国家粮食安全。在选用材料时注意：不要随便以网上查到的资料为依据，尽量看原始文献。不要抄网页或新闻报道，那是给外行人看的科普资料，作为项目申请人，首先你得是内行，要有一定专业知识的深度和广度。要尊重知识产权，否则编造论文、简历、职称、年龄、性别等信息也会被列入黑名单。诚实是你的名片、要珍惜。

（9）在深入实际的过程中，要善于运用五官的作用。眼像摄像机、扫描仪，拍摄事件中的主要客观现象、过程，观察实验在不同地域、阶段、温度、湿度、压力、地磁等条件下的变化，而后分析比较，找出差异、规律性的变化或发展趋势，把有可能创新的思维、智力劳动、主观与客观相协调的主题记下来；耳朵像录音机，记录事物发展的动态，把各种人在方案论证及攻关中的语言原汁原味地记录下来；用鼻子嗅出研发过程中的各种气味，什么是正常的，什么是不正常的。简而言之，仔细观察研发过程的现场并采集有用的数据和材料是非常辛苦的，但倘若没有这个过程，"报告"也不可能写好。

（10）凤头，猪肚，豹子尾，观点加数据。成败都在报告。

综上所述，提升申报书的质量应做到：选题准确，设计研究方案以及编写创新点得体；报告内容，外行看得懂，内行看了有水平；细节决定成败，避免申报书各栏目部分，不协调而导致问题；展示好几个关键点——概述、理论与实际应用相结合及产生的价值、热点重点及难点、清晰的研究思路步骤及方法。

第二节　如何编写自然基金申请书

一、概述

首先了解自然基金的特点：它的核心是探索发现新的科学现象和规律，支持年轻人对已有的研究方向或者学科生长点进行系统地创新研究，促进学科发展，推动重要领域或学科前沿取得突破。

该基金是鼓励创新包容失败的。

二、编写申请书的程序

（一）阅读自然基金的文件和项目指南

目的是把握好方向和定好位，国家支持什么方向和项目，要紧扣指南的要求。不支持的就不要写。

（二）构思材料

编写申请书一定要注意研究和掌握编写的基本要求，所以要仔细阅读申报要求。

1. 准备素材：思路、材料、检测报告

素材是通过平时观察、积累来的，联想在本学科或者领域内有什么新想法、新体验；如：搞炸药的，如何检测爆破力，在方法上及建立计算机模型上能有新突破。在检测的过程中，能够把边界效应以及其他问题考虑更周全，计算方法更精准，探索的公式更有可重复性、普遍性。这就是一种新想法。

新的想法来源于观察、思考，越是问题多的地方，越容易为年轻人创造思路、打开大门。新思路不是胡思乱想，更不是编造。如袁隆平院士就是在稻田中发现了一株光敏核不育的野稻，最后通过多年反复地培育、研究、试验、积累、检测才构成了新的杂交水稻品种。

2. 准备素材要善于联想，要敢破敢立

自然基金就是鼓励创新。观察的事物要真切、成果要明显、思路要清晰。观察的现象可能是转瞬即逝的，但是必须有照片，要有旁证材料来佐证。如：癌症治疗的方法很多，都在探索。无论用什么物理的、化学的、生物的方法，最后必须用基因的方法或细胞方法去验证，说明癌细胞是被抑制了，还是被刺破细胞壁，阻断营养而彻底消灭了。总之，这些都必须验证，绝不能"超乎想象"。有时个别的方法可以治疗，但绝不是治愈。在探索过程中也有用红外加热的方法将癌细胞烧死；有的利用智能机器人精准定位进行操作；这都是符合科学原理的好思路，自然基金对这些探索都是支持的，但是不支持永动机、水变油类的项目。

构想中要善于联想，要善于将交叉学科的成果，移植到本领域解决学科难题，如某工人发明家，就是将圆珠笔的原理移植到装卸货物上，从而获得世界发明奖项。

（三）写什么，怎么写

写的过程就是创新过程，所以必须要有新观念、新思路，要在继承中创新，创新中继承，要破要立，精神状态要最佳状态，动笔尽量一气呵成，思路、逻辑、推理清晰。

开始要把写的大纲确定好，逻辑上要首先能说服自己，再说服别人。

1. 设计题目

只要自己有新的发现、新的思路，就要大胆地小题大做，或者大题小做，也可以考题新做。

题目必须符合指南要求，主题鲜明，使人一目了然。能概括出文章所要传达的信息，重点突出差异性，通常看标题就能看出报告是否有亮点，写稿人是否有创意。

题目不能太长，专业语言不能太多太绕口。如：有的题目是"碳价格政策对再制造供应链网络规划的影响——以中美再制造发动机为例"。该题目取材很好，探讨从源头治理碳排放的政策成本模型。如果将其改为"在制造供应网络中探讨碳政策模型的应用"，是否也能突出"探索"，隐含了碳政策模型这个新东西，让人耳目一新，读起来又朗朗上口，感觉不累。

2. 选申请代码

明确自己要做的是哪个领域和方向，在目录中找一个最贴近的，一定要细化到最后一个细目，这将逼近你的研究方向。如：G031203，资源管理与政策；E090301，水环境污染与修复。

3. 确定最合适的关键词

申请代码是圈定技术分类的大领域，而关键词则在本领域中细化，具体专业乃至项目是比较微观的科目，注意尽量从系统推荐中选关键词：如中文关键词①碳价格、政策、发动机；②藻类生长机理模型，人工智能。关键词主要用于相关部门分类管理，如将申报材料分类分组、分配专家、智能化管理。

4. 编写摘要

看作者的观点、才华、创意。摘要通常说明研究的目的、实施方法、结果和最终结论，而重点是结果和结论，通常是300～500字。摘要是在整个报告写完后，最后提炼而成。摘要要求精练、要让外行看得懂，内行看了觉得有水平、有创意，理论有高度、上档次，通过摘要能看到作者的才华。摘要主要以提供报告的内容梗概为目的，不评论和解释。摘要应有独立性、独占性的信息，即不读全文就能知道全文的关键信息，所以，摘要必须逐字推敲。内容必须完整、具体，使人一目了然。好的摘要，让人看后眼前一亮，能抓住人心、抓住人眼，让人愿意往下看。如：摘要结构严谨、语义确切，先写什么，后写什么，按逻辑顺序来安排。语句之间上下连贯，每句话都要意思明了，无空谈、笼统、含混之词，使用规范化的名词术语。如"湖库灌类水华形成机理建模与预测方法研究"项目，其摘要的目的是根据藻类水华形成的机理和方法，通过藻类生物模型、采用进化算法揭示藻类增长变化规律，提高了藻类水华的预测精度。结论就是为防御与控制湖库藻类水华提供了参考依据。

5. 项目组团队

团队的组织要合理，核心是知识结构、专业互补，年龄层次老少都有，这些对攻克该课题，既有继承性又有创新性很有益处。项目主要靠人去做，所以在知识上必须互补，人不宜多，学历不一定都很高，基本有1～3个博士带2个研究生，3个本科生就可以了。有人出思路，大家定措施，多人动手做试验。有分工、有协作，集智攻关。一个基金项目不一定人越多越好，职称也不是越高越好，否则经费有限，难以支撑。

6. 资金预算

这部分要详看自然基金的预算说明，按资金管理办法的要求填写。以经费预算的申请表为基础，以项目资助批准通知书的资助金额为依据。总之，这部分要求按搞科研的实际需求及基金的相关支出范围标准编写。改革之后，可能会宽松一些，但是作为课题组必须量入而出、不能超支，否则将来结题验收时也难过关。

7. 申请书报告正文

这部分是重点，关键是发现问题、分析问题和解决问题，通过内容看论文是否有真货；通过文字看论文是否有趣；通过注释看作者是否有真功夫。

（1）立项依据与研究内容（4 000～8 000字）。

①立项依据：首先要善于提出问题的假设想法，然后找依据，设计研究方案、编写创新点。

a. 研究意义：结合项目研究的发展趋势来论述科学意义，结合国民经济和社会发展的需求论述其应用前景。

b. 国内外研究现状：介绍国内外研究进展，目的是为你的研究找依据，要紧紧扣住你的研究方向，讲其不足，让人看到你的项目是有希望解决的、是急需解决的问题，一定和你的研究内容直接相关，而且是在你这个项目下能够有希望解决的。

在介绍国内外情况时，内容必须筛选，不能假大空，这最终会误导别人，不知道你的项目解决什么问题。这部分必须突出，研究方向正确且重要，而在国内研究又很少。需要特定手段和方法解决几个关键点，而且未来几年很可能看到希望。解决该问题的可能就是项目本身。为此，必须附上参考文献，一定要实事求是，遵循科学规则，尊重知识产权，遵守原则。引用要恰当。文献最好新旧结合，经典的老文献说明理论上有继承性，说明问题重要。引用新文献，说明是科学发展的趋势，说明问题的前沿性，文献格式务必一致。

②项目研究内容、研究目标以及解决的关键科学问题，这部分是重点约 4 000 字。

a. 研究内容：就是提出解决什么问题，但不涉及技术和方法问题，最好划分为 3～4 块，每块下面分 3～4 小点，逻辑思路要清晰，这部分和研究目标不一样，核心是研究解决的问题，为什么要研究，论述重要性、科学价值，并适当配图说明，凝练核心问题，通过本项目来解决，这部分要有可引用的参考文献，以体现对研究问题的理解深度。

b. 研究目标：要达到预算目的，简洁精练、切实可行。

c. 拟解决问题：就是将别人做不到或者没有做的问题列出来，体现新的方法、新的创意、新的思路。

③拟采取的研究方案及可行性分析。

这部分主要是怎么解决问题，要从总体上介绍逻辑性强、层次分明的研究思路，围绕思路步骤、层层分解，讲述研究方法和涉及的研究技术。如果方便就画一幅简洁的方案线路图，将自己最擅长的技术（专利雏形）以及技术难点、特点表达出来。你将如何解决，要将简单问题复杂化，困难就是机遇，表现你的技术经验及独到的研究途径、研究背景以及承担单位的研究基础团队及合作者的优势，集智攻关有可能一举成功拿下项目。

a. 整体方案。

b. 研究方法。

c. 可行性分析。

④本项目的特色与创新点：创新点是项目的亮点，约 500 字。

这部分是项目成败的关键点，创新重要是思路新、工艺新、理论新，有新论点和闪光点，产品新、功能新、材料新、合作模块新，但通常报告中创新点不宜太多，否则觉得不可靠、不成熟。对自然基金而言，主要是思路、理念新，如研究视角新颖，实验手段互补、理论实验多方位集成、新的研究方法等，创新点不能太抽象、空泛，要有具体信息、数据支撑，只有数据具有可靠性，分析才能有有效性。

a. 项目的特色与创新。

b. 项目对学科及社会的影响力。

c. 项目的现阶段的实用性及辐射效应：这部分同研究目标不同，主要是预测成果，最好量化，如发表几篇论文，申请几个专利，培养几个学生做几次学术报告。

（2）研究基础与工作条件。

研究基础和工作条件，是完成项目的重要条件，这是评审专家和批准机关关心的重点，如果过去没有论文、没有技术、没有合作团队，思路再好也很难得到支持。所以这部分必须把个人简历、学习工作经历、导师、合作者、发表论文都写出来，增加自己立项的可信度。工作条件主要是硬件：实验室、设备、研究优势，支持政策，可借用设备的使用时间，有权威性的学者指导，检测设备的机时，说明过去曾承担项目的名称、编号、经费来源、过去的结题报告及验收结论。

在预算说明时，要按有关政策和文件编写，详细说明预算理由和测算依据。

a. 研究基础。

b. 工作条件。

c. 正在承担的项目。

d. 过去曾承担过的项目情况。

（3）其他需要说明的问题。

a. 本人简历及参与者简历。

b. 附件信息。

总之，好想法和实事求是的工作态度是写好报告的基础，申报不一定成功，放弃一定失败，好报告是多年研究工作的积累过程，有时候总结失败的教训比总结成功的经验更重要。如过去没有获得资助的报告，多数是：思路违反科学规律、研究内容过于简单、研究目标和路线不清楚，关键科学问题表达不科学、可行性分析不透、创新性不够，有的是技术改造，成熟技术集成根本不属于创新内容，前期基础研究不够，团队不合理、预算不合理、检测报告数字量纲错误。总之，蝼蚁之穴溃千里之堤。

第三节 如何申报重点研发计划

一、2016 年科技项目新增环节

如果将项目申报比作一场打怪兽通关游戏，往年的关卡主要是申请受理、申报形式审查、项目评审和立项，今年则为"闯关者"增加了一个预申报减负"神器"。

申报国家科技计划项目的科研工作者很多，但最终能立项的毕竟有限，因此全面推行"预申报书＋正式申报书"的申报评审方式。即先由项目申报者提交 3 000 字左右的预申报书，详细说明申报项目的目标和指标，简要说明创新思路、技术路线和研究基础。预申报截止后，如果项目申报数量较多，可以先进行一轮预评审，预评审可采取网络评审、通讯评审、会议评审等方式，但不需申报单位答辩。经过预评审的环节，遴选出 3～4 倍于拟立项数量的申报项目，进入第二轮的申报者再提交详细的正式申报书，进入正式答辩评审。

二、项目指南全创新链布局

项目指南依然是科研人员申请项目时候的"宝典"，不管是从事哪一类科研工作的人员，都可能从指南中找到支持方向。

同一份指南里，各个支持方向的设置都是相互关联、有机衔接的，所以在申报的时候，申报者不但要找到自己最合适的任务方向，还要注意与下游任务的衔接。专项中基础前沿技术的最新成果，要有后端的任务设置真正能够承接。

1. 通过统一的信息系统提交给专业机构

以前申报项目，是通过不同的门户和系统，报给不同的政府部门。而现在，是通过一个系统，报给第三方的专业机构。这降低了科研工作者需要应付不同申报格式，不同申报要求的工作压力。专业机构做什么，也必须通过信息系统来实现，这使得专业机构的管理行为可监督，可控制。比如，专业机构需要评审专家时，不能自己去找，只能提交专业背景、学术水平等基本条件，从信息系统的专家库中随机抽取，最后参加评审的专家还要通过信息系统公示。网络评审、视频评审的过程也将在信息系统中全程记录。

2. 政府部门的作用

"政府从项目的具体管理和资金的具体分配中解脱出来后，将通过国家科技计划管理部际联席会议这个议事平台，在充分发挥战略咨询与综合评审委员会高层次专家，以及领域专家咨询评议作用的基础上，凝练国家战略需求，做好科技创新规划，科技计划、专项、基金和重点任务部署。政府通过不断优化科技计划管理的政策措施，不断完善对专业机构履职尽责情况的监督，真正分开'裁判员'和'运动员'。最终形成政府在高级'智库'的参谋下决定做什么，专业机构在政府和社会公众的监督下决定谁来做，从而建立起各方面有效监管、互相制约的全新管理模式。"

3. 工作流程

国家重点研发计划项目申报评审采取填写预申报书、正式申报书两步进行，具体工作流程如下：

（1）项目申报单位根据指南相关申报要求，通过国家科技管理信息系统填写并提交3 000字左右的项目预申报书，详细说明申报项目的目标和指标，简要说明创新思路、技术路线和研究基础。项目申报单位与所有参与单位签署联合申报协议，并签署项目申报单位及项目负责人诚信承诺书。从指南发布日到预申报书受理截止日不少于30天。

（2）各推荐单位参考往年推荐规模，加强对所推荐的项目申报单位及其合作方的资质、科研能力的审核把关，按时将推荐项目通过国家科技管理信息系统统一报送。

（3）专业机构在受理项目预申报后，组织形式审查，并开展首轮评审工作。首轮评审不需要项目负责人进行答辩。根据专家的会议评审结果，遴选出3～4倍于拟立项数量的申报项目，确定进入下一步答辩评审。对于未进入答辩评审的申报项目，及时将意见反馈项目申报单位和负责人。

（4）申报单位在接到专业机构关于进入答辩评审的通知后，通过国家科技管理信息系统填写并提交项目正式申报书。从接到通知日到正式申报受理截止日不少于20天。

（5）专业机构对进入正式评审的项目申报书进行形式审查，并组织会议答辩评审。申报项目的负责人通过网络视频进行报告答辩。专业机构将根据专家评议情况择优建议立项。

4. 申请资格要求

（1）申报单位应为中国大陆境内注册1年以上的科研院所、高等学校和企业等，具有独立法人资格，有较强的科技研发能力和条件，运行管理规范。政府机关不得作为申报单位进行申报。申报单位同一项目须通过单个推荐单位申报，不得多头申报或重复申报。

（2）项目（含任务或课题）负责人须具有高级职称或博士学位，申报当年不超过60周岁，工作时间每年不得少于6个月。项目（含任务或课题）负责人原则上应为该项目（含任务或课题）主体研究思路的提出者和实际主持研究的科技人员。中央和地方各级政府的公务人员（包括行使科技计划管理职能的其他人员）不得申报项目（含任务或课题）。

（3）项目（含任务或课题）负责人限申报一个项目，国家重点基础研究发展计划（"973计划"，含重大科学研究计划）、国家高技术研究发展计划（"863计划"）、国家科技支撑计划、国家国际科技合作专项、国家重大科学仪器设备开发专项、公益性行业科研专项（以下简称"改革前计划"）以及国家科技重大专项的在研项目（含任务或课题）负责人不得牵头申报国家重点研发计划重点专项项目（含任务或课题）；项目主要参加人员的申报项目和改革前计划、国家科技重大专项在研项目总数不得超过两个；改革前计划、国家科技重大专项的在研项目（含任务或课题）负责人不得因申报国家重点研发计划重点专项项目（含任务或课题）而退出目前承担的项目（含任务或课题）。

（4）特邀咨评委委员及参与重点专项咨询评议的专家，不能申报本人参与过咨询和论证的重点专项项目（含任务或课题）；参与重点专项实施方案或本年度项目指南编制的专家，不能申报该重点专项项目（含任务或课题）。

（5）受聘于内地单位的外籍科学家及港、澳、台地区科学家可作为重点专项的项目（含任务或课题）负责人，全职受聘人员须由内地聘用单位提供全职聘用的有效证明，非全职受聘人员须由内地聘用单位和境外单位同时提供聘用的有效证明，并随纸质项目预申报书一并报送。

5. 具体申报方式

（1）网上填报。请各申报单位按要求通过国家科技管理信息系统公共服务平台进行网上填报。专业机构将以网上填报的申报书作为后续形式审查、项目评审的依据。预申报书格式在国家科技管理信息系统公共服务平台相关专栏下载。

（2）组织推荐。将加盖推荐单位公章的推荐函（纸质，一式两份）、推荐项目清单（纸质，一式两份）寄送科技部信息中心。推荐项目清单须通过系统直接生成打印。

（3）材料报送和业务咨询。请各申报单位将加盖申报单位公章的预申报书（纸质，一式两份），寄送承担项目所属重点专项管理的专业机构。预申报书须通过系统直接生成打印。

6. 国家科技管理信息系统公共服务平台项目申报程序

图 8-2 国家科技管理信息系统公共服务平台界面

（1）申报步骤：

a. 首次申报的用户，请您阅读"帮助信息"。

b. 若您已了解申报过程，且尚未进行单位备案，请首先进行"用户注册"进行单位备案。

c. 若您已了解申报过程，且单位已备案，请您点击"用户登录"进行申报工作。

d. 登录系统后，请您点击"项目申报"——"新项目申请"进行申报工作。

（2）用户注册：

a. "项目申报"采用分级用户管理机制，为进行国家科技计划项目和经费网络报送的不同类型用户提供统一的申报入口。所有通过"公共服务平台"进行相关国家科技计划项目及经费报送的用户，统称为系统申报用户。

b. 根据申报用户在国家科技计划项目及经费数据报送中的工作不同，申报用户分为如下 4 种类型：

——申报渠道或主管部门管理员用户；

——申报渠道或主管部门计划管理用户；

——申报单位管理员用户；

——申报单位填报用户。

第四节　答辩问题提纲及注意事项

国家科技项目的申报过程是一个系统工程，从研究、立项，然后一直到最后的资助、成果推广、奖励，是需要付出大量的艰苦的实际工作，甚至花费十几年、几十年的心血。

因此，提高项目申报、成果推广的成功率，就成为迫切需要解决的问题。

一、概述答辩评审 PPT 准备重点

（一）概述

答辩评审相比于预评审有不同的侧重点：预评审针对 3 000 字摘要，侧重在思路和方向层面；答辩评审更加细致，侧重在方案层面。结合答辩评审的打分标准，来看看答辩评审的 PPT 准备重点。

PPT 一般应该包括 7 大部分内容：

①项目思路和内容；

②项目研究目标；

③项目预期成果和考核指标；

④任务分解和研究进度；

⑤申报团队和工作基础；

⑥预期效益及项目实施风险；

⑦经费需求。

（二）研究思路和内容（主要要体现对指南方向目标的支撑性）

①介绍项目申报所属的指南方向；

②分析申报方向国内外研究现状和趋势；

③突出申报研究内容的必要性（要突出创新性、前瞻性及时效性）；

④说明研究内容对指南方向目标有显著支撑作用。

（三）项目研究目标（重点体现明确性、合理性和可行性）

①明确项目目标设置（要重点突出、说明合理性）；

②说明技术路线选择（要突出合理性和可行性）；

③介绍拟采用的研究方法（要突出创新性）；

④介绍项目各课题的目标的设置（要清晰、明确、有逻辑、彼此互补、交叉无缝、不空泛、不讲道理及意义）。

（四）预期成果和考核指标（重点突出可考核性和可实现性）

①明确项目预期成果和产出（成果要明确、产出要具体）；

②说明成果和产出考核指标（要突出合理性、可行性，并做到可量化、可考核）；

③介绍考核指标的评测方式和方法（要突出可实现性和合理性）。

（五）任务分解和研究进度安排（重点突出计划性和合理性）

①介绍项目任务分解和课题设置（层级清晰、逻辑合理）；

②各课题的目标设置和考核指标（确保系统能全面地支撑项目总目标的实现）；

③研发进度安排（时间合理、计划性强、工作强度适中）。

（六）申报团队和工作基础（重点突出可以保障和满足研发需求）

①介绍团队的整体科研水平和创新能力（说明满足研发需求，过度夸大可能招致反感）；

②说明研究团队的构成与分工（最好用图示，突出分工科学性、构成的合理性）；

③团队在本领域已有研发基础和条件（突出基础扎实、条件能满足项目研发需求）；

④介绍项目的组织实施机制和内部管理协调方案（突出可行性和合理性）；

⑤单独申报单位的组织和管理能力（突出协调能力）。

（七）预期效益及项目实施风险（重点效益可观且突出风险可控）

①介绍项目额外的预期社会效益、环境效益和经济效益（尽量突出多重效益并存）；

②潜在的技术风险分析（若有明显技术风险，要给出对策）；

③项目实施的其他不确定性因素评估（若不可控因素存在，要给出对策）。

（八）经费需求（重点突出预算的目标相关性、政策相符性和经济合理性）

①经费预算总额、专项经费和自筹经费数额（可简述经费主要用途，突出经费合理性）；

②明确自筹经费足额且日后到位没问题。

二、评审专家的组成和关注点

评审专家的数量一般是 17 名，不少于 15 名，通常都是用计算机在专家库中随机抽取。理论上我们可以推断，17 名专家应该既包括本领域的"战略专家"（通常所说的"大同行"），也包括本领域同方向的"一线技术专家"（通常所说的"小同行"）。不同专家关注重点是有区别的：

大同行专家一般重点关注：研究内容、研究目标、任务和进度安排、团队组成和工作基础、预期风险；

小同行专家一般更加关注：技术目标、技术路线的创新性和可行性、研究方法的创新性、预期成果和考核指标的设置。

三、答辩 PPT 准备和答辩要点

（1）严格控制时间：不超时。建议：时间有限，问什么答什么，不讲客套话，开门见山、直奔主题。最好在答辩规定时间内完成。

（2）答辩形式：沉着，实事求是，以理服人，以数据佐证结果。建议：幻灯片是项目介绍的关键，重点突出，不搞花活，朴实易懂，能抓住眼球，抓住人心。

（3）内容展现：按逻辑推理，顺理成章。建议：内容紧扣评审指标要求、简洁，采用要点及图表化形式展现，避免大段文字说理，语言生动，说理透彻，将复杂问题简单化更易获得专家好感，突出主题。

（4）逻辑推理：推理以内容真实为前提，推理形式要有效，深入浅出。不跳跃，通俗易懂。建议：逻辑还是从命题到自然论证，到证明结论顺序进行，要让外行听得懂，内行觉得有水平。尽量不让专家去猜测，减少疑问和误解。

四、项目成功三要素

通常，项目的成功，取决于三要素：

（1）项目过硬。人不自立天难助，项目更是如此，理论上必须有依据，科学发现必须有数据，照片为佐证。

（2）项目的文字表达能力强，材料水平高。材料收集面宽、真实。数据客观，在概述中要把项目的重要性突出，逻辑性强，语言精练打动人，后面就顺利了。要归纳得当，通常：看标题，能看到亮点；看选题，能看到作者的创意；看摘要，能看到作者的才能；看观点，能看到作者是否有货，而不是胡编乱造；看内容，能看到作者有望完成的任务；看文字，能看到论文是否有趣；看注释，能看到作者是否有功底，学术上有根。总之，论文报告不仅体现本身水平，甚至高于本身水平。

（3）历史的机遇，政策的调整。

这三个要素要把握住，这里面存在很多机遇，但机遇通常是为有准备的人准备的。

五、国家申报中心形式审查方面的问题

形式审查的条件、标准，主要是针对推荐书、预申报书、可行性报告的填写方式、字数、页数、盖章、签字、合作单位协议书；另外，对附件提供要求文件是否合适，主要是这方面的审查，这些是形式审查。对于一些内容审查不放在这里，那主要是让专家审查。所以各种材料应全面提供。

六、国家重点研发计划评审

（1）原则上一般项目视频评审时间为 45 分钟（汇报 15 分钟，质询答辩 30 分钟）；青年项目评审时间为 30 分钟（汇报和质询答辩各 15 分钟）。视频系统会显示倒计时时间。整个过程非常紧凑、高效。

（2）参加视频评审的项目，首先应符合项目指南的要求，评审专家根据个人意见表的

评价指标内容对申报项目进行评议。

（3）评审采取了"投票＋打分"的方式进行，在评审过程中，专家根据项目汇报和专家质询情况，对同一项目指南方向的申请，进行比较分析，在系统中独立填写专家个人意见表进行投票和打分（专家严格按照评审标准，本着宁缺毋滥的原则进行评审，如项目达不到指南要求，可建议该项目本次不立项）。

（4）除投票和打分外，专家还要针对项目的研究内容、目标任务及技术路线、研究团队及工作基础、预期成果效益及项目经费建议等给出书面评价意见。"层层把关，全盘衡量，就是为了筛选出符合指南方向、研究内容完整、能够实现指南规定的目标和考核指标的优秀项目。"

第九章 案例分析

案例一：年出栏××万头香猪养殖基地建设项目

评议

（此为一现场加视频会议的全过程项目评议案例）

专家主持人：各位领导，各位专家，今天在这里召开一个评估会，对××公司××万头香猪养殖基地建设项目可行性报告进行技术评估，今天到会的有农业司、科协中国农业分会、农业部方方面面的专家。

会议的议题有几个，首先我介绍一下今天出席这个评估会的专家，以及××地区专程到会的有关领导和同志；第二，宣布评审组组长和副组长；第三，请委托方介绍项目的情况；第四，请专家组主持评审会议，最后宣布评审意见。

第一，我介绍一下今天出席会议的专家。××：中国农科院畜牧所研究员。×××：中国农科院农业经济研究所研究员。×××：中国老科协副会长，高级经济师，也是国家××部副部长。×××：中国农业大学经济管理学院教授。×××：中国畜牧协会的研究员，秘书长。×××：中国老科技工作者协会农业

××原种香猪农牧实业有限公司 ××万头香猪养殖基地建设项目 可行性研究报告

×××农业工程咨询有限公司
二○××年六月

第一章 项目摘要

一、项目概况

1. 项目名称：××万头香猪养殖基地建设项目
2. 建设地点：××县××镇××村×屯
3. 建设单位：××原种香猪农牧实业有限公司
4. 项目负责人：××
5. 建设性质：新建
6. 建设年限：1年
7. 建设规模

建设××香猪养殖场，饲养××香猪母猪××××头，公猪×××头。达产后养殖场每年出栏××香猪××万头，同时带动农民饲养出栏香猪××万头。

8. 主要建设内容

建猪舍×××××平方米，建饲料厂房、仓库、更衣消毒室、兽医室及办公室、职工宿舍等其他业务用房××××平方米，建集粪房×××平方米，沼气池××××立方米，贮水池×××立方米，围墙、道路、绿化等其他配套设施及水电工程1项。购置配种栏、产床、水帘降温系统、饲料加工机组、铡草机等仪器设备共××××台（套、个），手推车×××辆，运输×辆。

9. 投资估算

项目总投资××××万元，其中建设投资××××万元（土建工程投资××××万元，仪器设备购置及安装×××万元，种猪引种费×××万元，工程建设其他费用×××万元，预备费用×××万元），流动资金×××万元。

10. 资金筹措

项目总投资×××万元，全部为建设单位自筹。

11. 效益分析

项目建成达产后，每年销售收入××××万元，利润总额××××万元，总投资收益率××％，所得税前项目投资财务内部收益率××％，项目投资财务净现值××××万元，投资回收期×年。项目投资收益率适中，财务内部矛盾收益率大于基准收益率，经济效益较好。项目可带动×××户农民规模化饲养××香猪，户均年纯收入×万多元，对农民增收效果明显，社会效益显著。

二、可行性研究依据

（1）201×年中央1号文件《中共中央国务院关于加大统筹城乡发展力度进一步夯实农业农村发展基础的若干意见》；

（2）《国务院关于促进生猪生产发展稳定市场供应的意见》（国发〔××××〕22号）；

（3）国家发改委、财政部、农业部、商务部、国家工商总局、国家质检总局《防止生猪价格过度下跌调控预案（暂行）》（××××年第1号）；

（4）农业部《全国生猪优势区域布局规划》；

（5）××××年，保监会下发的《关于建立生猪保险体系促进生猪生产发展的紧急通知》；

（6）××××年农业部发出的《关于贯彻落实全国"菜篮子"工作电视电话会议精神的通知》；

（7）国土资源部、农业部《关于促进规模化畜禽养殖有关用地政策的通知》（国土资发〔××××〕220号）；

（8）《××省畜牧业发展第十三个五年规划》；

（9）《××省猪禽产业优先发展规划大纲（201×—201×年）》；

评议

分会秘书长，高级工程师，常务副会长。×××：中国产品质量协会专家委员会主任、教授。

今天出席这个会议的还有委托方××原种养猪实业有限公司的有关同志。这是我们第一会场的参会人员。

今天还设了第二会场，本来地区及县里相关部门的领导，企业各方面的专家，企业的领导，他们很关心这次对可行性报告的评估工作，因工作繁忙，路途遥远，所以我们开设了一个分会场，我们大家发表的意见他们都会接听到。出席分会场的有××自治县的副县长，××县水产畜牧兽医局高工，××县原种香猪农牧实业有限公司厂长，还有××自治区畜牧研究所高级畜牧师、注册会计师，这是在第二会场的七八位领导和有关同志。

第二，我们请中国农科院北京畜牧所××研究员为我们的专家组组长，副组长×××——中国农科院农业经济研究所副所长，也是研究员，有请他们两位担任我们专家组的正、副组长。

第三，下面请×××董事长介绍一下我们的项目概况，使大家有一个总体印象。

委托方董事长：各位领导，专家，上午好。我们××县领导很重视这个评估报告会，所以就在那边设立了一个分会场，随时解答我们各位专家提出的问题，

评议

所以在××县会场当中，我们的主管县长，局长，厂长，各位领导都在那边。

这个可行性报告已提供给专家了，我代表××原种香猪农牧实业有限公司做一下可行性报告的汇报，在汇报之前我想介绍一下情况。我们××自治县出了许多百岁老人，各种环境也好，应该说被国家和世界所瞩目，温家宝总理在××年春节的时候也到了××县。因为××县是一个贫困县，少数民族县，边远地区，跟农业部的联系，跟各位专家的联系应该是不够的，所以我代表香猪实业公司做评估会，做个良好的开端，希望专家听了我们的汇报之后，对我们××县××万头香猪养殖基地的建设提出宝贵意见，同时对我们的项目完成和实施给予支持。

我汇报七个方面，说一点实在的（PPT略）。

第一，我们的报告通过了××的咨询评估资质报告，通过专家评审以后，可行性研究报告是我们咨询公司出的，按照国家要求进行的，有项目的概况，可研报告的依据，研究的范围。

二是项目的背景和必要性。

三是市场需求和预测。

四是我们项目重点选择的分析，选址原则，建设条件。

五是工艺技术方案。

六是建设规模。

（10）《农业项目经济评价实用手册》（第二版）；

（11）201×年国家发展计划委员会《投资项目可行性研究指南》（试用版）；

（12）201×年国家发展和改革委员会及建设部《建设项目经济评价方法与参数》（第三版）；

（13）建设单位提供的有关资料及调查研究所取得的资料。

三、可行性研究的范围

可行性研究的范围主要包括：建设背景和必要性、市场分析和预测、建设规模和产品方案、场址选择及建设条件、工艺技术方案、建设的方案及内容、组织机构及经营管理、项目实施计划、环境保护、投资估算及资金筹措、财务评价等。

四、主要技术经济指标

项目主要技术经济指标如下表。

主要技术经济指标汇总表

序号	指标名称	单位	指标	备注
一	建设规模及产品方案			
1	饲养××香猪母猪			
2	年出栏香猪			
3	带动农民生产香猪			
二	主要建设内容			
1	建猪舍			
2	其他业务用房			
3	沼气池			
4	集粪房			
三	项目总投资			
1	建设投资			
2	流动资金			
四	资金筹措			
	建设单位自筹			
五	费用效益指标			
1	销售收入			
2	总成本费用			
3	利润总额			
4	净利润			

（续）

序号	指标名称	单位	指标	备注
六	盈利能力指标			
1	总投资收益率			
2	资本金净利率			
3	项目投资财务内部收益率			
4	项目投资财务净现值（IC＝8％）			
5	项目投资回收期			
6	资本金内部收益率			
七	盈亏平衡点			

第二章　项目建设的背景及必要性

一、项目提出的背景

　　××地处××省的西部，东与××接壤，南同××、××、××交界，西邻××、××，北接××、××，面积××××平方公里。境内山岭延绵，丘陵起伏，为典型的丘陵地带。

　　其气候属亚热带山地气候，春秋温暖，夏季湿热，冬不甚寒。年平均气温20.4℃，无霜期338天，年平均日照1 552.9小时，年平均降水量为1 170～1 780毫米。光照水源丰富。县内主要居住瑶族、壮族、汉族三个民族。

　　全县人口××万人，其中农业人口××万人，劳动力×万人，耕地面积××××公顷。全县以农业生产为主，粮食作物构成以玉米为主，水稻次之，杂粮有红薯、黄豆、绿豆、竹豆、芋头等；木薯为大宗经济作物，甘蔗、美人蕉次之，花生、油菜籽、芝麻、火麻也有种植。

　　××是世界著名旅游之乡，独特的自然环境造就了我国著名的香猪品种——××香猪。××香猪是我国宝贵的珍稀地方优良猪种，主产于××省××自治县境内的××镇、××乡、××乡、××乡，其他乡镇也有分布。

　　××香猪是我国一个珍稀优良的地方小型猪品种，体形矮、小、短、圆，是世界最小型的猪种之一。×

评议

　　七是建设内容。

　　这是我要汇报的内容。

　　专家主持人：谢谢×××董事长的介绍，下面请领导专家评议。

　　领导：这个香猪应该说是很好的一个品种，又是××县的原种猪，我觉得这是个好项目。所谓是个好项目，刚才董事长已经介绍了，这对整个××贫困地区脱贫致富，农民就业，作为一个××地区经济发展的生长点，也是很有意义的一件事。在座都是专家了，我对畜牧了解不多，但是从我们国家整个农业结构上看，如果畜牧的产值能够达到占整个农业的50％～60％的样子，我们国家的农民富裕程度就完全不一样了。现在我们国家的畜牧产值大约也就是占农业产值的1/3，××××年的数字是这样，××××年的数字是33％，现在已经大约是35％～40％了，已经1/3以上了，如果达到50％～60％，农民的富裕程度就不一样了。

　　我们国家发展畜牧业还是调整农业产业结构很重要的一个方面，所以畜牧业从前景上来看还是一个大发展的趋势。从香猪来讲，我觉得大家应该首先看××这个地方，世界有名的长寿乡，为什么长寿？关键在于环境，环境可能它就是没有任何污染的，自然环境很好，它的空气，它的

评议

水，甚至它的各个方面都是干净的，完全符合清洁的要求，所以应该相信××生产的所有产品，包括我们今天要说的香猪，它应该是有机的，这是应该没有问题的。

首先应该肯定它生产的所有产品，从香猪来看，它肯定是有机的，是毫无污染的，是营养的，是没有残留的，应该是这样的。因为人都是长寿的，所以这个地方可能是负离子很高。

委托方董事长：负离子两万多，在北京才200多。

领导：听了你的介绍，很感兴趣，××，我没去过，很遗憾，之后适当的时候去你们那里学习。所以我说这个项目是非常好的，对整个××的经济起积极的促进作用，也是经济新的增长点。今年初步想是××万头，全县的人口也不多，主席早就提倡一人一猪，你一个香猪是否达到一人一猪了？这是很有发展前景的。但是养香猪从发展来看确实要扩大规模，×万头起步还可以，但是从满足市场需求来看，××万头远远不够，一是国内市场首先就满足不了，你再走出国门，走向世界，可能就更不够了，所以规模还要做大做强。昨天晚上我就看到，境外提供我们香港的鲜活的，以猪为例，保证没有问题的，提供鲜活产品。

委托方：香猪就这么大，是吉祥的象征，就是没有批量生产。

××香猪举世闻名，皮薄肉细，瘦肉率高，肌肉鲜红，肌纤维细嫩，脂肪洁白，味美甘香，营养丰富，烹调时不添加任何佐料也香气扑鼻，素有"一家煮肉四邻香，七里之遥闻其味"之美称，是明、清两朝皇室贡品。经省区检测中心对××香猪眼肌检测，结果为：蛋白质含量21.8%，脂肪4.7%，灰分1.17%，膳食纤维0%，热量每100克550千焦。××香猪不仅因肉多脂少，热能低，钙磷比例合理，富含人体所需的各种氨基酸和微量元素，乳猪无奶、腥、膻等异味，食之口感清香润甜而倍受人们青睐，更因为其肉中含有一定的不饱和脂肪酸，经常食用对人体有较好的保健作用而受人们喜爱。××是世界著名的旅游之乡，吃××香猪肉也是长寿因素之一。××香猪肉不仅营养丰富，而且口感香酥，符合了人们追求高品质生活的需要，同时由于××香猪粗放的饲养方法决定了它是一种无污染的放心肉食品。而且，在地方品种中，××香猪的瘦肉率也较高，且肥肉部分能量低，脂肪少，食而不腻，有益于美容。

随着畜牧业的发展和人们生活水平的不断提高，我国肉类工业也得到了蓬勃发展，肉类消费水平不断提高，肉类市场发生了很大的变化。人们逐渐趋向崇尚营养、卫生、安全、味美、保健、特色、方便的肉类及肉制品，速冻方便肉食品方兴未艾，肉制品发展势头强劲，特别是地方特色食品，受到了广大消费者的青睐。

××香猪是××省首个地理标志产品，受到国家地理标志产品保护。

本项目拟在××县建设规模化的养殖示范场，标准化饲养××香猪，同时以公司为龙头，通过"公司＋基地＋农户"的全产业链经营模式，带动农民养殖香猪，形成××万头猪的大型生产基地，加快推进香猪的产业化发展，解决农村闲置劳动力的就业问题，形成以工促农，带动农民脱贫致富。

项目的建设，是落实"菜篮子"工程建设，大力发展特色畜牧业，调整农业产业结构，发展县域经济的重要举措。对促进农业增效，农民增收，提高××香猪产业化、标准化速度以及市场影响力和竞争力，促进农业可持续发展具有重要现实意义。

二、项目建设的必要性

1. 是合理开发地方优良畜禽品种的需要

××香猪是××省乃至我国著名的优良地方珍稀品种，是我国宝贵的品种资源。××香猪举世闻名，美誉度高，市场需求量大。然而，长期以来，农民以自然散养方式为主，饲养的标准化规模化程度低，现代养殖新技术没有得到有效利用，香猪生产严重供不应求。生产规模小、产业化程度低，进一步制约着香猪品种的保种、育种，明显的资源优势没有转化为经济优势，也影响了地方经济发展速度和人民生活水平的提高。本项目以养殖场为基地，带动农民的规模养殖，实现"公司＋基地＋农户"的产业化模式，将使××香猪资源得到更好的开发和利用，使××香猪大步走向全国、走向世界市场。

2. 是满足消费者日益提高的生活水平的需要

近年来，人民生活水平提高很快，对食品的需求已从数量型向质量型转变，国内地方优质猪肉因其风味、口感、营养等显著优于外来大猪而受青睐，人们宁可花更高的价格都愿意买优质猪肉，特别是优质地方特产，××香猪已成为人们的首选肉类品种。项目建设不但可帮助大批养殖户脱贫致富，还能丰富城市居民的菜篮子，满足消费者不断提高的生活质量要求，改善人民群众的膳食结构，提高生活质量。

3. 是实施品牌战略，促进经济发展的需要

××香猪经过多年的开发利用，在××区内外市场享有较高声誉，成为××省名特优畜产品。因此，在香猪产区建立香猪规模养殖基地，以"公司＋基地＋农户"的生产模式引导养殖户走规模化、标准化、产业化、集约化生产之路，扩大××香猪饲养规模，把××香猪品牌打入国内外市场，打造地方特色品牌，是促进地方经济发展的需要。

4. 是发展特色产业，增加农民收入的需要

××县是××省和全国贫困县之一。该县属偏远山区，经济落后，香猪生产是产区群众的主要经济收入来源。过去由于交通不便，信息闭塞，商品生产意识较差，经济基础薄弱，无力使××香猪形成商品性规模生产，使这一独特名、特、优产品未能得到充分

评议

领导：香猪是优良品种，要把它做好。尽管你的环境很好，首先还要贯彻国家的清洁生产有关法律，我们国家清洁生产法，人大 2003 年就提出了要求，我到下面去看的，对清洁生产大家的意识还很不强，甚至连清洁生产法也不知道。你到有机产品基地看，你问他空气怎么样，干净不干净，水干净不干净，土壤消不消毒，他觉得很奇怪，所以肯定他生产的产品不是有机的，肯定不是清洁的。在国际上对清洁生产是十分重视的，像我们 20 世纪 60 年代，国际经济突飞猛进地发展，资源过度消耗，带来一个问题就是生产环境不能协调发展，污染非常严重，经济不能持续发展，给人类的健康带来了危害。包括美国在内，美国开始也是这样，它也是先污染。清洁生产很重要的一条就是抓源头，全过程控制，末端治理，所以这是非常重要的。第一我想应该贯彻清洁生产，一定要这样。本身养猪企业，按照欧盟的要求，它是养殖企业全封闭的，零排放。你们将来还有排泄物的粪便处理问题，可能你们也有一些具体措施，我们国家现在养殖业现存的主要问题：随便大小便，随意排放。

我们曾搞了一个调查项目，养殖业的资源化利用和环保问题，我们抓紧搞了 5 条建议，给国务院分管副总理和总理的建议，两

评议

天时间，副总理就批了，批得很详尽，因为我们调查当中就发现畜禽的排泄物里面，重金属含量大大超标。所以我下一个要讲你用的饲料，我们知道一定要严格检验，因为现在畜禽养殖业的重金属超标，主要来源是饲料，特别是饲料添加剂，要按规定标准。超标的是什么样，13倍多，19倍多，铬、铜都超标。我们调查，这个情况非常严重，现在重金属的污染在我们国家已经达到高峰期，两会期间，某省有一个工程院院士就讲，我们国家的重金属对耕地的污染已经达到了3亿亩，威胁3.2亿人的饮水安全，他所在省的耕地89%的耕地受到不同程度的污染。

所以，现在我们的蔬菜、粮食、牛奶、鸡蛋，吃什么放心？××又检测出黄曲霉菌，鲜奶的标准是由一些企业来起草制定的，这个问题是非常严重的。饲料一定要把好关，一定饲料要自己检测，有关的饲料检测可以参考，但是自己必须检测才能保证你的香猪质量，××的环境那么好，出厂的香猪猪肉里面还有问题的话，那你××万头，×××万头，走出国门问题就大了。外贸产品内销，包括服装，服装布料就是有污染的。现在我们已经带来了很多问题，这是一定要把关的。

我觉得要保证质量，关键要

推广，无法改变产区的贫穷落后面貌。同时由于养殖条件、技术较为落后，香猪出栏量不高，年出栏的香猪无法满足市场需要。因此，应立足于本地资源，挖掘香猪市场潜力，扩大香猪养殖规模，使××香猪形成规模，满足市场需要，增加农民收入，促进产区群众致富奔小康。

第三章　市场供求分析及预测

一、国内猪肉市场分析

我国不仅是世界上最大的猪肉生产国，也是猪肉消费大国。201×年，全国猪肉产量为××××万吨（占全国肉类总产量的64%），人均猪肉消费水平××千克左右，远远低于发达国家的消费水平。根据中国肉类协会的统计资料，虽然我国是肉类生产大国，但实际可食用的消费在××千克左右，发达国家平均在100千克以上。猪肉是我国肉类消费中最普遍品种之一，随着中国经济的持续发展和人民生活水平的不断提高，未来我国的猪肉消费量仍会有很大的上升空间。

当前我国肉类产品增长潜力最大的消费群体是农村人口部分。截至××××年，中国农村人口占总人口比例在53%左右，但农村人均猪肉消费量只有城镇居民的一半左右。近几年，国家更加重视"三农"问题，随着农村经济的快速发展以及农民收入的逐渐提高，农村居民肉类消费增长速度要快于城市居民，使农村居民成为更大的猪肉消费群体。

××××年以来，我国猪肉价格不断攀升，进入6月份，全国猪肉价格和生猪价格已突破××××年的高位，再创历史新高。6月17日全国生猪价格普遍超过了18元/千克，河北××县等部分地区已达到20元/千克。我区××生猪价格为19元/千克，××生猪价为18元/千克，作为名优产品的××香猪也水涨船高，30千克左右的种猪价已达30元/千克左右，二三十千克重的香猪也达到了25元/千克以上，猪粮比价超过7∶1，生猪养殖效益极为明显，群众养殖积极性高。

二、××香猪市场前景分析

随着我国经济的发展和人们收入、生活水平的提高，以及消费观念的改变，人们对肉食品的质量要求向中高档、精细化发展。国内的大多消费者，对肥肉多、瘦肉少的"大肥猪"已逐渐失去兴趣，纯肥肉基本无人问津，尽管瘦肉价格比肥肉高一倍多，但瘦肉仍是人们购买的主体。各种精深加工的冷却肉、小包装肉、半成品肉、熟肉制品消费比例逐渐上升，越来越多的消费者开始选择无公害、绿色、有机猪肉等高档、优质、特色的猪肉，这显示出对营养与健康的要求已经成为居民消费肉类的重要基础，人们这种消费习惯的改变和消费量的增加，为特色肉产品提供了广阔的市场前景。

××香猪生长在××省××县，当地得天独厚的自然环境条件，为其生长提供了一个良好的原生态环境，同时，为生产有机、绿色、无公害食品提供了环境保障。××香猪，粗放易养，抗病力强，生产周期快。在饲养上，以青粗饲料和野菜为主，要求的饲料营养水平低，普通的农副产品作为香猪饲料完全可以使其正常生长发育，作为长寿绿色食品的开发利用，前景十分广阔。

用××香猪为原料制成的烤乳猪，皮脆肉嫩，爽口不腻，而且造型美观，全身发亮，似是黄金打造，惹人喜爱。冷冻香猪更是保全了××香猪肉质的丰富营养，人们可以根据自己的喜好，将冰冻香猪做成不同的美味佳肴，因此，冰冻香猪同样深受人们欢迎。多年来，随着品种资源保护工作的深入，××香猪的质量和数量逐年提高，为此其声誉也随之扩大，从而促进了××香猪的商品流通，拓宽了销路，××香猪已呈供不应求趋势。据市场调查，港澳地区××香猪的年需求量逐年上升。近年来，不断有港商到××县洽谈，并签订意向协议，要求供应速冻香猪。随着经济发展、人口的增长和群众物质生活水平的不断提高，××香猪需求量必定不断增长，具有巨大的市场潜力。

评议

有一支科研队伍，研发队伍，在你的企业里面要有相当一部分人，你既然是养殖香猪，你就应该有支队伍，这支队伍应该是国家队，应该是在世界上有影响的，按照我们的标准检测的，生产出来的产品，你走出国门就被承认。我们老说国际接轨，接了半天接什么？我理解不一定正确，是接轨标准，你标准采取国际标准进行检测，那你就获得承认。比如说原来我搞农机的时候，我们的检测站鉴定的农机，要按国际标准检测，出口的农机产品就可以免检。我们不是OECD（国际经济发展组织）成员，但是我们按OECD的标准检测，鉴定农机产品，按照它的标准执行。自己一定要有一支科研队伍，要有研发中心。不然的话，你做大，质量跟不上，保证不了。

这样，我赞成你们的意见，要争取列入国家的香猪基地，这样就有条件在你们的基础上做大做强，方才说要想列入国家基地的，必须有国家的知名专家给你作后盾。时间关系，我不是搞畜牧的，我是搞畜牧装备的，农林牧副渔的装备，饲料一定要严格把关，你介绍的香猪，第一我想看了，也想吃了，也想力所能及地帮助你们把它做大做强。

委托方：因为我们县比较落后，各方面都落后，没有走出来。

评议

领导：你们××万头的标准，这个数量能占国家生产香猪的多大比例，我不太知道，可能也没有单独统计吧，没有分品种，所以按照整个国家的要求，从农业发展来看也应该搞名特优。

委托方：长寿猪，长寿乡。

领导：我们"×××"规划人的寿命是××岁，我已经超过半岁了，但在你们那就是小弟弟，给××人拜个早年，也希望企业有更大的发展，为国家的经济发展做出贡献，谢谢大家。

专家组组长：我们抓紧时间，我先问几个问题，我们项目的性质，或者是我们今天开这个会主要要达到什么目的？这个项目我们是要报哪一级部门，农业部？发改委？或者是我们需要得到哪些方面支持？

委托方：县里是很落后的，不知道怎么走出来，也不知道怎么对口。

专家组组长：因为不同的项目有不同的渠道。

委托方：走发改委合适，还是什么合适？

专家组组长：如果是通过我们评审会，让你们报告更完善，更合理，我想我们的专家，一会儿会从这方面给出一些建议。如果报发改委，农业部项目，发改委的项目应该再稍微大一些，而农业部每年会有一些资助项目，

三、产品市场营销策略

目前，××香猪无论是活猪还是烤香猪、腊香猪、冻香猪，以及其他种香猪加工产品都呈现出供不应求的态势，香猪活猪远远满足不了加工市场的需求。本项目饲养母猪××××头，年产香猪×万头，同时带动农民饲养生产香猪××万头以上，形成××万头规模的××县最大香猪养殖基地。

项目建成以后，将进一步延伸产业链，加快香猪加工项目的上马，使项目所产的香猪全部以加工产品形式推向市场，从而进一步增加产品附加值，提高生产效益，抵御市场风险，促进××香猪产业化的平衡较快发展。建设单位建成加工厂后，将加工成烤、腊、冻等多样化系列产品，以健康食品和长寿食品为主要宣传点，以大中城市和港澳市场为主要销售区域，以中、高端人群为主要消费群体，以超市、大卖场、专卖店、零售连锁店，以及专门化连锁饭店为主要销售场所，全方位推动香猪产品的顺利销售。

第四章 项目地点选择分析

一、选址原则

（1）地理位置好、远离居民区，交通便利。场界距离交通干线、居民居住区、学校不少于1 000米，距其他养殖场、畜产品加工厂不少于2 000米。

（2）自然生态环境较好，没有污染；场区土壤质量符合GB 15618的规定。

（3）水源充足，取用方便，水质应符合GB 5749的规定。

（4）场址地势干燥，在丘陵山地建场要求坡度平缓。

（5）符合无公害养殖场场址选择要求。

二、项目选址

香猪养殖场建在××省××县××镇××屯。项目占地×××亩，为租赁取得。该场址距离居民区有足够的距离，交通方便，水电充足，环境良好，无有

害气体及其他污染物。

三、建设条件

1. 气候条件

××××镇属亚热带季风气候区，典型的喀斯特地貌，蕴藏着丰富的岩溶洞，年平均气温20.4℃，年均降水量1 700毫米，年平均相对湿度78%。夏热多雨，冬温凉而干燥，四季明显。冬无严寒，夏无酷暑，昼夜均小有温差，人居环境和气候条件十分宜人，适合发展养殖业。

2. 交通条件

项目地址距离××县城5公里，交通便利。

3. 供水供电条件

项目场址距离××河一公里多，可抽取河水解决生产生活用水，用水用电都有保障。

4. 通信条件

项目所在地已开通程控电话，移动、联通信号覆盖良好，可以拨打国内和国际长途，项目通信有保障。

5. 资源条件

种猪可从××香猪保护区和××香猪原种场购买，饲料原料从××市或××县城采购，来源有保障。

6. 技术条件

项目技术人员从社会招聘有丰富的生产和技术管理经验的中高层技术人员，从高校招收大学毕业生进行培养。同时，项目将以××畜牧研究所和××香猪原种场为技术支撑单位，以技术支撑单位为项目提供技术支持和技术服务，以及培训专业技术人员，确保项目的技术力量要求。

第五章　工艺技术方案

一、技术标准

香猪养殖场在硬件设施上按《畜禽场环境质量标准》要求，建设和完善规模猪场的环境保护和粪污处理设施以及兽医防疫设施建设，使猪场硬件符合无公害食品标准化要求。

香猪场执行的技术标准主要有：

（1）《NY 5027-××××　无公害食品畜禽饮用

评议

今后建设项目也就二三百万元，去年最大的也就是五百万，再没有项目稍微大一点。我们专家今天所能起到的作用，并不是说这个项目能不能上的问题，我们说了也不算，我们下面就这个报告，本子里面还存在哪些不足，多提一些意见，下面我们专家抓紧时间发言。

专家：刚才说到往哪报，报农业部比较小，规模化养殖等你建好了才给你钱，农业部养殖工程项目也是可以考虑的。另外，还有良种工程，规模化养殖等计划项目。

专家组组长：你们可以报农业部的建设项目，支持两个方向。地方我们这几年国家是比较支持的，地方报建设项目，比较支持这方面的工作，包括地方的开发，这个项目有几百万元，每年过了3月，你们就得留意，差不多就开始报了，我们每年专家评审会在7月开，这两年评审我们都参与，我们一个人领一个队，两个组长在一起主持。

专家：如果说是报发改委，从哪个方面去扣题，财政部有一个农业开发办，也可以去考虑。科技部也有一些项目，新品种研发及成果转化，也可以考虑，大体是这些方面。

第二，从可行性报告的角度，将来的养殖角度，可能还没有考虑充分，这个本子从技术角

评议

度讲没有什么问题，我需要问的是几个问题。一是市场营销的事情，写了一点，但是很少，好东西，每头 30 千克，一头 680 元钱，1 千克 22 元钱，这是普通价，普通猪肉价。将来假如说你真要搞这个东西，养是一码事，卖更加重要，最好 1 千克能卖出 220 元，如果仅仅是 22 元钱，跟其他猪相比恐怕没有什么意思。一定要从体制、机制、销售方式上有突破才行。

委托方：到了广州就 500 元钱。

专家：市场营销，营销体系怎么做，恐怕 2/3 的精力都要投入到这上面来，这是一个事情，市场营销还要强化。现在你养出好猪来，怎么卖出好价来，这始终是一个问题，将来你要采取什么样的营销模式，怎么弄。第二个问题，这里说让农民养××万头猪，这里面仅仅是养，没有任何具体的企业投资或者措施手段不行，哪怕就是说你给农民种猪，在可行性报告中都没讲，缺乏可操作性、规范性，有些空泛。××××头种猪，一头产 20 头，正好够你企业用，农民的猪从哪来，这个没有说明。

将来如果精力放在营销上，营销是重点，农民养了猪，你就认为现在养的是有机的？还有收的问题，收回来再怎么卖，或者是你也要给农民提供种猪，现在

水水质》；

（2）《NY 5028-×××× 无公害食品畜禽产品加工用水水质》；

（3）《NY 5029-×××× 无公害食品猪肉》；

（4）《NY 5030-×××× 无公害食品生猪饲养兽药作用准则》；

（5）《NY 5031-×××× 无公害食品生猪饲养兽医防疫准则》；

（6）《NY 5032-×××× 无公害食品生猪饲养饲料作用准则》；

（7）《NY/T 5033-×××× 无公害食品生猪饲养管理准则》；

（8）《NY/T 388-×××× 畜禽场环境质量标准》。

二、××香猪品种特征

1. 外貌特征

××香猪体型矮、小、短、圆，头轻小，耳薄、小、直立稍向外倾（似鼠耳），背腰微凹，腹较大下垂而不拖地，四肢短小紧凑，蹄玉色，乳房细软，不甚外露，乳头排列匀称，一般为 10～14 个。

该猪种的毛色主要特征为两头黑、中间白，即从头至颈 1/3～1/2 和臀为黑色。额有白斑或白线，鼻端、躯干和四肢白色；躯体黑白交接处有 2～5 厘米宽的黑底白毛灰色带，部分个体背腰分布大小不等的黑斑，背毛稀疏细短，有光泽。

2. 生长发育性能

仔猪初生体重平均 0.49 千克，20 日龄体重平均 2.08 千克，60 日龄体重平均 7.01 千克，母猪 6 月龄平均体重 22.5 千克，18 月龄平均体重 47.75 千克。种公猪 3 月龄平均体重 9 千克，成年平均体重 44.93 千克。该产品一般胸围等于或大于体长，6 个月龄母猪平均长 62.9 厘米，成年母猪平均体长 84.83 厘米。

3. 繁殖性能

××香猪性野早熟，发情日龄早，母猪性成熟平均 121.7±5.5 日龄，公猪性成熟为 70 日龄左右。母猪初产平均每窝 7.9±1.20 头，初生窝重 3.731±0.56 千克，20 日龄窝重 14.14±3.01 千克，60 日龄窝重 42.31±11.26 千克；经产母猪平均窝产 10.84±

1.79 头，初生窝重 5.33±1.06 千克，20 日龄窝重 22.70±5.25 千克，60 日龄窝重 67.93±16.22 千克。60 日龄断奶育成率 95％以上。

4. 胴体品质

50～70 日龄体重为 6～8 千克的该品种猪屠宰率为 56.25％～61％，脂肪占胴体体重 14.7％～19.79％，骨头占胴体体重 8.82％～12.5％，皮占胴体重 8.89％～10.94％，后腿比 23.96％～28.47％，眼肌面积 4.59～5.74 平方厘米，皮厚 0.11±0.02 厘米，背膘厚 1.20±0.18 厘米。这一规格的××香猪是制作烤乳猪和腊全猪的上乘原料。

三、饲养管理技术

（一）饲养技术流程

原产地或原种场引种　种公猪 3 月龄、母猪 6 月龄可配种

↓

母猪发情　经产母猪产仔后 35～42 天二次发情配种，初产母猪同上

↓

配种　本交和人工授精相结合

↓

母猪受胎妊娠　妊娠期 110～117 天，初、中期一般饲料：玉米、木菇、芭蕉芋、米糠、红薯藤、菜类加工饲喂，后期：玉米、碎米适当加量，日2～3餐

↓

分娩　哺乳期与后期饲料：加些黄豆，亦以玉米、碎米、细米糠、青饲料饲喂，日 3 餐

↓

仔猪断奶　断乳补料：亦以玉米、碎米、细米糠、加工黄豆、青饲料饲喂，日 3～4 餐

↓

商品香猪　三月龄 8～10 千克

评议

养×千头，只够你自己的。其中要保证是有机肉，必须从饲料、水、标准入手。可行性报告中没有讲收了猪如何检测，控制质量需要说明。

第三，土地费用，这里面没有说明，你们企业本身就有地，不需要交钱，还是怎么样。有其他办法要说明。因为现在地也是很敏感的事情，一亩地的租金也是越来越高，十年以后不知道成什么样子。

过去这个地方为什么香猪没养好，经验教训是什么？你要养的话，怎么把过去老百姓养的那些问题全部克服，包括技术的问题，包括市场的问题，我觉得这里面没有任何说法，看不出来，从最后的成本收益率，盈利情况看，挺好的，哪怕卖 22 元钱，投入的效益都很好，如果卖 220 块的话，简直是暴利了，为什么没有人干？这里面肯定有问题，我们要干的话，怎么把这些问题解决掉，你要想清楚这个问题。

风险的问题，说得也不是太够，价格有一些风险，关键还有技术风险，也需要进行分析。市场营销，其实市场分析也需要论证，这里面我看了一下，有一些表述可能也有问题，中国的猪肉消费低于发达国家，可能不见得。全国人民基本上是两个人一头猪，这是一个基本现实，并且从将来的发展趋势来看，猪肉还

评议

是会紧张。好的猪肉，有特色的猪肉，绿色的猪肉更紧张，普通的猪肉是一般工薪阶层可以吃，一般的农民也可以吃。有机的绿色的完全是富人的猪肉，将来我们市场定位如果就是给富人吃，给有钱人吃，前前后后都要包装。包括长寿乡为什么长寿，也要结合到这个猪里面，要一体化去营销。有机绿色是概念，也要作为一个营销点，长寿作为一个营销点，整个企业形象的设计，绿色什么的要树立的卖点、热点必须筹划好。但是报告中没有太点亮。

刚才你说有种植的东西，农牧结合这一块，也没有特别强化，比如说要种茶叶，怎么把猪的粪便和茶叶有机连接，这也是一个点，要把它整个连起来做成一个整体的营销。香猪可能是卖的有机产品，或者其他的，还有后面的茶叶还是其他的，也是有机产品，卖的是长寿，卖的是健康。要从这个角度，这是一个产业链条。卖比你将来养还重要，这种粗放的养只要不加瘦肉精，不加其他东西，不发生疫病，绿色是可以的。所以将来卖猪比养猪更重要，我就说这些。

委托方：说得非常好。

专家：资源的价值，从××养猪户，收入能不能增加这样的角度来考虑。我觉得这个产业能不能发展，关键是产业后端怎么

（二）饲料的配制及使用

1. 香猪营养需要及配合饲料

香猪所需混合饲料由猪场进行配制，猪场自建饲料加工厂，自行配制加工饲料，以降低成本，确保产品的安全质量和营养标准，保证香猪产品达到无公害产品标准。香猪用饲料及配制方法见下表。

××香猪常用混合饲料配制配方表

单位：%

配方饲料	1	2	3	4
玉米粉	30	38	38	50
麦麸	5	10	10	18
黄豆	4	5	5	15
花生麸	5	8	5	10
直出米糠	55	38	40	
添加剂	适量	适量	适量	适量
微量元素	适量	适量	适量	适量
奶粉				5
应用范围	空怀母猪	哺乳母猪及种公猪	妊娠母猪后备猪	仔猪补料

2. 饲喂方法及用量

种猪及小猪：

正常情况下，每日上下午各饲喂一次。

日喂量：种猪饲喂量为混合料 1～2 千克/头·天，同时补充部分青绿饲料更佳（青饲料主要以红薯藤、青菜类、牧草类为主）。仔猪喂小猪料，育成猪喂大、中猪料，依其体重大小确定饲喂量。

（三）兽医卫生防疫

建立完善的卫生防疫制度，执行全进全出的饲养方式，猪场要把养猪生产和防疫工作按工作周来安排，规定各饲养组每星期二进行常规消毒一次，全场场地用消毒液喷洒一次，逢星期三、四为免疫注射日，各饲养组设专职防疫员执行免疫注射，坚持不使用没有经过药检的药物。工厂化养猪场，需调整母猪配种日期，使其同期发情，做到集中配种、集中产仔、同期断奶。在配种、怀孕、分娩、保育、生长育成各生产阶段，在猪群出栏后，都要经过严格的清洗消毒、空栏 1～2 周，再接受新猪群。做到全进全出，病死猪采

用无害化或深埋处理，防止疾病传播。

规模化养猪，猪群密度大必须做好防疫免疫工作。根据本场实际，制定免疫计划。通过抗体检测，掌握猪群抗体消长规律、改进免疫程序，有的放矢注射疫苗，提高免疫效果，增强猪群抵抗力，保证猪场安全生产。

免疫程序表

猪别	药物疫苗名称	注射时期
仔猪	血多素	生后 3 天
仔猪	猪瘟疫苗	生后 3～5 周
仔猪	口蹄疫苗	生后 4～5 周
生长猪	猪瘟疫苗	生后 9 周
生长猪	猪丹毒、肺疫	生后 10 周
生长猪	口蹄疫苗	生后 11 周
生长猪	水泡病疫苗	生后 12 周
成年猪	猪瘟疫苗、乙脑	每年 3、6、10 月各一次
成年猪	猪丹毒、肺疫	每年 3、6、10 月各一次
成年猪	口蹄疫、水泡病疫苗	每年 3、6、10 月各一次

（四）饲养技术参数

序号	参数项	值
1	妊娠期（天）	114
2	哺乳期（天）	35
3	保育期（天）	15～25
4	断奶至受胎（天）	7～14
5	繁殖周期（天）	158～163
6	母猪年产胎次	2.1
7	母猪窝产仔数（头）	10
8	窝产活仔数（头）	9
9	哺乳仔猪（%）	90
10	断奶仔猪（%）	95
11	公母猪年更新率（%）	35
12	母猪情期受胎率（%）	95
13	公母猪比例	1：30

评议

运作，从市场本身发展来看，从生猪产业链的供给来看，或者从香猪本身的生物学特性来看，它是要被淘汰的。从猪肉的供给这个角度来说，它的生长速度太慢，体型又小，从量的供给来说是不可能的，它是要销售的。一般来说你要养到 18 个月，那就是一年半了，一年半我看到你前面的数据长到 45 千克，现在生猪的出栏大概是 4 个月的时间，我觉得人家要是 4 个月，跟你 18 个月比，你养一头猪养成了是 18 个月，相当于现在我们一般的育肥就出栏的 4.5 批。所以我倒觉得从这样的量的角度来说，它是死定了。

现在看来要使这个产业发展，香猪发展，要从质量上取胜，而质量上来取胜，你们刚才谈到的在广州的市场的价格，假如说卖到 200 元/千克，那也是存在着暴利，这个产业链现在看是暴利，500 元钱的价格，我们能够拿到的东西是非常少的。养这么多，而且还供不应求，为什么供不应求，需要我们进一步讨论。对香猪产业的发展，特别是养殖这一块，专家谈到所存在的问题分析不足，想买还没有，农户还不卖，原因到底在哪。从你们所提供的资料来看，以户均养殖 20 头母猪为例，每头平均的收购价格是 650 元钱，我按每头 45 千克来算，你们收毛猪是每千

评议

克 14.4 元，是低于现在我们一般猪肉的收购价，这个不成，所以如果是 14.4 元肯定是养别的比这个划算，这个生产周期太长了。如果考虑到生产周期的问题，因为养香猪和其他猪是处于竞争状态，你的收购价格不该是每千克 14.4 元，而应该达到 60 元/千克，它才划算。因为涉及资金周转速度，农民还是不愿意养，如果有其他的生猪的饲养技术和市场进来，香猪的价格能不能在这个之上。假定说 60 元/千克，你收进来了，经过屠宰加工，销售，作为这样一个企业，能否形成双方的垄断，收购是垄断，收购垄断最容易压低价格，你给的是 14.4 元/千克，不让别的企业进来，那我们的养猪户会骂死你，因为你不给我好的价格，我卖给别人你还不让卖。

所以我觉得你必须向农户让利，让到比养其他的猪种更划算的情况下，不用你说话，养猪户就会养了，你收购价格比较高，就意味着你的生产成本是高的。接下来说另一个垄断，香猪在××作为这样一个产业，你能否形成销售的垄断，你只有到我公司才能买。如果企业不在后端来做，在很多餐饮企业来做，那你就只有把加工的屠宰完了之后的香猪卖给餐饮机构，后边挣多少钱就是其他企业的事情，现在看来产业链条最后挣钱是比较多的。

第六章　项目建设规模

一、建设规模

建设××香猪养殖场，饲养××香猪母猪××××头，公猪×××头。达产后养殖场每年出栏××香猪×万头，同时带动农民饲养出栏香猪××万头。

二、总体布局

香猪养殖场按照其功能、性质、卫生防疫要求，总体布局划分为三大区域，自北向南分为母猪区、保育区和育成区。

母猪区位于猪场的北面，共建××栋母猪舍，其中空怀配种舍×栋，产房×栋，分呈×列排列。各栋猪舍间纵向间距×米，横向间距××米。

保育区位于中部。共建×栋猪舍，分呈×列排列。母猪区和保育区以围栏间隔。

育成区位于猪场的东南面，共建××栋育成猪舍，猪舍为南北向建筑。

第七章　项目建设内容

依地形确定其位置。以围栏将保育区和办公生活区间隔。

办公生活位于场区西面，包括职工宿舍、兽医室及办公室等。

详见总平面布局图（略）。

序号	项目名称	单位	数量	单价（元）	金额（万元）	备注
1	公猪舍					2栋，64.8米×11.2米
2	后备母猪舍					2栋，64.8米×11.2米
3	空怀配种轻胎舍					8栋，64.8米×11.2米
4	产房					8栋，65米×18米
5	保育舍					8栋，33.6米×15.6米

（续）

序号	项目名称	单位	数量	单价（元）	金额（万元）	备注
6	育成舍					40栋，46.8米×11.2米
7	饲料厂房					
8	饲料仓库					
9	更衣消毒室					
10	兽医室及办公室					
11	职工宿舍					

附属工程：

（1）建集粪房 500 米^2，单位造价 250 元/米^2，总造价 12.50 万元；

（2）建沼气池 3 000 米^3，单位造价 800 元/米^3，总造价 240 万元；

（3）建贮水池 500 米^3，单位造价 500 元/米^3，总造价 25 万元；

（4）建围墙 2 000 米^2，单位造价 400 元/米^2，总造价 80 万元；

（5）建道路 8 000 米^2，单位造价 140 元/米^2，总造价 112 万元；

（6）绿化面积 15 000 米^2，单位造价 80 元/米^2，总造价 120 万元；

（7）水电工程 1 项，总造价 141 万元。

序号	项目名称	单位	数量	单价（元）	金额（万元）
1	集粪房	米^2	500		12.5
2	沼气池	米^3	3 000		240
3	贮水池	米^3	500		25
4	围墙	米^2	1 500		60
5	道路	米^2	8 000		112
6	绿化	米^2	15 000		120
7	水电工程	项	1		141

（8）仪器设备购置表

评议

比如说小肥羊的获利空间是在餐饮企业。这样就变得比较复杂，量比较大，能否形成连锁就变得非常重要。小肥羊按照一定的标准，已经标准化了，一个是直营店，都是属于总部的，小肥羊也被高盛卖掉了；另一个是特许，你向我交一定的费用，然后把这个东西收过来，所以我觉得涉及整个产业链条的构建，如果你不向农户让利，不帮助他，把价格压到 14.4 元，这个价格绝对收不上来，必须通过你的价格杠杆把它拉动起来。

我觉得接下来的一个问题，如果公司愿意，我非常愿意带着我的团队到那对你的有关地理标志及其运营进行进一步的研究。因为前期我们已经对宁夏盐池，海门三阳的地理标志，以及我们的大耳羊进行了研究。我们前期的研究都是针对羊的。这个产业的发展，我们另一个会场还有很多县里面的领导，这个东西要做大，你们企业有非常关键的作用，但是这样一个地理标志怎么来运作，它离不开当地的政府，它还涉及其他产业：种菜，种果，种粮，包括防疫等，靠一个企业是没有办法完成的。所以我觉得围绕着地理标志保护，政府要有相关的部门来负责，这样一个龙头企业怎么向农户让利，提供种猪、饲料、技术指导，以较高的价格把香猪收购完了以后，

评议

你再贴上你的地理标志，甚至你后边再有一定的餐饮企业，这个餐饮企业恐怕在××就不行，因为大家消费不起，需要在北京或者是南方的大城市来进一步运作，才能实现它的增值。

所以，除了地理标志这一块，就需要我们进一步进行文化价值的开发，文化价值非常非常重要，这一点的包装，宣传，运作，它的影响是巨大的。我就说这么多。

专家主持人：今天××县的领导也在，有些事一会儿你们可以解答一下，尤其刚才两个专家提出的意见，土地的问题，如何来保证你们的饲料将来没有污染的问题，这不是企业能够做到的事。如果要想得到国家的支持，这些方面你们将如何进行配合，这是第一点。

第二，核心的核心，猪的规模上到10万头也好，100万头也好，废弃物的处理，环境的保护，在这些方面还是很重要的，尤其我想应该把粪便的处理和沼气的生产相结合，在这些方面我想县里也得做一个统一的规划，在你们的可行性报告里面，在这方面我个人认为做得是很不够的。根据以往我们评审项目的经验，环保方面要是不合格的话，将是一票否决，所以我想在这些方面不能造成一些交叉的污染。

我很同意刚才专家谈的意见，

序号	项目名称	单位	数量	单价（元）	金额（万元）
1	配种栏	个	160		8
2	产床	个	1 664		416
3	保育栏	个	1 456		291.2
4	水帘降温系统	套	20		100
5	保温系统	套	16		72
6	饲料加工机组	套	1		80.00
7	变压器	台	1		6.00
8	地磅	台	1		5.00
9	锅炉	台	1		6.00
10	超声波妊娠诊断仪	台	1		3.4
11	普通光学显微镜	台	1		0.3
12	恒温培养箱	台	1		0.3
13	干热灭菌箱	个	1		4
14	手提式高压灭菌器	台	1		0.2
15	冰箱	台	1		0.3
16	恒温水浴箱	台	1		0.1
17	电脑	套	2		1.2
18	压力蒸汽灭菌器	台	1		0.2
19	铡草机	台	2		4
20	手推车	辆	130		7.8
21	运输车	辆	2		30

种猪引种：

引进××香猪种猪×××头，其中公猪×××头，母猪××××头，×××元/头，投资×××万元。

第八章　投资估算和资金筹措

一、建设投资估算

（一）投资估算范围

本项目投资估算范围包括香猪养殖场土建工程、附属工程、仪器设备、种猪引种费、工程建设其他费以及预备费等。

（二）估算依据及说明

（1）依据本项目确定的建设内容、产品方案和生产规模。

（2）建筑工程参照《全国统一建筑工程基础定额河池市基价表》、《省区建设工程费用定额》及配套的取费标准。

（3）仪器设备购置费经市场询价后进行估算。

（4）工程建设其他费用包括可研报告编制费、勘察设计费、监理费、招标费、建设单位管理费等。可研报告编制费、项目管理费取工程费用的 1% 和 0.4% 估算，勘察设计费、监理费分别取土建工程的 2%、1% 估算，招标费取建筑工程费和设备费的 0.5%。

（5）基本预备费费率取 8%。

（三）投资估算（略）

项目投资估算详见下表。

序号	项目名称	单位	数量	单价（元）	金额（万元）
一	工程费用				
（一）	土建工程				
	公猪舍				
	后备母猪舍				
	空怀配种轻胎舍				
	产房				
	保育舍				
	育成舍				
	饲料厂房				
	饲料仓库				
	更衣消毒室				
	兽医室及办公室				
	职工宿舍				
	集粪房				
	沼气池				
	贮水池				
	围墙				
	道路				
	绿化				
	水电工程				
（二）	仪器设备				
	配种栏				
	产床				

评议

不管你将来养什么，核心的核心还是要市场说了算，你现在价格卖得太低，而且周期太长，这样的话，维系产业的发展就会有问题，所以必须要有一个大的龙头企业在这里头牵头，所以在这方面从政府的角度来讲，一定要对大的龙头企业给予更多的一些政策倾斜，在这方面才能够真正地把这个产业做大做强。所以我根据这个方面，从产业链的角度来讲，我想先暂时提这一点。

猪养出来了，我想你们后面的屠宰和冷藏，以及你的运输，在现在的可行性报告里面谈得都不够，不到位，绿色也好，有机也好，我们现在都是要用电子标签，要追踪，我专门写了一本书，就是《国家资助农业项目申报程序及案例分析》，其中就有养猪的，包括猪在屠宰的时候要让它安乐死，给它洗澡，生产的时候要进行剖腹产，从这些角度来讲都要有一定的手腕，才能够让人家觉得你这个就是有机猪，就是绿色的产品。不然的话，猪在屠宰的时候会产生一些毒素，从这个角度来讲我们必须要改变过去传统的做法，我想在这个方面，从你们的报告角度来讲，在这方面我认为还是有些说得不到位。

专家里面还有我们真正的养猪的畜牧的专家，他们会提出更多的意见，一会儿县里面，包括

评议

你们的专家，你们对我们提出这样一些问题，你们可以随时来进行解答。谢谢。

专家：首先感谢××原种香猪农牧公司来完善实施这个项目，因为我知道××是有名的县，感谢×总实施我们的香猪产业化项目，规模很大，××万头，不小的规模。

关于这个项目我分两部分来讲，一是项目的方向，二是关于可行性研究报告的内容，以及项目的组织实施。项目的方向上，几个专家讲了，我觉得这个项目有四个方向，一是国务院扶贫办扶贫开发项目，产业扶贫，因为你是全国最有名的贫困县，×××是本省最穷的地方，农业扶贫开发有两笔钱，一笔是拨款，一笔是贴息贷款。第二个方向是农业综合开发，是财政部的，这两个在××自治区里都有扶贫办，开发办，和中央国家联系得很紧密，都是大项目。第三个项目是发改委的项目，有两个口子可以走，一个是农经司的项目，二是高技术司的项目，把高技术用进去，这个项目比较大。第四个方向是农业项目，前面教授都讲了，他们都是农业项目评估论证专家，他们几位是部里面所有畜牧项目的评审专家。

这四个方面，都分别按特点去报。但是有一个程序，必须通过××自治区的归口部门往上

（续）

序号	项目名称	单位	数量	单价（元）	金额（万元）
	保育栏				
	水帘降温系统				
	饲料加工机组				
	变压器				
	地磅				
	锅炉				
	超声波妊娠诊断仪				
	普通光学显微镜				
	恒温培养箱				
	干热灭菌器				
	冰箱				
	恒温水浴箱				
	电脑				
	压力蒸汽灭菌器				
	铡草机				
	手推车				
	运输车				
（三）	种猪引种				
	引进××种猪				
二	工程建设其他费用				
	可研报告及环评编写费				
	勘察设计费				
	监理费				
	招标费				
	项目管理费				
三	预备费				
	基本预备费				
	涨价预备费				
四	合计				

二、流动资金投资估算

按分项详估法估计，本项目需流动资金×××万元。

三、项目总投资

本项目总投资由建设投资和流动资金构成，共计××××万元。

四、资金筹措

项目总投资××××万元，全部为建设单位自筹。

第九章　建设期限和实施的进度安排

一、建设期限

根据该项目的建设规划，勘察设计、仪器设备采购、工程施工、安装、试运行所需时间为1年。为了加快工程进度，控制工程投资，确保工程质量，项目建设领导小组直接组织实施，统一布置实施计划，选择有丰富实践经验，技术水平高的队伍进行施工建设和设备安装。

二、建设进度安排

项目建设期限为1年。其中项目可行性研究、设计、招标等前期工作2个月，三通一平1个月，土建工程5个月，仪器设备采购及安装2个月，种猪引种、培育2个月，项目竣工验收1个月。

项目实施进度表

时间 项目	项目建设进度（月度）											
	1	2	3	4	5	6	7	8	9	10	11	12
工程设计等前期工作												
三通一平												
土建工程												
设备采购												
种猪引种培育												
项目竣工												

第十章　土地、规划和环保

一、土地及规划

项目位于××镇××村××屯，占地面积×××

评议

报，扶贫办的就通过自治区扶贫办报到国家扶贫办，自治区发改委报到国家发改委，财政厅的农发办报农业部，××水产畜牧局报财政部，程序要对位。

专家主持人：必须经过自治区相关部门向国家报。

专家：必须程序对位，而且要归口，这是项目的方向。关于项目的可行性报告及项目组织实施，既然×总从深圳那么开放的地方要到这么穷的扶贫县去搞项目，企业首先要效益为主，不管是搞茶叶，农业，养殖，企业就是要讲效益，不是砸钱搞虚名，这一点肯定方向要清楚。企业是以盈利为目的的，企业就是讲利润，只有有利润才能讲企业的社会责任，企业家的社会责任，要不然你都是穷人了，你还说啥，这是一个根本的目的，必须要盈利。

搞什么项目最盈利，可行性报告我大体看了看，我觉得这里边有三个问题可能要重点考虑，一是区域和布局的问题，离县城6公里，我们现在在新农村建设，城镇建设，规划一变全跑到城里面来了，你会不会面临着搬迁的问题？二是从项目的布局上，你要是搞××香猪，核心厂子建到哪里，密密麻麻的什么都在一起，爷爷孙子都在一起，防疫肯定不行，肯定要弄得偏远一点，封闭，还要环保。香猪必须有原

评议

种厂，没有原种厂什么项目都套不上，到老百姓那买猪，规模这么大是不靠谱的，这是布局上，你要把布局合理化，优化。要不然原种厂和种猪厂、母猪厂、商品厂都摆在一起，按照生物安全的措施，防疫的措施，也是不可能的。

第三个方面要考虑的是工艺措施，至于怎么养，××那都养这个小猪，不只是这一个县，而且还有养野猪的，我都去看过，××，××，×西北和×东南，×东南是养大猪，卖苗猪，两个猪的方向不一样，把这个工艺一定要弄好。

另外就是衔接的问题，一个是猪的养殖组织，搞产业化，还是搞公司担保，还是走担保公司，还是走合同养猪，我知道那个地方平地很少，占100亩地，200亩地，难得很，地是一个大问题。还有环保，沼气，环保是环保，但生态养殖，农牧结合是最好的方式。那边的土壤很少，土壤贫瘠，刀耕火种的局面，你要沼气干什么？应该砍掉，农牧结合，种茶园，种竹子，养殖模式不要走我们国内的养种猪的模式，要变一变，要有生态特点，要调整一下。沼气我是坚决不主张在那个地方做，你卖给谁发电？我们四川有几个养猪的用于电网了，你们那边又没有大工业，这个不能用。沼气我是坚决否定的。

亩，为租赁使用。场址远离污染源，也不会破坏周边环境，符合××县土地利用总体规划。

二、环境保护

（一）设计依据

（1）《中华人民共和国环境保护法》；

（2）《中华人民共和国大气污染防治法》（××××年4月29日第×届全国人民代表大会常务委员会第十五次会议通过）；

（3）《中华人民共和国水污染防治法》（××××年2月28日第×届全国人民代表大会常务委员会第三十二次会议修订通过）；

（4）《中华人民共和国环境影响评价法》（××××年10月28日第×届全国人民代表大会常务委员会第三十次会议通过）；

（5）《建设项目环境保护管理条例》（××××年11月29日中华人民共和国国务院令第253号）；

（6）《建设项目环境保护设计规定》（国家计委、国务院环境保护委员会（××）国环字第002号）；

（7）《省自治区环境保护条例》（××××年12月3日省自治区第十届人民代表大会常务委员会第十七次会议修订）；

（8）《恶臭污染物排放标准》（GB14554-××××）；

（9）《病害动物及病害动物产品生物安全处理规程》（GB16548-××××）；

（10）《畜禽养殖业污染物排放标准》（GB18596-××××）。

（二）主要污染源

（1）废水：主要是养殖生产排放的污水以及职工生活污水，项目年产污水15万吨，日均排放污水约400吨。

（2）猪粪：项目年消耗精饲料××××吨，青绿饲料××××吨，年产猪粪约×万吨。

（三）环境保护标准

香猪养殖场环境保护标准：BOD5＜150毫克/升，CODcr≤360毫克/升，悬浮物≤200毫克/升，氨氮≤80毫克/升，总磷≤8毫克/升，粪大肠菌群数≤103

个/千克，蛔虫卵≤2个/升。

（四）环境保护措施

1. 管理制度

严格实行"三同时"管理制度，坚持环境保护设施和主体工程同步进行。

2. 大气处理

饲料加工厂设喷雾降温除尘系统可有效除尘，并定时开窗通气，减少加工厂内外气体、粉尘和微生物。

3. 猪粪便的处理

项目产生的猪粪通过收集后堆制发酵可形成生物有机肥，可产有机肥××××多吨，作为生产有机食品和绿色食品的肥料，使项目产生的猪粪得到资源化利用，既消除了规模化、集约化养猪所造成的猪粪污染，又可产生可观的经济效益，符合循环经济和可持续发展方向。

4. 污水处理

肉猪养殖过程中产生的污水，主要是含有粪便、剩料、杂草等有机物的废水，废水中悬浮物、有机物浓度高。污水通过厂区排水管流入污水处理池，首先用栅格或小网目筛网将污水过滤，除去污水中绝大多数的杂草及其他未消化物，使污水初步净化。废水末端治理采取厌氧-接触氧化技术，整个处理工艺由初沉池、接触氧化池、二沉池、消毒池、污泥池和风机六部分组成。采取半埋入地下的方式建设，运行对周围无影响。进水平均 BOD_5 为 200 毫克/升，出水降为 50 毫克/升以下，去除率≥75％，COD 去除率≥81％，悬浮物去除率＞80％。经处理后的污水达到国家环保排放标准要求，全部用于周边农作物的灌溉施肥。

废水处理工艺流程：

猪场污水——排污沟——沼气池——灌溉草地果园。

5. 固体废弃物处理

固体垃圾采用分类收集法将废纸、废塑料、废金属等可以二次利用的垃圾回收利用，其余垃圾由专用运输车运至垃圾处理场处理。

6. 噪声处理

工程平面设计时应充分利用地形及建筑物屏蔽

评议

在技术措施上，我觉得报告里面要把产品定位定好，你是卖活猪，还是屠宰的商品，搞加工品还是活猪销售，涉及你后续的销售，市场定位的问题，产品定位不好，市场就销售不好，根据产品搞工艺，产品是对××？还是对广东？还是对海南？主销哪里。你卖给谁，你的产品、市场、定位，决定你的生产工艺和流程。而且××现在猪走广州、深圳、海南市场，一头小猪怎么跟大猪走差异化的市场，差异化的产品，你不能跟大陆产品一样去做，那样你就会越走越窄，就要亏损。

另外，你也是小企业，新企业，你要和产业化怎么联系上，地区的产业化到省自治区的产业化，国家产业，龙头企业，要不然你现在什么都靠不上，现在是一张白纸来写，我觉得你写之前，迈这一步之前把这些项目一定要调整好，宁肯慢，但是不要走回头路。现在的排污管子10寸弄到20寸，挖一次，弄到50寸又挖一次，高压电线埋到地下去又挖一次，你可不能走这样的路，我们是小农项目，折腾不起。

最后，你的营销，现在产品的营销，市场要倒推，不是说你生产12万农户的猪，你卖不出去，养得越多，亏得越多，而且猪的市场风险永远大于养殖风险，

评议

好养难卖。营销策划的策略上，我想这方面报告上还没有体现出来，我们×总搞大市场，搞这个，你心里有，你思想有，但是你要落实到本子上，你把蓝图画到纸上，纸上蓝图再实现到达地上，我讲得不太全面，看了以后想到一些问题，这个一定要走特色农业，特色畜牧业，差异化。没有差异化，建厂还没有建好你就得卖厂。

专家：我看了一下这个可行性报告，第一，从总体来说，内容比较概括，应该说还是比较全面的。

第二，基本工艺的指标应该说还是表达出来了，有一些还比较明确，但是刚才有一些专家提的意见，我觉得要进一步修改。

第三，分析问题的观点比较清晰。

存在的问题，第一，因为我们的猪厂在建设方面主要是猪舍，猪舍的结构，房子的结构，地面和通风的技术要求，你们叙述得还不够详细。比如说现在你的猪舍到底多大，多长。地面现在有好多种形式，还有沙灰地面，微生物发酵床，前不久中央7频道专门推荐的山东养猪发酵床的优点，解决粪便递流的问题，粪便的无害化，逐步地清理出去做有机肥料。你的密度比较高，通风要求你们可行性报告当中，整个猪舍这方面表达得不是

作用，合理地进行功能分区，建筑周围及道路两侧布置绿化，建筑的天棚及墙壁采用吸声材料，对所有设备拟选用低噪声设备，设隔音控制室，从基础上进行减振处理等措施进行治理，减轻噪声污染。使厂区白天噪声控制在 65 分贝，夜间噪声控制在 45 分贝以内。

7. 环保工程

养殖场建大型沼气池共××××立方米，集粪房×××平方米，绿化××××平方米，环保工程投资×××万元。在厂（场）前区，选树形美观、挺拔高大、观赏价值高的常绿乔木，适当配置草皮、水池等，有地下管沟的地段选浅根性草皮、灌木和乔木等植物。在厂区内的各个车间之间，用绿化带协调和连接，多种植草皮、常青的树木。

此外，项目区用地范围周边及各功能区之间规划有绿化防护带，将各功能区分隔，以满足生产工艺及卫生要求。

三、节能节水

（一）主要依据及技术标准

(1)《中华人民共和国节约能源法》；

(2)《评价企业合理用热技术通则》（GB/T3486-××××）；

(3)《评价企业合理用电技术通则》（GBIT3485-××××）；

(4)《设备管道保温技术通则》（GB4272-××××）；

(5)《建设项目水资源论证管理办法》；

(6)《评价企业合理用水技术通则》（GBIT7119-××××）；

(7)《建筑节能设计标准》。

（二）节能措施

(1) 合理进行总平面布置，确定好房屋的朝向、方位，窗户宜为东西向，充分利用天然光。

(2) 厂房设计中，在满足生产工艺、设备运行、管网布置的前提下，尽量减少洁净空间和面积。

(3) 建筑物外形及围护结构设计应满足《民用建筑节能设计标准》的有关要求，选用保温隔热性能好的建筑材料。

（4）照明选用高效荧光灯和金卤混光灯减少耗电量。线路均采用铜芯线，机械强度高、阻抗小，损耗也相应减小。

（5）应尽早采取节能新技术，生产设备选用高效低能耗设备。

综上所述，该工程设计中在节能方面采取了一系列措施，将有效地保证能源的合理利用。

（三）节水措施

（1）采用高效节水型新技术、新设备、新材料，如节水安全阀、节水龙头等。

（2）水管穿越道路时应保证埋设深度，且管道连接须严密，严禁跑、冒、滴、漏。

（3）将淋浴水、厨房排水等处理应用于绿化、冲洗地面，提高水的重复利用率，达到节水目的。

（4）项目猪场采用干湿分离法，日常管理上先收集猪粪后再冲洗栏舍，以减少清洁用水。

四、劳动安全与消防

（一）主要依据及技术标准

（1）《中华人民共和国安全生产法》；

（2）《建设项目（工程）劳动安全监察规定》；

（3）《工业企业设计卫生标准》（TJ36-79）；

（4）《建筑设计防火规范》（GBJ16-87）；

（5）《工业企业噪声控制设计规范》（GBJ87-85）；

（6）《工业企业照明设计规范》（GB50034-92）；

（7）《爆炸和火灾危险环境电力装置设计规范》（GB50058-92）；

（8）《采暖通风与空气调节设计规范》（GBJ19-87）；

（9）《车间空气中粉尘卫生标准》（GB10328-10333）。

（二）劳动安全卫生

（1）坚持"安全第一，预防为主"的原则，保障工作人员的身体健康、正常生活和生产。

（2）注意防火，种猪舍的建设布局要符合防火消防要求，各猪舍须配备必要的消防灭火器，安装消防栓。

（3）为避免触电、机械事故发生，电器设备的金

评议

很清楚。防疫的部分，养猪饲料部分的东西写得比较详细，但是你那个配方是不是就那个配方，我觉得那个配方可以前面提一个要求，不一定说玉米小麦，麦麸还是什么东西，就提一个要求，适合于我们的香猪生长，这是第一个问题，生活方面的建筑物已经有了，就是猪舍这方面。

第二，设备方面，你的设备并不多，但是主参数应该表达出来，比如饲料加工机多大，你自己×万头，带农户××万头，你供应不供应，应该给出它的主参数。还有锅炉，这些主要设备做一个可行性报告，给出它的总参数，它的规格这些东西。

第三，我感觉到市场分析还不够，你这里面仅仅提到你的价格，还有提到香港的这些，我觉得还分析不够，我就不重复了。刚才几位专家说得比较详细了。

第四，我觉得你这个建设背景和必要性，视野不够宽阔。猪本身它的特性，它的经济性，这两个应该要从国家一级，省一级，跟你××县，到底对这个问题有什么看法。比如说刚才这个东西，我就不知道了，温总理到了我们那里讲话，要发展××的特色经济，像这些话你就应该写入这个可行性报告，非常重要。因为你将来申报的时候，可能人家就要考虑这些因素了，我的特色是什么，就是这个，很突出，

评议

把这个视野扩大，结合起来，省里面对这样的香猪是一种什么要求，它"十三五"规划有没有体现，香猪的发展在县里面的经济发展的地位是什么，在必要性背景当中视野应该开阔一些。

刚才养殖户的问题，×××户养殖户，加上它的经济收入，应该在前面总论当中提出来，摘要当中应该提出来，带动农民×××户，饲养香猪××万头。现在国家对企业带农户非常重视，怎么增加农民的收入，你能做出多大的贡献，应当体现出来。

后面的经济分析中，第一，县里面的税收额度，数据没有。企业利益要最大化，经济的核算问题是首要问题，要量化。二是农民收入，三是当地企业经济发展，到底你能对县里的经济发展做多大的贡献，税收问题上，我看了看，看不到这个。免税，主要是针对当地公司和农户的问题。

可行性报告定位的问题，刚才专家说了我就不重复了，这个可以同时汇报。但是程序要走对，一定要通过区里面。你目前的定位，我觉得你应该搞地理标志，有机产品论证。有机产品，这个问题也要考虑，产品到底是绿色还是有机，这个要考虑。起步点要高一点，按照有机来走，看看有关物质的含量能不能达到，如土壤、空气、肥料、水等。达不到再往下降，免得往上

属外壳要做接地保护，配电系统采用零保护，机械传动部分要加罩保护，其余各项设备均采用安全保护。并建立严格的规章制度，严格按操作规程进行操作，防止意外事故发生。

对病死猪一律进行无害化处理。在坚持科学防治的同时，要加强疫病的监测，建立有效的防疫体系，防止各种疫情的发生。

定期对工作人员进行体检，避免人畜共患疾病的发生传染。

（三）消防

1. 设计依据

依据《中华人民共和国消防法》、《建筑设计防火规范》、《建筑灭火器配置设计规范》的地方消防规定，按照"预防为主，防消结合"的消防方针执行。

2. 消防设计

（1）建（构）筑物的防火等级为三级，建筑构件的燃烧性能和耐火极限应符合《建筑设计防火规范》等有关标准要求。

（2）从全局出发，统筹兼顾，正确处理生产和安全、重点和一般的关系，积极采用行之有效的先进防火技术，保障安全，方便使用，经济合理。

（3）场区总平面布置遵守安全、卫生及《建筑设计防火规范》有关规定，满足卫生及防火间距需求。在场区主要建筑物周围均设置运输消防共用的道路，道路宽度为4～6米，并在主要建筑物周围形成环行消防通道，保证消防车道畅通无阻。

（4）通风、管道等均用非燃烧材料进行保温，均按规范要求在回风管道穿越机房的隔墙或楼板处设置防火阀。空调系统在火灾发生时，自动切断风机电源以防火势蔓延。

（5）消防用电设备应采用单独的供电回路，其配电线路穿管应安装在非燃烧体结构内。在楼梯间各出入口，设置应急照明和疏散指示标志。

（6）设计选用智能火灾报警控制系统及配套消防联动系统，对办公楼进行检测和报警。并根据规范要求在每栋建筑物内设置一定数量的编码型手动报警按钮，消火栓手动报警按钮。

（7）该工程按三类防雷建筑物设计，利用建筑物

钢筋混凝土面板、梁柱钢筋作为接闪器、引下线和接地装置。

3. 消防给水

依据防火规范，室内外消火栓用水量分别为 10 升/秒和 30 升/秒，室内同一时间内的火灾次数按一次、室外同一时间内的火灾次数按两次、火灾延续时间按 2 小时考虑，经计算一次灭火消防用水量为 288 立方米。因此，在室外车间附近设消防水池一座，容量 500 立方米。室外消防给水形成环状管网，共布置室外消火栓 3 个。车间内布置 SN65 室内消火栓，消防给水管网为环状，管径为 DN80-DN65，采用热浸镀锌钢管，法兰或丝扣边接。

第十一章　项目组织管理与运行

一、项目建设期的组织与管理

（一）组织机构

为确保项目优质高效地建设，项目建设期间由项目建设单位成立 3～5 人的项目建设领导小组，统筹布置规划项目建设，落实项目分工和项目建设进度。项目承担单位具体落实项目的施工工程管理，仪器设备的招标采购和种猪引进等工作，确保项目早日建成投产。项目领导小组的职责如下：

①项目准备和执行阶段所遇重大问题的决策；
②项目建设资金的筹措和运用；
③项目建设的规划布局；
④协调项目与各部门的关系；
⑤项目设计、招标、报建等前期工作；
⑥作为业主的工程质量监督管理。

（二）项目建设期管理

项目建设期管理的主要内容有项目进度管理、项目质量管理和项目费用管理，目的是确保按期按质完成项目建设。

首先是建立科学严密的管理计划，以避免项目建设中的盲目性，增强科学性，保证项目建设按预定目标顺利进行。项目的计划内容主要包括：①项目建设进度计划；②项目投资计划；③项目资金筹措计划；④物资供应计划；⑤投资回收计划。

评议

升，要从高到低。

委托方：应该是有机，香猪不吃污染的东西。

专家：时间关系，这些问题提出来，你们商榷一下。

这个猪在农村地区养殖，配种是关键。我们南方的小型猪，肉质非常细嫩，同饲料有关系，我还是想说现在的猪养不太困难，你想养十万，二十万，三十万都能养，如何卖一个好价钱才是关键。所以，我对这个市场不是非常了解，市场的需求，有机产品，市场肯定有，这方面也很多，比如烤乳猪，我们地方也在做，重庆的猪也在烤，海南的一些猪也在烤，甚至我们现在有些公司就用普通小猪烤。

你们的方案一定要好好改改，比如这个项目开始就要交代清楚，你们的房子建设究竟需要多少设备，根据你的工艺确定的，我一百头母猪需要 24 个产房，或者 30 个产房，这里没有把工艺讲清楚。产品的方案，再养一个月就出栏了。我们会以这个为基础。这里面介绍两万多平方米，怎么会需要这么多，而且还有保育室，35 天就断奶了，保育室再养一个月就卖掉了，还有猪的产房，你这个猪在产房里面没法养，它来回转圈的。

所以你想你的产房也做了那么多，好像是×××个，还是多少，每个产床×××张，保育

评议

床是需要的，你的工艺方案，我们看报告的合理性、科学性，专家都会去看你的市场分析，国内的情况，我们也没有时间翻这个东西，你的工艺方案要合理计算，我们看你的建筑合理不合理，投资合理不合理，这个报告最缺的就是工艺方案，不详细，不清楚。这样我们没有办法去判断你后面合理不合理，投资合理不合理，设备合理不合理，大概的投资概况，你还没有初步设计，也不需要提供详细的，这个怎么做，那个怎么做。比如说怎么处理，不需要，有大致的预算就够了，这是可行性报告，而不是其他的。

把这方面做好，你们现在究竟是养多长时间能上市？

委托方：哺乳期20多天。

专家：怎么也得35天以上才可以断奶吧。

委托方：断奶之后三个月就能出来了。

专家：断奶，保育，所以要有方案把这个讲清楚，如果是二十多天就不需要那么多产房。我们种猪区，保育区，我现在算了算，×××亩地，建这么多，面积根本不够，你让我们专家看你的项目报告，起码你的面积都不够，你要建×万多平方米，×十亩地，容积率太高了，根本不能这么去建，应该把种猪区和其他的区分开建设，不在一个地方去建。

二、项目运营期的组织与管理

（一）组织机构

本项目为新建项目，项目建成后，在××原种香猪农牧实业有限公司董事会的领导下开展经营活动。公司本着精简机构，强化管理，提高工作效率的原则，按照现代企业制度进行经营管理，实行董事会领导下的总经理负责制。公司作为独立核算、自主经营的企业法人实体，按照市场经济的要求，实行科学、规范的企业管理。项目实行职能组织结构，组建办公室、技术部、生产部、营销部、财务部、行政部等。（公司管理机构图略）

（二）职能分工

①总经理：负责全面工作。

②副总经理：设3人，1人负责管理部门的工作、1人负责饲料生产和香猪养殖场、1人负责香猪屠宰加工厂的生产经营管理。

③办公室：负责厂行政、后勤工作。

④人事部：负责人事管理工作。

⑤生产科：负责公司生产管理工作。

⑥财务部：负责公司财务管理工作。

⑦技术部：负责畜牧兽医防疫技术工作。

⑧营销科：负责原料供应、产品销售工作和市场营销。

⑨饲料加工厂：负责按香猪饲料标准要求生产供应各阶段的糖料及混合饲料。

⑩香猪养殖场：承担香猪的生产繁殖任务，为屠宰加工厂供应标准化原料猪。

（三）项目经营管理

（1）项目在××原种香猪有限公司董事会的统一领导下开展生产经营活动，内部按生产功能实行综合目标管理。

（2）制定出人力资源管理制度、财务管理制度、质量管理制度、市场营销管理制度、安全管理制度、饲养管理制度等全面的内部控制制度和管理制度，作为公司各部门统一遵守的强制性文件。

（3）建立和完善种猪培育方案，制定无公害商品肉猪饲养规范、疾病预防制度等，严格按照无公害肉猪饲养要求组织生产。

（4）建立起灵活高效的激励机制，实行全面质量管理，全面调动起员工的工作积极性，确保猪场各项目标的全面实现。

（5）加强财务管理和成本控制，实施目标成本和责任成本管理，减少消耗，提高功效，降低成本，提高经济效益。

（四）项目产业化经营

项目建设经营拟采用资源开发利用、废弃物资源化、清洁生产、遵循自然生态系统的物质良性循环规律的经济发展模式，实现"资源—产品—再生资源"的闭环反馈式循环过程，以生态化、规模化养猪为主，采用"公司＋基地＋农户"的产业化发展模式，通过扶持和辐射带动周边农户发展香猪养殖，饲养出栏12万头肉猪，公司实行订单牧业，保价回收，保证农民的利益。

××香猪作为省优质地方品种，其丰富的营养和香酥的口感得到了广大消费者的认可。公司组建由专门的营销部门开展香猪的市场调查和产品销售，根据市场变动情况及时调整产品结构，确保产品以较好的价格销售。

三、劳动定员与培训

（一）劳动定员

项目定员115人，其中生产工人100人，专业技术人员5人，管理人员10人。

（二）人员培训

所有员工上岗前必须进行技术培训，同时对员工经常进行技术培训，使其掌握一定的基本理论和实际操作技能。产业化农民也要进行技术培训。人员培训由人事部门负责组织进行，培训方式有场内组织培训和外出培训等方式，技术培训的主要内容有：

（1）配种舍人员培训：a. 掌握母猪的发情规律、发情征兆，确定最佳配种时机；b. 掌握人工授精技术；c. 掌握妊娠诊断技术；d. 掌握空怀及妊娠诊断期母猪的饲养管理技术；e. 做好母猪配种记录；f. 掌握

评议

刚才其他专家讲的我也非常赞成，报告里面有带动农户××万，没有和有机联系，没有过程说明。感觉就是自己养×万，随便说了个××万，加起来变成××万，这么写报告是不行的。这是我感觉到你们需要注意的地方，这个猪原来大部分是散养的，如果你把它全堆在一块养，问题会很多。一圈养什么病都来了，产品品质都会发生很多变化，所以这个需要去考虑。养的环节投入少一点，成本降一些，如果×××亩地搞一个种猪区，断奶以后交给农户去养，地方还勉强够，如果×××亩地，什么都是自己养，这个地是根本不够的。这方面研究比较少，香猪养殖环节变了以后，肉质也会发生一些变化，这方面数据不多，还需要再深入研究。如果作为一个公司，刚才几位专家也说了，建筑面积大，投入多，完全可以交给农户去做。

最后，报告里面有很多不太在行，国外美国人均肉消费量，人均猪肉也就是15千克左右，我们国家已经处于全世界的中上水平了，已经不低了。我们每个人每天吃100克肉，我们水平已经很高了，不低，人均已经没有什么增长率了。你这个猪将来散养好一点，圈养，用疫苗不得了的，你们要去了解一下。猪肉，防疫，疫苗，对我们来说，我们

评议

从专业角度来讲，对报告本身提一些建议，从这个思路去设计一定能做成。养猪这个东西，流动资金将是非常大的问题，为什么我们对国家的政策也不说好，自己表面上可能拿到钱了，但是实际你亏得更多。自己的项目在设计上，你需要去考虑，我什么钱都不要，就靠我自己这么做，我从哪里入手？养殖方向是对的，包括猪厂也要规划，要设计，一定要有专家参与，没有真正的专业专家参与，你会走很多弯路的。尤其是我们畜牧企业，跟你的投资不成比例，别让国家的资助把你的企业给坑了。说实话我对烤乳猪的市场不是非常了解，他们南方每年会拿几个烤乳猪过来，我们也很少吃这个东西。

我前些天在海南，那边也在烤，因为南方的品种，海南的猪也是体积都比较小，做别的不行，屠宰没有什么肉的，烤乳猪是比较小的，这个是有地域特征的。将来还得考虑，如果我们圈养以后体系特别大了，现在散养，我查数据，××香猪，我们20世纪80年代反而又变少了，不知道为什么。80年代以后，数量急剧下降，90年代又开始回升，2005年调查说是有十万头，八几年的时候只剩下几百头香猪。

专家主持人：县里的领导和专家有什么意见吗？

妊娠期母猪的饲养管理技术。

（2）妊娠舍人员培训：掌握妊娠期母猪的饲养管理技术。

（3）产房人员培训：a. 掌握分娩哺乳母猪及哺乳仔猪的饲养管理技术；b. 做好母猪的分娩、哺乳及断奶记录。

（4）保育舍人员培训：掌握保育猪的饲养管理技术。

（5）育成舍人员培训：掌握育肥猪的饲养管理技术。

（6）兽医技术人员培训：a. 掌握猪常见疾病的诊断；b. 掌握猪常见疾病的防治；c. 掌握猪常用兽药和疫苗的使用方法。

第十二章　效益分析与风险评价

一、概述

省××香猪产业化项目是新建项目。该项目的经济评价是在建设规模、技术论证、实施计划、项目概算等基础上进行的。主要评价依据是《建设项目经济评价方法与参数》（第三版）、《农业项目经济评价实用手册》。

本项目仅对公司层面养猪场进行详细分析和评价，对农民养殖以公司养殖效益为依据，进行简单的收支分析，不作动态分析。

二、基础数据

（1）建设期：根据施工进度安排，项目建设期为1年。

（2）计算期：计算期包括建设期和经营期，共计11年，其中建设期2年，生产经营期为9年。

（3）产量：项目达产后猪场每年出栏××香猪8万头。

（4）达产情况：项目建设期1年，第2年投产，达产率60%，第3年达产80%，第4年达产100%。

（5）产品售价：香猪按680元/头计算。

（6）饲料消耗：年消耗种猪料2 682.75吨，单价为2 000元/吨；保育料816吨，单价为3 000元/

吨；育成料 6 000 吨，单价为 2 500 元/吨；青饲料 6 570 吨，单价为 300 元/吨。总饲料消耗 2 478.45 万元。

（7）燃料动力费：按每头猪年消耗水电费 15 元计，项目正常年度外购燃料及动力费 120 万元。

（8）工资及附加：项目定员 115 人，其中：工人 100 人，人均年工资 20 000 元；专业技术 5 人，人均年工资 40 000 元；管理人员 10 人，人均年工资 40 000 元。福利费按工资总额的 14% 计提，年工资及福利为 296.4 万元。

（9）兽医防疫费：按出栏香猪每头 10 元计算，每年为 80 万元。

（10）折旧费：房屋建筑物折旧年限按 20 年、设备按 10 年算，残值率均按 5% 计，年折旧费为 266.72 万元，详见附表（略）。

（11）摊销费：其他资产按 10 年平均摊销，年摊销费 56.76 万元。

（12）修理费：按固定资产原值的 3% 计提，每年为 134.54 万元。

（13）其他费用（其他制造费用、管理费用、营业费用等）：其他制造费用按工资总额的 20%、管理费按工资总额的 50%、销售费用按销售收入的 2% 计算，每年其他费用 290.8 万元，详见附表（略）。

（14）税费：免交流转税和所得税率。

（15）基准收益率：8%。

三、费用效益估算

1. 总成本费用估算

项目正常年度总成本费用为 3 811.86 万元，其中固定成本 1 045.21 万元，变动成本 2 766.65 万元，经营成本 3 488.39 万元。分年度成本费用详见附表（略）。

2. 销售收入估算

年出栏香猪 8 万头，饲养期 6 个月左右，体重达到 30 千克，以保守价 680 元/头计算，正常年度项目销售收入为 5 440 万元。详见附表（略）。

3. 利润及利润分配

（1）利润：项目期达产年每年利润总额为 1 628.14

评议

××县副县长：各位领导，各位专家，首先我代表××县委和县政府，感谢各位领导专家对××的关心和关爱。我们县申请这个项目，主要基于以下几方面的需要。××是贫困县，我们20××年香猪出栏主要是以农民的散养为主，生物养殖缺少它的规模，它的品质，标准方面比较难把握。

所以20××年我们县委县政府通过招商的方式，希望可以做大做强我们的香猪产业，二是××县能够按照标准化生产。三是提升我们的农产品档次，增加香猪的产量，我们如何把它做强做大。××县作为一个贫困县，我们"×××"发展框架已经确定，"十三五"发展的目标，我们主要是想通过企业带动来做好××万头，带动只是一个点，不是代表面，所以我们的产能是年产××万。根据市场的需求，××县的发展，我们的规划，在这里也希望各位领导和专家对我们××的产业多多给予帮助和指导。

同时我也想说明一下，我们这次带来北京的材料，我们就想表达一个意思，我们从县到国家级，通过和各级的沟通和了解，我们按照自己的想法，表达我们一个县的想法，把这个材料给你们，在今后我们如何对接，这个路怎么走，希望领导和专家给予我们指导。

同时我也代表我们的县委县

评议

政府祝各位领导和专家在新的一年里身体健康，万事如意！邀请各位来××进行考察和指导工作。

委托方：从县里往国家报，好多报的程序，往哪报？怎么去做？包括工艺上的问题，跟专家见面，评审以后就少走许多路，和专家进行联系，我们也会知道应该怎么办，欢迎各位专家去现场指导。科学化的问题，是实际的问题，散养到集中饲养防疫又将上升为大的问题，以及连锁品牌的问题，这些都是很重要的问题，我们一定要一步一步请专家去指导。评估是第一步，第二步是到实际建设当中去指导，无论我们上报走发改委也好，走农业部也好，这些材料都不合格，我们首先要把这些材料搞合格了，另外请专家现场考察，指导，和我们一起去搞规划，达到真正可行的目的。

专家组组长：我们既然来了，我们对这个报告尽可能提出我们的意见，以便下一步你们能够把它完善。项目运转过程中，我们提出一些东西你去思考，我们的会议就达到目的了。

专家：你们委托我们，我们给出这么一个报告，这个评估意见是附在可行性报告后头往上报的，所以才有我写前面那些话。

专家组组长：报农业部项目一般不需要你附这个，你报任何项目他有他的评审渠道，比如你

万元。

（2）所得税：免所得税。

（3）净利润：利润总额扣除所得税后即为项目净利润。正常年项目每年的净利润为 1 628.14 万元。

（4）盈余公积：包括法定盈余公积和法定公益金，按净利润的 10% 提取盈余公积金，年盈余公积金 162.81 万元。详见附表（略）。

四、财务盈利能力分析

（1）现金流量：按 8% 的折现率计算，项目投资财务净现值为 6 646.10 万元。详见附表（略）。

（2）内部收益率：项目投资财务内部收益率为 27.5%，大于基准收益率 8%，详见附表（略）；资本金财务内部收益率为 27.5%，详见附表（略）。

（3）投资回收期：项目投资回收期为 4.75 年，详见附表（略）。

（4）总投资收益率＝年均息税前利润/项目总投资×100%＝28.13%。

（5）项目资本金净利润率＝年均净利润/项目资本金×100%＝28.13%。

五、财务生存能力分析

从财务计划现金流量表（略）可知，只要各项投资资金能足额及时到位，项目无需进行短期融资，计算期内各年度的累计盈余资金均大于零，表明项目各年均有足够的净现金流量维持项目正常运营，可保证项目财务的可持续性。

六、不确定性分析

1. 盈亏平衡分析

经计算，项目盈亏平衡点为 39.1%。

盈亏平衡点的销售收入为 5 440 万元×39.1%＝2 127.04 万元。

结果表明，当生产能力利用率为 39.1%，年收入达到 2 127.04 万元时，财务达到保本点。盈亏平衡分析图如下：

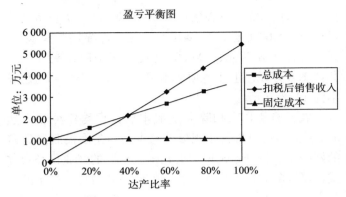

盈亏平衡图

2. 敏感性分析

为寻找项目的敏感因子和分析项目在各种可变状态下的抗风险能力。项目对建设投资、销售价格、原料成本分别增减10%进行单因素分析，结果见附表（略）。

计算结果表明，产品销售价格是最敏感的因素，敏感度系数为2.90～3.08，临界点为21.83%；原材料价格次之，敏感度系数为−1.63～−1.59，临界点为41.51%；建设投资的敏感度较低，敏感度系数为−0.88～−1.07，临界点为142.00%。敏感性分析图如下：

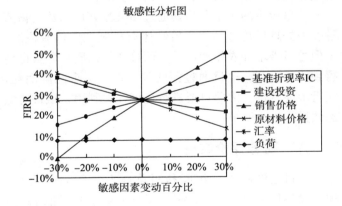

敏感性分析图

七、农户收益分析

项目以公司为龙头，以养殖场为示范，带动350户农民小规模养殖××香猪，户均饲养母猪20头，年出栏香猪360头左右，按每头平均收购价650元计，户均总收入为23.4万元。

在养殖成本方面，母猪按日均消耗饲料1.5千克计，总耗料10 950千克，金额2.19万元；小猪按料重

评议

们报别的项目，发改委原来还要去答辩；农业部的项目你报上去，农业部工程建设中心，他们组织人对你的项目进行评审，可行，不可行，会一项一项写很多意见，每个项目都会让我们专家去写，你报项目上来不需要你附这个。我们是给你们地方参考的。

专家：他们现在还不知道要往哪报，对这个项目本身我们得出来的结论，由地方政府及企业进一步完善参考。

专家组组长：我们做出的结论，项目可行，我是感觉这个没有什么大的问题。

大家看看这些专家评估意见，行不行？我念一下。

各位专家对××香猪的养殖项目提出了很多宝贵意见，我代表主持方表示感谢！希望项目单位和咨询部门回去以后对大家的意见进行整理，做一些补充和完善，我就说这两点意见，再次感谢大家！

委托方：我对大家表示感谢，之后请大家去考察，进一步完善规划，把事情做好。专家的意见都非常宝贵，对项目的促进是直接的，我们在偏远的地方，很多方面，如科学性，可行性，都需要严谨，再一次表示感谢！

××万头香猪养殖基地建设项目可行性研究报告评估会专

评议

家评估意见：

××香猪产于××省壮族自治区××县，是我国一个珍稀优良的地方小型猪品种，体小品优，举世闻名，××××年，被列入《国家级畜禽品种资源保护名录》，并具有地理标志和著名商标称号。

长期以来，××香猪以农民散养为主，规模小，粗放经营，不能满足市场要求，××原种香猪农牧实业有限公司在当地的政府支持下，建设省××万头香猪养殖基地，以标准化、规模化和产业化的要求，进行开发和生产，这对保护和充分利用这一优良品种，促进当地经济发展和增加农民收入将会起到重要作用。

本项目符合国家产业发展政策和当地经济发展规划，生产工艺基本合理，基本符合环保措施，财务分析客观，经济效益显著，对当地农村经济带动作用明显，项目基本可行。

建议：

①××省××县是革命老区，也是一个扶贫县，建议上级财政、发改委、农业部给予支持，以便尽快投产，促进地方经济发展。

②××香猪基地建成后，应尽快建设香猪加工厂，以进一步提高经济效益，扩展产业发展规模。

比 3：1 计，30 千克香猪耗料 90 千克，360 头香猪共消耗饲料32 400千克，金额 8.4 万元；青绿饲料每头 50 元，共计 1.8 万元；兽医防疫及其他费用每头 50 元，共计 1.8 万元。上述各项成本费用合计，农户养殖总成本为 14.2 万元。

农民养殖收入扣除养殖成本后，户均年纯收入达 9.2 万元。可见推行小规模养殖香猪，是农民脱贫致富的好门路。特别是采取"公司＋农户"的产业化经营方式，可解除农民的后顾之忧，使农民获得持续稳定的高收入。

八、社会效益分析

该项目建成后，项目直接安排劳动就业 115 人，人均工资收入 2 万元：同时带动养殖示范户 350 户，年户均纯收入 9 万多元，明显高出当地农民人均收入水平，通过致富效应带动更多的农户加入到养猪产业中，香猪养殖产业将惠及广大农民群众。项目公司加基地年出栏香猪 20 万头，可有效满足国内外市场对优质香猪产品的需要。项目进一步地深加工，还可为当地带来可观的财政收入，可见项目有着显著的社会效益。

项目产生的污水和猪粪通过沼气池处理以及生物菌种发酵处理后均可制成高效液体有机肥和固体有机肥，不但可显著增加农作物产量，而且产品品质和质量也会得到明显提高。项目通过沼气利用，可减少能源消耗，实行节能减排。因此只要进行合理开发利用，项目的生态效益亦极为明显。

九、财务评价结论

项目建设后正常年度利润总额为 1 628.14 万元，项目投资财务内部收益率27.5%，高于基准收益率，财务净现值 6 646.1 万元，投资回收期4.75 年，总投资收益率28.13%。项目盈利能力较强，投资回收期较短。因此，项目在财务上可行。

第十三章　结论及建议

一、结论

（1）该项目是一个有利于我国优质地方品种资

源——××香猪的地方品种资源保护的新项目，也是××县农业产业新的经济增长点，不仅推动了本地资源的充分利用和其他相关产业的发展，同时也促进××香猪产品质量的更大提升。拓宽了××特产的发展之路，为实现脱贫致富奔小康起到了关键性的作用。

（2）该项目产品符合国内外市场对高品质香猪肉的需求，是一项顺应市场发展需要的好项目。

（3）项目选址规划恰当，建设规模合理，建设方案可行，工艺技术成熟；项目产业链长，关联度广，对地方经济发展的带动作用强，符合我国当前产业发展导向，社会效益良好。

二、建议

（1）本项目建设规模较大、对生产技术、管理水平要求高，建议项目法人单位应统筹规划、精心布置，制定切实可行的实施方案和计划，同时加强人才和技术培训，为项目的实施提供强大的技术支撑。

（2）建设单位应按照现代企业管理要求，加强各单位、各部门之间的协调管理，保持高效有序的管理，尽可能控制管理成本，提高管理效益。

（3）建议有关部门尽快给予立项建设，使项目早日建成投产，以加快××香猪产业化进程。

案例二：城郊美丽乡村集约规划建设技术集成项目

申请编号：

国家重大研发计划项目申请书

所属领域：村镇建设

所属方向：城郊集约型美丽乡村建设关键技术研究与示范

项目名称：城郊美丽乡村集约规划建设技术集成

推荐单位：

项目申报单位：××××大学

项目技术负责人：×××

联系电话：　　　传真：

电子邮箱：

二〇一×年×月×日

评议

该项目是农业农村之共性问题，是政府关心的热点、难点问题。各位专家也希望尽快看到能妥善解决问题的方案出现。

当然，各位专家对项目的评议是，仁者见仁智者见智；评议

评议

的原则是"横挑鼻子竖挑眼";目的是最大限度完善项目,少交学费,少走弯路。

所以,该项目的优点基本不评议,这绝不代表项目不优秀。只是尽量查找问题,弥补不足,推进项目成功申报。

专家一:集约是充分利用一切资源的基础,更是集中合理地运用现代管理与技术,充分发挥人才资源的积极效应,以提高工作效益和效率的一种形式,以效益为根本对各要素重组,该项目切中了中国农村发展的要害。

首先从题目看,这个题目适合于全国660个城市,抓住了农村发展中的痛点。城郊美丽乡村集约,城郊美

项目信息表

项目名称		城郊美丽乡村集约规划建设技术集成		
推荐单位		×××		
项目申报单位	名称	××××大学	主管部门	教育部
	单位所在地	××省(市、区)	组织机构代码	
	通讯地址	×××	邮编	
	单位类别	□事业型研究单位 ■大专院校 □转制为企业的科研院所 □国有企业 □其他所有制企业 □其他		
项目技术负责人	姓名	×××	性别	■男 □女	出生年月
	证件类型	身份证	证件号码	×××	所在单位
	学位	■博士 □硕士 □学士 □其他			
	职称	■高级 □中级 □初级 □其他			
	联系电话(手机)	×××	E-mail	×××	
主要参加单位		(名称、单位性质、组织机构代码)		
起始时间		20××年1月	终止时间	20××年6月
主要研究内容(300字以内)		以促进社会主义美丽乡村建设为根本目标,从城郊高聚集度农村特征着手,建设高聚集度美丽乡村:①进行集约规划设计;②突破小康住宅建设关键技术;③优化集成高聚集度农村生产生活废弃物收集与处理技术设备、污水低成本集中处理技术设备;④引进清洁能源高效利用技术,以国家级生态示范区××市××镇为项目实施地,进一步突出当地优势;⑤进行新农村建设及美丽乡村建设等系列工程,围绕地方经济建设的核心点和就业重点行业,开展工程示范与推广,为实现城郊美丽乡村集约规划建设提供科学合理的技术选择与技术支撑。		
预期成果		■关键技术突破 □技术集成应用 □产业化示范		
预期示范/推广/产业化效果(150字以内)		项目将建立镇示范基地1个,预期形成集约化规划、小康住宅建设、污染治理及新能源综合利用的综合性示范点,综合示范覆盖面积50 000平方米以上,生活污水处理率达到90%以上,生活垃圾回收处理率达到90%以上。通过推广,项目期以后两年受益人口将达到1 000万以上。		
预期经济/社会/环境效益(150字以内)		集约型居住规划更具针对性,人居环境大幅提升,经济结构逐步优化,养殖业成本下降、收益提高,清洁能源稳定供应,温室气体排放减少,一些疾病的传播途径被切断,当地农业生产大量使用优质有机肥,农产品品质提升。		
产学研联合		■是 □否		
经费需求		1 500万元,其中申请国家专项经费1 000万元。		

一、项目目标与任务

（一）项目目标与任务需求分析

1. 项目目标

以促进社会主义美丽乡村建设为根本目标，从城郊高聚集度农村特征着手，突破高聚集度美丽乡村集约规划设计、小康住宅建设关键技术，优化集成高聚集度农村生产生活废弃物收集与处理技术设备、污水低成本集中处理技术、清洁能源高效利用技术，开展工程示范与推广，为实现城郊美丽乡村集约规划建设提供科学合理的技术选择，为改善高聚集度农村生产和生活环境，保障农村社会经济的可持续发展提供科技支撑。具体包括：

（1）从高聚集度乡村自然、地理、生态、社会、生产生活过程的系统交互特征着手，建立高聚集度美丽乡村集约化发展与空间功能协同的适应性规划设计方法，尤其结合养殖和种植业的排放特点，重点减少或者消除笑气（N_2O）的排放，研发适合中国南方高聚集度农村的美丽乡村集约规划设计体系；

（2）开发适宜高聚集度农村的建筑群体空间组合方式，结合高聚集度农村集约化居民生活模式及规律，构建适用于高聚集度农村的村庄建筑户型、布局设计技术；

（3）研发与集成高聚集度农村生产生活废弃物收集与处理技术设备、污水低成本集中处理技术、清洁能源高效利用技术，在我国西南地区典型乡村开展应用示范，实现规模化推广应用。

2. 需求分析

（1）项目的国家需求。

①我国社会主义美丽乡村建设的需要。2013 年 7 月 22 日，中共中央总书记、国家主席、中央军委主席习近平考察湖北省鄂州市长港镇峒山村的城乡一体化试点时指出："实现城乡一体化，建设美丽乡村，是要给乡亲们造福"。2004 年到 2014 年的连续 11 年间，中共中央国务院连续签发《中共中央国务院关于促进农民增加收入若干政策的意见》、《中共中央国务院关于推进社会主义新农村建设的若干意见》、《中共中央国务院关于积极发展现代农业扎实推进社会主义新农村建设的若干意见》等，充分显示了党中央、国务院对"三农"问题的重视。"生产发展、生活宽裕、乡风文明、村容整洁、管理民主"是中央提出的社会主义新农村建设五项基本要求，也是其总体目标。"美丽乡村"是中国共产党第十六届五中全会提出的建设社会主义新农村的具体要求之一。

2010 年以来，我国城市人口数量首次超过农村人口，城市化进程

评议

丽的乡村约有几万个，你实际描述的事是非常具体的，就是××镇。

另外考虑你的集约规划，首先是地理环境规划，人居规划，生活区、生产区这些地方的规划。首先明确必须规划什么，集约什么。规划本身是引导城、镇、乡可持续发展和人居环境改善的核心。可持续发展归集到产业方面，人居环境改善就是住宅、基础设施、公共服务设施等这些内容，这是生活方面的内容规划部分。要先讲规划原则、内容、目的、然后再具体描述。

你要凝练一下××市和××镇这个地理特点，生产生活方式的特点。××省，有一批这样

评议

的村镇，研究对象就不仅仅是××镇，而是这样的一批村镇。既有共性，又有个性化内容，案例适合推广，最后技术集成和示范落到××镇，这是可以的。你前面把市场说大一点，如类似村镇，有几千个、几万个是可以的，说明研究的必要性和重要性，最后是用××技术集成和示范来推广你的技术，示范你的工程。

我参加好几次××部和××部的评审。觉得你时间紧张。城郊美丽乡村集约建设技术集成研究和装备研发，一定以某一个产业技术为切入点，另外你自己的优势发挥不够，你要体现都市型现代农业产业的理念，这是

以及城乡一体化进入了一个新的阶段。这种人口结构的极大改变一方面激发了创造力、提高了生产力，同时也对区域产业布局、经济发展战略、人居环境和基础设施的规划和建设提出了新的要求。集约化居住和就业是这种变化的主要外在特征，人文目标则是"安居乐业"。如何实现可持续经济发展、环境宜居、生活低碳、生态良性循环的目标，是当前要解决的根本问题，事关城市化进程的成败。因此，为切实提高集约化居住背景下农民生产生活条件，实现我国美丽乡村建设这一宏伟目标，探索集成美丽乡村集约规划建设技术十分必要。

②我国城乡统筹战略实施的需要。2003年，在党的十六届三中全会上提出了"坚持以人为本、全面协调可持续发展的科学发展观，五大统筹——统筹城乡发展、统筹区域发展、统筹经济社会发展、统筹人和自然和谐发展、统筹国内发展和对外开放"的战略。在生态环境方面，城乡统筹的目的是统筹城乡社区和基础设施规划建设，促进城乡建设一体化，把城乡的居民社区、基础设施和生态环境作为整体进行规划和建设，形成配套的规划体系和建设格局。开展高聚集度乡村集约化规划建设是统筹城乡的重要内容，是村镇居民生产和生活的必备基础，也是村镇经济社会可持续发展的重要保障。

在我国广大农村构建环境友好型、资源节约型的发展模式，直接关系到我国广大农村区域的可持续、健康和稳定发展。我国农村现代化的发展，不可能走西方石油农业的老路，人口也不应像工业社会那样全部集中在大城市，而应该创建农业可持续发展的新模式。因此，从城郊高聚集度农村特征着手，突破高聚集度美丽乡村集约规划设计、小康住宅建设关键技术，优化集成高聚集度农村生产生活废弃物收集与处理技术设备、污水低成本集中处理技术、清洁能源高效利用技术，促进实现城郊美丽乡村的集约规划建设与生态环境建设的有机结合，是我国城乡统筹战略实施的需要。

③"深化城乡统筹、加强科技创新、推进新农村建设"科技需求。《国家"十二五"科学和技术发展规划》、《农业科技发展规划（2006—2020年）》、《农业科技发展"十二五"规划（2011—2015年）》均提出要加快推进农业农村科技创新，其核心内容就是农业关键技术突破与成果转化应用能力提升，农村科技创业行动的深入开展。2014年中央1号文件也聚焦加快推进农业科技创新，提出实现农业持续稳定发展的根本出路在于科技。随着新农村建设战略的实施，农村居住环境日益严峻，在全国大力推进新农村建设的背景下，急需既经济又实用的规划建设技术、污染源控制技术、能源利用技术，以有效防治农村地区的环境污染，提升农民生活质量。

当前，我国经济发展总体上已进入全面建设小康社会的新阶段，农业进入从传统农业向现代农业转变的新时期，呈现出"以工促农、

以城带乡"的新局面。但长期以来，我国村镇建设与发展的科技水平相对落后，同时由于村镇发展是一个复杂和动态的系统，涉及社会、经济、文化、工程以及空间等诸多领域的复杂问题，目前村镇发展总体上还处于相对独立、分散、自发、局部的状态，对村镇规划建设领域的研究还十分薄弱，迫切需要科技的引领和支撑。本项目可为实现城郊美丽乡村集约规划建设提供科学合理的技术选择，是"深化城乡统筹、加强科技创新、推进新农村建设"的科技需求。

（2）与《纲要》及地方需求的结合程度。

①与《纲要》的结合度。《国家中长期科学和技术发展规划纲要（2006—2020年）》在关于城镇化与城市发展领域中提出了"以城镇区域科学为重点，促进城乡合理布局和科学发展。发展现代城镇区域规划关键技术及动态监控技术，实现城镇发展规划与经济规划的有机结合、与区域资源环境承载能力的相互协调"的发展思路。明确指出必须把科技进步作为解决"三农"问题的一项根本措施，大力提高农业科技水平，加大先进适用技术的推广力度，突破资源约束，持续提高农业综合生产能力，加快建设现代农业的步伐。

《纲要》中明确指出将"城镇区域规划"作为优先主题，重点研究开发各类区域城镇空间布局规划和系统设计技术，城镇区域基础设施和公共服务设施规划设计、一体化配置与共享技术。同时也将"综合治污与废弃物循环利用"、"可再生能源低成本规模化开发利用"等作为优先发展主题，重点研究开发农村垃圾和污水资源化利用技术，开发具有自主知识产权的沼气电站设备、生物基新材料装备等；重点研究太阳能利用关键技术；重点研究开发沼气、固化与液化燃料等生物质能以及生物基新材料和化工产品等生产关键技术。因此，本项目符合《纲要》优先主题要求，与《纲要》结合紧密，符合国家重大科技需求。

②与地方需求的结合度。据四川省环境容量分析报告显示，农村环境保护明显滞后于全省农村经济社会发展，农村污染负荷占整个污染负荷比重已达30%～40%，部分地区甚至达到70%。在村镇产业和人居布局、水电气供应、环境保护（废水、垃圾、废气、噪声控制等）、卫生环境质量、循环农业等方面急需进行整治与技术提升。

四川省委、省政府非常重视农村集约化建设与环境治理工作，取得了明显进展，但是一些地区农村问题仍然较为突出，尤其是城郊高聚集度乡村。主要表现在以下方面：a. 四川省近年来向城镇转移人口超过840万人，在此高聚集度背景下，脏、乱、差局面难以有效治理，尚缺乏以集约化为基础的规划设计与建设技术；b. 畜禽养殖污染严重。四川作为全国畜牧业大省，畜禽养殖数量居全国之首，但规模化养殖年出栏仅占总出栏数的5.1%。全省禽养殖年产生COD 390万吨、氨

评议

也参加了一些新农村规划。村规划先行，我看你重要的资源是留学优势、管理优势，你要把这些完全表达出来。PPT 一般要言简意赅，要鲜明，重点突出，要突出题目和创新研究的重点、亮点。你现在的优势在三个污染治理上，即土壤污染治理、水体污染治理、空气污染治理，要把五位一体的生态文明放在主要位置。你的特色和其他城镇不一样，要体现地方的特色，关键是解决养猪污染问题，它比生活垃圾问题还严峻。你的重点突出在污染治理上，很正确。还要以通信和信息技术为支撑，以便集约化管理，促进产业结构升级，我认为你应该跟企

氮 79 万吨，分别是工业排放量的 13 倍和 38 倍，是生活污染排放量的 8 倍和 17 倍；c. 小城镇生活垃圾和污水污染加剧。全省现有 6 786 万农业人口，大多数村镇建在河溪旁，没有建立完整的排放系统；全年产生农村生活垃圾 1 697 万吨，很大一部分未经处置，一些地方呈现垃圾"围村、塞河、堵门"之势；全年产生农村生活污水 10 多亿吨，大多直排入河湖；d. 农用化学物质及其废弃物污染继续加大。全省每年化肥施用量达 220 万吨，平均每公顷 490 千克，远远超过发达国家为防止化肥对水体污染而设置的每公顷 225 千克的标准，也远远高于全国化肥平均施用量——每公顷 330 千克；e. 清洁能源利用相对落后。能源供应方面，主要有秸秆（为主）、天然气、煤炭、液化气，属于混合型，对新型清洁能源的利用率偏低，产业结构和人居生活方式的改变使秸秆没有了出路，每年两个季节焚烧秸秆，影响着大气质量乃至交通安全。

为此，四川省各级省委、省政府高度重视。四川省"十二五"规划与发展明确指出，要加强农村基础设施建设，加强农村面源污染防治，加大规模化畜禽养殖污染防治力度，推进农村能源建设，因地制宜实施农村沼气、太阳能等农村能源工程，改善农村人居条件与居住环境。本项目的实施，将为解决四川高聚集度农村环境综合整治、资源浪费与能源问题提供可行的技术选择，对促进四川省生态环境保护、美丽乡村建设具有重要作用，与地方需求结合紧密。

本课题相关内容实施示范点选在成都市郊区的邛崃市牟礼镇。

邛崃市是全国最大的原酒产地，自 2004 年成都市正式启动城乡一体化建设以来，这里也逐步推进集约化人居和集约化生产，即人口向村镇集中、企业向园区集中、土地向（种田）能手集中、养殖向基地集中。因此，这个过程有明显的社会集约化特征，以典型乡镇牟礼镇为例，当地这种集约化的好处是生产效率提高，因此释放出大量的劳动力转向工业和流通领域，这些人在加强乡联系中发挥着重要作用。但是因为当时规划的局限性，随之产生的不利影响是：养殖种植废物排放集中，加上生活污水和垃圾，超过了当地环境容量。因此人居环境质量降低，疾病大规模传播的风险加大，公众健康受到威胁；在农业生产上，长期过量施用化肥以及一些不合格的复合肥，导致面源污染加重、水环境恶化、土壤重金属累积等，导致大宗产品无法进入高端市场，在一个很长的时期内，只能生产低附加值的产品，农民收入在低水平徘徊。能源供应方面，主要有秸秆（为主）、天然气、煤炭、液化气，属于混合型。产业结构和人居生活方式的改变使秸秆没有了出路，每年两个季节焚烧秸秆，影响着大气质量乃至交通安全。即使这样，还有大量剩余秸秆长时间随意放在田头，为害虫越冬提供了庇护所。

总体上看，牟礼镇在城乡一体化进程中一定程度上实现了集约居住和生产，但是因为当时规划的局限性，在 a. 能源供给、b. 住宅品性、c. 环保设施、d. 卫生环境、e. 工农业可持续发展、f. 主动应对气候变化等方面，考虑甚少，已经制约了该镇的进一步发展，使其难以"登堂入室"。（注：温室气体减排和主动适应气候变化措施应当在更大的空间尺度上考虑，但是鉴于目前国内没有在地市层面上开展具体研究，这里提出减排和主动适应气候变化措施，实际是将牟礼镇作为成都郊区的代表，根据成都的气候和排放特征开展研究，相关结论和措施在牟礼镇"落地"。）

牟礼镇上述情况在成都乃至四川有普遍性，目前这样的镇在成都有 200 多个，在四川有 4 000 多个，全国更多。如何从规划入手，从技术、经济、社会、环境的角度系统解决上文所列的问题，是实现美丽乡村可持续发展、保护生态的关键点。

（二）项目主要技术难点和重点

我国很多城郊乡镇很大程度上实现了集约生产和生活，但是要真正达到美丽乡村的要求还有以下问题需要重点解决：

（1）集约化美丽乡村规划技术：截至目前，四川和全国城镇化在硬件设施上取得了长足的进展。根据申请人在成都地区的调研，在此进程中，高聚集度人居环境和土地集约化正在实现，与之相伴的社会现象是：由此释放的大量劳动力尚未找到稳定的去向，亦即：在自然资源、社会资源和人力资源衔接上出现了极大的"脱节"，深入一步分析，这种现象其实也隐藏着极大的社会风险，相关学者对此已有论述。地方经济的发展是维持城镇化成果的根本途径，而不少地方恰恰在此遇到了"瓶颈"，工农业关联性低、相关产业的发展没有带动就业，尤其是中心城市聚集效应辐射不到的地方这一点更加明显。这些都需要通过合理规划来解决。同时，在规划中还应考虑：气候变化在全球范围内已经发生，并且正在加剧，这对未来生产生活必然会产生影响，目前国内对气候变化的影响还未深入到主动采取措施适应气候变化的层面，在规划中有前瞻性地考虑这一因素是很必要的。尤其值得指出的是：在全球变暖、气候异常越来越深刻影响经济社会的今天，西欧发达国家（如德国）已经开始在县级和地区层面开展主动适应气候变化的研究与实践活动，申请人参与其中的工作。这些工作表明，在占地 1 000～20 000 平方公里，人口 8 万～400 万的尺度范围内，根据本地特点研究并制定适应气候变化的措施对经济社会发展是有意义的。而牟礼镇所在的邛崃市占地 1 500 平方公里，人口约 70 万，气候和地理等条件在成都和四川有代表性，而成都市辖区的面积是 12 900 平方公里。因此，德国相关研究的成果可以借鉴，以使本项目更具前瞻性和普适性，即使在未来气候变化加剧的情况下仍然不失适用性，这将

评议

项课题，你那块的技术和专利，畜牧业改造，都是突破点。

另外，你做技术框架图，技术集成需要什么措施及工艺，技术装备，这些要前后呼应。要有技术突破，必须要研发或者购买新仪器、新装备。在基础研究方面，××交大和××大学，如何切入这个课题研究，详细说明达到优势互补的可能性。你有两个专利正在公示期间，也要详细说明。另外三年完成5个专利，必须有基础研究的储备，否则临时申报来不及，必须有前期积累。我看你的经历是很丰富，但是没有找准切入点，技术支撑没有表达出来，针对你的经验积累和研究基础，你

为本项目成果向四川全省乃至全国推广打下基础。

（2）高能效住宅技术：由于生活条件改善、气候变暖、降水时空分布异常，我国广大城郊居民普遍使用空调。但是现有住宅保温性能较差，散热系数 U（U＝3～20 瓦/米^2·度）很大，因此空调耗能高，不利节能。随着生活水平的提高，空调是必备的家电，但是其能否发挥作用，很大程度取决于住宅保温（墙壁、屋面、地板）、采光调节等因素，不仅涉及建材选择（微观结构、尺寸、导热系数），还涉及通风方式等。联合国环境署（UNEP）倡议的"碳中性"（Carbon Neutrality）建筑，就是鼓励尽量采用自然通风和采光、扩大使用再生能源、建造水循环利用等措施实现建筑物温室气体的"零排放"，并为此每年评选出获奖项目。根据调研，在全球气候变暖的影响日益显现的情况下，四川地区居民在夏季对空调的依赖程度明显超过冬季，这一点在人居规划中要有所体现。按照本课题的技术路线，生物质等再生能源将满足大部分生产生活的需求，其中中温厌氧消化和低温热解保温所需的能量在冬季最多，而在夏季最低，正好与居民空调用能互补。在住宅能效较高的情况下，这种互补性可以很大程度上避免相关设备能力储备过大的问题，从而节省投资。标准化养殖业中，猪舍的温度也要监控，本课题将随着季节调节热电冷联产机组的参数，使之也满足猪舍的空调系统需要。

（3）价格适中的清洁能源：我国现有大多数城郊乡镇的能源供给属于混合型，以牟礼镇为例，能源供应主要包括秸秆（90%）、天然气/煤/液化气（合计10%），少量上山砍柴。烧秸秆对健康危害大、污染重（是重要的 PM2.5 排放源，申请人正在与德国合作高校开展相关工作）、能源利用率低、导致土地板结，而为了增产，土地使用者大量施用化肥，加剧了面源污染；天然气仅在公路沿线有用，其他地方则未使用，造成这种情况价格是一个重要因素。解决的根本出路在于开发价格适当的清洁能源，如可靠稳定的沼气、热解燃气、秸秆气化燃气等。根据不同区域能源、产业结构现状和地理条件，开发清洁能源原料及资源是有保障的，如光热和光伏技术、风能和空气温差能量的应用条件等。

（4）水环境保护、污水收集和处理系统：农业面源污染（化肥、重金属）、生活污水和养殖业污染是水污染的主要原因。尽管以前也有户用沼气、化粪池等设施，但是因为规模和管理等原因，无法达到预期效果，主要原因还是没有实现工业化和设备化处理，这也是本课题在涉及水环境和水资源方面的难点，同时也是重点。水环境污染也是农村疾病传播的主要隐患。有的当地业主即使花巨资修建了沼气设施，处理效果仍然非常有限。以牟礼镇微牧现代农业有限公司的养猪场为例，该厂年出栏生猪 20 000 多头，日产废物废水 400～800 立方米。

2009年花巨资修建了一个沼气池，但是几乎不产气，自然也没有稳定化以及灭菌的效果。这样的养殖废物废液排放到当地水域后存在四个问题：其一，对水环境的污染极重，可将地表水环境质量降至劣V类以下；其二，这样的废液如果用于农灌，其卫生学指标等无法满足相关规程的要求，实践中有人在这样做，实际上极大地增加了食品的不安全性；其三，各地农灌用水原则上都要付费，不能用于农灌就意味着种植业灌溉成本增加，灌溉是各地农业生产成本的重要组成部分；其四，加剧了当地各家"争水"的局面。

厌氧设施如果运行得好，是一个非常有效的灭菌环节。根据德国专家伊姆霍夫（K. Imhoff）父子两代人大半个世纪的研究，工作状态良好的厌氧消化装置，可以将绝大多数病原体杀灭，只有结核菌例外。也因为这一点，德国法规允许农户（养殖种植户）将养殖废物送到生物质厌氧消化设施里进行稳定化和灭菌处理，随后（沼渣）可以在农田里施用，否则，就需要经过其他工业手段处理后方可施用，成本高得多。厌氧消化所产有机肥，不但卫生学指标符合要求，而且肥效更好，因为厌氧过程的生物化学转化将更多的氮磷等元素"释放"出来，这符合厌氧设施的生态学本质：是物质循环中重要的一环，作用是将复杂物质转化成最简单物质，如甲烷、二氧化碳、氨、硫化氢等。另一方面，通过处理粪便等养殖废物，厌氧设施运营者沼气增产。这是一个互利的模式：厌氧设施运营者获得免费的沼气原料，养殖户则因此获得粪便灭菌、肥效提升等免费服务。这种模式的技术核心是挖掘"低值生物质"（粪便、污泥）的产气潜力，取得的效果是"提高沼气产量、提高肥效"。本课题申请人掌握这种技术，将通过自己具有的厌氧专利技术和标准化设备解决这一难点。需要指出的是：污泥厌氧消化所产有机肥，目前尚不能用于食品生产，但是可以作为绿化和花卉肥料，而2017年5月国务院十五个部委联合发布的关于加强污泥等生物质利用的通知通告有望改变这一现状。牟礼镇现有集约居住人口所产污泥，每天大约1吨（干重，经过厌氧消化后约余700千克），周边的绿化和花卉种植基地将其消纳完全没有问题。由于生物质厌氧消化一般采用两个或者以上的消化池平行运行，在工艺上将污泥与其他生物质分开是完全可以的。对于含有重金属的污泥，则不经厌氧消化直接进行热解，重金属被固化到热解残渣里，对周围环境不再有影响。因此，厌氧消化设施是一个很好的结合点，能低成本将清洁能源、卫生环境、食品安全、温室气体减排等美丽乡村的要素联系在一起。

（5）生活垃圾、生产废弃物收集和处理系统：生活垃圾收集和处置系统缺失，是当地人居环境不上档次的主要因素之一。传统生活垃圾的处理主要是卫生填埋、堆肥和焚烧，但卫生填埋需要较大的场地，同时恶臭等问题较难解决，堆肥存在重金属超标的危险，焚烧的

评议

未来课题发展预期目标，是按照经费3 800万元算的，国家给你3 200万元，按你的工作量，经费是不足的，你必须减少工作量或者增加预算。最后，你必须详述经费使用的目标及分配比例问题。经费怎么做预算很严格。你预算没有分解，哪些装备要研发，哪些设备需要租赁或者购买支持，经费需要多少必须写清楚。

专家二：你汇报的时候开门见山，很好。项目一般来说分为大题小作或小题大做两种模式，做出效益来。你做出经济效益、社会效益，更重要的是生态效益。尤其都市型现代农业，把生态文明放在非常突出的

评议

位置，从生态环境切入，你优势就在这儿。你在环保局分管生态，这是你很大的优势，水体、大气，国家治理力度还会加大，这正好是你优势，通过生态形成富农产业。

你把内容好好修改一下，争取答辩的时候，专家一看符合国家政策，符合国家需求。美丽乡村现在最大问题是生态问题，迫切需要无害化、无味及有机绿色农产品的生产。无害化都做不到，更谈不上绿色有机，南方 30% 土壤污染。经济越发达地区污染越厉害。所以你抓住这个课题，从土壤和水修复，生态环境建设和当地养殖业、畜牧业产业发展，实现可持续循环产

烟气和二恶英治理还存在弊端，所以本项目拟用兼具无害化、减量化和资源化的标准化热解设备处理生活垃圾，同时也可以解决一些工业固废中有价值材料回收的问题。

生物质低温热解是一个高效转化设备，工作温度 450～500℃，能将各种有热值的生物质转化成燃气，很适合牟礼镇的现实情况：全镇人口 54 000 人，每天生产垃圾约 70 吨（含旅游业垃圾产量，当地是旅游名胜，游客较多），近期内每天收集约 40 吨，远期全部收集。这些垃圾与秸秆以大约 3∶1～5∶2 的比例混合后热解，每天可产燃气约 30 000 立方米，其热值相当于 6 000～8 000 立方米天然气。再加上污泥、养殖种植废弃物所产沼气（每天约 4 000 立方米），可满足集约居住区全部人口的生活用气（烹饪、日常热水等），示范成功后，可以逐步扩大规模，将更多的用户纳入此"局域气网"。为此，建造两台日处理 50 吨物料的热解设备，分两期建设，每期一台，与上述居民入网进度对应。在机制上，采用市场化与公共服务"捆绑"：污泥厌氧消化设施和热解设备将委托给运营者管理，后者是经过培训的专业人员，其将燃气以保本微利的方式供应给住户。热解和生物质厌氧消化系统的运行者必须将全镇的垃圾收集并热解，所需补充的生物质（秸秆、园林垃圾等）由其自行解决。将秸秆与热解运行"捆绑"还有一个重要的生态学目的，就是防止害虫卵借此越冬。

热解残渣其实是一种准活性炭，且富含钾肥，其性能虽然比不上工业活性炭，但是因为热解环境（水蒸气和温度）提供了生成活性炭的机会，垃圾中的碳元素与其他成分会形成活性炭，这在欧美已经有多个工程实例，申请人在国内利用放在清华大学热能实验室的设备也做过试验（设备原产地是德国），结果与国外类似。这种准活性炭有很强的吸附能力，可深度处理污水处理厂出水，或者各种"灰水"（Grey Water），甚至可以储备用来应急处理水污染突发事件。也可以用在一些小型和微型人工湿地或者人工快渗污水处理设施中，这时上述物理化学特征是重要的优点，能加速植物根系生长，强化处理效果。（热解设备的示意图略。）

二、现有工作基础与优势

（一）国内外现有技术、知识产权和技术标准现状及预期分析

1. 关于集约化及村镇规划建设的相关研究

（1）城镇集约化发展相关研究。自 20 世纪 80 年代以来，全球掀起了探讨城市可持续发展、人与自然环境协调发展的热潮，在世界范围内开展了一系列以城市集约发展为主题的理论探讨和城市发展模式实践的变革：

①以紧凑城市、新城市主义为代表的空间紧凑发展理论：20 世纪

中期以来，以美国为代表的西方国家进入了快速郊区化阶段，郊区化是城市用地不断扩张，侵占大量农田，造成交通阻塞、环境污染、传统文化丧失等。一系列的问题使政府的财政负担加重。直到90年代才得到足够的重视，政府、城市规划者、环保机构等发起了一系列运动来阻止这种城市空间蔓延，并由此提出了精明增长、新城市主义、绿色城市等新的发展思想，旨在促进城市空间集约增长、土地混合利用以及大容量公交系统为导向的城市开发模式应用等。

②以生态城市、低碳城市为代表的资源能源节约循环利用理论：当今，全球生态环境问题的最显著表现是全球面临的人口压力和全球生态系统的衰退趋势。世界卫生组织在1990年初指出："世界正面临着自然环境的严重恶化和生活在城市环境中的人们生活质量的加速下降这两大问题。这两大危机是相互联系的。城市化对威胁未来生存的全球环境变化有着重要影响，而生物圈的变化也越来越影响到城市的健康和社会状况。"针对于此，国际社会提出了生态城市的构想（Ecopolis）。生态城市强调人类技术与自然的充分结合，追求物质、能源、信息三大生态系统要素的高效利用和整体的良性循环。近年来，西方发达国家大力发展可再生能源，投资石化能源的减排技术装备，发展新兴低碳产业等。低碳经济最早见诸政府文件是2003年的英国能源白皮书《我们能源的未来：创建一个低碳经济》，主要关注能源高效利用、清洁能源开发等问题，由此引发出新一轮城市化发展的变革与创新实践，如英国生态城镇、碳中和社区计划、美国零能耗住宅设计以及中国在建的天津中新生态城等。

今天，对气候、环境问题的关注已经远远超越了学术界范围而上升成为全球政治首脑的核心话题，并关系到国家的政治与经济发展。美国奥巴马政府把低碳经济作为美国后金融危机时代产业转型的主导方向，视发展新能源、智能电网、低碳经济等高新技术为带动美国经济复苏的新增长点。气候变化也是当今联合国的重点工作之一，时任联合国秘书长潘基文将2009年定为"气候变化年"。联合国认为气候变化是当今最基本的地缘政治问题，对世界各地经济健康发展、居民身体健康、能源安全和国际安全有着至关重要的影响。

在我国目前情况下，农业集约化面临如下矛盾：

第一，集约化与农业服务体系社会化程度不高的矛盾。农业的集约经营是以机械化、化学化、生物化和科学化为基础的。它要求在适宜时间、适宜地点将动植物繁殖和生长所需的养分和食物输送到位（特别对大规模粮食生产而言，更是如此），并适时收取果实。因而农机设备、化肥、种子等运送和植物的收割及粮食等储运就尤为重要。这首先要求交通发达，有良好的基础设施。我国目前的情况一是基础设施虽有所改善，但与集约化所要求的程度还有较大差距，表现在路

评议

决，你要从体制上、运作方式上再加上技术及管理，综合治理才行，光技术不行。这使系统工程听完你这报告，确实觉得你的方案可行，但绝不是仅靠技术，而是全方位推进。

专家 四：
你做的过程有比较，但比较的东西还不够。只有数据的可靠性才有分析的有效性，要和传统及一般的技术进行比较。你移植过来了，必须突出差异性，有效益才行。通过比较，说明你的不可替代性，适合应用在哪些地方，这方面说得还不够。尤其你的题目是大题小作，你更要注意这个问题。你是把村镇作为一个突出点，你要有一些专利，还有查新报告来佐证

面等级不高、农机专用道极少、仓储等设施不足等。二是在计划体制向市场体制转化过程中，原有的计划式的社会服务体系逐渐取消，市场化的社会服务体系尚在建立和完善过程之中。这直接影响着资源的有效利用程度。三是"大而全、小而全"的思想与现实阻碍了集约化程度的提高。

第二，集约化与我国农业人口状况不相适应的矛盾。我国农村有着数量庞大的剩余劳动力，农民的整体素质还不高。数量庞大的剩余劳动力的存在直接制约着先进农业机械的使用。先进农业机械使用的成本必须等于或低于合作劳动力的成本才可能在农村大规模推广。由于我国整个社会生产力水平还不够发达，农业机械的价格相对于廉价农村剩余劳动力显得过高必然影响其使用的深度和广度。对农业机械的需求不足又反过来制约了农业及工业发展进程，间接影响着我国农业机械化程度。农民整体素质不高，收入水平低，给化学化、科学化、生物化和机械化带来极大困难。

第三，集约化与土地承包制的矛盾。几年来，当承包制所带来的生机和活力充分释放出来后，农业生产停滞和增长缓慢的问题又摆到了我们面前。为解决农业发展问题，必然要求提高农业的集约性。一般说来，要提高农业的集约性，一是对同一作物增加其费用额，即通过增加投入达到增加收益的目的；二是由粗放农业过渡到集约的农业。土地利用集约性的提高，一方面表现为各种农作物耕作费用的提高，另一方面则表现为过渡到特别集约的农业；三是缩短土地休闲期或增加单位面积农作物的收获次数或采用轮作制等。实际上是最大限度地利用土地的生产力还是最大限度地利用土地利用手段的生产力的问题；四是充分利用先进的科学技术。农作物及家畜本身或外部生产条件上的进步和农业经营管理技术的进步等都能以相等的成本获得比以前更高的总收益。在其他条件不变的情况下，这种农业上的技术进步不但节省成本支出，又可以提高经营的集约性。值得一提的是，随着科学技术的进步，社会生产力水平不断提高，社会劳动生产率迅速上升，包括农业生产设备在内的工业品价格将日益下降，而劳动力随着生活水平提高，教育费用及其他费用增加，相对工业品而言则越来越昂贵，因此资本代替劳动就成为必然趋势。

（2）村镇规划与建设研究。发达国家一直以来都非常重视村镇的规划研究，从相关研究中发现，发达国家的村镇规划具有以下四大特征：①村镇规划与设计是以对某一特定村的详尽研究为基础，并且，设计本身直接与特定环境和村民相关，所以，村镇规划与设计的规模不会太大；②村镇规划与设计要求敏锐地察觉出某一特定村的细枝末节，追踪考察现有或将要实施的设计对环境的影响，据此来决定在生态上最完美的设计。这样，村镇规划与设计依赖于对村庄内和对村庄

生态系统及区域的细致观察；③在满足人类自身需要的同时，也要尊重所有其他物种的需要，于是，村镇规划与设计是与自然相协调的设计；④规划师通过规划设计恢复自然本身，让环境具有灵气。

村镇规划是近年来我国新农村建设研究比较集中的主要领域之一。村镇规划大规模研究始于 20 世纪 80 年代，由于我国城市发展方针历来突出小城镇的作用和地位，长期以来小城镇一直是多门学科竞相参与的研究领域。20 世纪 80 年代中期以来，以费孝通为代表的社会学者把小城镇研究提高到一个新的层次，将地理学与城市规划学结合各自学科的特长，参与到小城镇规划与建设的领域中，同时也有大量的理论研究成果问世，先后形成我国小城镇规划研究的数次高潮。

对小城镇规划与建设的一般性理论探讨比较丰富，冯华在 1988 年总结了我国村镇建设在世界的地位和西方村镇建设中 10 条富有启示性的经验，认为要从国情出发，走一条具有中国特色的乡村城市化道路。王绪明在 1992 年提出中小城镇综合规划的概念，旨在变革规划观念，将定性和定量方法相结合，提高规划科学性。何兴华总结我国小城镇规划的实践历程和理论基础，归纳小城镇规划的主要内容、运作程序和技术标准。崔功豪提出小城镇规划的基本观念包括区域整体观、城市观、可持续发展观念和因地制宜观念，并对小城镇的定位、发展动力、结构形态和总体格局以及发展时序等方面展开讨论。这一阶段国务院研究室课题组对小城镇规划的地位、规划原则、规划观念、规划目标和发展战略等进行了综合研究。

城市化的快速推进对农村景观产生了巨大的冲击，深刻地影响和改变着中国广大农村地区的景观面貌。伴随着国家十七届三中全会的召开，社会主义新农村的基础建设快速推进，农村景观建设也将随着农村环境、经济、社会、文化等的建设而同步开展。近几年，一些新农村规划还逐步打破了单一的农业生产模式，使农业生产用地向经营型、游憩型绿地转化，带动了一大批具有观光功能的生态园、示范园、果园、茶园等的建设，使部分农村景观形象也得以改善。各类型观光园的兴起确实给农村的发展带来了新的契机，出现了以生态、观光、旅游为主题的新农村建设。但是，有建设就有破坏，农村景观在发展的同时也在衰退，各种生态环境、地域特色、农村文化等的危机问题接踵而来。因此，探讨农村集约化建设规划显得尤为重要。

2. 关于生产生活垃圾收集处理的相关研究

（1）农村生活垃圾收集相关研究。在农村生活垃圾收集模式方面，国内经过几年的实践，一些地区针对其自身的社会经济技术条件和垃圾产生特征，探索了不同形式的垃圾收集模式。如在北京、深圳、上海、浙江及苏南等经济相对发达的农村地区，提出了城乡一体化垃圾管理模式，把城市垃圾管理体系向农村延伸，形成了"户分

评议

你技术的先进性才行。

专家五：申报主体也是关键，最好突出乡镇，您在当地实施，专家关键要看能否做成，取得成功，村镇就有积极性，有人买你的技术。否则，技术好没人买也不行。×教授谈的要经济、实用，怎么把这些东西表现在报告中很重要。修改报告要量化。经费预算是项目评审的重要环节。要有技术专家，还有财务专家，你要组织一个专业组去核算经费。报告仅技术可行还不够，必须要经费和你所要完成的任务目标匹配。有些报告的任务很大，经费却很少，一看就是套钱的，不是干事的，过去我们遇到好多这样的事。

评议

在这方面你要好好核算一下。

在人员构成，技术难点，以及实施的人员，结构上要合理，你不能单打独斗，要集中各行各业的专家来攻克这个难题。包括你完成这个任务，要细化实施方案，第一年做什么，第二年做什么，第三年做什么，人家看你是真抓实干才行，这点必须要注意。在经费方面，总经费和你的目标要相匹配。

将来真的拿到经费之后，参与这个项目的兄弟单位要有分配方案，要补充材料。

专家六：从PPT角度看，内容和形式更为重要。材料已经上报了，你已经没办法了，但是，弥补的手段只能依靠PPT，

类、村收、镇（乡）运、县处理"的运行处理模式；在安徽，针对不同居民集中程度的地区提出了两种乡村垃圾物业化管理模式，即对农民分散居区，建立了以村物业站为依托，以废弃物分类处理为重点，以户为主自行处理的模式，对农户居住相对集中区，建立了以物业管理与服务公司或物业化专业服务组织（协会）为依托，以产业化服务为重点的物业化服务管理与运行机制，农村生活垃圾从处理前、处理中到处理后整个过程实行全方位的一体化、产业服务；在北方以种植业为主的农村地区，有人提出了以村为单位的垃圾分类收集方法，并实施"村委会-保洁员-农户"三方的监督机制，并逐步过渡到分类利用的资源化模式。上述模式对我国农村生活垃圾处理起到了积极作用，但是否具有普遍试用性仍需探讨。

在国外，特别是美国、日本、德国等发达国家，城乡一体化程度高，环境保护城乡统筹，农村与城市的环境保护受到同等程度的重视，在20世纪60年代和70年代就开始了农村生活垃圾污染的治理，并建立了专门机构对生活垃圾进行收运与处理，进入八九十年代，一些国家逐步引入"减量化"观念，对垃圾污染的控制从"末端治理"向"源头分类减量"转变，90年代后，随着一些国家对垃圾中有价值物质的循环再利用重视程度增加，垃圾分类和资源回收得到了较大的发展，垃圾回收利用率有了很大提升，进入了从减少废物产生到对其进行再循环及处理全过程治理的新阶段，在国家和各地方层面，建设了相当完善的农村生活垃圾收集的基础设施，形成了较为成熟的分类收集运行模式和处理技术体系。如欧盟对农村生活垃圾采用分类收集收运模式，居民将有机垃圾和无机垃圾用不同颜色的垃圾箱分类收集，经过专用收集车辆的运输，到达指定处理点集中进行处理，收取垃圾时，工作人员根据规定对垃圾进一步分类；美国采用"垃圾公司深入乡村"的模式进行收集，其农村垃圾处理一般由规模不大的家庭公司承担，公司收取农村生活垃圾，农户将分类后的垃圾用轮式垃圾箱收集，按照规定时间送到收运路线边，由专车收集运输运到指定的集中处理点；日本农村垃圾的收运则强调"源头分类各地政府统一收集"的模式，因日本国民均有"混合是垃圾、分开是资源"的意识，垃圾分类在各地顺利进行，日本各地均有自己较为详细的垃圾分类名录，政府向农户发放"垃圾回收日历"，居民根据"垃圾回收日历"的具体要求，在家中对生活垃圾进行分类，并按指定时间放在指定的位置，经各地区专门的垃圾收集人员收集后，可回收利用的垃圾直接送入处理厂回收利用，而不能回收利用的垃圾再进行填埋或焚烧后续处理。良好的垃圾分类收集系统为各类垃圾选择适合的资源化利用和处理技术奠定了良好的基础。

目前，国外已形成了较为成熟的废物物质转换产业，垃圾填埋场

气体使用和垃圾焚烧发电技术不仅成熟，而且应用也较广泛，同时，通过物质回收等方式使 60％的废纸和废金属、90％的废玻璃、70％的废塑料得以回收，形成了较成熟的再生品市场。国外先进和完善的生活垃圾分类收集系统可为我国农村生活垃圾的收集提供有益的借鉴。

（2）农村生产生活垃圾处理利用相关研究。农村生产生活垃圾的主要成分是可生物降解的有机垃圾，含有大量的养分，可以通过技术处理措施达到循环再利用。目前对垃圾中可腐解的有机成分资源化利用的方式主要有两种，一种是厌氧发酵产生沼气加以利用，另一种是通过堆肥方式形成堆肥产物进行土地利用。我国堆肥历史悠久，将堆肥技术用于生活垃圾处理的应用和研究始于 20 世纪，并结合我国国情研究了生活垃圾堆肥过程及堆肥成分、通风方式与通风强度、C∶N∶P、水分等堆肥过程及产品质量的影响因素，堆肥过程中微生物菌群变化及调控技术，蚯蚓对堆肥过程的强化作用和堆肥过程中臭气治理技术研究等，并通过学习借鉴、消化吸收、集成创新等途径，使我国生活垃圾堆肥技术得到快速发展，在发酵理论的形成、参数的验证、发酵仓构造、分选机的研制等方面均取得了丰硕成果，涌现了许多新工艺、新技术，研制出了一批适合我国城市垃圾处理的专用堆肥机械，制订了城市垃圾农用控制标准和静态好氧堆肥技术规程，堆肥技术和设备正在向国际水平迈进，垃圾堆肥技术也从 20 世纪 80 年代开始在垃圾处理的实践上开始应用，自然通风静态堆肥、强制通风静态堆肥、筒式发酵仓堆肥已成为我国垃圾堆肥行业常用的堆肥方式，并在北京、上海、杭州等城市建立了一批城市垃圾的机械化连续堆肥设施。但是由于我国的生活垃圾多采用混合收集的方式进行收集，以混合生活垃圾为原料进行垃圾腐解堆肥，导致堆肥成本高、产品肥效低、质量较差、销路不好等问题，致使已建的垃圾堆肥设施不能正常运行，难以维持。对于目前我国农村生活垃圾的堆肥化腐解处理，应加强微生物的筛选和培育工作和堆肥腐解工艺及参数优化研究工作，以降低垃圾腐解成本，缩短堆肥腐熟周期，提高堆肥质量，同时应对堆肥产物进行多样化开发与应用研究，这是我国农村有机生活垃圾资源化利用的重要方向。

利用厌氧或兼性厌氧微生物来进行沼气发酵，对于集约化畜禽养殖场，与好氧处理相比，厌氧消化技术具有许多优势：可将能源、环保与生态良性循环有机结合起来，有能量净产出，综合社会效益显著；消化过程中无需供氧，且产生的污泥量较少，可以节省大量的动力消耗和处置费用，且可转化去除低浓度有毒物质，如前文所述，厌氧消化系统可以杀死绝大多数病菌，因此，尤其对乡村，厌氧消化是有效的拦截病菌扩散的节点。在我国沼气技术存在的主要缺点是：户用沼气方面，随着养殖户的减少，社会化服务体系有待建立，沼气净化器、

评议

幻灯片能不能给你增加分，就看内容能不能打动专家，使专家一看，原来申报书没有表达的内容，在 PPT 中都呈现了，靠你自己现场发挥都补充完善了。

另外有关指标不能夸大，你刚才说的那些东西，你自己还要再核实一下，因为专家都是干这个专业的，一看哪个数字有点失真，言过其实，这样绝对不行。更重要的是你无论做 PPT 还是写报告，文字及数字上要把好关。

在乡村环境建设方面，前面是规划，第二块是住宅，第三块是环境建设。环境建设影响我们的内容是什么？也是两块。一是生活垃圾，二是生产垃圾。

评议

我们的生活垃圾都包括什么？人排出的废水——洗漱用的、做饭用的，还有粪便这是生活的内容。生产的废物，有造酒厂还有其他产业所排出的废水垃圾，这都是生产垃圾。生活垃圾和生产垃圾处理方式是不同的，处理的设备它也是不一样的，要有针对性地分析才行。生活垃圾，你到底怎么处理？这要讲清楚，你的研究内容是什么？最后产出的是什么？你处理生活垃圾，到底用什么设备。要具体化。

最后你在××镇做示范工程，你写的规划、住宅加起来是×万平方米，这×万平方米，要细分。示范区的规划面积是多少，住宅建设面

灶具、进出料设备等急需提高产品质量和科技含量，相关设备需要研发；沼气工程方面，投资较大，关键技术设备还未实现标准化和商业化，干法发酵技术有待研究推广，沼液、沼渣的综合开发利用及后处理还有待完善。

对于分类后的有机垃圾、庭院园林垃圾等可堆腐物，在欧美等发达国家通常将其通过堆肥方式加以循环利用，如美国由于禁止庭院垃圾填埋处理条例的实施，庭院垃圾堆肥处理厂发展很快；欧洲由于推行"填埋税"，及实施了限制进入填埋场的有机物含量的填埋标准等因素，大型垃圾堆肥场、家庭垃圾发酵设施数量大大增加，开发了厌氧和好氧、静态与动态、间歇式与连续式、封闭式与敞开式等形式多样的堆肥方式，建立了较先进的有机垃圾堆肥发酵技术，且在运行中取得的效果也比较好。国外近年来在开发适合各种条件的新型高效堆肥工艺、筛选高效堆肥发酵菌种、优化堆肥物料性质与工艺参数、控制恶臭与保证肥效等方面也开展了研究。利用蚯蚓等生物体养殖的好氧蠕虫堆肥技术是近年来研究的热点，其原理是利用生物降解大分子有机物质，刺激微生物的生长，缩短堆肥周期 20% 左右。在厌氧分解技术方面，研究重点主要集中在厌氧消化新工艺、垃圾预处理工艺、消化参数优化与高效产沼气，以及厌氧产物资源化利用等方面。目前，国外研究开发和应用的厌氧消化工艺主要包括：序批式厌氧堆肥工艺、干式厌氧消化＋好氧堆肥（美国）、半干式厌氧消化＋好氧堆肥（意大利）、渗沥液床两相厌氧消化（英国）、两相厌氧消化（德国）、有机垃圾处理工艺（Biowaste Process）等。国外大规模应用的干法单相连续厌氧消化 Dranco 工艺（Organic Waste System 公司，比利时）、Valorga 工艺（Steinmueller Valogra Sarl 公司，法国）、Kompogas 工艺（Kompogas AG 公司，瑞士）等的工程应用项目年处理量已达到 10 000～100 000 吨。比如德国研究开发的新型箱式好氧堆肥发酵法，在密闭的箱式反应器中进行常温堆肥，发酵结束前使物料温度迅速升高以杀灭物料中有害细菌，并缩短发酵过程。

3. 关于农村废水收集处理的相关研究

由于农村生产生活污水产量小、产源分散、水量水质波动大，且在管理、资金以及工艺设计等方面存在种种问题，治理和循环利用存在较大的难度。

建设部在 2005 年对全国具有代表性的 9 个省份部分村庄进行了调查，结果显示 96% 的村庄没有排水沟渠和污水处理系统。我国从很早开始开展了村镇生活污水分散处理技术的开发和研制工作，针对农村地区基本特点提出了多种分散处理技术。国内村镇生活污水治理多以化粪池和沼气池为预处理技术，以人工湿地、土地渗滤、稳定塘等强化自然处理技术，氧化沟、SBR 等活性污泥法处理技术，生物

接触氧化池、生物滤池等生物膜法处理技术，以及 MBR 膜处理技术等作为主要的处理工艺。国内村镇生活污水治理示范工程在京津、江浙等经济较为发达地区以及重要的水源保护地如滇池、太湖率先开展，但是工程推广中面临着各种困难。中西部地区也在积极探索适宜的村镇污水治理工艺，部分经济落后地区尚缺乏村镇污水治理的条件。我国村镇污水处理主要存在村镇地区人口密度相对偏小，镇与镇、村与镇、村与村之间比较分散的问题，加之丘陵山区地带地形复杂，污水收集存在较大的难度。此外，目前国内缺乏针对村镇污水与循环利用处理的技术标准和技术参数。

国外发达国家较早开始注重农村分散生活污水的处理和控制，在处理技术的研究和应用方面积累了许多经验。美国建设农村分散式污水处理技术从最初的简单户外污水坑、化粪池演变到目前较为先进的处理单元，主要涉及到改良的化粪池系统、高负荷厌氧处理、人工湿地、土壤处理系统等。德国研究者最初发现芦苇能去除大量的无机和有机污染物，经过实验室的大规模试验和发展后，人工湿地处理技术如今在北美和欧洲得到了大规模应用。日本从 20 世纪 60 年代便推出适用于农村地区粪便处理的净化槽技术与设施，80 年代日本农村污水处理协会开始研究并设计了多种不同型号污水处理装置，取得了较好效果。挪威根据其乡村房屋多建立在岩石上这一特点开发了多种形式的小型污水处理装置，以 SBR、移动床生物膜反应器、生物转盘、滴滤池技术为主，并结合化学絮凝除磷的集成式小型污水净化装置。华裔加拿大首席科学家祝京旭拥有固体颗粒流体化国际专利，运用该专利，祝京旭博士将来自 100 户（300～1 000 人）左右的农村居民生活废水收集，24 小时内处理，日均耗电 0.7 度，污水经处理后达到发达国家的排放标准，处理装置大小仅为 1 立方米。

国外的许多技术在国内已得到有效应用，但由于我国地区间差异巨大，工艺在不同的水质、水量、气候、地形以及不同的管理运行条件下会出现复杂的问题。

4. 农村用能规划利用技术

近几年国内研究学者对村镇资源、可再生能源利用、能源结构、能源消费等开展了一系列研究工作，主要包含以下几个方面：一是对能源结构、能源消费结构的调研分析工作，在重庆、长三角、北京等地区典型村镇进行实地调研，分析其能源结构、用能现状的特点，研究村镇发展策略；二是生物质能、太阳能等可再生能源研究，如农村秸秆气化技术的应用与研究、太阳能热水器的应用推广；三是基于我国农业现状，论证在农村地区利用新能源发展节能减排的可操作性和现实意义。这些研究、实践成果都是基于结合村镇能源与国家发展规划进行研究，突出村镇能源的特色以及能源研究对村镇可持续发展的

评议

积是多少，还有公共服务设施的面积是多少，要分开写。

我们是针对农村的，适用的技术、装备、所有成果包括最后示范，都要符合农村特点。必须要适合于农村，并且要经济可行的技术和装备。

总之，对整个报告而言：①目的、意义、必要性；②研究内容；③考核指标；④经费问题及经费预算，要展开。报告技术上可行但经济效益论述不够；⑤组织管理措施，组织机构要落实。再一个说研究团队，你的研究团队由哪些单位组成？你报告上面没有××镇，你应该把××镇写上，否则做示范的经费都没有办法拨下去。

课题申报单

评议

位应该是××镇，你是技术支撑单位。

专家七：美丽乡村建设肯定要围绕城镇化来说，城镇化是国家战略，项目方向正确。存在的问题是：第一，团队组成。两个大学一个公司，有很多的优势基础，但是基础和优势相关性说得不完备。第二，规划内容中产业部分描述相对不足，而生活生产废弃物的处理跟产业紧密相关，为了地方经济的发展和就业，城镇化必须先规划一下产业。过去城镇化建设就犯这个毛病，现在没有产业支撑就不行。否则生产生活不能融合，产业不能深化、升级。第三，废弃物。污物处理的方法、处理的设备、

必要性。据清华大学 2006 年和 2007 年调研数据显示，南方地区农村使用商品能源平均已接近 50%。随着商品能源使用量的快速增加，天然冷热源（地热能、空气能、太阳能）以及沼气能作为低品位能源越来越受到重视，村镇地区如何对天然冷热源及沼气能高效集成利用对减少商品能源增长率起着关键作用。

农村沼气主要分布在长江流域，四川和重庆地区最为集中，沼气技术本身已经很成熟，形成了《沼气工程技术规范》等。不过，沼气技术在农村应用中常见的问题是运行不稳定、有效寿命极短，其根本原因在于：①规模小；②管理人员缺少专业知识和运行参数调控手段。国内研究者为进一步推广沼气在村镇中的应用，在解决原料不足、受环境温度影响大、管理不到位等问题上，进行了一些研究和实践。如新疆绿野宝油环保能源科技有限公司的研究人员通过使用燃煤燃气两用炉，同时配以太阳能集热器，产生温度稳定的循环热水，即同时利用太阳能、煤炭、沼气能多能互补增温，效果显著，产气率高。浙江金华地区以大型养殖场为原料来源，建设集中沼气池，通过输气管网给附近的村民供气，已建成十几个示范点。随着天然气走进村镇，我国政府出台了一些鼓励沼气并入燃气管网的法律措施，如《中华人民共和国可再生能源法》第十六条规定："利用生物质资源生产的燃气和热力，符合城市燃气管网、热力管网的入网技术标准的，经营燃气管网、热力管网企业应当接收其入网"。目前此项技术在国内已有应用，如郑州市王新庄污水处理厂将生产的沼气净化成达标的天然气并入市燃气管网，大连市夏家河污泥处理厂采用厌氧发酵工业制沼净化、提纯后进入城市煤气管网。

随着国际石油紧缺状况的影响和能源资源约束的日益突出，能源资源情况不容乐观。美国能源政策以"增加国内供给、节约能源、降低对外依存度以及大量使用清洁能源"为核心，21 世纪初，陆续出台了《21 世纪清洁能源的能源效率与可再生能源办公室战略计划》、《国家能源政策》等十多项政策来推动节约能源。各国也都相继颁布了推进可再生能源利用的相关政策，如美国智库力推国内太阳能光伏补贴政策改革，法国、巴西等国起草太阳能利用补贴政策。农村能源的开发利用已经引起各国各地区的重视，尤其是在传统能源日渐紧张的今天，农村能源开发，特别是新能源的开发，应做到因地制宜，从当地实际出发，确定合理的能源结构。

对于用能需求，世界各国学者在能耗预测、能源规划和系统优化方面进行了大量的研究，提出了估算城镇能耗的统计方法，分析了用能需求，调研了各地区可再生能源的分布情况，并采用能量流动优化模型（EFOM）、线性方法等对当地能源结构进行优化。各国还开展了对分布式能量系统的研究，以合理利用当地可再生能源，降低对化石

燃料的依赖，并提高系统能效。

现有研究中主要针对国家层面上的用能情况进行分析，村镇地域性差异太大，对于用能特性、用能需求分析甚少，且对村镇用能分析基本集中在生活用能上，没有充分结合当地发展情况。

德国的小城市以及村庄规划理论和实践已经很完善，可以说每个村庄都是美丽乡村。对于生物质和垃圾的收集利用，德国有非常成熟的技术，例如强化厌氧、热解、制肥、气化等工艺。本课题将与德国的专业规划设计公司 APP 开展合作，将该公司百年积累本土化，并加入成都当地的人文因素。APP 公司在人居规划领域拥有多项知识产权，在中国国内也有业绩，其中有多项涵盖了集约居住区废水和垃圾收集处理、太阳能利用、燃气供应、地源热泵空调系统、养殖种植业废物废液收集处理利用等。

预期：①研发成功适合中国南方高聚集度农村美丽乡村集约规划设计体系；②制造并运行适用于养殖种植业废物及污泥的高效厌氧消化系统；③研制成功适合当地排放特点和水环境规划的污水处理系统并应用；④建立生活垃圾收集利用分拣和处置体系；⑤集成示范美丽乡村，突出清洁能源的广泛应用以及给予市场规律的、经济社会发展的可持续性。

（二）项目申请单位及主要参与单位研究基础（已有的研究开发经历、科技成果、科研条件与研究开发队伍现状等）

1. 项目申请单位

西南交通大学：国家"211 工程"和"985 工程"重点建设院校，研究经验丰富，近年分别承担很多项多家"863"、"973"类项目，相关的发明专利有 20 多项。拥有一批长期从事城市规划、废水处理、生物质能源利用、固废处置、水处理技术研究的技术骨干，具有较强的研究基础和专业技术基础，其中正副教授 26 人，高工 24 人，博士 25 人。自 20 世纪 90 年代以来，与德国汉堡工业大学、艾森大学、超声波公司、APP 公司，荷兰索利斯公司，法国索尔公司，中国环保产业公司、四川金海股份公司、新筑股份（上市公司）等著名高校以及公司开展研发及工程项目方面的合作，并参与多项工程设计与调试，包括多项畜禽养殖废物废液厌氧处理利用。

在多年的科研业务工作中，西南交通大学在科研上取得了大量科研成果，部分成果已经实现了设备化进入市场，其中最新的两项相关专利申请用于解决生物质厌氧消化的废液零排放以及消除沼气中硅氧烷问题（专利编号分别是 CN103172229A，CN103172243A），现已处于公示阶段。

校内的设计院——西南交通大学建筑设计院具有住建部颁发的建筑市政一级资质，成立四十多年来，完成了大量市政类项目的规划

评议

处理的成本这也很重要。你利用自身优势引进德国先进设备，这很好。同时要考虑适合中国的国情，要有针对性，针对中国生产力实际。农业废弃物的利用途径很多，这次发改委与环保部专门搞了一个重大专项，支持农业废弃物生产食用菌。而你们最富有的秸秆也有很重要的利用途径。

关于信息化的问题，你没有谈。环境建设、废弃物的处理，美丽乡村，这块肯定涉及信息化，处理过程当中信息化要全程跟踪，合理调度。处理以后的评价，示范过程怎么进一步优化，农民的反馈，整个信息化的问题，我觉得是很大一块。尤其是智能化小区、

评议

智能医疗，是很大一块。"四化同步"，农业现代化必须要有信息化。

总之我觉得，竞争越来越大，申报的项目多了，要优中选优，过程就更严格更残酷，你要把思路理清楚，将报告改好，申报成功的关键是可行性报告，失败更是因为可行性报告。

如果将来选中了你的报告，你必须把幻灯片做好，你要进行答辩，自述时间约20分钟，PPT非常非常关键。第二，将来答辩都是远程答辩，所以，PPT必须观点明确、字要大，写几条就行。第三，乡村建设，紧紧扣住技术集成研究和装备研发，一般人都知道的你

建设。

长期合作单位成都西南交大环保工程有限公司依托校内的技术和研究优势，长期从事环保工程、水污染治理、再生能源开发和利用以及节能减排等方面的工作，具有很强的研究和开发实力。

长期合作单位APP公司是著名的德国企业，在人居规划领域拥有多项知识产权和奖项，在中国国内也有多项业绩，其中有多项涵盖了集约居住区废水和垃圾收集处理、太阳能利用、燃气供应、地源热泵空调系统、养殖种植业废物废液收集处理利用等。

此外，申请人在担任成都市环保局副局长期间（2001—2005年）曾经分管规划和生态建设工作，负责全市生态建设、畜禽养殖污染治理、沼气技术应用方面的规划，对各郊县以及成都的总体自然状况、小城镇建设规划、种植养殖业规划布局有着清楚的了解，邛崃市是申请人任期内生态建设的重点范围。

2. 项目参加单位

四川大学：是教育部直属全国重点大学，是国家"211工程"和"985工程"重点建设的大学，是国家知识创新和科技创新的重要基地。学校目前拥有与项目技术相关的学院4个，包括生命科学学院、建筑与环境学院、经济学院及公共管理学院，拥有相关的国家重点实验室1个、各类省部级重点实验室5个。具备一流的实验室设备和条件。研究用实验室用房面积10 000平方米，拥有BI-200SM动态/静态激光散射仪、气相色谱-质谱仪联机、碳-氮联合自动分析仪、流动注射分析仪、气相色谱仪、高压液相色谱仪、离子色谱仪、原子吸收分光光度计等大型仪器设备，具有开展本项目研究的实验室、试验分析仪器、实验基地和相关的研究人员。在与本项目相关的研究领域上，在建筑节能与人居环境规划设计、农村废弃物收集处理及农村能源循环利用等方面开展了大量的研究工作，取得了较好的成果。近5年来，承担国家"863"项目、"973"项目、国家支撑计划项目、国家自然科学基金，及国家各部委、省攻关项目以及地方项目100余项，发表相关中外科技论文500余篇，获得相关国家发明专利20余项，具有较好工作基础。

3. 项目示范实施地方政府

邛崃市牟礼镇政府近十年以来一直是城乡一体化规划建设的积极执行者和推动者，通过集约化人居和土地用途调整，释放了大量富余劳动力，要安置这些劳动力，根本出路在于新的经济模式和新的增长点。当地强大的酿造工业产业优势基本是一直是"单打冠军"，上下游的农业、服务业等配套没有搭乘上工业"大船"，经济的关联性不够，没有形成产业链及产业环，与政府预期的"团体冠军"差距明显。通过系统调研，党委和政府一致认为要从新的规划技术和经济模

式上入手，才能根本解决当地经济社会快速稳定发展的问题，实现"人民安居乐业、生态良性循环、再现文君故里"的目标，其中主要抓手就是：产业升级、优势整合、突出人文、低碳发展。借此，当地工农业将良性互动，形成聚集效应，由此消纳上述富余劳动力，并带动旅游业（观光、度假、怀古）的升级。

微牧现代农业有限公司是邛崃市的一个生态农业和生猪养殖企业，年出栏生猪2万头，其种植基地有10多万亩良田，生态农业基地400亩。近年来，养猪场与课题申请单位建立了良好的合作关系，双方在实习基地建设、新技术研发、沼气脱硫脱硅等方面有着密切合作。在本项目研究中，该公司将提供场地、部分电力、农业试验田等各种支持。

花卉生产是成都郊区乡村的重要产业，已经有著名的"三圣花乡"以及"成都的荷兰"（蒲江郁金香园）等。与之相比，牟礼镇具有土地集中（除了微牧公司有10多万亩土地，当地还有数家类似规模的公司）、管理团队执行力强的优势，将借助本课题循环经济提供的优质有机肥（包括污泥肥），把高端花卉业、体验之旅等打造成附加值高、吸纳劳动力多的就业引擎之一。

三、研究内容与考核指标

（一）研究内容、技术路线和创新点

1. 研究内容

（1）高聚集度美丽乡村集约规划设计技术。基于高聚集度农村的自然、地理、环境、生态、社会、经济及技术约束条件，筛选具有代表性美丽乡村集约规划设计表征指标，建立高聚集度美丽乡村集约化发展与空间功能协同的适应性规划设计方法，开发基于环境整治布局与清洁产业发展相结合的美丽乡村集约化规划设计技术与发展模式，研究在规划设计中主动采取措施适应气候变化，研发适合中国南方高聚集度农村美丽乡村集约规划设计体系。编制高聚集度美丽乡村集约规划设计指南。

示范点邛崃市位于成都西面郊区，四川盆地西缘，人口近70万。这里气候是典型的四川盆地特征，光热水条件优越，土地出产率极高，因此，人均生态足迹很低，每年有大量的生物质（谷物、蔬菜、秸秆、牲畜粪便等）可用。历史上，小农经济造就了这里人居分散、基础设施（供水排水、垃圾收集处理、能源供应等）简陋原始的状况。在能源供应上，仍然以秸秆和煤炭为主，污染重、能效低。同时，因为缺少基础设施，每年有大量废水、粪便和农业面源污染物等进入水域。再则，就是垃圾收集和处理一直没有规范解决，成为重要的污染源。由于旅游业发达，上述污染在全境均存在。在人居习惯上，当地木结

评议

就不要再说了，那都是司空见惯的东西。你就讲别人做不到的，或者讲当前社会，热点问题、难点问题是什么，你怎么解决的，把这些东西说清楚就行。

第四，优势说得太多了反而影响效果，其实，你最大的优势是，第一，你在德国待了那么多年，而且参加德国那么多城乡建设，搞农村的集约化的建设，农村人用的就是太阳能及沼气，没有臭味没有苍蝇，农民家住房就像小别墅似的，这是你非常大的优势。怎么把这个东西移植过来并实现它。第二个大优势，你当过××局副局长，也有政府背景，人脉关系也比较多，沟通起来、协调起来

评议

比较方便。第三，你选这个点，这个村这个镇就是你比较熟悉的地方，地方上也有积极性，所以你在这儿干起事来比较容易，但是你这些东西强调得不够。根据你刚才介绍的情况，你在体制上、机制上，你有一套新的想法，你跟一般人不太一样。根据目前规划、住宅建设、能源情况，最最难的还是农村垃圾处理、垃圾分类，垃圾减量化，把好这关，污水处理，清洁化都好办了。所以，你还要好好再整理一下，把想到的写到位、说到位，你的优势很大。你现在材料太长了，重点不突出，再修改一下，你将来再汇报、再讲，要画龙点睛，因为答辩没有那么多时间。

构房子和薄壁墙有很长历史，保温性能差，供暖供冷消耗功率大。本课题基于邛崃市牟礼镇的自然人文条件，筛选具有代表性的美丽乡村集约规划设计表征指标，建立高聚集度美丽乡村集约化发展与空间功能协同的适应性规划设计方法，并开发基于环境整治布局与清洁产业发展相结合的美丽乡村集约化规划设计技术与发展模式。为此，根据"深化城乡统筹、加强科技创新、推进新农村建设"的科技需求，依托邛崃市城乡统筹建设、国家级生态示范区后续建设、邛崃市都市现代农业示范工程建设等项目，借鉴欧盟的成功规划经验，集约规划高聚集度美丽乡村建设、建设示范镇，在此基础上编制集约规划设计指南。在规划中，结合邛崃市牟礼镇的具体情况，充分开发利用当地的工农业及旅游业优势和生物质资源，以标准化人居环境和全新的产业环设计，以光伏、光热、风电、生物质厌氧消化和固废热解为结合面，极大提高再生和清洁能源比例、改变供能方式，根本提升种植基地品质，形成独具特色的循环经济（产业环），如后文（6）中的图。由图可见，生产生活中的各种废物废液（水）均被处理，变成再生能源或者达标水排放，而出产物就是高品质农产品、原酒等。其中的低温热解工艺除了将各种垃圾变成热解燃气外，还有两个重要的作用：第一，修复受污染土壤，以保证种植基地的土壤品质符合标准；其二，处置重金属超标的污泥，其原理是将重金属固化到热解残渣中，成为稳定的盐类，申请人在德国参与的研究表明，即使用强酸（例如 pH＝1.5）也不能将重金属溶出。结合邛崃市原酒厂多的特点，大规模采用酒糟、养殖种植业废物生产沼气，并用沼渣沼液，生产高品质的农产品（原酒原料、有机茶和蔬菜）。

（2）高聚集度乡村高能效小康住宅建设技术。提出适合高聚集度乡村的高能效住宅设计技术，特别是通过被动式技术与行之有效的符合成本效益的主动技术互相结合，实现住宅设计的节能减排。提出结合通风、采光、新能源利用的建筑—体化设计技术，开发适宜于高聚集度农村的建筑群体空间组合方式，结合高聚集度农村集约化居民生活模式及规律，构建适应于高聚集度农村的村庄建筑户型、布局设计技术。

通过调研国内外住宅高能效技术，提出适合高聚集度乡村的高能效住宅设计技术，特别是通过被动式技术（例如被动房）与行之有效的符合成本效益的主动技术互相结合，实现住宅设计的节能减排。被动房目前在西欧应用日益广泛，其优点是不需要主动设施（暖气、空调等）供暖，而仅靠室内人员活动以及家电发热即可满足室内在严冬季节维持 20℃，这种技术在德国已经实现了所谓的"0.15/1.5/15"，即整栋房屋外墙的散热系数 $U＝0.15$ 瓦/米^2·度，每平方米建筑每年取暖需要的油料是 1.5 升，对应的能耗是 15 千瓦时。德国的纬度远比四川高（例如德国中部城市法兰克福的纬度是北纬50°），年平均温度和极端最低温度分别是 4.7℃和－16℃，而成都这两个温度分别是 15.9℃和－5.9℃，均比法兰克福高 10℃以上，要实现被动房标准，建设成本会比德国低得多。被动房夏季空调成本节省与冬季冬暖时原理相同，关键因素都是房子的保温性能。本课题示范内容中，将改造或建造一栋这种性能的房屋。

四川是生猪和奶牛养殖大省，标准化猪舍和牛舍的温度监控调节也将纳入考虑。

（3）高聚集度乡村的清洁能源高效利用技术。基于高聚集度乡村生活用能和产业用能现状、影响因素、需求分析，研究典型高聚集度村镇生活用能的个体差异性、季节差异性和区域差异性等，通过对太阳能技术、沼气能技术、风能技术等的研究分析，集成现有适应技术与装置，提出适合高聚集度乡村的价格适中的清洁能源及高效用能规划设计方法，建立设计指南，实现高聚集度农村清洁能源的高效利用。

通过对太阳能（光伏、光热）技术、沼气技术、风能技术、生物质热解、流体（空气、地表水、地下水）温差能源等技术的研究分析，最大限度地提高清洁能源的利用效率和比例。通过当地的产业环，将上述清洁能源比例提高到 60％以上，在养殖业和种植业提高到 80％以上。

（4）高聚集度乡村水环境保护、污水收集和处理系统集成技术（含美丽乡村环保设施运营管理、污泥的开发利用）。研究高聚集度农村污水产排特征、污水排放量、污染物浓度与影响因素，重点研发与集成低动力、低成本、运行维护简便的污水处理技术，结合对调研资料的比较分析、试验研究资料总结分析，提出适用于高聚集度农村的污水处理工艺及其工艺组合，建立高聚集度农村污水处理工艺的设计方法和运行管理模式，制定实用工艺技术指南。

通过对当地农业面源污染（化肥、重金属）、生活污水和养殖业污染水污染特性和排放量进行研究，因地制宜，开发出适合当地排放特点和水环境规划的污水处理系统并应用。对于集中排放的生活污水（主要是管网收集的部分）采用活性污泥工艺处理，大型养殖场废液采用中温厌氧与人工湿地及氧化塘组合工艺，对于分散住户则采用小型人工湿地、人工快滤或者生物转盘工艺。

中温厌氧设施的运行伴随着氨的产生，这在沼气和消化液中均有体现。消化液中氨的浓度达到一定值时，对微生物有抑制作用。如果消化液不循环利用，则氨的浓度不会产生抑制作用，但是这样的流程没法利用消化液的余热，需要消耗部分沼气不断给新倒的废液升温，使其达到 37℃，见下图 a。为了利用消化液余热，设一个小型温室，消化液从中流过，其中的水葫芦等高效水生植物，四季生长。消化液经过脱氨氮成为生产用水，仍然有部分余热。用其冲圈，不但实现废水零排放（生产用水闭路循环），而且水在循环中对养殖废液有重要的预接种作用，可缩短消化周期、增加沼气产量，这部分设计将采用一种申请人自有的专利技术系统。（图略）

（5）高聚集度乡村生产生活垃圾收集和处理技术。基于高聚集度农村生产生活废弃物特点、组分特征，居民习惯等因素，构建与美丽乡村建设和产业发展相协同的生产生活废弃物处置模式，集成建立适合高聚集度乡村的生活垃圾收集利用分拣、转运及高效处理设备技术，制造并运行适用于养殖种植业等生产废物及污泥的高效厌氧消化技术模式，实现养殖废物的价值高效利用，综合建立高聚集度农村生产生活废弃物收集与处理技术指南。

对当地生活垃圾产生的特点，生活垃圾的组分特征，居民习惯等因素进行研究，建立适合高聚集度乡村的生活垃圾收集利用分拣和处置系统，进行热解处理，从而彻底无害化、稳定化、减量化。

（6）城郊美丽乡村集约规划建设技术集成与示范。集成城郊美丽乡村集约规划建设技术，以四川邛崃牟礼镇为典型示范地，开展技术综合应用示范，建立美丽乡村集约规划建设技术示范样板，构建美丽乡村集约规划建设效果评价方法，通过综合验证与评估，提高美丽乡村集约规划建设技术集成实施能力，促进成果的广泛推广应用。示范基地将考虑上述六项内容。（示意图略）

2. 技术路线

针对高聚集度乡村集约化规划建设技术难点，从"技术集成"和"工程示范"2条途径，突破高聚集度美丽乡村集约规划设计、小康住宅建设关键技术，优化集成高聚集度农村生产生活废弃物收集与处理技术设备、污水低成本集中处理技术、清洁能源高效利用技术，在四川邛崃牟礼镇开展关键技术集成与示范，形成高聚集度乡村集约化规划建设技术体系。

3. 创新点

（1）针对高聚集度农村的自然和社会经济条件，研究开发基于自然环境与社会环境适应性相结合的集约化规划设计的指标体系与技术指南，进一步完善与规范高聚集度农村集约化规划建设技术体系。

（2）提出高聚集度农村土地集约利用条件下的小康住宅建筑建设技术，依托现有建造技术和建筑材料性能，集成改善高聚集度农村物理环境和空间利用的建筑设计和绿色建造一体化关键技术指南。

（3）结合高聚集度农村的地域特征和社会经济发展水平，针对城乡统筹一体化村镇的污染控制目标，因地制宜开发村镇生活垃圾分类收集模式与处理实用技术、村镇生活污水低能耗、强化自然处理技术。

（4）针对高聚集度农村典型村镇气象、水文和地质条件，建立高聚集度农村典型区域村镇天然冷热源资源数据库，提出适合高聚集度农村高效用能规划方法。

（5）在规划设计中主动采取措施适应气候变化、减少温室气体排放，尤其结合养殖和种植业的排放特点，重点减少或者消除笑气（N_2O）的排放，研发适合中国南方高聚集度农村美丽乡村集约规划设计体系。说明：笑气是《京都议定书》里排在第三位的温室气体，仅次于二氧化碳和甲烷，其温室效应强度（GWP）是二氧化碳的 300 倍，主要来源是农牧渔业。根据联合国环境署（UNEP）和联合国粮食及农业组织（FAO）的报告，目前人为因素每年排放的笑气量是 530 万吨，相当于 15.9 亿吨二氧化碳等代值，主要来自农牧渔业，其中牲畜粪便的笑气排放约占 1/3。按照人口均摊，我国大约占 20%，即 3 亿多吨，这个数值超过许多中等国家温室气体排放总量，如果考虑到我国的土地利用强度远超发达国家，上述比例还应上升。我国对国际社会已经做出了减排承诺，今后废气排放也将成为生产成本，有的省份已经在进行尝试排放权交易市场。一旦国家全面市场化管理排放，笑气必然变为有偿排放。因此，在规划中考虑笑气减排，实际是在为未来考虑，是主动适应气候变化的步骤。考虑到我国对笑气减排的研究尚未重视，本课题将借鉴国外经验在规划中适当考虑。

（二）主要技术指标

（1）城郊高聚集度美丽乡村集约规划设计指南 1 项；

（2）城郊高聚集度农村集约型小康住宅建设技术 1 套，建筑户型、布局设计图集 1 套，建筑节能率 50％。另建或改造"碳中性"住宅 1 套；

（3）城郊高聚集度农村生活垃圾预处理与收集技术 1 套，集成转运设备 1 套，提出实用技术指南 1 项；

（4）城郊高聚集度农村生产废弃物循环利用及处置技术 1 套，提出实用技术指南 1 项；

（5）城郊高聚集度农村污水低能耗、强化自然处理关键技术 1 套，提出实用技术指南 1 项；

（6）城郊高聚集度农村用能高效规划设计技术 1 套，清洁能源比例提高到 60％以上，提出实用技术指南 1 项；

（7）获得国家发明专利 5 项以上，发表相关论文 15 篇。

（三）预期经济、社会、环境效益（如技术及产品应用产业化前景，在项目实施期内能够形成的市场规模与效益，对保障国家安全、促进社会可持续发展及提升我国相关产业竞争力的作用等）

本项目成果将生态保护、高附加值农业生产、人居环境改善、节能减排、主动应对气候变化等因素相结合，在促进乡村经济快速发展的同时，实现社会环境效益，增强我国这类产业的竞争力。类似牟礼镇的乡镇在成都有 200 多个，四川 4 000 多个，西南乃至全国更多，因此有很好的产业化前景。

（四）项目实施中可能形成的示范基地、中试线、生产线及其规模，或对所依托的重大工程建设或重大装备研制产生的作用

项目将在四川邛崃牟礼镇建立示范基地 1 个，预期形成集集约化规划、小康住宅建设、污染治理及新能源综合利用为一体的综合性示范点，综合示范覆盖面积 50 000 平方米以上，生活污水处理率达到 90％以上，生活垃圾回收处理率达到 90％以上。

同时，将利用微牧现代农业有限公司的万头猪养殖基地和十万亩良田，建设高附加值农业产业化基地、生物质（养殖业种植业废物废液、污泥、餐厨垃圾等）清洁能源示范基地，日产沼气约 13 000 立方米（等代值），可完全满足附近集约化居住者 54 000 人以及养猪场的能源需求，形成种植业和养殖业良性互动、互相促进的模式，形成新型产业链和新的就业岗位，促进当地社会和谐稳定。

（五）人才队伍建设

通过本项目研究，培养和造就一批我国高聚集度农村美丽乡村集约规划设计、美丽乡村节能减排住宅设计及建设、乡村垃圾收集及处置技术和高效厌氧消化技术及沼气太阳能开发应用等方面的专业技术人才。预期将培养中青年技术骨干 10～15 名，培养研究生 20 人以上。

（六）其他考核指标

在 100 000 亩农田上检验原酒生产原料谷物以及蔬菜的附加值提升量；在上述农田生产过程中劳动力消纳量将达到 8 000 人，受益人口达到 50 000 人以上。而且重要的是，示范效应一旦展现，就会带动更多的地区，惠及上千万人口。

四、经费需求

项目总投资预算及资金筹措方案。

1. 项目总投资预算

项目总投资预算 3 800 万元，其中：国拨经费 3 200 万元。

2. 资金筹措方案

该项目需要的投入经费总额 3 800 万元，除 600 万元来自企业外，其余 3 200 万元资金来源于国家拨款。

五、实施机制

1. 组织管理措施

本项目由西南交通大学负责牵头，参加单位有四川大学及相关示范实施单位，分别成立领导小组及技术小组。领导小组负责进行统一部署、协调推进、督促检查，技术小组负责完成课题任务。西南交通大学在项目实施的过程中对项目实施方案、进度和目标进行审核，提供项目的执行经费。西南交通大学负责项目的资源分配指导、监督项目的实施、进度和目标的完成。各承担单位负责项目实施方案的执行，落实资源的分配、保障资源稳定使用，节约项目的执行经费。

2. 产学研结合模式

产学研结合模式以西南交通大学为主导，联合西南交大环保工程有限公司、西南交通大学建筑设计院、德国 APP 规划设计公司等共同参与，地方政府、当地企业（养殖场、种植基地）实行既各司其职、分工负责，又密切配合模式，确保研究成果能解决实际问题，迅速投入业务化运行。

示范地点所在的邛崃市牟礼镇政府和当地企业微牧公司将在示范项目实施中予以全力支持（证明附后）。

3. 知识产权与成果管理及权益分配

知识产权与成果归项目组统一管理。依据各单位对科技成果的贡献，按实际情况进行权益分配。各方签署合作协议。

六、项目风险分析及对策

从整体来看，本项目的研究是从高聚集度乡村的规划出发，在研究其特点的基础上总结出建设美丽洁净乡村的各项技术难题，具有很强的针对性。各项技术均由有较强实力的科研与业务单位承担，科研与业务应用联系紧密，在研究阶段就可以投入业务试运行，边研究、边试点、边改进，并能在我国南方各省的新农村建设中推广，应用前景广，能为新农村建设带来很好经济和社会效益，且风险小。同时该课题研究起点高，站在节能减排型、环保低碳型乡村规划设计研究前沿，攻关成果在本行业内有很强的竞争力。

从局部看，由于项目研究内容涉及面广，各项研究还存在一定的技术难度，但承担单位将采取大目标分解成小目标，分步分阶段进行的方式，通过多交流、协作攻关，确保项目总目标的按时完成。

在市场风险方面有以下因素需要重视：原酒、旅游业和农业是当地的支柱产业和主要的就业去向行业。目前国家政策反对奢侈浪费，打压高端酒的消费，这就对行业有影响，但主要是高端酒，而当地主要产原酒（就是下游厂家买去经过勾兑装瓶上市的酒），受影响较小，况且当地酿酒有两千多年的历史，本地就有大量的固定消费者，因此受国家政策影响小。邛崃历史文化沉淀深厚（比如著名的司马相如与卓文君的故事），"青蛙自笑无拘束，又向文君朴上来"（陆游），旅游业方兴未艾，是四川乃至省外客人偏爱的目的地，是一个不断发展壮大的行业，同时也对环境不断提出更高要求。本课题的规划部分将结合现状，明确农业的下游产业不仅是原酒产业，而且有航空食品、干菜生产等，比较分散，因此承受风险的能力也强。重要的是：清洁能源、高品质高附加值农产品逐渐成为普通民众的消费习惯，这更加降低了本课题的市场风险。

因此，本项目的市场风险是可以预料并且可控的。

七、有关附件

与项目相关的其他证明材料或文件等。

1. 成都西南交大环保工程公司出资承诺书
2. 西南交通大学养牛废水工程业绩证明
3. 邛崃市牟礼镇政府合作证明
4. 四川微牧现代农业有限公司合作证明

项目答辩 PPT（节选）

一、项目目标与任务

以促进社会主义美丽乡村建设为根本目标，从城郊高聚集度农村特征着手，突破高聚集度美丽乡村集约规划设计、小康住宅建设关键技术，优化集成高聚集度农村生产生活废弃物收集与处理技术设备、污水低成本集中处理技术、清洁能源高效利用技术，开展工程示范与推广，为实现城郊美丽乡村集约规划建设提供科学合理的技术选择，为改善高聚集度农村生产和生活环境，保障农村社会经济的可持续发展供科技支撑。

一、项目目标与任务

（1）从高聚集度乡村自然、地理、生态、社会、生产生活过程的系统交互特征着手，建立高聚集度美丽乡村集约化发展与空间功能协同的适应性规划设计方法，尤其结合养殖和种植业的排放特点，重点减少或者消除笑气（N_2O）的排放，研发适合中国南方高聚集度农村美丽乡村集约规划设计体系；

一、 项目目标与任务

（2）开发适宜于高聚集度农村的建筑群体空间组合方式，结合高聚集度农村集约化居民生活模式及规律，构建适应于高聚集度农村的村庄建筑户型、布局设计技术；

一、项目目标与任务

（3）研发与集成高聚集度农村生产生活废弃物收集与处理技术设备、污水低成本集中处理技术、清洁能源高效利用技术，在我国西南地区典型乡村开展应用示范，实现规模化推广应用。

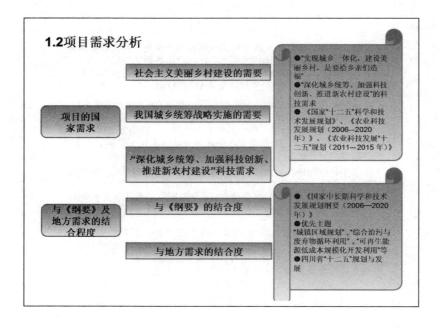

1.2项目需求分析

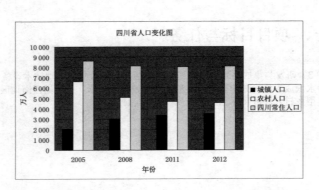

①四川省近年来向城镇转移人口超过840万人，在此高聚集度背景下，脏、乱、差局面难以有效治理，尚缺乏以集约化为基础的规划设计与建设技术；

②畜禽养殖污染严重。四川作为全国畜牧业大省，畜禽养殖数量居全国之首，但规模化养殖年出栏仅占总出栏数的5.1%。全省畜禽养殖年产生COD390万吨、氨氮79万吨，分别是工业排放量的13倍和38倍，是生活污染排放量的8倍和17倍；

③小城镇生活垃圾和污水污染加剧。全省现有6786万农业人口，大多数村镇建在河溪旁，没有建立完整的排放系统；全年产生农村生活垃圾1697万吨，很大部分未经处置，一些地方呈现垃圾"围村、塞河、堵门"之势；全年产生农村生活污水10多亿吨，大多直排河湖；

④农用化学物质及其废弃物污染继续加大。全省每年化肥施用量达220万吨，平均每公顷490千克，远远超过发达国家为防止化肥对水体污染而设置的每公顷225千克的标准，也远远高于全国化肥平均使用量每公顷330千克；

⑤清洁能源利用相对落后。能源供应方面，主要有秸秆（为主）、天然气、煤炭、液化气，属于混合型，对新型清洁能源的利用率偏低，产业结构和人居生活方式的改变使秸秆没有了出路，每年两个季节焚烧秸秆，影响着大气质量乃至交通安全。

1.2 项目需求分析

- 本课题相关内容实施示范点选在成都市郊区的邛崃市牟礼镇。
- 牟礼镇上述情况在成都乃至四川有普遍性，目前这样的镇在成都有200多个，在四川有4 000多个，全国更多。如何从规划入手，从技术、经济、社会、环境的角度系统解决上文所列的问题，是实现美丽乡村可持续发展、保护生态的关键点。

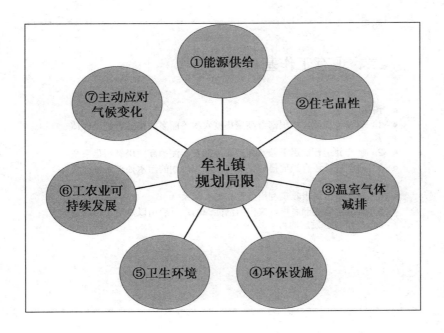

二、现有工作基础与优势

- 1国内外现有技术、知识产权和技术标准现状及预期分析
- 1.1关于集约化及村镇规划建设的相关研究
- 1.1.1城镇集约化发展相关研究
- 1.1.2村镇规划与建设研究
- 1.2关于生产生活垃圾收集处理的相关研究
- 1.2.1农村生活垃圾收集相关研究
- 1.2.2农村生产生活垃圾处理利用相关研究
- 1.3关于农村废水收集处理的相关研究
- 1.4农村用能规划利用技术

二、现有工作基础与优势

- 预期：
- 1）研发成功适合中国南方高聚集度农村美丽乡村集约规划设计体系；
- 2）制造并运行适用于养殖种植业废物及污泥的高效厌氧消化系统；
- 3）研制成功适合当地排放特点和水环境规划的污水处理系统并应用；
- 4）建立生活垃圾收集利用分拣和处置体系；
- 5）集成示范美丽乡村，突出清洁能源的广泛应用以及给予市场规律的、经济社会发展的可持续性。

二、现有工作基础与优势

- 2 项目申请单位及主要参与单位研究基础（已有的研究开发经历，科技成果、科研条件与研究开发队伍现状等）
- 2.1 项目申请单位
- **西南交通大学**：国家"211工程"和"985工程"重点建设院校，研究经验丰富，近年分别承担很多项多家"863"、"973"类项目，相关的发明专利有20多项。拥有一批长期从事城市规划、废水处理、生物质能源利用、固废处置、水处理技术研究的技术骨干，具有较强的研究基础和专业技术基础，其中正副教授26人，高工24人，博士25人。自20世纪90年代以来，与德国汉堡工业大学、艾森大学、超声波公司、APP公司，荷兰索利斯公司，法国索尔公司，中国环保产业公司、四川金海股份公司、新筑股份（上市公司）等著名高校以及公司开展研发及工程项目方面的合作，并参与多项工程设计与调试，包括多项畜禽养殖废物废液厌氧处理利用。
- 在多年的科研业务工作中，西南交通大学在科研上取得了大量科研成果，部分成果已经实现了设备化进入市场，其中最新的两项相关专利申请用于解决生物质厌氧消化的废液零排放以及消除沼气中硅氧烷问题（专利编号分别是CN103172229A，CN103172243A），现已处于公示阶段。

二、现有工作基础与优势

- 2.2 项目参加单位
- **四川大学**：是教育部直属全国重点大学，是国家"211工程"和"985工程"重点建设的大学，是国家知识创新和科技创新的重要基地。学校目前拥有与项目技术相关的学院4个，包括生命科学学院、建筑与环境学院、经济学院及公共管理学院，拥有相关的国家重点实验室1个、各类省部级重点实验室5个。具备一流的实验室设备和条件。研究用实验室用房面积 10 000 平方米，拥有BI-200SM 动态/静态激光散射仪、气相色谱-质谱仪联机、碳-氮联合自动分析仪、流动注射分析仪、气相色谱仪、高压液相色谱仪、离子色谱仪、原子吸收分光光度计等大型仪器设备，具有开展本项目研究的实验室、试验分析仪器、实验基地和相关的研究人员。在与本项目相关的研究领域上，在建筑节能与人居环境规划设计、农村废弃物收集处理及农村能源循环利用等方面开展了大量的研究工作，取得了较好的成果。近 5 年来，承担国家"863"项目、"973"项目、国家支撑计划项目、国家自然科学基金，及国家各部委、省攻关项目以及地方项目100 余项，发表相关中外科技论文 500 余篇，获得相关国家发明专利20余项，具有较好工作基础。

三、研究内容与考核指标

- 1 研究内容、技术路线和创新点
- 1.1研究内容
  - ➢ 高聚集度美丽乡村集约规划设计技术
  - ➢ 高聚集度乡村高能效小康住宅建设技术
  - ➢ 高聚集度乡村的清洁能源高效利用技术
  - ➢ 高聚集度乡村水环境保护、污水收集和处理系统集成技术（含美丽乡村环保设施运营管理、污泥的开发利用）
  - ➢ 高聚集度乡村生产生活垃圾收集和处理技术
  - ➢ 城郊美丽乡村集约规划建设技术集成与示范

1.2 技术路线

- 针对高聚集度乡村集约化规划建设技术难点，从"技术集成"和"工程示范"两条途径，突破高聚集度美丽乡村集约规划设计、小康住宅建设关键技术，优化集成高聚集度农村生产生活废弃物收集与处理技术设备、污水低成本集中处理技术、清洁能源高效利用技术，在四川邛崃牟礼镇开展关键技术集成与示范，形成高聚集度乡村集约化规划建设技术体系。

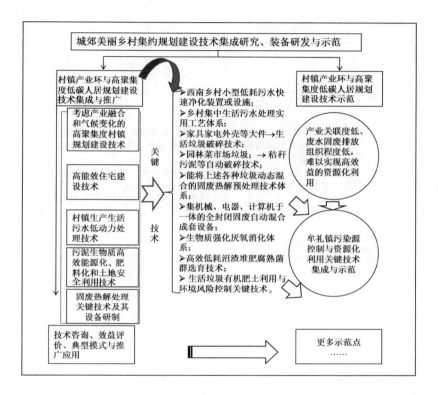

1.3创新点

- （1）针对高聚集度农村的自然和社会经济条件，研究开发基于自然环境与社会环境适应性相结合的集约化规划设计的指标体系与技术指南，进一步完善与规范高聚集度农村集约化规划建设技术体系。
- （2）提出高聚集度农村土地集约利用条件下的小康住宅建筑建设技术，依托现有建造技术和建筑材料性能，集成改善高聚集度农村物理环境和空间利用的建筑设计和绿色建造一体化关键技术指南。
- （3）结合高聚集度农村的地域特征和社会经济发展水平，针对城乡统筹一体化村镇的污染控制目标，因地制宜开发村镇生活垃圾分类收集模式与处理实用技术、村镇生活污水低能耗、强化自然处理技术。

1.3 创新点

- （4）针对高聚集度农村典型村镇气象、水文和地质条件，建立高聚集度农村典型区域村镇天然冷热源资源数据库，提出适合高聚集度农村高效用能规划方法。
- （5）在规划设计中主动采取措施适应气候变化、减少温室气体排放，尤其结合养殖和种植业的排放特点，重点减少或者消除笑气（N_2O）的排放，研发适合中国南方高聚集度农村美丽乡村的集约规划设计体系。

1.4 项目实施中可能形成的示范基地、中试线、生产线及其规模，或对所依托的重大工程建设或重大装备研制产生的作用

- 项目将在四川邛崃牟礼镇建立示范基地1个，预期形成集集约化规划、小康住宅建设、污染治理及新能源综合利用为一体的综合性示范点，综合示范覆盖面积50 000平方米以上，生活污水处理率达到90%以上，生活垃圾回收处理率达到90%以上。
- 同时，将利用微牧现代农业有限公司的万头猪养殖基地和十万亩良田，建设高附加值农业产业化基地、生物质（养殖业种植业废物废液、污泥、餐厨垃圾等）清洁能源示范基地，日产沼气约13 000立方米（等代值），可完全满足附近集约化居住者54 000人以及养猪场的能源需求，形成种植业和养殖业良性互动、互相促进的模式，形成新型产业链和新的就业岗位，促进当地社会和谐稳定。

1.5 人才队伍建设

- 通过本项目研究，培养和造就一批我国高聚集度农村美丽乡村集约规划设计、美丽乡村节能减排住宅设计及建设、乡村垃圾收集及处置技术和高效厌氧消化技术及沼气太阳能开发应用等方面的专业技术人才。预期将培养中青年技术骨干10~15名，培养研究生20人以上。

1.6 其他考核指标

- 在100 000亩农田上检验原酒生产原料谷物以及蔬菜的附加值提升量；
- 在上述农田生产过程中劳动力消纳量将达到8 000人，受益人口达到50 000人以上。而且重要的是，示范效应一旦展现，就会带动更多的地区，惠及上千万人口。

六、项目风险分析及对策

- 从整体来看，本项目的研究是从高聚集度乡村的规划出发，在研究其特点的基础上总结出建设美丽洁净乡村的各项技术难题，具有很强的针对性。各项技术均由有较强实力的科研与业务单位承担，科研与业务应用联系紧密，在研究阶段就可以投入业务试运行，边研究、边试点、边改进，并能在我国南方各省的新农村建设中推广，应用前景广，能为新农村建设带来很好的经济和社会效益，且风险小。同时该课题研究起点高，站在节能减排型、环保低碳型乡村规划设计研究前沿，攻关成果在本行业内有很强的竞争力。
- 从局部看，由于项目研究内容涉及面广，各项研究还存在一定的技术难度，但承担单位将采取大目标分解成小目标，分步分阶段进行的方式，通过多交流、协作攻关，确保项目总目标的按时完成。

六、项目风险分析及对策

- 在市场风险方面有以下因素需要重视：原酒、旅游业和农业是当地的支柱产业和主要的就业去向行业。目前国家政策反对奢侈浪费，打压高端酒的消费，这对就行业有影响，但主要是高端酒，而当地主要产原酒（就是下游厂家买去经过勾兑装瓶上市的酒），受影响较小，况且当地酿酒有两千多年的历史，本地就有大量的固定消费者，因此受国家政策影响小。邛崃历史文化沉淀深厚（比如著名的司马相如与卓文君的故事），"青蛙自笑无拘束，又向文君朴上来"（陆游），旅游业方兴未艾，是四川乃至省外客人偏爱的目的地，是一个不断发展壮大的行业，同时也对环境不断提出更高要求。本课题的规划部分将结合现状，明确农业的下游产业不仅是原酒产业，而且有航空食品、干菜生产等，比较分散，因此承受风险的能力也强。重要的是：清洁能源、高品质高附加值农产品逐渐成为普通民众的消费习惯，这更加降低了本课题的市场风险。
- 因此，本项目的市场风险是可以预料并且可控的。

七、有关附件

- 与项目相关的其他证明材料或文件等。
- 1. 联合申报科研项目合作协议
- 2. 成都西南交大环保工程公司出资承诺书
- 3. 西南交通大学养牛废水工程业绩证明
- 4. 邛崃市牟礼镇政府合作证明
- 5. 四川微牧现代农业有限公司合作证明

案例三：码垛机器人关键技术及饲料生产线集成应用项目

自主创新项目申报书

项目名称：码垛机器人关键技术及饲料生产线集成应用

申报单位：××省×××科技发展有限公司

通讯地址：××省××市××路××号

填报日期：201×年×月×日

一、项目研究的必要性分析

（一）项目背景及研究目标

饲料工业是支撑现代畜牧水产养殖业发展的基础产业，在推动新农村建设、繁荣农村经济、促进农民增收、带动养殖业生产方式转变等方面做出了巨大贡献，是关系到城乡居民动物性食品供应的民生产业。201×年，中国饲料产量达到1.784亿吨，居全球第一，占全球饲料总产量20%左右。"十三五"时期是

评议

该项目研究方向正确符合国家农业机械化、信息化、智能化的大方向，内容也比较客观，但报告形式及论述有待进一步修改。

专家一：因为你们是要申报国家重点研发计划或者省市计划项目，它肯定有可行性报告模板，你们的产品首先是用于饲料工业，我觉得第一步必须将项目背景搞明白，通常项目建议书，它都是由宏观到微观，有一个逻辑关系。该文没有课题的来源、背景，为什么要研究的理由不充分，另外从题目看，两个主体，其一是机器人的关键技术，其二

评议

是研究生产线的应用，让人感觉是两个主体，逻辑上似乎没有关联度，易造成误解。按道理在项目背景和研究目标中要紧紧抓住项目名称做文章，目的是论证立项目的必要性和急迫性，说明该项目有需求市场。另外建议将题目改为："码垛机器人关键技术的开发及其在饲料生产线中的集成应用"。

如机器人关键技术，必须紧紧瞄准"中国制造2025"，"智能制造'十三五'规划"的大方向。说明机器人的关键核心是：专用伺服电机、驱动器，高速高性能控制器、传感器等。通过你们的研究侧重解决什么技术，要说明。

另外：在饲料生产线集成应用方面，必须和"'十三五'饲料工艺生产规划"相结合，突出你产品的方向和定位是正确的。

我们讲饲料是大的行业，有你们产品需求的企业大概有多少。你的产品将来是服务于大企业为主，还是以中小企业为主。该项目是为谁服务？给大企业服务，那可能是一种型号，为中小企业服务又是一种型号，在背景介绍中对行业企业的数量，规模，应该有一个交待，目的是为后面市场打一个伏笔。

第二，对装备情况的分析：机器人的装备水平，包括研发的实施阶段，硬件架构、软件、控

中国特色养殖业现代化加快推进的重要时期，也是建设饲料工业强国的攻坚时期。饲料工业"十三五"发展的总体目标是饲料总产量达到2亿吨，将初步实现由饲料工业大国到饲料工业强国的转变。

饲料工业的发展离不开饲料加工机械的进步。目前，我国的饲料加工机械已经实现饲料加工各工段的自动化集成，并能与饲料加工企业的OA办公自动化管理系统数据共享，促进了饲料加工企业管理水平的提升。但长期以来，成品饲料一直依赖人工码垛，工人劳动强度大，生产效率低，劳动环境差。随着全国劳动用工形势从"技工荒"向"普工荒"扩大，各饲料加工企业纷纷寻求用码垛机器人代替人工完成码垛作业，全行业潜在需求量为×0 000台以上。

综上所述，本项目按中国饲料行业特点对码垛机器人进行定制开发，拟开发一种能够适应饲料行业生产特点、与饲料加工企业中央控制系统高度融合、性能可靠、维护简便的经济型码垛机器人，并完成生产线的建设，实现年产400套的生产能力，解决国内饲料加工企业发展的瓶颈问题，进一步提高饲料生产线的运行效能，有效降低产品成本，缩小与发达国家饲料加工装备的差距，提高国内饲料加工业的竞争力，推动中国饲料工业的健康发展。

（二）国内外研究现状和技术发展趋势

机器人技术水平是一个国家科技水平和工业自动化程度的重要标志和体现。作为人类20世纪最伟大的发明之一，经过四十多年的发展，工业机器人已在越来越多的领域得到应用。在制造业，尤其是在汽车产业中，工业机器人得到了广泛的应用，如在毛坯制造、焊接、热处理、表面涂覆、上下料、装配、检测及仓库码垛等作业中，工业机器人已取代人工作业。据不完全统计，全世界目前使用大约八千万台各类机器人。我国机器人应用工程起步晚，应用领域狭窄，201×年国内新安装各类工业机器人9 500台，市场保有量约5万台，201×年，我国工业机器人保有量可突破60 000台。未来几年我国工业机器人仍将保持稳定的增长势头，以年均增长15％速度计算，预计201×年工业机器人供给量接近2万台。

作为物流自动化领域的一门新兴技术，近年来，

码垛机器人获得了飞速发展。美国、瑞典、日本和加拿大等发达国家已经研发出码垛机器人并获得了广泛的应用，如美国 Fischbein 公司、OKURA 公司、加拿大 PTIEG 公司、瑞典 ABB 公司、日本安川电机公司、FANUC 公司等，其码垛机器人采用了伺服系统控制技术、微电子技术、传感技术、智能仿生技术和系统工程等先进技术，新的合金材料、高分子材料、复合材料、无机非金属材料等新材料也得到了推广应用，已成为集机、电、光、声、磁、化、生、美为一体的高技术、高智能、高竞争的产品，具有集成化、智能化、网络化、柔性化等特点。

瑞典 ABB 公司在 1974 年就研制出世界上第一台全电控工业机器人 IRB6，用于工件取放与物料搬运。1999 年开发出 RB640 码垛机器人，可完成每小时 1 200 个码垛循环，码垛重量可达 160 千克，同时开发出了 Palle Wizard 码垛软件。20××年开发出了模块化 IRC5 控制器，该控制器具有 Multi Move 和 Quick Move 两项功能，Multi Move 使机器人定位及重复定位精度得到了极大的提高。Quick Move 的自动化运动控制功能能够确保机器人的加速度始终处于最大状态，工作周期缩短 25%。另外该公司还开发了 True Move 专利技术，该专利技术的一个特点就是在整个工作范围内使用机械手保持平稳快速的运动，而且不论速度快慢，ABB 机器人的运动轨迹相同，目前 ABB 公司生产的 IRB7600 码垛机器人最大码垛重量为 650 千克，定位精度可达±0.07 毫米。

日本安川电机公司在 1977 年研制出了第一台全电动的工业机器人，而此前的机器人基本上采用液压驱动方式，目前，电驱动技术已成为机器人驱动技术主流。日本 FANUC 公司采用并联机构将机器人技术向数控技术拓展，实现机器人和数控技术一体化，同时该公司是世界上唯一提供集成视觉系统的机器人厂商，其生产的智能机器人 FANUC Robot M-410Ib/160，最大负载 160 千克，搬运速度每小时 1 500 次，重复定位精度±0.6 毫米。

我国的工业机器人从 20 世纪 80 年代"七五"攻关开始起步，目前已基本掌握了机器人的设计制造技术、控制硬件及软件设计技术、运动学和轨迹规划技

评议

制算法，关键模块设计及测试验证，初步确定的功能模块，核心是运动学模型算法、动力学模型、动态耦合补偿算法和高精度、高速插补算法的研究，验证及优化技术，文章对这些讲的都比较抽象。但是，这些可行性，投资人是必须要了解的。

第三，为什么要研究这些问题，现在企业群体装备状况，关键技术问题是什么，要有一个分析。只有详细分析了才能体现研发该机器人及应用的急迫性。分析必须用数字说明。研发该机器人不仅是减轻劳动量、解决安全性问题，更重要的是，保证产品的一致性，提高效率，降低成本。所以，在经济效益分析方面也必须量化。

具体的修改建议：饲料工业怎么起步的，跟国际的比较放在优先位置，然后介绍国家现在状况，项目背景要介绍清楚，国内外有一个比较。

第三部分，需求分析，建议根据需求，所以要研究设计，目标是解决生产中的需求，这样的逻辑关系会清晰一点。这个项目的创新点稍微有点弱，就是叙述得多，记住我们的投资人员可能不是学自动化的，内容必须让外行看懂，内行看了有水平才行。看报告要让他眼前一亮，除了技术语言外，还要有比较通俗的，适合投资人的经济、社会、环保

评议

效益分析。创新点必须以硬件、软件、传感器、运动部件等独占性内容说明。

从文章创新点描述而言，要有一些量化指标，将你专利的内容展开说明，描述具有独占性、不可替性的内容就是创新性，总之感觉文字叙述多，推理多，数字少，比如说轻量化，这个机器人的轻量化设计，我就没有概念。重量到底是多少，因为你是这方面的专家，你给出一组数字，说明现有比原来减轻了百分之多少，这种写法能增加你的真实性，也增加了你的创新亮点。

国内外的技术水平也应该有一些指标，总的来说应该增加一些数据，国内外的技术水平是用国际领先、国际先进，表述你们技术的标准术语。知识产权的情况，我们一般看专利，通常问多少项发明专利，因为我们国家的发明专利比例很小，实用新型比较多，这也是创新点非常重要的指标。既然是自主创新项目，自主知识产权，有多少发明专利需要注明。

项目完成以后，综合经济部门要考核项目的投入-产出比例、投入经费的回收期等指标。技术上可行，经济上也必须合理，否则投资人不会支持。

我们暂且把该项目当成一个创新的成果，你必须有示范工程，这也是非常重要的。这个示

术，开发出了喷漆、弧焊、点焊、装配等机器人，其中有约130多台喷涂机器人在20余家企业的近30条自动喷涂生产线上获得应用，弧焊机器人也已成功应用于汽车制造厂的焊接线上。中科院沈阳自动化研究所、沈阳新松机器人有限公司、清华大学、哈尔滨工业大学、北京航空航天大学、上海交通大学等单位对工业机器人技术进行了较为深入的研究，取得不少成果。在码垛机器人研究方面，我国×××公司、×××和××新科公司取得了一些成果，国内有关单位在包装机器人方面共取得42项专利（附表略）。

×××自动化设备有限公司1989年自行开发了自动包装机器人码垛生产线，可达600袋/时的效率。1993年又开发出了效率800袋/时的码垛机器人，2006年，又成功开发出生产能力1 600袋/时的机器人。2016年，又成功开发出生产能力2 200袋/时的机器人。

×××机器人有限公司引进日本安川技术，在其生产的机器人本体的臂结构上进行细长优化，在工业机器人控制技术中实现实时动力学控制技术。后该公司又引进了MOTOMAN-HP系列机器人，负载能力165千克，重复定位精度±0.2毫米。

××机械制造有限公司近期推出了RMD70型码垛机器人，这是国内包装行业自行开发的产品。该机负载能力为450千克，生产能力70箱/分，配备德国P+F、FESTO、SEWQ，日本SMC、奥地利贝力口莱等公司的先进控制元件。

我国饲料工业起步于20世纪70年代末期，经过几十年的发展，饲料工业已由最初单一的价格竞争、质量竞争向技术、人才、服务、成本等综合实力的竞争转变。随着市场全球化的发展，国际大型饲料企业集团进军中国市场，下一步的竞争将更趋于白热化。我国饲料行业只能加大科技投入力度，淘汰落后的人工码垛搬运生产工艺，采用先进饲料码垛搬运机器人，降低生产成本，在激烈竞争的环境下不断壮大自己。

目前国内各机器人企业提供的均为通用型码垛机器人，与饲料企业特性结合不够，限制了码垛机器人在饲料行业的推广应用。如与饲料加工生产线控制系

统集成度不够，存在信息孤岛现象，不能实现数据的适时传输和共享，还需配置专人在现场进行设置和监控操作。要完成码垛机器人与饲料生产、转运等设备的对接，实现整条生产线的协调与联动控制，还需要工业现场总线控制、成套装备协调作业等技术的集成研究。

目前，国内饲料加工企业普遍作业环境较差，作业时间长，这就对码垛机器人的运动平稳性、重复精度和可靠性提出了更高要求，因而有必要将模块化的设计思想应用于码垛机器人。国外自20世纪80年代以来，就一直致力于可重构模块化机器人系统技术的研究，当前不仅实现了机械结构的模块化，而且从电子硬件、控制算法、软件等方面实现了模块化。国内可重构的模块化机器人技术还处于起步阶段，中国科学院沈阳自动化所、上海交通大学等研究机构已经对可重构模块化机器人的运动学方程以及模型进行了一系列研究。

饲料码垛机器人用于饲料加工生产线末端产品码垛，需要长时间、高速、低故障工作，并且由于机器人属于高价值产品，有必要对机器人的运行状态进行实时监控与远程故障诊断，以解决饲料加工企业设备维护人员技术力量不足，系统维护维修成本高等问题。进入20世纪90年代后，随着网络技术的普及和完善，机器设备监测与故障诊断技术和网络技术、通讯技术相结合，形成一种新兴的监测诊断模式——远程监测诊断模式。虽然国内外在20世纪就开始研究机械状态检测及诊断系统技术，并取得了大量的成果，在许多设备上都有应用，但目前国内外针对机器人状态检测及故障诊断技术的研究都尚处于起步阶段，有巨大的发展空间。

当前发达国家制造的机器人集成了伺服系统控制技术、微电子技术、传感技术、智能仿生技术和系统工程等技术，智能化程度高，能解决待码垛产品位置、重量、形状变化等问题，但价格昂贵；国产的码垛机器人大多难以根据产品位置、重量、形状变化进行自适用调整，当待码垛产品出现形状、位置误差后，码垛机器人有可能无法正常工作，甚至破坏待码垛产品和损害机器人本身，难以适应目前国内饲料行

评议

范工程可能会解决你工业性的试验，昨天，我们协会做完了其成果中试，生产规模几万的批量，就是因为做工业性实验，最后失败了，损失很大。所以，我觉得这个示范工程应该有，过去我们项目实施是有这个要求的。至少你有这种科学意识，你想到了，然后你再交给企业使用。要不然从实验室出来的东西没有人敢买啊。另外还要有成本分析，这都是很重要的指标，大概多少成本，市场前景都会涉及价格问题，价格此时就上升为核心竞争力。

最后是费用预算，我看了一下，3 000万的资金，设备费占了2 400万元，其中200万元是试制设备，这些研发经费可以支出的。但是有2 200多万元，是购置设备费，如果按照我们审项目，你既然是自主创新项目，实际上就是研发项目，它不是改造项目，两千多万的费用，买什么设备？不是我们苛求，而是财政部的资金都有分类，研发的经费只能买研发设备，实验设备，不能买生产线。技术改造的经费有些东西也不支持你，你要研究申请的资金干什么，一共3 000万元项目，其中买设备就2 200万元，这不符合研发经费的支出要求。

专家二：我看了这个报告，其中的难点、创新点及研究内容，

评议

彼此不匹配。技术难点列了4条，创新点也是4条，但是模块化设计没有列入创新点。我想做设计时，研究目标，研究任务及技术难点和创新点都应该结合起来，否则在逻辑上说不通。

第二，文字编写时，有些地方说得很含糊，不是太准确。建议有些地方要说得量化一点，通过运用和分析智能化生产线，说明使用机器人的必要性，通过远程诊断，缩短维修时间等技术方案，能够让用户理解得更透，更准确。

第三，自适应控制技术是其中的一个主要研究内容，这块内容应该是分量最大的，你只是讲自适应控制技术，但是它的内涵是什么呢？我大概梳理了一下，可能包括了三部分内容，一个是感知，一个是判断，一个是在以上基础上的动作方案，或者是动作由三块构成，即适应控制技术。自适应这个词，能否涵盖这三块内容，如果不能涵盖的话，我建议你还是给它分开，因为，感知、判断、动作方案，本身是不一样的，可能要更细化一些。

第四，机器人，作为一个高技术产品，它可能在学习、知识库建立方面是很重要的，包括对你的感知、判断、动作方案，反应这一块，离开知识库大数据、物联网是不行的。这一块内容你可能缺了，包括它的学习方式都

业多品种共线生产，生产品种、包装规格调整频繁的现状，制约了机器人在饲料加工行业的大面积推广应用，有待研究基于自适应控制及多传感融合技术的国产智能码垛机器人。

饲料加工企业产品质量为20～50千克，而现有码垛机器人负载一般在100千克以上，有很大的本体结构优化及整机的功率匹配优化空间。轻量化是机器人设计的一个共同趋势，对码垛机器人的关键部件——机械臂进行轻量化设计，不仅可以减少机器人原材料和功率的损耗、降低机器人的制造成本、改善机器人的运动和控制性能，而且可有效减少机械臂部件问题的动力作用、减少振动和噪声、增加机器人的使用寿命。国外很多机器人研究机构早已对机器人机械臂的轻量化设计进行研究，美国的航天机器人 ROBONAUT 是轻量化设计机器人的典型代表，瑞典 ABB 公司和日本那智不二越公司也相继推出了最新型的轻量化机器人，我国轻量化设计目前主要用于高精尖设备中，比如高速列车的车体、高性能内燃机轻量化设计等，机器人机械臂的轻量化设计的研究应用还比较少，北京理工大学等高校使用动力学仿真、有限元分析与实验测试相结合的方法对仿人机器人的手臂进行了轻量化设计，而专门针对码垛机器人机械臂的轻量化设计技术还有待进一步研究。

（三）项目需求分析

码垛机器人是在工业生产中执行大批量工件、包装件的获取、搬运、码垛、拆垛等任务的一类工业机器人，可完成重物抓取、搬运、翻转、对接、角度微调等三维空间移载动作，是集机械、电子、信息、智能技术、计算机科学等学科于一体的高新机电产品。

1. 项目实施符合国家中长期发展规划纲要和国家"十三五"规划需要

在国家《"十三五"科学和技术发展规划》、《"十三五"国家科技计划先进制造技术领域201×年度备选项目征集指南》中，明确提出对于服务机器人的发展，要求开展服务机器人模块化体系结构研究，重点发展服务机器人机构、感知、控制、交互和安全等模

块化核心技术和功能部件。建设一批技术集成与示范应用平台，制定相应技术、安全标准，培育一批高技术创新企业，建立服务机器人产业技术创新联盟，促进服务机器人产业发展。

2. 项目实施符合《饲料工业"十三五"发展规划》需要

在《饲料工业"十三五"发展规划》中明确提出，要"加快推动发展方式转变"，"支持饲料行业技术改造，采用先进生产设备与工艺，降低加工损耗，提高加工效率"，对饲料机械自动化与信息化融合度的要求进一步提高。码垛机器人集成进入饲料生产线，可以为生产现场提供智能化、机器人化、网络化服务。随着国内劳动用工形势的严峻与机器人技术的不断成熟，码垛机器人市场需求进一步扩大，饲料行业已开始关注与尝试使用码垛机器人，以期降低生产成本与管理成本，降低劳动安全风险。

3. 符合饲料企业生产特性的需要

饲料加工普遍采用流程式生产，具有连续作业时间长、产品品种多且切换频繁等特点，中国饲料加工企业还存在作业环境较差、设备维护人员水平偏低等问题，本项目的研发，可以有效集成机器人与自动化生产线的信息，消除信息孤岛，实现机器人与饲料企业中央控制系统的互通互联，根据饲料生产线节奏，及时调整机器人工作模式，达到节能降耗的目的；可以实现实时监测与远程诊断，提高设备的可靠性与维修效率，保证连续生产，减少停工损失。

（四）项目主要创新点、发明专利及知识产权情况

1. 项目主要创新点

（1）系统集成应用技术：将机器人系统集成到饲料企业中央控制系统中，采用信息交互平台，实现实时检测与预警，利用生产间隙更换零件，减少停机损失；建立专家诊断系统，在故障出现后实现远程诊断；在故障出现后紧急停机；

（2）使用本体模块化，动态轻量化设计技术，按饲料行业特性定制开发经济型机器人。

2. 预期获得的发明专利等知识产权情况

在基于多传感器信息融合的机器人自适应控制

评议

该补充。

第五，考核指标，你仅描述了机械结构，而其他的部分都没有量化，也没有列出来。我举一个例子，比如说它在识别袋装、箱型、罐状、油桶状的不同形状时的感知情况，识别正确率达到多少，量化这些指标，都应该列出来。

第六，汇报的多媒体和我们看到的纸质不太一样，考核指标中包括文献内容及发表多少文章，文章中都没有，在报告格式方面是自己编的，没有按照指南格式要求写，所以在逻辑上有些不通。

专家三：课题的定位，对饲料行业非要好，非常及时。尤其码垛机器人在这个行业中更显得重要，它不仅提高了效率，更重要的是提高了安全性和可靠性。

机器人的春天来了，机会非常好，不论将来是否申报国家的项目，企业都应该致力于这个事情，它肯定有市场前景。除了做行业的需求分析，经济分析也要做，除了我们行业，大农业都存在这个问题，也应该分析。

你们的基础优势是什么，行业整体规模及自己的规模，都该说清楚，你们在饲料行业里是什么样的地位，如何利用航天的技术加入到饲料行业当中去，如何来提升我们的产业发展要讲透。

刚才有老师说了知识产权的

评议

问题，是做生产线，还是单机，要怎么做，在文章中把生产线的集成应用提得挺多，重点攻关讲得不足，仅仅讲了机器人系统的问题。就生产线而言，机器人只是其中的一个核心单元，如何做好系统集成的问题，节拍控制问题，我觉得没有讲清楚。在大系统中自己到底做到什么样，需要补充材料。另外，项目完成后，到底考核什么指标？是整条生产流水线还是机器人？400 台机器人同生产线的关系，要交代清楚。其次，经费的问题，更多要把经费用在科研上，按照经管理办法，重新写个预算明细。

关于创新，不是将一些名称概念表达了，就是创新，而是要表达每个名词后面的深刻内涵。如：结构设计的创新，表达如何做模块化设计，另外，从技术层面，要分层将特点及工艺等内容都表达出来，即在这方面有独特性，差异性内容。

描述机器人技术难点主要是高速重载，重载怎么做好，高速怎么做对，这是核心技术，更是核心创新点。

专家四：报告中你缺少对行业的整体需求分析。你把饲料行业分析透了，顺理成章就会得出结论，这个行业需要码垛机器人。没有需求，你有一万台都没用。所以要有行业分析。

另外，我觉得你提供饲料自

技术、机器人运行状态实时监控与远程故障诊断技术、基于虚拟样机技术的机器人机械臂动态轻量化设计技术、机器人集成应用技术等技术方面预期获得国家专利 10～15 项，发表高水平学术论文 12 篇以上。

二、现有工作基础与优势

（一）项目申报单位及主要参与单位研究基础

项目申报单位为××××科技发展有限公司，该公司隶属于中国××××集团公司，是集研究、设计、试制、试验、生产于一体的军民结合型企业，被国家科技部认定为"高新技术企业"，曾参与完成国家多个重点型号××系统的研制及生产任务，为××现代化建设做出了卓越的贡献。公司主导产品为饲料加工成套装备，曾成功研制国内最早的××××型微机控制配合饲料机组，经过二十多年的发展，如今已发展到拥有 40 多个系列、近 300 种规格的饲料机械单机，具备 1～20 吨/时预混合饲料加工成套机电设备、1～60 吨/时配合饲料加工成套机电设备、有机肥料加工机组、粮库微机控制系统等 10 余种成套装备的开发、制造能力，在国内外承建饲料加工成套设备 500 多套，产品遍及全国 30 个省、市、自治区，并出口缅甸、越南等东南亚国家。公司资产总额×亿元，现有职工×××余人，其中技术人员×××余人，拥有各类高精度加工及检测设备××××台套，是××省创新型试点企业，拥有××省企业技术中心，每年科研经费投入达到××××多万元。

××公司承担国家多项军工产品研发任务，在控制理论及仿真、智能传感技术、总线技术、航天机械臂、惯性技术、图像处理识别、伺服控制、有色金属铸造、光电信号处理等多个技术领域开展了深入广泛的研究并具有了丰富的生产应用经验，研究成果突出，先后荣获××项国家、省部级科学技术成果奖和优秀新产品奖，获得××项国防和民用技术专利。在实践中，公司结合军工技术形成了系统加固技术、冗余容错、密封、减振等优势技术；×××总线技术、图像处理识别及稳像系统装置核心算法、随动平台技术、伺服电机精确控制等技术在××型号产品中已成熟应用。在民品方面，公司先后研制出水滴型××粉碎机、超微粉碎机、双轴桨叶高效混合机、双转子锤式粉碎机、宽式细粉碎机、水产膨化机和基于 Probus 总线控制、基于工业以太网总线分布式控制的饲料生产线全屏全自动控制系统等新产品，掌握了智能控制系统集成技术、多智能体协调与控制技术、基于多传感器的信息融合技术、非线性控制等技术；拥有先进的铸造设备和专业工艺技术及设备保障能力，完成多种航天型号产品及医疗器械、汽车、激光设备等行业的特殊合金铸造构件的研制生产。

课题参与单位××大学是一所学科齐全、工学和医学见长、具有优良办学传统的教育部直属全国重点大学，是首批进入国家"211工程"重点建设的高校，也是国家"985工程"部省重点共建的高水平大学。××大学机电工程学院具有一级学科、国家重点学科"机械工程"，并有"现代复杂装备与极端制造"教育部创新团队。拥有"高性能复杂制造国家重点实验室"，"××机器人产业基地"。学院近年来承担了一大批国家重大科研项目，主要有国家产业跃升计划项目；国家"973"项目，国家重大科技专项，国家"863"项目。学院组织了一批有丰富经验的教师与研究生团队参与本项目，为项目的顺利实施提供了充分的技术保障。

（二）项目相关专利检索及结果分析

国内外针对搬运机器人进行了大量的研究，有大量的专利申请和授权，但主要研究通用搬运机器人、各种专用抓手以及配套的输送设备等方面，未检索到类似于本项目针对饲料行业进行搬运机器人及其应用技术研究的相关专利。

综上所述，该项目除使用已开放的通用技术外，主要技术均来自项目申报单位与参加单位的自有技术和自主知识产权，不存在知识产权纠纷隐患。同时项目合作方也将继续积极推动产学研合作，以联合开发、联合投入、联合保护等形式来实现对知识产权的共享，并进一步加强自主知识产权技术的开发，实施知识产权战略，运用知识产权保护制度，充分地维护自己的合法权益。

评议

动化生产线的机器人，是可用可行的。但是，如果只是将开发机器人为重点，没有生产线，机器人可能会用不上，两者必须配套，有一个平台接口。建议从产业角度上去做，不是从技术角度去做，围绕着饲料行业，应该做整条线，光做机器人，没有线，做不成。

另外，还要搜集消防方面的标准，因粉尘问题，发生过多少次爆炸，这才能打动人。要不然花那么多钱，打动不了人家，不论过去、现在还是将来，火灾及爆炸等安全问题，都是最大问题。大趋势是多用设备少用人。

其次，你既然是一个自主创新项目，字面上理解，你可能在技术上有所创新突破，也可能在指标上有所提升，并达到一个很高的水平，甚至比国外还高。码垛机器人关键技术，一定要能打动人。

核心部分的内容，有四五页纸就行。另外故障诊断，机器人控制，特点、方案是什么，最好用多媒体展示生产线的运行情况，效果会更好。饲料行业的可靠性要求非常高，这是智能装备的范畴，非常重要。饲料工业属于农业口，机器人属于机械制造口，生产线涉及几大领域，材料，制造，高技术。所以要把题目琢磨好，我理解，就是码垛机器人在饲料行业中的应用，把题

评议

目落在应用上。基于机器人的生产线，能否在其他的生产线上直接配用，机器人从性能架构上，应该是通用部件，既可在专用生产线上用，也可在通用生产线上用，这样市场就更大了。

第一块是我们自主呈现的东西，我们卖生产线的时候配机器人。二是，在原有生产线改造的过程中，我们如何适应别人的节拍，让我们的机器人，适应其他原有生产线更新换代的要求，把这两个问题弄清楚了，研发及推广应用就好了。

专家五：关于数据准确性的问题，材料中提到的数据是否有效？如果你的数据不准，依托点，位置都不符合，这就麻烦了，如果这些数据准确并能落到实处，就会使你更具竞争力。

码垛这项工作有四个指标非常重要。一是速度，码垛现在一般最高速度是每小时 1 600 箱，这个指标在饲料行业中估计要不了，每小时 800 箱差不多，这是一个码垛的技术指标。二是码垛的重量，三是码垛操作的空间和精度，我看你好像没写，几个关节结构也没有写，因为有各种各样的结构，如：龙门式的，关节式的，应该说明并将技术指标注明，进一步描述其可靠性。如寿命 4 000 小时，无故障时间在20 小时并不停地工作，一年才7 000小时。国外法兰克提出是 5

三、主要研究内容、技术分析及指标

（一）项目主要研究内容

本课题针对饲料加工企业袋装饲料码垛搬运工段的特殊要求，开展饲料码垛机器人关键技术的研究及其与饲料加工成套装备的集成应用，研发出适应饲料行业特点的高可靠、易维护、经济型码垛机器人。

1. 机器人集成应用技术

研究码垛机器人系统与饲料生产线信息交互平台，将码垛机器人在饲料生产线的生产准备、生产过程追溯、生产监控、ERP、PDM 和供应链管理等方面上的目标化解出来，制订相应的自动化解决方案，与 MES（制造执行系统）进行对接，达到企业级管理系统和生产线设备级管理系统信息交互以及管理，切实发挥码垛机器人设备商业效益。

通过掌握和分析饲料自动化生产线的三层信息管理的结构模型，分析自动化生产线与码垛机器人的信息流，建立码垛机器人信息集成模型，将码垛机器人与饲料自动化生产线的信息有机集成起来，实现机器人与饲料自动化生产线信息流的传递，对生产状态和设备工作状态进行实时、准确的监测、分析和控制，将机器人监控操作整合进入饲料企业中控平台，实现机器人远程操控，提醒用户维护保养、风险规避、零配件准备等，提高机器人运行可靠性，缩短维修时间，减少用户停机损失，避免生产事故，提高生产效益。

2. 机器人本体模块化设计制造技术

将模块化设计思想应用于机器人，将关节设计成具有独立结构和运动功能的摆动和旋转单元，可以根据用户不同功能需求选配相应模块，出现故障时可以实现快速更换，缩短维修时间。

规划机器人的模块化拓扑结构，确定各模块的功能和结构，研究各模块的连接装配技术，分析机器人系统中各个模块的几何和物理运动轨迹，对机器人本体结构进行优化设计。

建立机器人系统中各模块的力学模型和三维模型，应用有限元法进行仿真分析，优化各模块的结构。

研究各子模块和功能模块的制造工艺和测试方法，确定模块组合技术规范。

3. 机器人自适应控制技术

将自适应控制技术用于机器人，以解决包装袋位置、规格变化带来的重新定位问题，及连续作业导致的机械手累计定位误差问题。

研究包装袋图像自动识别与处理技术，自动判断包装袋位置、规格，并自动进行轨迹规划，实现精确定位。

研究基于力觉、触觉等多传感器信息融合技术，对机械手累计定位误差进行识别和补偿，保证重复精度。

4. 机器人运行状态实时监控与远程故障诊断技术

将运行状态实时监控与远程故障诊断技术用于机器人，以解决饲料加工企业设备维护人员技术力量不足，系统维护、维修成本高等问题。

研究机器人运行状态实时监控系统，利用传感器网络收集系统各部位信息，通过分析系统对工作状态进行综合评价，并有针对性地提出预警信息和维护保养建议；研究远程故障诊断技术，利用网络数据传输系统，各终端机器人将故障状态参数通过互联网络及时传送到厂家诊断中心，诊断中心根据状态参数实时诊断并及时提出故障排除方案。

5. 轻量化机械臂设计制造技术

机器人机械臂既是承重构件，又要长时间往复高速运动，研究机械臂轻量化设计技术，既可节约材料，更主要是能降低机器的驱动功率。传统的轻量化设计模式中，强度计算模型基于简化假设，FEM采用静态边界条件和载荷，计算单一工作时刻的应力状况，本课题中针对机器人机械臂的往复运动且加减速度很大的情况，研究动态轻量化设计方法。

利用××三维软件构造机器人本体的实体模型，并使其真实地反映物理样机的特性参数，将其导入到多体动力学仿真软件×××，建立机器人机械臂的虚拟样机，确定虚拟样机输入输出变量，利用×××自动建立机械臂的动力学模型，采用×××对样机求

评议

万小时，还有8万小时，那就相当于十年不出任何故障，你在技术创新点上对这个问题要去细抠。

其次在基础方面，比如说你们××饲料占20%，××占30%，机器人已经做了研究、应用，增强了用户对你们的认可。在经费预算方面，只要你把前面的成本分析透，生产线整体上看还是可行的。现在每台机器人约80万元左右，给你10倍价，研究一个样机可以了，那就是800万元，配上工具，电力设备，卡具，按照比例就算出来了，你要3 000万元，是可以理解的。后面300台产业化机器人如何生产就很重要了。

从调研的情况看，合同额越大，机器人越容易被采用，越是国家给钱，越容易纳进去。私营老板因为人工成本及环保要求，他算得更细，尤其在批量生产中。

国家对项目的支持，可以提高企业的无形资产及信用度，加速企业的创力进度，优化配套能力。另外，从产业角度看，你只需要研发核心部件，其他部件可以外购或者进口的，一律外购，目的是缩短生产周期。其次，国家鼓励中国的企业，选用国产化产品。国外高端产品你要多调研，了解它的工艺，操作界面，可靠性，然后不断进行量化比较及改进。

专家六：机器人也有机器人

评议

经济，当前解不开的一个结，始终是我们的应用问题。你们从饲料领域开拓一条新路子，这是大家非常高兴并盼望的事情，各位专家都支持这个方向，但是切记，机器人面向饲料行业，是你的特色，生要逢时，成本一定要比国外的低，成本是核心竞争力。另外需要考虑用户，一方面是新增用户，一方面是升级改造用户，这个问题必须区别对待。市场肯定很大。你有行业的优势，这是最大的资本。

饲料行业的难度在可靠性，重点有几项技术，适应恶劣的环境，灰尘问题需要专题开发，这同化肥化验的机器人，工业机器人，有共性又有差异。如就取样问题而言，该机器人就非常好，如果每5分钟你去取一趟，你试试，肯定把你熏坏了，有了机器人再也不用去了，机器人是必需的。

总之，机器人的路很宽，这个项目应该上但不要太学院派了，不是为技术而技术，是为产业服务，更不是为了写这几篇论文。过去，我们因为有12篇文章的指标要求，否则，我真不敢接纳类似的课题。企业有没有文章无所谓，企业必须把应用放在首位，要真用上去，你们的功劳就太大了。

类似本子的创新点是大学写的，大学没有做过饲料，做饲料的没做过机器人。从网上下载机解，进行运动机构的动力学仿真，建立机械臂强度的××计算模型；通过仿真研究，分析机械臂在工作过程中各工况的应力分布，采用等应力分布法作为机械臂强度评价准则，实现机械臂轻量化设计。根据仿真设计结果，制作样机并进行试验测试，根据试验结果进一步优化机械臂的设计。

（二）项目技术难点

①机器人模块最佳拓扑结构的确定；

②机器人目标快速识别技术；

③误差自动补偿技术；

④机器人机械臂动态轻量化设计技术。

（三）项目技术路线

本课题拟采用理论研究、仿真分析与实验试制相结合的研究路线，包括以下几个主要步骤：

（1）通过市场需求分析和文献资料综合、前期研发成果总结和归纳，对研发内容进行深入分析，进而制定项目总体研发思路。

（2）对饲料码垛机器人进行相关理论研究和对关键技术进行攻关，建立相关理论模型，攻克关键设计难题，形成整体设计技术。

（3）研制饲料码垛机器人样机，并进行试验测试，聘请有关专家对样机进行评估和研讨，报告研发的阶段性成果，听取专家意见和建议，对前期研究成果进行优化和完善。

（4）实现机器人在饲料生产线上的集成应用，进行项目总结，整理各种专利资料，撰写项目研发报告，项目结题。

（专利资料，撰写项目研发报告，项目结题略）

（四）项目创新点

（1）适应饲料生产需要的机器人集成应用技术，从生产线全自动化的角度来研究机器人，实现机器人与饲料生产线的无缝对接及参数共享，进一步降低企业生产成本和管理成本。

（2）基于多传感器信息融合的机器人运行状态实时监控与远程故障诊断技术，建立机器人故障诊断专家系统，实现机器人运行状态的实时监测、对可能的故障预警及对故障的快速识别和修复。

（3）基于多传感器信息融合的机器人自适应控制

技术，对目标实时监控并自动修正轨迹，保证定位精度，对机械手累计定位误差进行识别和补偿，保证重复精度。

（4）基于虚拟样机技术的机器人机械臂动态轻量化设计技术。

（五）项目完成目标、技术指标

面向饲料行业的迫切需求，研究饲料生产线码垛搬运机器人拓扑结构规划与模块化设计方法，针对饲料行业的实际需求，突破机器人自适应控制技术、机器人运行状态实时监控与远程故障诊断技术、机器人机械臂动态轻量化设计技术，形成一批有自主知识产权的关键技术。

研制出能够适应饲料行业生产特点、与饲料加工企业中央控制系统高度融合、性能可靠、维护简便的经济型码垛机器人，性能指标达到国际先进水平。实现码垛机器人的产业化，达到年产400台以上的制造能力，并实现其在饲料生产线的集成示范应用。

主要技术指标如下：

机械结构：多关节

转载重量：20～50千克

转载能力：1 200次/小时

动作轴：标准四轴

工作范围：垂直方向2 000毫米，水平方向1 500毫米，底座回转角度≤330°，手臂回转角度≤330°

抓手：手指夹抱式

功率：≤4千瓦

设备重量：≤700千克

平均无故障时间：5万小时

平均修复时间：15分钟

四、人才队伍建设

本项目涵盖"饲料机器人研发和集成应用"的总体设计、理论研究、关键技术研究、系统集成和饲料生产线的集成应用示范等内容，合作双方将建立人才培养基地，实施以项目研究为主导的产学研联合培养人才的"双导师"制和项目资助制，制定培养计划和培养方案，创新产学研合作模式与机制。项目团队包

评议

器人的几项关键技术贴在这就完了，这是不行的。学院派都是把简单问题复杂化，他会写。可是企业不会写，企业是把复杂问题简单化，所以什么东西都上不去。

我们对机器人也是情有独钟，所以，现在的核心问题还是用，不唯上，不唯下，只唯实，这是核心的核心，从机器人的角度来讲，从难点来讲，你的报告确实再写，也出不了多少花了。你听专家们说的这些话，既有专业的深度，又有领域的广度，核心的是在生产线上用，核心的核心是怎么用，所以，今天你能做到这点，这个事已经成功了一半，我们研究不是目的，研究的目的是用，现在搞机器人花了不少钱，真正大批量使用得不多，像宝马，奔驰汽车厂，大量用机器人的就更少，在饲料行业就差得更远了，按照专家们的说法一定从用上下工夫。

科技部和工信部，财政部，都支持大的成果，一个大成果少说六千万，多的一个亿，机器人肯定在饲料行业，尤其在危险的行业，有大的发展机会，所以我们非常看好机器人在饲料行业中的应用。

将来对你们而言，生产线能否成功，关键是可行性报告。所以，目前要分别从设备，生产线，客户所具备初条件出发，将报告改的更适合市场，生产线，以及申报的要求。如果申报国家资助，

评议

请查看相关指南要求。从你们现有指标而言，还是可行，且可以实现的。现在关键就是应用，解决劳动强度大，工作条件恶劣，有可能造成粉尘、矽肺、自燃这些难题，要让投资者觉得有必要研制，觉得不支持你是个遗憾。

专家总结：从整个报告过程，我们看到：这个项目不是钱的问题，是研发企业有一种责任心、看到了市场，所以要做研发这项工作，他们不是因为国家下任务才做这件事情。而是面对市场，国家无论资助与否，企业都要做，这确实能提升企业的竞争力，希望企业通过产学研相结合，尽快启动工作，填补空白，尽快占领这块市场。

括以下人才队伍的建设。

（一）机器人理论与关键技术研究团队

负责机器人设计制造中的相关理论与关键技术的研究，通过该项目的实施，培养一批从事机器人科学研究的人员和一支有经验的机器人设计队伍，培养硕士以上学历学生 12 人以上。

（二）机器人制造团队

负责机器人制造工艺技术、检验测试和生产操作，培养一批有经验的制造队伍，确保机器人生产质量，提高其可靠性。

（三）饲料机器人集成应用技术队伍

通过机器人在饲料生产线的集成应用，培养一支饲料自动生产线与码垛机器人无缝对接调试及现场技术指导、机器人售后维护的技术队伍，为机器人良好的市场应用提供保障。

五、费用预算

（项目总投资预算及资金筹措方案略）

案例四：果蔬类农产品物流过程和品质追溯集成应用与示范项目

评议

专家一：这个项目申报稿从内容上看不错，但是从写的角度和方向上，还是有一些问题。所以，怎么把好方向，定好位，至关重要，不管你申报什么样的项目，首先要符合指南的要求。

申请编号：

应用开发及集成示范类项目推荐书

所属领域：绿色储藏与冷链物流
所属方向：物流农产品品质维持与质量安全控制技术
项目名称：果蔬类农产品物流过程和品质追溯集成应用与示范
推荐单位：
项目申报单位：××市××农产品集团有限公司
项目技术负责人：××
联系电话：   传真：
电子邮箱：

二〇一×年××月××日

项目信息表

项目名称		果蔬类农产品物流过程和品质追溯集成应用与示范		
推荐主体				
项目申报单位	名称		主管部门	
	单位所在地	省（市、区）	组织机构代码代码	
	通讯地址		邮编	
	单位类别	□事业型研究单位 □大专院校 □转制为企业的科研院所 □国有企业 □其他所有制企业 □其他		
项目技术负责人	姓　名		性别	□男 □女	出生年月	
	证件类型		证件号码		所在单位	
	学　位	□博士 □硕士 □学士 □其他		
	职　称	□高级 □中级 □初级 □其他		
	联系电话（手机）		E-mail	
主要参加单位	（名称、单位性质、组织机构代码） ××科技大学　大专院校 ××商业大学　大专院校　4013××44-4			
起始时间	××××年1月		终止时间	××××年12月
主要研究内容（300字以内）	根据生鲜果蔬农产品在售物流过程中不同阶段品质及质量的变化规律，主要从产地、贮藏冷库优化管理、流通及预警4个方面进行果蔬品质维持和质量安全控制，开发适用于现有生鲜果蔬冷贮藏的优化低温环境、环保型物流包装基础材料和物流运输、货架保鲜、销售包装等系列包装制品与材料（袋、浅盘、盒、包装膜、购物袋等）、基于低温物流过程中的果蔬货架期反馈预测的预测器及管理软件；研究生鲜果蔬绿色低温物流的体系结构与评价指标体系、质量标准、技术规范与检测方法以及应用推广措施；建立生鲜果蔬低温物流综合技术应用示范基地、形成环保型包装材料与制品的应用研发与质量监测基地，同时培养一批掌握生鲜果蔬低温物流流通技术的人才。			
预期成果	■集成技术系统 □技术转化推广 ■技术示范 ■技术产业化			
预期示范/推广/产业化效果（150字以内）	改造节能冷库×座，建立全降解包装制品中试生产线×条，开发全降解包装制品×种以上，绿色运输包装箱×万个，全降解包装示范应用量×万吨，形成生鲜果蔬农产品冷链物流（低温贮藏＋全降解包装＋蓄冷＋常温运输）技术典型环保型包装材料标准化技术评价体系。			
预期经济/社会/环境效益（150字以内）	新增经济效益×亿元，新增就业人数达到×××人，减少果蔬腐烂×千万千克，所形成的生鲜果蔬绿色低温物流技术体系示范影响力达到全国，促进生鲜果蔬农产品低温物流业相关技术的发展。			
产学研联合	■是　□否			
经费需求	3 500万元，其中申请国家专项经费1 500万元。			

评议

作为企业来讲，会干不会说，容易把复杂问题简单化。

这个大标题别弄得太长，这样做的时候会定位不太准。从目前来讲，从申请指标的角度来讲，申报方向应该改一下。

申报国家项目，首先是拿指标，这个项目从方向上，应申报资源环境类项目。

第一：是项目涉及食品，所以从食品的安全角度来讲，还是一个惠民的项目。从大的方向来靠，还是属于食品安全范畴之内。主题是保鲜，保鲜才能食品安全，这个项目从根本上解决了这个问题。

在大的科学基础方面，抑制果蔬的呼吸，可以给它隔氧。要解决这个问题。项目涉及了材料、环境、温度的问题，都是为了达到这样的目的。

评议

控制温度、湿度，包括抑制它的呼吸，这方面现在都有了。食品的保温，溯源，都是属于这次指南范围之内的。

总的来讲，项目涉及的面很宽，但是从逻辑上得重新梳理一下，这样项目就有希望。咱们主题要搞清，解决问题一个是从材料，一个是从环境上，另外还要从智能上，都是为了达到这个要求。最后跟物流也有关系，用电子标签，二维码，条形码，就可以定位，可以远程监控，最后的目的，还是为了食品安全。

专家二：先从逻辑层讲一下，怎么能够真正地实现。因为这是一个惠民的项目，实实在在也是真的缓解了百姓对食品安全的诸多顾虑。包括食品生产质量，总的来讲，得按照这个整理申报，而且在质

一、项目目标与任务

（一）项目目标与任务需求分析

1. 项目目标

通过对生鲜果蔬低温物流过程中所涉及低温贮藏、低温配送等环节的分析，针对生鲜果蔬物流包装形式多、流通路线长、分布广、包装物造成的环境影响时间长、范围大、低温断链、易升温等现状，以覆盖生鲜果蔬低温物流全流程为目标，开发推广维持果蔬在低温物流过程的质量和品质的绿色物流包装技术、产品及质量可预警的管理软件，主要研究目标：

第一，根据我国生鲜果蔬生产、经营、流通现状，开发适合我国国情的网络销售生鲜果蔬的低温物流用绿色保鲜蓄冷包装制品，包括贮运和零售过程中的环保型和全降解包装产品，如包装箱、多功能箱、功能袋、浅盘（盒）、单棵（果）的包装膜（袋）、购物袋、果托及全降解缓冲包装（隔挡、网套）制品，并形成相应的制品生产工艺，研发出具有前馈功能的果蔬货架期预警管理软件。

第二，通过对生鲜果蔬流通模式的分析，集成低温贮藏、加工、物流包装 3 个过程中涉及包装技术要求和质量控制要求，构建生鲜果蔬冷链物流模式下的包装运输工艺规范以及应用效果评价，研究绿色物流包装制品的体系结构与评价指标体系、质量标准与检测方法以及应用推广措施；并开发出适合低温物流包装箱使用的柔性蓄冷剂和实现生鲜农产品包装物流温度可预警追溯体系。

第三，建立生鲜果蔬的绿色低温物流技术应用示范基地、形成绿色包装材料与制品的应用研发与质量监测基地，培养一批掌握环保型与全解降包装材料生产、检测和应用的技术人才及网络销售果蔬低温物流技术的应用型人才。

2. 任务需求分析

我国是果蔬生产大国，××××年果蔬的种植面积为农作物种植总面积的 11.83%，面积达到×亩左右，总产量达到×亿吨以上，约占全球总产量的 60%。由于我国还不够重视水果和蔬菜的采后物流管理，大部分农产品以原始状态上市，不分等级，没有包装，更没有预冷等其他采后处理措施，再加上贮藏、运输设备不完善，水果和蔬菜不能实现冷链流通等原因，果蔬采后损失严重，造成人力、物力和财力的极大浪费。尤其是在国际市场上，我们一流的产品却卖不出一流的价格。在本项目中，将结合不同生鲜果蔬的物流模式，对影响果蔬品质维持与质量安全的技术开展集成应用及示范，可以

降低物流运输成本，实现果蔬的商品化和品牌化，提高果蔬的经济价值。

生鲜果蔬的低温物流过程中品质维持和质量安全控制主要涉及3个方面的技术：低温物流过程中的低温技术、包装技术及前反馈预警技术。其中低温技术是基础，包装技术是保障，预警技术是保证。

包装是生鲜果蔬网络销售低温物流模式中的基础要素之一，在物流过程中不仅具有定量和标识功能，更是具有保护产品使用价值的功能，同时还决定了物流技术体系的构成，是物流成本与效率的重要组成部分。我国绿色包装要求，在产品包装的整个生命周期内，既能经济地满足包装的功能要求，同时又不污染生态环境，不损害人的身体健康，而且可以回收和再利用，满足可持续发展的要求。

目前，我国生鲜农产品物流包装主要分为运输包装和零售包装，其中运输包装中除纸制品外主要为发泡聚苯乙烯运输箱和发泡聚乙烯网套，零售环节包装主要为聚乙烯保鲜膜、托盘和塑料购物袋，这些包装制品使用量非常大，例如：塑料托盘年流通量超过 9.3 亿个，泡沫包装材料年流通量超过 60 万吨，塑料购物袋全年产量约250 万吨，各种功能性薄膜的产量约 50 万吨，而且多为一次性用品，容易污染环境。以果蔬类产品包装为例，长期使用聚苯乙烯泡沫塑料作为包装材料，聚苯乙烯发泡制品在成型过程中因为采用会破坏大气臭氧层的氟氧碳化物，而且其制品废弃物体积大、不腐烂、难回收，对周围环境造成"白色污染"，所以××××年欧洲共同体制定了强制性的"包装规则"，将发泡聚苯乙烯列入"避免使用"范围。联合国环保组织已决定到××××年全世界范围内停止生产和使用发泡聚苯乙烯。但长期以来，我国农产品在塑料包装领域由于一直达不到绿色包装标准而成为"绿色壁垒"的关键组成部分。因此，如何通过对生鲜农产品冷链流通过程中包装材料的性能及其用途进行研究，选择经济有效、环保、保鲜期长的包装来延长生鲜农产品在产地加工、物流、零售等流通过程中的货架寿命，取得进入国际市场的"绿色通行证"是我国生鲜农产品物流包装研究的关键。到 201×年，可降解材料包装的产量达到 11.6 万吨，年均增长率为22%。而我国 201×年蔬菜产量达到 5 亿吨，水果 2 亿吨，肉产品7 000 万吨，水产品近 5 000 万吨，考虑 50%进入流通体系，这个产品的包装市场将是十分巨大的。

生鲜农产品低温物流过程中的一个重要关键技术问题就是控制流通过程包装内的温度，使生鲜农产品在流通过程中温度处于低温状态下。近年来我国生鲜农产品产量快速增加，每年约有 4 亿吨生

评议

监局还专门成立了食品安全方面的办公室，质监局前两天开会我们还在讨论这些问题。过期的食品，包括打假，防伪这些，从这些方面怎么能够使你真正符合我们现在的指南的要求。

因为你是为农业服务，这是一个方面，对于提高农产品的附加值是特别有好处的。所以，怎么和资源环境，环保，结合在一块，也可以说和公共安全，和其他的社会事业结合起来，要好好思考。

专家三：先说一下这个项目，按照部里面发的指南，应该是农业领域里面的，应该是流通里面第五个。各个地区报上来，我们再综合，这是一个建议书，用于项目储备。站在国家的角度，保鲜，流通，有什么问题让大家提出来。如果各个地区都觉得这个项

评议

鲜农产品进入流通领域，冷链物流比例逐步提高，目前我国果蔬、肉类、水产品冷链流通率分别达到 5%、15%、23%，冷藏运输率分别达到 15%、30%、40%，冷链物流的规模快速增长。但是，我国农产品产后损失严重，果蔬、肉类、水产品流通腐损率分别达到 20%～30%、12%、15%，仅果蔬一类每年损失就达到 1 000 亿元以上。造成这一损失的关键原因是在物流过程中的包装中温度控制没达到要求，使得生鲜农产品的货架期缩短。

生鲜农产品物流过程中包装内温度的控制是保证产品的品质和货架期的重要的前提之一，但是现有冷链运输过程中的供冷方式对于具有生命作用的生鲜农产品的温度不能保证均匀，且成本较高，因此造成了较大的损失。

生鲜农产品的物流过程中的温度控制涉及多个方面的研究内容，如贮藏环境的温度均匀性、包装箱的保温性能、产品的呼吸强度、供冷方式、包装的摆放方式等。对于集中供冷方式（机械制冷、液氮供冷），对摆放要求和包装箱的通透性要求程度高，否则会形成局部温度升高，造成不必要的损失。

基于前反馈的预警技术是对果蔬在物流过程中货期提前预测，并基于××××技术将预测结果反馈到信息控制中心，提前知道果蔬的货架期，从而有选择性地做出处理，减少果蔬流通过程中的损失。《国家中长期科技规划》及《农产品冷链物流发展规划》都明确指出，发展果蔬物流的信息化管理是实现行业监管和质量保证的有效措施。

因此，基于生鲜农产品流通体系的自身发展、产品品质的维护及安全要求，发展新型生鲜果蔬品质保持的绿色低温物流技术是必然的。

（二）项目主要技术难点和重点

针对生鲜果蔬销售在产地预冷、低温贮藏和低温运输的 3 个层面上的不同低温物流模式，制定完成该项目需要解决的主要技术难点和重点，包括以下几个方面：

1. 多功能全降解保鲜包装材料的加工技术

包装材料的全降解且在包装性能和成本上适应生鲜农产品冷链流通的需要，是全降解生鲜农产品包装材料得以推广应用的基础。如何利用各种先进的物理、化学方法，使制备的全降解包装材料具有调控温度、湿度、防腐杀菌等功能，从而能最大限度地抑制、延缓生鲜农产品在贮运过程中的衰老速率是本项目的技术难点和重点。

2. 具有气调功能的全降解保鲜包装制品研发

为了使不同的生鲜农产品在物流过程中都保持果蔬贮藏环境

适宜的气体成分和相对湿度，并且能抑制有害微生物、防内结露，生鲜农产品保鲜包装新材料要求具有适宜的 O_2、CO_2、C_2H_4 等气体渗透速率及透湿性能。在本项目中如何获得气调包装制品加工工艺、配方和气调性能间关系，并建立气调膜、片材与托盘数学模型是研究的技术难点和重点。

3. 智能全降解保鲜包装制品的研制开发

在包装中如果借助于光电、温敏、湿敏、气敏等功能材料得到对环境因素具有"识别"和"判断"功能，可以识别和显示包装微空间的温度、湿度、压力以及密封的程度、时间等一些重要参数的包装产品是项目研究中的又一个技术难点，而"智能功能"包装制品的研制对于监测食品特定属性或包装环境，并提供有关产品质量和安全的信息尤为重要。

4. 生鲜农产品保温包装材料及包装容器

生鲜农产品在流通过程中的温度越高则生理生化变化速度越快，针对目前我国冷链物流的状况，开发出具有保温功能的包装材料及容器，使包装微环境在一定的时间内处于稳定的温度范围内，则对于降低生鲜农产品价格、提高产品质量、缓解能源紧缺等问题具有十分重要的意义。因此，具有低碳功能的"保温"包装制品的研究构成了项目中的一个技术难点和重点。

5. 环保型生鲜农产品冷链物流与包装标准化技术研究

在生鲜农产品物流包装体系的运作中，就要评估其是否有效，是否有利于促进我国鲜活农产品物流技术的快速发展，建立生鲜农产品物流技术评价体系是关键，而技术评价体系的关键是要确定评价指标，即是要建立评价指标体系。因此对影响鲜农产品物流技术发展的关键技术指标进行分析，探讨和建立绿色可持续发展的低温物流技术评价模型和方法是该项目研究的另一难点。

6. 可降解材料聚丁二酸丁二醇酯（×××）的应用开发

目前×××是所有可降解材料中力学性能最接近 PP 的材料，其最大的特点是在较长贮存和使用期内能保持性能稳定，使用后可迅速降解。×××价格极低廉，且耐热性能好，热变形温度和制品使用温度可以超过 $100℃$。其合成原料来源既可以是石油资源，也可以通过生物资源发酵得到，因此引起科技和产业界高度关注。因而用途极为广泛，可用于包装、农用薄膜、生物医用高分子材料等领域。本课题拟开发×××包装膜、包装箱等产品。但是，×××的熔体强度还不够高，在制作发泡制品和吹塑薄膜生产方面尚有一定难度。

7. 冷链物流过程中包装内温度预警控制

无论是在产地还是在运输过程中，包装外部环境的工况是多变

评议

技术。后面是规程，我们现在很多技术，很多设备，怎么把它集中起来，题目说得很清楚了，看得很准，怎么把它串起来。你说的无缝衔接，冷链各个环节的衔接问题应该有。冷链的基本规程，储藏的规程，包括运输的过程，动态的问题等都有。

另外，信息平台，你谈到了信息平台。整个果蔬流通过程中的信息平台，包括不同的运输工具，不同的水果蔬菜，它用不同运输方法能存多长时间，包括混合运输等之类，现有研究的研究成果应该写上。我们运甜椒，从海南运过来，运到哈尔滨，运的温度，湿度，保温车什么样，运到目的地整个的品质过程控制，包括质量安全都有数据，将来做到这一点才行。我们缺这些信息，所有人都在写这个。

的，如道路所形成的扰动、外部环境所形成的波动等，这些因素会对包装内冷环境内的温度造成波动。如何有效地控制温度波动并进行预警，基于目前国内技术，还不能解决这问题。因此，这也是本项目所要解决的技术难点。

8. 蓄冷包装运输材料选择

冷藏运输包装的实现包括蓄冷剂和保温箱两个方面。蓄冷剂已经完成了2种蓄冷剂的蓄冷和蓄热的研究，但是蓄冷量与包装内运输果蔬品种、距离之间的关系还没有确定。同时保温箱材料的导热系数受到3个方面的影响，包括密度、温度和相对湿度。当保温材料密度下降时，可以使保温材料的强度降低，从而变软，保温能力会有一定的下降。由于运输过程中，包装果蔬所经历的气候环境是多样的，这对保温材料的隔湿性和抗温性提出了新的要求，这也是本项目一个技术上的难点。

9. 贮运温度的均匀化

无论是在低温贮藏过程中还是低温贮运过程中，空间环境温度的不均匀性是造成果蔬腐烂的一个重要因素。空间流场的均匀化涉及多个方面的知识，如冷源位置、风速、果蔬堆码方式等，而这些研究及成果应用在国内还没有得到充分重视。

10. 生鲜果蔬产地预冷技术的集成与开发

基于我国生鲜农产品的单一农户操作模式，实现集中处理的产地预冷模式比较困难。作为单一农户，资金少，技术差，需要的是一体化的即插即用型装置，主要功能包括产地的预冷功能和贮藏功能。

二、现有工作基础与优势

（一）国内外现有技术、知识产权和技术标准现状及预期分析

1. 全降解材料方面

为了获得性能接近塑料包装膜且又能全降解的包装材料，国内外在研发利用×××技术生产纤维素包装膜。纤维素/×××原液最初是用于绿色纤维 Lyocell 生产的。由于其生产工艺的无污染性及纤维本身的优异性能，在工业上获得了巨大的成功。从国外几家已将 Lyocell 纤维生产工业化的公司的研究来看，纤维素的×××溶液不仅能够纺丝，还可望用挤出的方法来制备可生物降解的绿色包装薄膜。目前，国外开始生产和研究×××纤维素包装薄膜的公司主要有：Akzona 公司、Lenzing 公司、Courtaulds 公司、Viskase 公司；国内只有××科技大学、××大学、××工业大学和××大学的课题组在进行该领域的初探。在国家科技支撑计划资助下，本课题组对利用×××工艺技术制造纤维素长效保

鲜膜进行了系统的研究，并取得了良好的成果，掌握了×××制备纤维素膜的技术和工艺。

在可降解材料聚丁二酸丁二醇酯（×××）的开发和应用方面：

目前×××是所有可降解材料中力学性能最接近PP的材料，其最大的特点是在较长贮存和使用期内能保持性能稳定，使用后可迅速降解，产品应用广泛，可开发潜力巨大。

日本××××公司以丁二酸、丁二醇为原料，加入己二酸共聚组分，开发了可生物降解的聚酯×××，并对其进行了各种改性和应用。×××主要用于生产包装瓶、薄膜等，可小批量生产。德国××××公司开发了×××降解塑料薄膜，其降解性能和力学性能优良，已经应用于餐具以及食品包装业等。日本×××株式会社制造了一种由可生物降解树脂制成的成形制品。当用后丢弃时，能在微生物作用下分解而不危害自然环境或分解后造成公害。德国××××公司开发了×××降解塑料薄膜，可用于生产食品包装袋和农用薄膜。

近年国内对×××基降解塑料的研究也较活跃：××大学采用化学合成法合成×××，制备具有可生物降解且有良好经济效益的聚合材料。××院理化所利用缩合聚合法制备了可完全生物降解的聚酯，具有良好的机械性能。

×××基生物降解塑料无论从环境保护，还是从应用价值，都具有十分重要的理论研究与应用意义。就应用领域而言，×××基生物降解塑料作为可降解性的包装塑料，符合环境保护与可持续发展战略的要求，应用广泛，前景看好。它即可以用于包装领域，如垃圾袋、食品袋、各种瓶子和标签等，又可以制作物流包装箱等。但是×××的熔体强度还不够高，在制作发泡制品和吹塑薄膜生产方面尚有一定难度。

在可降解材料聚乳酸降解包装膜的开发研究方面，××××公司在法国推出全聚乳酸薄膜用于果蔬包装，该薄膜具有非常高的透明度和优良的阻隔性，能延长新鲜果蔬的保质期到9天。美国俄亥俄州的××××化学公司成功制造出世界第一个生物高分子×××吹塑膜。日本×××公司进口美国生产的聚乳酸树脂，研制出有双向拉伸、流延薄膜和收缩薄膜，具有持久透明性和高耐热及抗冲击性的泡罩包装，以及各种高度收缩缠绕包装等。

国内关于聚乳酸薄膜在包装领域的应用报道比较少。上海×××有限公司采用双向拉伸并热定型的方法生产聚乳酸薄膜。该薄膜的耐热温度可高达100℃，消除了聚乳酸自身耐温性差这个致命弱点。但目前由于×××存在许多缺点，如脆性大、抗冲击性差、热变形温度低等缺点限制了其在包装领域的推广及应用。此外，聚羟

评议

最重要的是示范线，实际应用。国家这些技术都有了，极力让你示范，你有几个点，几个基地，几个商店，包括农贸市场，这个量是很大的。要抓住这几点。

然后再说这个申报材料，写的有这些内容，但是可能系统性不强，不是很突出。你把这些内容按照这几条线整理一下。还有一点，站在你自己的角度上，您有什么写什么，太多，这绝对不行，你有这个做膜的优势，这需要，但是你不能把这个作为重点，其他专家，十几个专家往那一坐，那个膜是重要的吗？这不对。首先还是要站在全局的角度，从国家急需解决问题的角度上切入。其实这里面已经说了，质量维持这一块，包装、膜都有了。但是实际上，比如说我们从南方

评议

往北方运黄瓜、西红柿、苦瓜，南方天热，我去做市场调查，都是冷链运输，那边温度高，中原地区温度低，造成了冻害，储藏13～15℃，到中原一打开，存到冰箱里就黑了。这是个问题，怎么解决，用什么技术来解决，这是关键点，要把这个解决了。品质维持方面，应用冷链系统，或者应用整个的物流过程现有的保鲜技术。还有指标，包括考核指标。这里写得太多了，太零碎。

专家四：这个项目的领域，食品安全没有问题。如果你的企业有这方面重大需求，也有这方面研发的基础，你可以按照这个去申报。但是申报的胜算有多少，这个不好说，因为你的竞争对手和其他一些人也进行研究。从项目本身来说，你应该做一个项目

基烷酸酯（PHAs），脂肪族聚碳酸酯（PPC）等也是很有前途的全降解包装材料。

随着我国农产品在出口中面临的绿色壁垒问题，使用新型的、无污染的、低残留的天然植物保鲜剂越来越受到广大科技工作者的重视。无毒性、抗氧化和抑制微生物作用的保鲜剂是未来保鲜剂工业的发展方向。近年来，我国学者在中草药提取物的应用剂型方面进行了更多的探索，主要集中于熏蒸、保鲜纸、保鲜剂、保鲜膜复合等应用方式，均具有良好的保鲜效果，可大大延长贮藏期，也证明天然保鲜剂有望完全替代或部分替代化学防腐剂用于果蔬保鲜。

2. 果蔬保鲜包装研究方面

对果蔬保鲜包装新材料的研发主要技术要求是，包装具有一定透 O_2、透 CO_2 量，透气比适宜；具有一定的透湿率，保持果蔬适宜的环境湿度，以及防腐、防内结露等。果蔬保鲜膜的发展先后出现了普通果蔬保鲜膜、硅窗调气薄膜、矿物填充薄膜等。实际应用中发现，普通薄膜的透气性不能满足保鲜需要，硅窗调节气体袋虽然保鲜效果很好，但价格高，未能推广。此后，矿物填充果蔬保鲜膜（尤其是 PE 膜）成了该领域中的研究热点，遗憾的是，对环境友好的可生物降解的纤维素果蔬保鲜包装薄膜的研究还很少，但随着人们环保意识的提高，对可生物降解纤维素保鲜包装膜的研究是未来发展的一个必然方向。基于以上原因，如何开发出一种力学性能优良且实现大范围透气性调控的纤维素包装膜就成了纤维素保鲜包装膜应用研究中的一个关键问题。

3. 保温多孔材料研究方面

我们在前期课题中已经成功地研究出一种新型聚丙烯发泡材料和发泡箱，可以作为鲜活水产品和果蔬的物流保温包装，在保温运输及装卸过程中的保护效果非常好，并正在申报国家发明专利。美国××××大学也研究出类似的新型弹性聚丙烯发泡塑料。虽然使用这种弹性聚丙烯发泡塑料的价格较高，但因其具有牢固可靠、回收方便、可反复使用等特点，总的使用成本还是可以大幅度下降的，从而大大降低了包装使用成本。目前国内用于水产品的保温包装仍以聚苯乙烯泡沫塑料为主，而且多局限于冷冻水产品的保温包装；有少量应用在鲜活水产品的保温包装方面，但保鲜效果较差，达不到国际标准；目前急待研制出针对鲜活水产品和果蔬的物流保温包装工业化生产制品。

4. 冷链物流技术标准方面

冷链物流技术标准是约束我国生鲜农产品低温物流技术发展的一个因素。由于技术标准体系不完全，目前生鲜果蔬低温物流过程

中的操作处于无序状态。以201×年颁布的相关冷链标准为例，包括洋葱、甜瓜、结球生菜等7种相关标准，数量极为有限。从标准的水平来看，虽然一些标准达到了国际先进水平，但是大部分标准与发达国家标准还有相当的差距，标准老化，可操作性差，相关标准不配套，不能完全适应市场的需求。由于生鲜农产品低温物流过程中的标准化程度还比较低，包装材料以及生产技术不规范等，因此，急需有针对性制定和修订不同果蔬低温物流操作技术规范和规程。

5. 冷藏运输

冷藏运输是我国果蔬低温物流体系中的弱点。欧、美、日等发达国家冷藏运输率约为80%～90%，俄罗斯和东欧国家为50%，而发展中国家一般只有10%～20%。因此，经国务院批准的《全国交通运输政策要点》明确指出，我国要大力发展冷藏运输，以适应全国人民对易腐食品消费量增长的需要。

目前我国公路冷藏运输的年运量年均增长7%，每年对冷藏车、保温车的需求量将达到4 000～5 000辆。虽然我国冷藏运输和冷藏车比以前有了很大的发展，但易腐保鲜食品的公路冷藏运输只占运输总量的20%，其余80%左右的水果、蔬菜、禽肉、水产品大多是用普通卡车敞开式运输。由于公路冷藏运输效率低，食品损耗高，整个物流费用占到食品成本的70%。按照国际标准，食品物流成本最高不能超过食品总成本的50%，因此必须开发适用于现有农业产业结构的简易冷藏运输方式。

目前，全国冷藏车、保温车厂家已增加到近80家，全国冷藏、保温车的保有量超过了3万辆。但是，我国的冷藏、保温车生产企业技术水平参差不齐，真正有市场的、技术水平可以与国际水平保持平衡的厂家较少。在美国非机械冷藏车与机械冷藏车的比例为6∶1，非机械冷藏车在铁路冷藏运输中占主导地位，因此在我国也必须发展非机械制冷的保温车。非机械制冷的保温车包括加冰冷藏、冷板冷藏、液氮冷藏车等3类。下表列出了4种冷藏运输所采用方法的比较。

蓄冷包装箱运输的技术特点

运输方式	运输距离	耗能	制造条件	适用品种	设备造价	操作
机械制冷运输	远	高	严格	果蔬	很高	复杂
保温运输	短	小	严格	果蔬	一般	复杂
保鲜运输	一般	一般	严格	果蔬	高	复杂
蓄冷箱运输	一般	较小	一般	果蔬	低	简单

评议

规范的调整，按照农村领域所发布指南的内容做一个调整，有所为，有所不为。包装这个东西，我倒觉得不是特别创新，在整个你的项目中间，我觉得可以不做，可以不提它。怎么提呢，根据它的低温储藏，配送的关键环节和需求的部分，不要把它专门列成一个专门研究题目，你做什么，人家指南上非常明确，品质、维持、冷链技术、质量安全、物流，这些方面你要突出出来就可以了。因为你最终的定位是果蔬类，过去我们做肉类这些都做得很不错，做了很多年，你做果蔬方面，包装和底盘，可以作为你研究项目的一个点来突出。

储藏、运输和物流是相关的。各个环节之间的协同问题很重要，但是这个协同问题可能牵扯到监测控制技

评议

术，还有物联网，整个运输过程中，你要把握的一些温度、湿度等情报。如果是单车，我觉得你不如用定位系统，车运到哪了，比如说从海南运到天津，你发现它腐烂了，怎么去发现它，通过监控技术直接反映到你的终端。这样你可以控制它，这是你最需要的，也是企业最需要的。针对这个需要突出你的特性，突出你和别人的不同。如果你太大众了，和精英物流根本就没有办法比，即便文章做得非常好，也未必能够成功，还是要有所取舍，突出重点，突出你们的特色，别人没有的你有，别人有了不如你，这样才能成功。大宗的东西大家都在做，以前，大宗农产品，大宗食品这样的监测和控制技术，做得很多，很深。包括监测检测车，全

表中可以看出，以机械制冷方式来冷藏运输的条件比较苛刻，适用于长距离运输和企业化动作，对于现有的农产品产购销模式而言，对前两级（农户＋基地）层次是不适用的。而相对于蓄冷箱运输，对车辆的要求不高，并且蓄冷剂和包装箱可以重复利用，从而投入资本较小，可以广泛应用于短距离的冷藏运输。××商业大学在这方面做了开创性的工作，开展了两种蓄冷剂的前期开发，完成了部分短距离冷藏运输，保冷时间可以达到3～6小时。

6. 预警系统方面

要形成一个完整无缝链接的果蔬低温物流冷链，还需要对果蔬在整个低温过程中进行环境中不同场的监视和调节，例如在运输过程中，当外部环境温度发生变化时，冷藏车内的冷环境也会发生变化，主要体现在温度场的变化，因此需要对温度场进行调节，从而保证运输车内的冷环境的稳定。对于一些发达的欧美国家，他们已经形成了一个全球定位管理的果蔬低温物流的信息化系统，可以随时监控和调节冷环境的工况，这主要是基于信息的无线传输技术。而在我国整个低温物流体系各阶段是独立运营的，不能有效地综合了解果蔬在整个贮藏过程所经历的工况，造成了很大的不必要的损失。××商业大学在这方面做了较多的工作，开发了国内第一台果蔬生命预测器，包括整个冷物流过程中的温度管理、生命期的预测及温度的预警管理，具有可追溯性。

7. 产地预冷现状

预冷技术种类很多，每一种都有自身的特点，选择预冷方式时一般可以从以下几方面考虑。

（1）预冷蔬菜的特性、包装类型。要发挥设备的最高利用效率就要首先考虑蔬菜的种类，进而依据蔬菜自身的要求选择成本低效益好的方式。大部分叶菜适宜冷风预冷、真空预冷；根茎菜适宜水预冷、冷风预冷；表/体比小的果菜和结球叶菜适宜冷风预冷。如蔬菜产地生产品种较多，数量又不太大时，最好选择预冷库预冷或差压预冷；如产地主要生产叶菜，供应市场且对品质要求较高，可考虑用真空预冷；如以根茎菜生产为主，且当地水源又比较充足，可考虑水预冷。

（2）设备成本和市场对蔬菜质量的要求。一般蔬菜可能适合几种不同的预冷方式。要根据自身财力和市场对质量的要求确定预冷方式。高成本的设备一般预冷效率、效果均较好。但要在高质量要求的市场才能得到回报。

（3）离市场远近。离市场越远流通时间越长，对蔬菜预冷要求越高。因此对于相同质量要求的市场，距离远的对预冷要求高。另外如同样时间到达两个市场，则流通距离长的需要快速预冷提前运

输。下表为各种预冷方式的优缺点。

预冷方式比较

项目 特点 名称	预冷 速度	耗能	制造 条件	占地 面积	适用 品种	包装	成本	设备 造价	操作
冷墙预冷	慢	小	容易	小	果蔬	较复杂	低	低	功能多,简单易 实现控制
差压预冷	慢	小	一般	大	果蔬	较复杂	低	低	简单易实现控制
真空预冷	很快	高	严格	小	叶菜类	要求 严格	高	高	复杂易实现控制
冷水预冷	快	较高	一般	大	果实类、 根茎类	要求 严格	低	低	简单

8. 农产品流通现状

总体来看,国外农产品物流发展水平普遍比较高,政府在发展农产品物流的过程中往往给予政策鼓励、不断完善法律法规,同时提供资金、教育等方面的支持和帮助,设备先进、基础设施完善、信息化水平高。

(1) 国际农产品流通现状:美国拥有一个庞大、通畅、高效的农产品物流体系,它的突出优势在于物流链各个环节的社会化程度高。

欧盟的农业生产规模没有美国大,农场主倾向于市场化经营,建立了垂直合作一体化的市场运行体系,农产品物流的专业化程度越来越高。

日本的农业合作组织在农产品流通过程中发挥着积极作用,农协作为批发市场的主要供货团体,拥有保鲜、加工、包装、运输、信息网络等现代化物流的优势,将农民生产的农产品集中起来,进行统一销售。据统计,日本80%～90%的农产品是经由批发市场这一环节到达消费者手中的。

(2) 我国农产品流通的特点:我国农产品批发市场起步于20世纪80年代中期,经过20多年的建设,市场规模迅速扩大。据商务部信息统计,100家大型农产品批发市场交易总额3 000亿元,占全国亿元以上农产品市场交易的1/3以上,累计带动新增就业81万人。我国农产品流通的特点在于:

①流通模式呈现多元化和多环节特点,批发市场与菜市场仍是批零经营主体;

②大型批发市场发展迅速,流通龙头企业作用日益突出。

评议

国都通行,到现场随时能接触到。不是说你研究的东西,你就要做,一定要看到企业的实际需求,申报稿应该再做得精练一点,做个取舍。

还得做一些全国和国内外市场的分析,判断你的研究有没有价值。国家计划,它是不允许支持重复项目的,你要做到一定是高水平的,有创新点的,这样有一个提升你才能做。

专家五:这个题目挺好,我想还是基本结合了企业和大学的技术,这个企业国内主要做物流。这样挺好,无论规模多大,我相信如果是这样一个企业,将来肯定想把现代物流技术用上。如果你的企业将来还是想把现代物流技术用到生产和服务中去,我觉得这个题目值得去研究,值得去完善。这样才有价值。

评议

专家六：企业所在园区如果在农村领域有指标，要申报社发司项目，就可能没有问题了。最终是它来协调。

你把它再整理一下，就是报省、直辖市科技厅，这也是一个全新的内容。题目要稍微改一改，但是支持力度没那么大。

将来企业想继续做果蔬物流的话，在这个申报稿基础上，把你的技术方案再完善，还是值得做下去的。将来无论是报国家的，还是报地方的，都还有机会的。农村司，农产品物流已经在做了，现代服务业里面也要有一个方向，做指标，把现代物流技术用上去，在这个申报稿的基础上还要再加强，再完善，还是有一定的优势的。将来不为争国家的项目，企业自身发展也需要的话，就继续做下去。

（二）项目申请单位及主要参与单位研究基础（已有的研究开发经历，科技成果、科研条件与研究开发队伍现状等）

1.××市××农副产品集团有限公司

××市××农副产品集团有限公司组建于××××年，为国有参股有限责任公司，是集种植、生产、加工、销售和进出口贸易为一体的经济实体，注册资金××××万元。经过十余年的发展，拥有了×万平方米的厂区，员工×××人，下设×个分公司，×个自营超市，×座农副产品加工厂。主营产品有杂粮、玉米、蔬果、黑大蒜等系列，百余个品种，产品销往全国十几个城市近300家超市，出口美国、日本、法国、新西兰。××××年销售额达×亿元，××××年被市政府评为农业产业化经营重点龙头企业，××××年被评为农业产业化国家重点龙头企业。××××年还被认定为××市高新技术企业，并多次获得了××市优质农产品金农奖、××市食品安全示范企业的称号。北京奥运会及天津达沃斯论坛召开期间，××集团产品依托其可靠的质量和良好的信誉均被选定为××地区专供产品。

为适应出口需要，有机杂粮等产品还通过了日本JAS认证、欧盟BCS认证以及美国NOP认证等国际有机农产品认证。为了保证产品质量安全，××××年进行了ISO9001质量管理体系认证，并一直保持和按体系要求运作；××××年进行了HACCP认证，并升级为22000食品安全管理体系认证。

××集团共有认证基地×万亩，产品达×××余个。主要分布在××、××、×××等地，带动农户5 000户。××××年，××集团承接了××市"农业科技园区"的建设任务，此项目占地××××亩，它将依托×农业科学院转移中心，搭建设施农业、高效农业的交流平台，带动周边地区乃至全国的设施农业发展，经过3～5年的努力，将实现年收入×亿元，纯收入×亿元的目标。

为使××集团的发展拥有一个较高的平台，加快推进农业科技园区、设施农业园区、现代农业示范园区建设，全面提升农业现代化水平，实现"三区"统筹联动发展及城乡一体化，推动有机农业、设施农业持续健康发展，扩大农业出口创汇。××集团于××××年投资在××海洋高新区购置建设用地××亩，将农产品物流配送中心落户于此。新区作为中国经济发展新的增长极，依托京津冀，服务环渤海，辐射"三北"，面向东南亚，是中国北方对外开放的门户。

2.××科技大学

××科技大学是中央与地方共建、以地方管理为主的公办全日制普通高等院校，是××市重点建设的以工为主，工、理、文、经、管、法等学科协调发展的多科性大学。前身为××工业学院，建于195×年。具有学士、硕士和博士学位授予权以及培养博士后、接收国内外高级访问学者和外国留学生的资格，是为军队培养后备军官的签约高校。

学校拥有"技术与工程"一级学科博士学位授予权和博士后科研流动站，博士学位授权学科、专业××个，硕士学位授权学科、专业××个，工程硕士学位授权领域×个，高等学校在职培养研究生学科×个，本科专业和专业方向××个。省部级重点学科×个，省部级重点实验室×个，省部级工程研究中心及行业技术中心×个，研究所和研发中心××个。

学校设有材料科学与化学工程学院、食品工程与生物技术学院、生物工程学院、包装与印刷工程学院等××个学院。学校师资力量雄厚，拥有一大批富有教学经验和科研开发能力的专家教授，在三个学科具有正教授任职资格评审权。现有教职工近××××人，具有高级专业技术职务的教职员工×××多名，其中包括双聘院士、国务院学位委员会学科评议组成员、××市特聘教授、××市授衔专家、国家级有突出贡献的中青年专家、享受政府特殊津贴的专家以及"××学者"特聘教授等。学校重视师资队伍建设，坚持引进与培养并重的原则，不断加大人才引进和培养力度，初步形成了一支结构合理、素质较高的师资队伍。科技实力不断增强，先后承担了国家"973"、"863"、国家自然科学基金及省部级各类科研基金项目等。近年来，获国家科技进步奖等××余项，"十一五"期间到校科研经费总数是"十五"的20倍，承担的国家级项目是"十五"的10倍，科技工作实现经济效益达×亿多元。

课题组拥有一支以博导、教授、副教授、高级工程师、技工、博士硕士等组成的基础理论扎实、实践经验丰富、工作效率快，老中青、产学研相结合的研发团队，为项目的圆满完成提供了人员的保证。

已有的相关工作基础：（略）

正在完成的课题：（略）

3.××商业大学

××商业大学制冷系拥有一支结构合理、年富力强的中青年骨干科研和教学队伍，现有教授（研究员）×名，副教授（高级工程师）××名，其中有博士学位的××名，硕士学位×名。设备总额超过××××万元，其中大型仪器三十余台套，为开展科研储备了条件，拥有"冷冻冷藏技术教育工程研究中心"、"××

评议

这个申报稿针对农村司的指南，我认为你对指南了解不深，指南的目标目的是品质维持的质量安全控制，技术集成与示范。题目理解不准，项目定位也就不准。重点不是单项技术的研究，很多技术都成熟了，现在是把现有成熟的技术拿出来，组建一个可行的完整的系统。然后再做一个示范。

应该是从水果蔬菜物流中的质量控制的需求特点来考虑，提供端到端的价值链。我们利用端到端，全价值链，全生命周期的物流系统，体系架构，得有这个考虑。特别是后台的管理系统。为了构建一个系统，现有哪些技术可以用，如果现有技术还不能满足你的要求，包装——你们有特点的技术也可以提出来，适当少做一点其他的研究。我刚

评议

才说了物流，你得有高人一筹的地方，这里面比较有优势的就是保鲜包装这一块。你可以进而提出来，作为研究内容，重点是系统集成。

除了保温保鲜、包装之外，是否有冷藏车，制冷，你是提供制冷剂，还是用冷藏车的制冷。除了温度以外，湿度是不是有考虑？是怎么实现的，运营系统怎样实现的。RFID 技术怎么用？GPRS 的通信技术，在物流里面很重要。时空信息很重要，怎么来应用的？

另外，不同的果蔬对温度、包装的要求也不同，包装储运的标准，操作规范，国家是不是有标准？如果没有这是很值得研究的，应该可以作为一项内容。如果行业已经有标准了，就了解一下。

示范性，物流区域，你根本就没

市制冷技术重点实验室"等科研平台。本学科的研究特色为冷链技术的研究和运用，在果蔬差压预冷、真空预冷、冷藏运输、展示柜、冷库、速冻、解冻等方面做了大量的研究，取得了一系列成果并部分实现产业化。近年来承担及参加国家、省部级项目十余项，与日本政府产业经济省合作的国际项目，取得了一系列研究成果。

课题负责人工作基础：

××，35岁，博士后，副教授，主要从事冷链物流及相关的生物传热、节能工作，发表论文30多篇，EI 检索10余篇，××××年中国制冷学会优秀青年工作者，×篇论文为国际会议优秀论文，获农业部二等奖×项，××市技术发明奖×项，申请专利×项，发明专利×项。

发表相关研究论文主要有：（略）

参加及主持相关项目：（略）

与本课题相关的获奖成果有：（略）

已完成研究与推广相关课题××项，主要有：（略）

在研究项目×项，相关课题有：（略）

……

课题负责人和主要研究人员资料见下表：

课题负责人					
姓名	性别	年龄	职务/职称	业务专业	为本课题工作时间%
主要研究人员					
×××	男	37	教授	制冷及低温工程	50
×××	女	46	教授	食品工程	50
×××	男	57	教授	高分子材料	50
×××	男	55	教授	包装工程	50
×××	男	57	研高	信息与物流	40
×××	男	40	副研究员		50
×××	男	47	教授	食品科学	50
×××	男	36	副教授	制冷及低温工程	50
×××	男	38	教授	贮运与加工	50
×××	女	39	副研究员	食品加工	50

三、研究内容与考核指标

(一) 研究内容、技术路线和创新点

1. 研究内容和技术路线

（1）开发环保型物流包装基础材料和物流运输、货架保鲜、销售包装等系列包装制品与材料（袋、浅盘、盒、包装膜、袋、购物袋等）。

①多功能全降解保鲜包装材料的研发。

研究内容：

研究以农副产品（如纤维等）、全降解树脂为主要原料，和从天然物质中提取分离的抑菌成分为保鲜剂，经处理后成型为具有保鲜功能的全降解保鲜包装膜，用于农产品的保鲜包装。具体研发内容为：配方设计、加工方法、加工工艺；保鲜剂配方及膜保鲜加工工艺与技术；膜表面处理技术和不同农产品保鲜膜开发技术等。

为了使研发的包装材料具有上述功能，通过对材料配方、加工工艺的优化，使制备的包装材料具有适宜的温湿度调控功能，并在包装材料内添加或表面涂布、包装容器中置放筛选出的高性能的微囊化天然保鲜剂，得到符合不同农产品物流过程中的长效保鲜包装材料与制品。

技术路线：

全降解保鲜包装膜研发技术路线如下图所示：

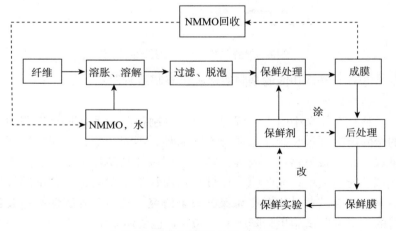

全降解保鲜包装膜研发技术路线图

②全降解保鲜包装片材与托盘的研发。

研究内容：

以可降解树脂和天然植物纤维等为原料，经模压或挤出成型为

评议

有提到，没有确定。冷链物流可能需要长途才有价值，北京到天津就不需要那么高的要求，海南到北方这些才有必要。要选择国际的，上海港到欧洲，重庆港到欧洲，做这样的研究，更有技术上研究的价值。这一块要好好考虑。

现状分析你也没有，团队的力量不够完整，侧重还是包装技术这一块，物流，信息，你的团队力量还不够强，还需要再加强。

企业：我们是商务部认定的××冷链物流城市，省里选择5个企业作为试点企业，我们集团是农口唯一一家。我们的冷链物流也有RFID技术，是我国台湾及美国的主要核心技术。冷链物流是我们的主体，我们做的包括和××的冷链物流，做得都比较成功。我们现在要做这个项目，确实因

评议

为我们以前已经有了一点经验，如果我们完善进去现有的优势，应该可以做好。而且我们现在有三个点都在做，我们现在有冷库，有一千亩地的园区里面也有冷链物流。我们在新区××亩的地也做了冷链物流，我们准备和×××再合作，做一个可以复制的模式。因为我们虽然不是市里做得最大的，但是我们想做的模式将来是可以复制的。我们借助×××政策的优势，导向的东西，和我们××冷链物流，把我们的果蔬农产品的冷链物流做强做大，使之成为全国能够具有推广价值的范本。

我们集团本身已经发展××年了，是国家级的龙头企业，也是我们市的科技小巨人，高新企业，本赛区奥运会的指定经销商。我们现在这些荣誉

微泡孔片材或制品，在工艺过程中将保鲜剂添加到加工原料中或对片材表面进行功能化处理，使产品具有全降解和保鲜作用，适合于制作农产品托盘。内容包括：可降解树脂/纤维等与助剂的配比、配方研究；片材与托盘的成型工艺技术；保鲜剂及保鲜加工工艺技术。其中，全降解保鲜包装片材的抗张强度≥7.5兆帕。

为了使研发的包装材料具有上述微发泡功能，通过对可降解树脂和天然植物纤维进行化学交联或接枝改性的方法，提高材料的熔体强度，使原材料在发泡过程中不使气体逃逸，得到微孔状片材。

技术路线：

全降解保鲜包装片材研发技术路线如下图所示。

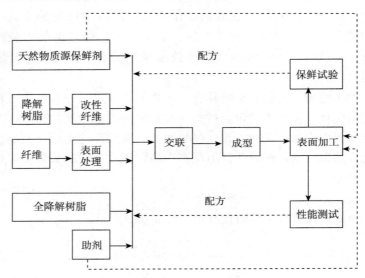

全降解保鲜包装片材研发技术路线图

③具有气调功能的全降解保鲜包装制品研发。

研究内容：

通过在体系中引入气调剂，设计并制备出一系列具有气调功能的全降解保鲜包装制品，适合不同品种、不同产地、不同物流环境下农产品储藏与物流。内容包括：气调包装制品加工工艺、配方和气调性能间关系；气调膜、片材与托盘数学模型的建立；不同气调性能包装制品对具体农产品保鲜效果研究。其中全降解保鲜包装材料的需氧堆肥试验生物降解率≥90%，包装体系中 $O_2：CO_2：N_2$ 可调，抗张强度≥10.0兆帕，全降解保鲜包装片材的抗张强度≥7.5兆帕。

技术路线：

具有气调功能的全降解保鲜包装制品研制技术路线见下图。

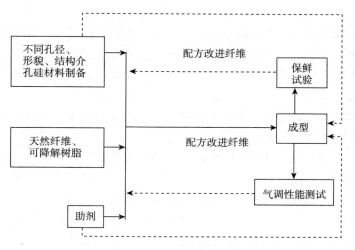

气调功能的全降解保鲜包装制品研制技术路线图

④智能全降解保鲜包装制品的研发。

研究内容：

基于机械、化学、生物、信息等先进技术，设计新鲜度指示器、时间-温度指示器等信息显示型智能包装体系，开发智能全降解保鲜包装制品。研制开发的智能全降解包装制品的需氧堆肥试验生物降解率≥90%，并对包装内容物的品质状况具有指示功能。

技术路线：

智能全降解保鲜包装制品研制技术路线见下图。

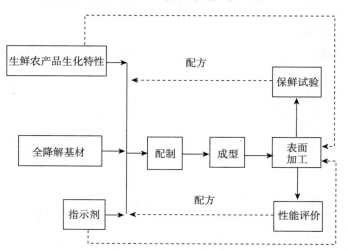

智能全降解保鲜包装制品的研发技术路线图

⑤环保型/全降解生鲜农产品保温包装材料及包装容器研究。

a. 环保型生鲜农产品保温包装材料及包装容器。

研究内容：

评议

已经很多了，有一定的影响力。如果我们通过这次申报，争取到农业部的支持，就这个项目的名称，再重新申报的话，请各位专家看看有没有可能。我们会再把我刚才想的这些冷链的技术完善进去。

专家七：我个人认为应该把你现有的工作基础写出来，写清楚，把你企业能够复制写清楚。技术特点优势写出来，了解国内其他的同行单位，他们的优点，这样打好这个仗是有可能的。你们市农业领域八个指标，你必须要在流通领域排第一才能给你。

也有的省先不排名，等报上来评一次。

三个研究方向，一个技术需求，大家把这个分别做到里面，技术不一样，得融合，是一个项目，根据项目去推进包装的课题，你

评议

还得完善。真正要做的话，这个项目还挺好的，如果这次能争取，还是把渠道理顺清楚，赶紧报，有一次机会就要争取。

企业最有条件的，一个是食品安全，一个是运输过程，但是你得等机会。

现代物流明年有机会，今年已经没有了，你需要先拿到指标，科技部申报的表格里面，参与单位没有限制多少家。明年还有第二批，将来还会有机会，只要项目好。

今年有机会的话还是要去尝试，积累经验。

先到农业部去，已经做了这么多工作，有一个机会总是好的。

企业：今天这个评议机会太难得了，我们也学到了很多东西。我们主要的支持部门是农业部，商务部，发改委，这些对我们支持力度比较大。感谢各位专家的指导。

本课题可在前期开发的 PP 发泡材料和发泡技术等基础上进一步深化研究。主要研究生鲜农产品温度对农产品生理变化的影响规律，对生鲜农产品贮藏工艺参数进行优化；针对生鲜农产品在冷链物流中不同的使用环境，按照不同使用特点，从环保型聚丙烯发泡配方设计、加工方法、加工设备、模具设计与加工、发泡温度、压力控制装置等几个方面来开展发泡 PP 保温包装材料及包装容器生产工艺技术研究。

研究中将采用交联接枝与成核技术相结合制备环保保温包装制品，除了控制发泡过程获得合适的泡体结构和控制发泡材料密度外，还要对包装材料配方、包装制品加工工艺、包装制品结构等方面进行研究开发，来实现生鲜农产品保温包装的长效保鲜功能。

b. 全降解生鲜农产品保温包装材料及包装容器。

研究内容：

本课题主要开展研发可降解材料×××相关技术研发，其目标在于提高体系的熔体强度，改善材料的力学性能，以满足多种制品生产工艺的需求。主要应用于发泡箱，塑料袋，一次性餐具，购物袋等场合，以构建资源节约型及环境友好型社会，适应当代世界可持续发展之要求。同时将采用交联接枝与成核技术相结合制备环保保温包装制品，除了控制发泡过程获得合适的泡体结构和控制发泡材料密度外，还要对包装材料配方、包装制品加工工艺、包装制品结构以及保鲜功能等方面进行研究开发，来实现生鲜农产品全降解保温包装的长效保鲜功能。

技术路线：

全降解生鲜农产品保温包装材料及包装容器研发技术路线见下图。

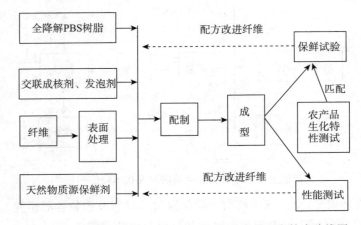

生鲜农产品保温可降解材料×××包装容器研发技术路线图

⑥生鲜农产品保鲜剂研发。

研究内容：

根据不同农产品品种在贮运保鲜条件下的衰老生理特点、病原微生物的活动规律和贮藏工艺，研究开发出专用天然物质源保鲜剂的新配方、新工艺，再通过系列生物筛选的功能评价与食品安全评价，特别是贮运保鲜效果分析，最终形成专用保鲜剂新产品。

技术路线：

生鲜农产品保鲜剂研发技术路线见下图。

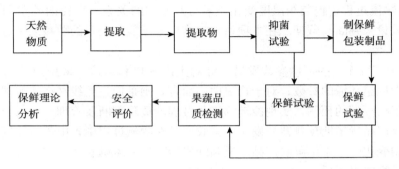

生鲜农产品保鲜剂研发研制技术路线图

⑦高速高精度连续气调包装关键技术及其生产线研制。

研制高精度复合可变量气体混合控制系统。采用气、电、磁开环程控技术，有效控制气体混合误差率。

在课题组拥有技术基础上，进一步研究低压差真空阀气体置换系统技术、气调充气补偿技术，基于产品包装特征，进行气体置换系统的性能分析与结构优化设计，实现气体高效快速置换。

研究产品预处理机械化作业、产品的充填工艺、自动供送/配送技术；研究包装各工序的匹配衔接、不同包装规格的设备通用性设计技术；通过软件设计和硬件组装相结合，自主研制和集成创新相结合实施全自动大容量高速高精度气调保鲜包装生产线开发。

（2）生鲜果蔬低温物流环境控制技术。根据网络销售生鲜果蔬流通模式，重点研究开发适合我国国情的简易、实用、高效、环保的维持生鲜果蔬低温环境的新设施、新材料，建立数据预警及危险判断的质量可追溯信息网络控制体系。着重研究内容包括以下几个方面：

①柔性运输蓄冷剂的开发。为保证运输过程包装箱内的低温，根据不同物流模式下运输包装箱的隔热性能、运输距离及包装箱内外温度差的组合优化选择运输保冷用蓄冷剂。涉及运输距离、运输量、运输温度与蓄冷剂量的匹配等物流技术集成，主要包括几个方面：

A. 蓄冷剂的选择。为减少运输过程中生鲜果蔬的机械损伤，包装箱采用了柔性蓄冷剂，同时可以实现简单条件下的蓄冷，满足蓄冷降温要求；

B. 蓄冷量的选择。根据运输距离的不同，对不同蓄冷剂的升温特性进行分析，对不同量的包装箱确定蓄冷剂量，保证包装箱的使用率；

C. 蓄冷剂的吸热和释冷特性研究。通过蓄冷剂组元的比例变化，研究蓄冷剂的释冷点，并根据不同温差，研究吸热和释冷的能力。

②基于网络平台的生鲜农产品低温物流包装箱温度预警管理系统开发。实现生鲜农产品物流过程中的包装箱温度监控，可以掌握生鲜农产品低温物流过程中品质的变化，从而实现预警处理。由于现有生鲜农产品产购销的模式中参与者的层次不同，温度的预警处理方式也不同，涉及数据定向发送等技术的应用研究：

A. 冷链物流过程中包装箱温度变化积累与贮藏期的关系。现在的贮藏期都是基于农产品微生物数量来判断贮藏期。在本项目中将推广基于能量关系的贮藏期来进行农产品的贮藏与管理；

B. 基于 RFID 无线的环境参数发送。针对生产农户和基地，采用短信的方式通知冷链物流过程中低温环境的参数；对于物流中心而言，则是通过无线网络来实现温度数据的共享，并基于贮藏期的预测，实现冷链物流各过程的危险判断及管理。

③生鲜农产品货架期预测器开发。生鲜农产品在物流过程中，由于包装箱内温度波动会造成贮藏期变化。基于生鲜农产品品质判断指标，研究生鲜农产品在包装贮运过程中寿命的变化，研究内容包括：

A. 判断参数的选择。生鲜农产品的品质判断可以通过一定的指标来判断，如菌落总数，大肠菌群的数量等。结合流通过程中的包装内温度变化的时间积累，建立生鲜农产品的货架期预测方程。根据此原理开发由电脑终端对数据进行分析的软件，同时实现冷链过程温度曲线、农产品的剩余货架期、各工艺过程的可靠性的评估及预测等多项功能。本软件的开发还可应用于根据超市对产品货架期的要求来制定配送蔬菜的加工流通条件。

B. 预测器的开发。在现有多点温湿度检测仪的基础上，基于 RFID 技术开发出一种商业用货架期预测器，该预测器包括包装箱内温湿度传感器，微处理器、内存、低压电源及天线等部件，还带有自主开发的货架期预测软件。该设备除了具备现有流通过程中温湿度追溯性装置功能外，还能实现无线发送数据、数据采集、数据贮存、数据分析，具有内存高、可重复使用、可随时读数及远程控制的功能。

④低温贮藏环境的气流组织均匀化。

A. 具有一次回风的静压送风技术。在传统的低温贮藏环境送风中，送风温度与库内温度差别较大，容易造成近风口处的伤害。采用一次回风静压送风技术，可以避免这一缺点。主要内容涉及回风量比例、静压箱结构、温差大小及换热面积等优化问题；

B. 风口布置及堆码技术。在整个低温环境下，流场的均匀性还受到风口位置及果蔬堆码方式的影响。将重点研究送、回风口位置，堆码间隙等对流场分布的影响，提出最优结构并应用。

⑤产地预冷技术及装置的研究。

A. 果蔬的差压预冷工艺技术研究。这一部分研究内容主要是对所实验的果蔬进行传热和传质上的分析，对影响果蔬预冷工艺的参数进行理论和实验求解，包括预冷温度对果蔬预冷速率的影响、预冷风速对果蔬预冷速率的影响、预冷速率对果蔬贮藏期的影响及预

冷工况对果蔬品质的影响;

B. 差压预冷堆码形式对预冷效果的影响研究。果蔬预冷效果强烈受到果蔬堆码方式的影响,在这部分研究中主要包括堆码厚度对差压预冷阻力的影响、堆码方式对堆码中的流场(温度场和速度场)的影响及果蔬摆放方式对果蔬预冷速度的影响;

C. 果蔬包装箱结构对预冷效果的影响研究。果蔬在预冷过程中,为防止采后再一次包装整理,一般都在预冷前都进行了一定的前期包装,这对预冷果蔬而言,相当于增加了传热和传质过程的阻力,将影响预冷效果,研究内容包括果蔬包装箱外表面空隙比对包装箱内流场(温度场和速度场)的影响研究、变间距开孔对包装箱内流场的影响研究、不同孔径对包装箱内流场的影响研究及不同孔径对预冷速率的影响研究;

D. 冷墙式差压预冷库的研究。冷墙式差压预冷库将产地预冷和产地贮藏有效地结合,使功能综合化,主要的研究内容包括夹套壁的最佳厚度、最佳的堆码长度及开口高度;

E. 差压预冷装置的匹配优化研究及开发。这一部分的研究内容主要是对预冷装置的匹配进行优化研究,使所设计的预冷装置从结构上、能耗上及性能上最优,包括制冷机组功率与果蔬预冷量和种类的匹配研究、预冷风机选择与果蔬预冷量和种类的匹配研究、预冷换热设备与果蔬预冷量和种类的匹配研究及差压预冷装置空间结构的优化研究。

(3) 生鲜果蔬低温物流体系结构与评价指标体系、质量标准、技术规范与检测方法。

① 不同包装物流模式的建立及无缝冷链技术的集成。生鲜果蔬低温物流所涉及不同层次,对关键技术的需求有所不同,会造成不同形式的低温物流阶段,只有这些不同的冷链物流阶段进行了无缝串接技术集成,才能形成真正意义的冷链体系。在研究分析国内外果蔬冷链流通模式的基础上,根据我国现有网络销售生鲜果蔬的流通、冷藏设施、运输现状,集成包括冷藏、蓄冷、包装、运输等关键技术进行串接。

A. 农户生产层面的冷链包装物流模式。生产者作为冷链的源头,是冷链实施的关键。根据农户具备冷藏基础设施的不同,运输距离的不同,选择不同的蓄冷量、保温运输箱及预冷温度,确定不同方式的冷链物流模式:

自有冷库者:对于自有冷库生产户,通过对自有冷库的冷墙式差压预冷的改造,形成预冷功能,然后进行蓄冷包装运输直接到达基地或合作社,进入冷库贮藏;

无冷库者:对没有冷库者,则直接通过蓄冷包装运输送至基地或合作社,进行预冷后贮藏;

B. 基地(合作社)生产层面的冷链包装物流模式。基地或合作社作为直接生产者与企业或市场的中间联接者,它的冷链物流过程关系到整个冷链的有效合成。根据基地(合作社)与生产者、物流企业或市场的关系不同,选择不同的冷链包装物流模式:

基地(合作社)直接与市场对接——根据与市场的距离不同,可以采取保温包装运输(运输距离小于 3 小时)、蓄冷包装运输(运输距离小于 6 小时)或冷藏车冷藏包装运输(运输距离大于 6 小时);

基地(合作社)与物流企业的对接——主要考虑冷藏运输方式的选择,可采取保温包装运输(运输距离小于 3 小时)、蓄冷包装运输(运输距离小于 6 小时)或冷藏车冷藏包装运输(运输距离大于 6 小时);

C. 物流企业层面的冷链包装物流模式。物流企业层面主要对接对象是市场，主要考虑冷藏运输方式的选择，可采取保温包装运输（运输距离小于 3 小时）、蓄冷包装运输（运输距离小于 6 小时）或冷藏车冷藏包装运输（运输距离大于 6 小时）。

②不同包装制品标准研究。生鲜果蔬从冷贮藏到餐桌，经过 2 个主要环节，包括贮藏和运输，在这 2 个环节中，由于运输距离会形成不同的物流模式。由于模式所面临的对象不同，以及在物流过程中，生鲜农产品搬运、波动、气体流动等要求，会对产品包装性能提出新的要求，如承重、承压、碰撞、自重、密封、开孔。通过研究，提出不同物流模式下的包装的性能标准要求。

③冷链物流技术操作规程。生鲜农产品冷链物流过程中温度测量、包装材料、包装容器通用技术要求研究与制定，根据我国农产品物流发展的现状和趋势以及物流包装标准的状况，按照冷链物流技术的框架，对影响当前我国生鲜农产品冷链物流体系的关键性包装标准技术、温度测量技术进行研究。对生鲜农产品冷链物流与包装标准化进行研究，制定相应的国家标准和技术规程。

分析果蔬物流包装材料的基本类型和适用范围，研究农产品物流包装材料安全、卫生和环保技术特征，提出生鲜农产品冷链物流与包装材料、包装容器通用技术要求；创建我国生鲜农产品冷链物流与包装标准体系框架结构。以包装动力学与运输包装、保鲜包装研究成果为基础，以现代物流理论为指导，立足绿色包装准则，应用运输包装测试、试验设施和技术，提出我国主要生鲜农产品冷链物流与包装的装卸、运输、储存保护的模式和方法；对农产品物流包装的关键标准进行研究，按照国家标准编制的准则相关规定，建立生鲜农产品冷链物流与包装国家标准（草案），制定相应的技术规程。

（4）环保型鲜活农产品物流包装材料与制品中试生产研究。中试放大过程中由于原料、设备、操作等原因造成的工艺条件波动，导致产品各项性能指标达不到预期指标。为了降低项目中试放大过程中存在的技术风险，拟采用以下应对措施：

①把好原材料进料关：要求中试放大原料各项性能指标，尽量同前期实验所用原料一致。

②严格控制加工工艺条件：包括原料配比、加料方式、加料状态、成型机各段温度控制、转速控制、冷却方式等影响因素，尽量排除非技术性因素影响。

③研究各生产工序的匹配衔接、不同包装产品采用不同规格的设备进行适用性设计；通过软件设计和硬件组装相结合，自主研制和集成创新相结合，实施全自动大容量保鲜包装生产线开发。

④采用在线监控系统进行生产过程全程监控。

⑤组织专家团队现场指导，具体问题具体分析，根据实际情况适当调整工艺条件。

（5）技术路线。本项目果蔬类农产品物流过程品质维持和质量安全控制技术集成应用与示范以理论指导生产，重点解决产业化工艺环节中的控制技术，从而取得较完整的生产方案，并得以顺利实施（具体技术路线略）。

（6）创新点。

①全降解零售包装制品、全降解贮运包装制品、全降解缓冲制品堆肥降解率≥90%，全降解保鲜膜材料及制品具有保鲜时间长、阻隔性能优良的特点。

②将气调包装制品加工工艺、配方、产品气调性能和具体生鲜农产品的生化特性联系起来开发兼具气调和生物活化功能的全降解保鲜包装制品。

③基于机械、化学、生物、信息等先进技术，设计气体传感器、微生物传感器、新鲜度指示器、时间-温度指示器等信息显示型智能包装体系，开发智能全降解保鲜包装制品。

④系统地将物流标准体系构建、先进包装技术开发和材料制备、新型包装设备研制及生鲜产品的冷链结合起来，真正地在我国生鲜农产品流通研究领域实现领域和学科的交叉。

⑤实现了蓄冷运输包装，并将蓄冷范围扩展为－2～8℃，突破现有冷藏运输的方式，摆脱了冷链物流中的"冷藏运输"瓶颈，"冷藏运输"不再受到冷藏车制造技术的限制，使得冷藏运输在低成本条件下可以实现广泛应用和推广。

⑥在国内首次应用了果蔬生命期预测系统，并与现有的物流管理系统相结合，有效地实现了冷链物流过程中的温度预警控制和可追溯化，可以对各过程的温度波动进行危险性判断。

⑦首次建立环保型鲜活农产品物流包装制品生产基地、鱼畜菜果保鲜物流包装应用示范基地、形成环保型包装材料与制品的应用研发与质量监测基地。

2. 主要技术指标（如形成的知识产权、技术标准、新技术、新产品、新装置、论文专著等数量、指标及其水平，与国内外同类技术或产品的竞争分析，满足项目所依托的重大工程建设或重大装备研制的需求情况等）

本课题完成后，将达到以下主要技术指标：

（1）开发环保型农产品包装材料 3 种，运输包装箱 2 种，且具有一定的保温性能。

（2）全降解保鲜包装膜 2～3 种，全降解托盘、浅盘、单棵托 3～4 种。全降解保鲜包装片材的抗张强度≥7.5 兆帕。全降解保鲜包装材料的需氧堆肥试验生物降解率≥90％。

（3）开发全降解包装制品 6 种以上。

（4）开发应用的两种蓄冷剂，其释冷范围在－2～8℃，蓄冷运输时间大于 3 个小时。

（5）开发果蔬在冷贮运过程中信息采集装置、无线发送技术及信息管理器，内存管理数据在 2M 以上，贮藏期预测误差小于 2 天。

（6）建立 3～5 种果蔬冷链物流模式，并推广应用 5 000 吨。

（7）按标准规范化章程操作后，贮藏期延长 10％，腐烂率减少 10％。

（8）高效低压差真空阀气体置换系统技术，气体置换率≥99.0％，较传统真空泵置换系统降低能耗 70％。

（9）建立评价与检测标准和果蔬冷链物流标准化规程 12 个。

（10）建立全降解包装制品中试生产线 2～3 条。

（11）建立环保型生鲜农产品物流包装技术评价体系。

（12）形成环保型包装产品应用研发与质量检测基地 1～2 个。

（13）形成技术专利 8～10 项，其中发明专利 5～6 项。

（14）提交论文 30 篇，其中 SCI、EI 收录论文 8～12 篇。

（15）培养博士、硕士研究生 30 名。

本课题研究开发的农产品物流过程品质维持和质量安全控制技术体系，在借鉴了国内外同类技术和产品的研究基础上，以绿色环保低能耗为准则，集中国内相关领域的优势资源而进行研究开发，采用独有贮运、包装及预冷技术，使产品主要技术性能指标达到或者超过国内外同类产品，性价比较高，并结合生鲜农产品的冷链物流温度预警控制技术。项目完成并产业化后，产品市场竞争优势明显，并与国际相关准则接轨。

3. 预期经济、社会、环境效益（如技术及产品应用产业化前景，在项目实施期内能够形成的市场规模与效益，对保障国家安全、促进社会可持续发展及提升我国相关产业竞争力的作用等）

（1）产业化前景。根据我国国家发展改革委编制的《农产品冷链物流发展规划》的目标，在201×年我国果蔬、肉类、水产品冷链流通率分别提高到20％、30％、36％以上，冷藏运输率分别提高到30％、50％、65％左右，流通环节产品腐损率分别降至15％、8％、10％以下。以果蔬在201×的产量为例，水果产量1.9亿吨，蔬菜产量近8亿吨。2015年冷链流通率为20％，流通量达到1.6亿吨。如果都采用全解降包装，每一包装为10千克，将达到160亿个，以每10千克的保鲜膜为1平方米计算，则需要160亿平方米保鲜膜，因此产业化前景好，市场容量大。

（2）项目实施期内能够形成的市场规模与效益。项目申报企业每年的生鲜农产品物流量达到2万吨，生产企业的产力达到7万吨。在项目实施期内，可达到年物流示范量1万吨的要求，年保鲜膜达到1万平方米，绿色运输包装箱1万个，年增加经济效益1亿元，新增就业人数达到150人，减少果蔬腐烂0.1亿千克。

（3）社会效益。

第一，行业技术贡献。

本项目的实施将会带动生鲜农产品包装物流链各环节技术的发展，这包括包装技术、材料技术、制冷技术、配送技术、加工技术及管理技术。特别是全降解包装材料的开发，将使我国生鲜产品的低温贮运接轨于国际标准，提高低温贮运产品的品质，有利于整个行业的可持续发展。

本项目将开发2～3种环保型生鲜农产品包装材料，及多种环保型、乃至全降解包装制品，形成产业化生产能力。推进我国生鲜农产品包装技术发展，完善环保型包装材料系列。

第二，间接经济效益。

通过项目的实施，除了所述的直接经济利益外，还将对我国农业产业结构产生影响。目前我国生鲜产品产量世界第一，但是生鲜产品品质不高，具有较高经济的种类较少，在国际上不具有竞争力。由于本项目的实施，可以有效地改变生鲜产品的时空结构，使产品实现异地反季节销售，延长产品的生命期，全面实现农业产业结构的变化，提供更有竞争力的果蔬品种。

第三，对国家利益安全的影响。

农业是我国国民经济的基础，农村稳定是我国建设和谐社会的重要内容。通过本项目的实施，可以有效地提高生鲜农产品的附加值，增加农业收入，提高农村生活水平，解决"三农"问题，使国民经济健康、稳定、安全地发展。同时通过基地及企业的培养，可以增加税收，充盈国库。

（4）环境效益。在流通过程中每年蔬菜的损失达到 25％，可以造成 1 亿多吨的果蔬垃圾，严重地破坏了城乡环境面貌；同时，由于机械制冷设备的使用，每年造成数吨的制冷剂泄漏，破坏了臭氧层，并且由于包装材料不可降解，形成了大面积的"白色"污染。项目开发的环保型包装材料大大减少了生产过程中使用的环境有害物质，同时也减少了使用时有害物质的释放。通过本项目的实施，可以有效地减少 80％的果蔬腐烂垃圾，减少氟利昂制冷剂的使用，消除"白色污染"，对环境起一定的保护作用。

（5）投资效益。本项目初次投资低，回收效益高，回收年限短。蓄冷包装运输的使用期为 2 年，保鲜剂和保鲜膜为 1 次成本，则每吨所增加成本为：

——保鲜包装新增成本：每吨×××元；

——蓄冷包装运输成本：每吨××元；

——每吨新增综合效益表现为农产品腐烂率的降低，由此增加的收益：每吨增加果蔬××千克，每千克×元计算，增加收益×××元；

——腐烂率降低增加的收益：每吨增加果蔬××千克，每千克×元计算，增加收益×××元；

因此通过全降解生鲜农产品包装物流技术的实施，每吨新增效益 100 元。如果每年的生鲜产品示范量达到 100 万吨，则年新增效益为 1 亿元。

4. 项目实施中可能形成的示范基地、中试线、生产线及其规模

（1）建立示范生产线：

①建立全降解包装材料生产线 1 条；

②建立全降解包装片材生产线 1 条；

③建立全降解包装托盘生产线 1 条；

④建立用于果蔬类农产品包装的环保型聚丙烯发泡功能包装箱中试线 1 条；

⑤建设年产量 1 000 吨以上的果蔬物流保鲜包装示范基地 1 个。

（2）形成 10 种以上新产品：

全降解零售包装制品：浅盘（盒）、单棵（果）全降解包装膜（袋）、购物袋、果托。

全降解贮运包装制品：全降解包装箱、功能箱、功能膜、功能袋。

全降解缓冲制品：发泡格挡、单果发泡网套。

环保型包装制品：包装箱。

冷链物流产品：柔性蓄冷剂、生命预测器、预警系统。

（3）形成生鲜农产品物流包装标准化技术评价研究报告 1 份，生鲜农产品物流包装标准体系 10 份。

（4）重要农产品物流包装标准（草案）10 项：

包括产品标准、技术操作规范、检测方法。

（5）形成技术专利 8～10 项，其中发明专利 5～6 项。

（6）提交论文 30 篇，其中 SCI、EI 收录论文 10～12 篇。

5. 人才队伍建设

在本项目实施阶段，通过技术集成与运用，建设一支适应农产品冷链物流包装的结构合理、素质较高的科技人才队伍，形成多学科，复合型的人才组合，为我国农产品包装物流技术培养专门人才 60～80 人，召开 3～5 次"生鲜农产品冷链物流包装技术"生产户培训，直接培训户达到 1 500 户，印发《农产品物流包装操作过程》实用手册 2 万份。

通过本课题的研究开发，培养 2～4 名学术带头人和 5～7 名技术骨干，培养博士研究生 6～8 名、硕士研究生不少于 30 名。通过技术推广，建设一支适应农产品物流包装发展、结构合理、素质较高的科技人才队伍，形成多学科，复合型的人才组合。为我国农产品物流包装行业培养加工和研发技术专门人才 60～80 人。

6. 其他考核指标

通过本课题的实施，将提升我国主要农产品现代物流包装与标准化技术的研究和开发水平，在课题执行期内主办一次"环保型生鲜农产品物流与包装"的高峰会议。

四、经费预算

1. 项目总投资预算

项目总投资 2 500 万，具体经费分配及分年度经费需求见下表。

经费预算表

课题名称			金额单位： 万元
序号	预算科目名称	合计	专项经费	自筹经费
1	一、经费支出			
2	1. 设备费			
3	（1）购置设备费			
4	（2）试制设备费			
5	（3）设备改造与租赁费			
6	2. 材料费			
7	3. 测试化验加工费			
8	4. 燃料动力费			
9	5. 差旅费			
10	6. 会议费			
11	7. 国际合作与交流费			
12	8. 出版/文献/信息传播/知识产权事务费			
13	9. 劳务费			
14	10. 专家咨询费			
15	11. 管理费			
16	12. 其他			
17	二、经费来源			
18	1. 申请从专项经费获得的资助			

（续）

序号	预算科目名称	合计	专项经费	自筹经费
	课题名称			金额单位：　万元
19	2. 自筹经费来源			
20	（1）其他财政拨款			
21	（2）单位自有货币资金			
22	（3）其他资金			
专项经费拨付进度申请	第 1 年	第 2 年	第 3 年	
金额				

2. 资金筹措方案

课题国拨经费主要用于课题关键技术内容的研发。配套经费来自于课题的依托单位、当地政府配套资金和相应参与单位的自筹资金，自筹经费主要用于冷库改造费、设备费、人员费和燃料动力费。依托单位承诺配套经费见附件的承诺函。

五、实施机制

1. 组织管理措施

（1）成立组建项目专家组和课题管理领导小组。由项目参加单位的有关专家组成专家组，定期就项目的进展进行咨询、指导和评议，负责项目总体的宏观指导和对重大问题做出决策。根据研究内容，项目专家组可以建议课题分为若干子课题，课题管理领导小组有权对各课题的进程进行检查。

（2）建立定期审查制度。在本课题的实施中，依据项目管理的理论和方法，定期对项目的实施进行审查，以确保课题各项目标的顺利实现。

（3）建立资金保障机制。为确保国家拨款配套的课题资金得到有效使用和自筹资金的到位，提高资金使用效率，保障资金充足，在课题资金管理上，将采取下列措施：

设立课题资金管理小组，合理设置课题资金使用财务科目，分类核算各项费用和资本支出，定期向课题管理领导小组汇报资金情况。

制定课题资金使用的财务分级审批制度，重大资本性支出项目必须经由课题管理小组同意方能支出。一般性费用项目按课题资金使用计划，拨至各子课题负责人的分列费用账户中，课题负责人享有一定的支配权，但其使用严格执行账钱分离、实报实销制度。

严格执行资金使用计划管理制度。各子课题负责人在课题资金使用前，须向课题管理小组提交详细的课题实施计划和资金使用计划，计划经课题管理办公室审批后生效，并列于课题资金的整体使用计划中，任何使用课题资金的项目必须列示在课题的资金使用计划中，不属于课题资金使用计划的项目不得使用课题资金。

（4）项目实行主持人负责制和协作单位分工负责制相结合制度。首先实行项目主持人负责制，由主持单位的主持人全面安排课题计划、进度、经费的调配和使用、人员组织及培训、奖惩等。形成激励科研人员努力奋斗的精神，鼓励参与人员提高素质，不断更新知识，充分发挥才智。激发科研院所的活力，为建设稳定、高效的科研队伍创造条件，促进产业化，保证知识产权共享。

项目的日常管理采取合作单位分工负责制。项目主持单位负责项目重大问题的协调，配合科技部对项目执行情况进行检查与评估，并主要参与完成课题研究任务；项目参与单位负责本单位分课题的具体实施和日常管理，及时发现和报告项目实施过程中出现的问题，按要求编报项目年度计划、计划执行情况和统计报表、科技攻关成果信息及经费预算等信息资料，及时报项目主持单位。

2. 产学研结合模式

本课题组按产学研结合模式由申报单位、基地及相关的科研合作单位等组成，紧紧围绕课题内容，在设计课题方案时考虑到企业和研究各自的优点，以科研单位为主进行科技研发，以企业为主进行科技成果的转化、应用和示范。产学研结合，形成从上游的实验室研究到中游的中试基地开发，再到下游的课题参与企业应用示范的一条良性的链性研发体系。科研单位及高等院校负责技术创新和新产品的创制，并将科研成果与应用企业对接，推进新技术产业化和应用。构建高水平的科研院所和行业内龙头企业的合作关系，明确研究机构和企业的职责和功能定位。以合作共赢，共同支持，分工合作，各有侧重为原则，科研机构侧重于跟踪技术发展前沿，提供自主创新的"知识和技术源泉"，企业侧重于技术工业化、规模化、市场化。提高科技主体之间的合作度，提高企业的自主创新能力。建立以产业发展为前提、科研院所为先导、企业为主体、高质量的产学研合作新机制。

3. 知识产权与成果管理及权益分配

知识产权与成果管理及权益分配将依据国家科技部有关文件管理执行。本课题将本着相互合作、取长补短、互惠互利、以人为本的原则处理课题实施过程中所产生的各种知识产权。

（1）项目合作期间取得的专利性知识产权，均享有使用权，但转让权按谁主导谁负责的原则执行；

（2）对于所发表的科技论文，则为全社会共享；

（3）最后上交的课题报告为课题主管单位所有；

（4）所形成的各种标准尽可能地成为国家标准，实现全社会享有。

六、项目风险分析及对策

课题组从课题的技术、人员、市场、政策、完成单位及投资效益分析等方面进行了充分分析，认为该项目风险很小，完全达到项目所设定的预定目标。

（1）技术分析。在前面的技术难点分析中，已经提到本项目的实施过程存在着 6 个较大的技术难点，但是通过分析，也发现在目前的条件下经过项目组成员的工作是可以克服的，这主要有以下 3 个方面的保证。第一，目前发达国家的生鲜农产品包装物流技术较为完善，给项目提供了现实依据；第二，项目组的工作基础扎实，对相关的技术难点进行了前期研究，取得了丰富的成果，为解决这些问题提供了现实基础；第三，国内生鲜农产品包装物流技术有很大的提高，提供了可实施的现实背景。综上分析认为技术风险很小。

（2）人员风险。项目的实施需要高素质的人员。本项目由大型生产企业、研究院、高等院校、教育部工程研究中心联合申请，所涉及的专业有包装、材料、制冷与低温、冷冻冷藏工艺、果蔬贮运、物流管理、信息技术、生物技术、管理技术等，组成了一支高水平的研究队伍和工程产业化队伍，为课题的顺利实施提供了保障。

（3）市场风险。根据我国国家发展改革委编制的《农产品冷链物流发展规划》的目标，在 2015 年我国生鲜农产品，如果蔬、肉类、水产品冷链流通率分别要提高到 20％、30％、36％以上，冷藏运输率分别提高到 30％、50％、65％左右，流通环节产品腐损率分别降至 15％、8％、10％以下。以果蔬在 2008 年的产量为例，水果产量 1.9 亿吨，蔬菜产量近 8 亿吨。2015 年冷链流通率为 20％，流通量达到 1.6 亿吨。如果都采用全解降包装，每一包装为 10 千克，将达到 160 亿个，按每 10 千克的保鲜膜为 1 平方米计算，则需要 160 亿平方米保鲜膜，因此产业化前景好，市场容量大。

（4）政策。我国是一个农业大国，农业的稳定是立国之本，在今后一段时间内，我国所面临的一个重大的战略问题就是解决城乡协调发展问题，这就要改善农村产业结构，提高农业收入。改善农村产业结构主要是从过去单一农作物向多种副产业发展，如蔬菜、水果、水产等，并从政策上进行扶持，从近几年的 1 号文件就可以看出国家政策对农业的倾斜，在《国家中长期科学和技术发展规划纲要》中明确将"鲜活农产品保鲜与物流配送及相应的冷链运输系统技术"列入发展规划。开展本课题的研究将有效地提高生鲜农产品的品质和生命货架期，实现生鲜农产品的"时空"增值，使农业收入增加，因此该课题不但不会有政策风险，还能得到政府的优惠政策。

（5）完成单位。完成单位由科研院所、高等院校、生产企业及物流企业联合组成，具有完备的产品开发到产品产业化应用的研究和产业化链，并且研究团队包括了各个方面的人才，可以保证项目的顺利完成。

七、有关附件

与项目相关的其他证明材料或文件等。

序号	名　　称	备　　注
1	食品包装容器及材料标准体系研究	专家验收意见
2	果蔬剩余贮藏期计算方法	发明专利
3	能够调节微环境参数的控制箱	发明专利
4	果蔬贮藏期预测器	实用新型
5	蓄冷材料	样品及样机
6	发泡装置及成型机	样品及样机
7	自带夹套的恒温环境箱	专利
8	一体化微型制冷装置	专利
9	具有预冷功能的小型保鲜库	专利
10	太阳能吸附式保鲜冷库	专利

八、有关声明

项目技术负责人声明

声明：

1. 本人对申报材料的真实性负责；

2. 本申报材料不存在任何违反《中华人民共和国保守国家秘密法》和《科学技术保密规定》等相关法律法规的情况；

3. 本申报材料不存在侵犯他人知识产权或剽窃的情形。

如有不符，愿意承担相关后果并接受相应的处理。

项目技术负责人（签字）：

年　　月　　日

申报单位声明

声明：

1. 本单位对申报材料的真实性负责；

2. 本申报材料不存在任何违反《中华人民共和国保守国家秘密法》和《科学技术保密规定》等相关法律法规的情况；

3. 本申报材料不存在侵犯他人知识产权或剽窃的情形。

如有不符，愿意承担相关后果并接受相应的处理。

申报单位法人代表（签字）：

申报单位（盖章）：

年　　月　　日

推荐单位（专家）声明

声明：

1. 本单位（人）对所推荐材料的真实性负责；

2. 本单位（人）所推荐的材料不存在任何违反《中华人民共和国保守国家秘密法》和《科学技术保密规定》等相关法律法规的情况；

3. 本单位（人）所推荐的材料不存在侵犯他人知识产权或剽窃的情形。

如有不符，愿意承担相关后果并接受相应的处理。

推荐单位法人代表（签字）：

推荐单位（盖章）：

或推荐专家（签名）：

专家1：

专家2：

专家3：

年　　月　　日

案例五：畜禽养殖与农业种植废弃物资源生态化处理设备研发项目

一、基本情况

项目名称	××××畜禽养殖与农业种植废弃物资源生态化处理设备研发				
所属专项	农业资源与环境				
项目类型	技术研发				
经费需求	××××万元				
项目负责人	姓名		性别	□男　□女	出生日期
	证件号码			所在单位	
	职称		学位		职务
移动电话			电子邮件		
任务（课题）负责人	姓名	单位	职称	学位	证件号码
联系人	姓名		电子邮箱		
	固定电话		移动电话		
任务（课题）数			单位数		
申报单位			推荐单位		
申报单位意见					

二、拟解决的关键科技问题和研究目标（500字）

根据××××工程有限公司科技攻关项目"农业污染源资源化治理"中的"养殖与种植废物污染治理与资源化利用"子项的立项要求，提出本项目解决的科技问题：攻克畜禽养殖与农业种植废物环境污染治理难达标的技术瓶颈难题，完成将畜禽养殖粪尿废水和种植废弃物融合在同一系统中进行污染治理的技术工艺，并根据种养殖不同需求，将全部有机污染物转化为生物能源物质，可替代化肥的优质有机农肥和废水的深度净化及再生利用，最终实现种养殖废物的全部资源化利用，产生变废

评议

　　该项目是量大面宽的课题。既是社会的热点，又是当前环境保护的难点。所以，申请人选择的研究方向是正确的。但是，题目是生态处理装置，既处理养殖粪便又处理种植废弃物，处理的原料很宽泛。其原材料成分复杂，处理重点又不在一个平台上，这样报告就很难写好。

　　所以，按照通常经验，要提高项目申请的成功率，就必须提高课题报告的质量。为此，必须重视课题的题目、论证的切入点、论据的整理、数据的匹配等。

　　第一，选题必须建立在丰厚

的知识及实践经验的积累上，如果说积累是基础，是内化，那么课题设计就是升华，是内化基础上的外化。

就这个项目而言，题目的主体是生态化处理设备。题目名字最好扣住申报指南中的关键词，让专家一看就知道符合指南要求，抓住了眼球。所以，项目申请人不仅要会做产品，还要善于表达，会做会写。

第二，将想要做和已经做的过程表达清楚。就必须将整个过程"设计"好，要将理论知识和基本的操作技能结合起来。做别人做不到，且唯有你能做到并实现产品。既推陈出新，符合社会的需求，又具有可复制性。

第三，论证

为宝的经济效益、生态环境效益和社会效益。

利用企业自主知识产权专利技术，××××年完成畜禽养殖和农业种植废弃物的环境污染治理融合工艺及处理的技术实验及工艺参数确定，并设计制造出相应的畜禽养殖废水资源生态化一体式系统技术设备处理的样机；×××年完成畜禽养殖废水资源生态化处理的一体化系统技术设备的示范工程应用，其效果达到：①净化水：CODcr≤50毫克/升，氨氮≤5毫克/升，TP≤0.5毫克/升，Cu≤0.5毫克/升，粪大肠菌≤10^3个/升；②有机肥：粪大肠菌死亡率≥95%，蛔虫卵≤10^5个/千克；③生物质气：每立方米生物质气发电1.6～1.8千瓦·时。

三、主要研究内容（1 000字）

本项目来源于××××环保工程有限公司的科技研发项目，研制经费及人员全部来源于该企业。研制时间××××年1月—××××年12月。

畜禽养殖废水环境污染治理的难点是：矿物元素、重金属、抗生素、卤代有机物及氨氮和磷的去除。种植废弃物环境污染治理的难点是：木质素、纤维素、色度物质和芳香烃类具有环状结构有机物的转化与去除。畜禽养殖废水和种植废弃物环境污染合并共同治理的难点是：畜禽粪便与种植废物两类成分不同的物料如何在生化反应器中进行协同反应，攻克共代谢生化反应难发生、低效和毒性干扰的技术难题，实现矿物元素、重金属、抗生素、卤代有机物及氨氮和磷与木质素、纤维素、色度物质和芳香烃类具有环状结构有机物在反应器中高效转化。鉴于这些技术难点，结合公司专利技术在类似工程中运用的实际情况，确立本项目研究重点：利用厌氧发酵这一成熟技术转化有机质，矿化重金属及矿物元素，深度灭活粪大肠菌及虫卵，转化氮磷钾为植物极易吸收的有效氮磷钾；实现这些目标的关键在于微生物共代谢的研究并成功应用在项目技术工艺中。废水处理的重点是深度净化，特别是抗生素、悬浮物、重金属、氨氮和磷的深度去除，只有深度净化才能实现按需回用，关键在高级氧化技术、矿化反应技术等先进技术的应用。这就决定了项目技术的研究思路：围绕共代谢和快速反应先进技术展开攻关。通过畜禽粪尿与种植物的混合并颗粒化，丰富微生物生长基质，改变生长基质与非生长基质的合理比例，营造丰富的营养物质和××物质，成倍提高共代谢效率；通过耗氧升温转化厌氧为中高温厌氧，直接提高×××效率；通过生物×技术加速共代谢效率。通过高级氧化技术、矿化反应技术及多×分离等技术的应用，完成废水的深度净化。

根据上述要求及思路确定本项目技术路线：畜禽养殖废水→固液分离［×××与粪尿、种植废物和生物酶共混后进行高温厌氧发酵→回收"H_2、CH_4等生物质气"（净化处理后用于燃烧供热或直接发电）和"××酵渣"（有机农肥）；液态流体经×超临界反应、矿化反应、氧化还原反应，再经多×分离器快速分离→净化水按需求回用（清洗圈舍、农业灌溉、养鱼、绿化、无抗生素饮用水回用养殖等）]。

完成畜禽养殖粪尿废水与种植废弃物环境污染同时治理并同时实现种植和养殖废物的全部资源化利用，产生变废为宝的经济与生态环境效益。

四、创新点（500 字）

将非均×条件下强化生化和均×条件下高级氧化融合为"××××畜禽养殖粪尿废水与种植废弃物资源生态化处理技术工艺及相应的一体化系统处理技术设备"，治理畜禽养殖粪尿废水和农业种植废弃物环境污染的同时实现废物全部资源化利用，即：将畜禽养殖粪、尿、废水分离固×物与种植废弃物混合，在非均×条件下，采用强化生化，利用生物共代谢将高浓度消化酶、蛋白质、氨基酸、抗生素、卤代有机物、木质素、纤维素、芳香烃类有机物、色素、叶绿素等难降解有机物和铜、铁、锌、锰矿物元素、重金属、氨氮和磷等无机物同时矿化转化，极低成本深度去除、回收。实现：①甲烷为主的生物质气燃烧供热或发电。②优质固态有机肥；固液分离后的畜禽养殖废水清液在均×条件下，采用×超临界效应、自由基效应和矿化反应，完成畜禽养殖废水的深度净化，实现净化水不同需求的全部回用，如清洗圈舍、农业灌溉、养鱼、绿化、无抗生素饮用水回用养殖等。

五、研究工作基础（500 字）

本项目研究的基础工作较好，××××工程有限公司工程技术中心价值数百万元的系列检验检测设备、××名专业技术人才和多项自主知识产权专利技术为本项目研究提供了强有力的技术支撑，其研发资金的投入又提供了物质保障，关键还有××××环保工程有限公司类似的成功工程案例的经验支持。

六、项目负责人研究背景（500 字）

包括工作简历、近五年主要研究成果。

本项目负责人×××先生有连续 30 年专业从事废水、废气、废渣等"三废"及噪声、辐射等环境污染治理实践经验，通过系统研究生物、物理、化学及生物化学、电化学等交叉学科及其关联技术在环境污染治理领域的具体应用，近五年攻破环境污染治理及资源化处理关键技术难题

评议

必须充分，该课题是研究性课题，论证是对选题总体设计框架的必要性、科学性、创新性与可行性从理论与技术的层面进行分析，论证要结合申请书栏目术语内涵，进行准确定位。这是一项技术性很强的工作。

论证必须规范、完美，如该项目核心是生态化的设备，就必须将处理物的难点表述清楚。如：既要处理畜禽养殖的废水（含矿物元素、重金属），又要处理种植废弃物的木质素、纤维素，必须在理论及逻辑上表达清楚。

总之，写报告必须选好题，掌握论证的技能，用数据说话，分析才会得力，这样才能提高课题申报的成功率。

通常，类似的题目，应该分开申报较好，即畜禽养殖废弃物的生态化处理设备或者农业种植废弃物生态化处理设备更为贴切。在规模化养殖或者种植的情况下，能将复杂问题简单化，这将更切合生产的实际。

×项，打破×项治污核心技术瓶颈，取得治污与废物循环利用专利××项，研究成果丰硕：突破活性污泥法这一主流技术难题和深度净化污水并产生大量污泥这一技术瓶颈，实现处理污水不产生污泥，还可同时中水回用，节能减排；攻克畜禽养殖废水资源化处理难题，此项目获市技术创新立项资金并通过项目验收；攻克××气钻××废水高盐、高聚合物、高悬浮物、大水量深度净化及资源化处理系列技术难题，使××气钻××废水净化后像人的动脉和静脉的血循环一样被循环利用，根除制约××气开采的水资源危机瓶颈；打破富营养及黑臭水体根治4项技术瓶颈；利用快速反应发明专利技术突破××废水资源化处理难题，该项目获国家科技部技术创新基金立项并验收合格，同时获××市科技成果成功转化立项并验收合格。××矿业选矿废水工程采用该项技术每天回用水1万立方米，同时从源头解决了小流域污染，可节省小流域治污费×亿元以上，还节约人畜饮水源治污费×千万元以上。

七、附件（略）

1. 共性文件：联合申报文件
2. 专项文件：……

案例六：餐厨垃圾收运与处理工艺的资源化集成技术研究及示范项目

专家一：企业一定要讲项目当中的创新点，还有你在做这个项目过程中的安全性、可靠性、稳定性、带动性，尤其对行业的贡献，对社会产生的经济效益。

从项目来看：

第一，技术储备做了不少的事，但是如果将来要进行有关的合作，

申请编号：

项目推荐书

所属领域：环境领域

所属方向：废物资源化

项目名称：餐厨垃圾收运与处理工艺的资源化集成技术研究及示范

推荐单位：××省科学技术委员会

项目申报单位：×××科技有限公司

项目技术负责人：×××

联系电话： 传真：

电子邮箱：

二〇一×年×月×日

项目信息表

项目名称	餐厨垃圾收运与处理工艺的资源化集成技术研究及示范			
推荐主体	××××产业协会			
项目申报单位	名称	××××科技有限公司	主管部门	
	单位所在地	××市××区	组织机构代码代码	
	通讯地址	××市××区××号	邮编	1000××
	单位类别	□事业型研究单位 □大专院校 □转制为企业的科研院所 □国有企业 ■其他所有制企业 □其他		
项目技术负责人	姓 名	×××	性别 ■男 □女	出生年月 ××年×月
	证件类型	身份证	证件号码	所在单位
	学 位	■博士 □硕士 □学士 □其他		
	职 称	■高级 □中级 □初级 □其他		
	联系电话（手机）	×××	E-mail	××××.com.cn
主要参加单位	①×××科技大学，事业单位 ②×××研究中心，事业单位 ③×××学院，事业单位 ④×××科技有限公司，企业 ⑤×××集团有限公司，企业			
起始时间	201×年×月	终止时间	201×年×月	
主要研究内容（300字以内）	针对我国餐厨垃圾环境污染、非法利用带来的食品安全以及国内成套技术及设备尚不成熟等问题，结合餐厨垃圾营养成分高、利用价值大的特性，选择××市或××市作为餐厨垃圾收运与资源化全过程技术集成与综合示范研究的案例，研发具有自主知识产权和市场应用前景的餐厨垃圾源头清洁收运车辆及容器、物联网监控网络、油水分离资源化及去浮沉砂预处理、高效厌氧发酵及沼气利用、沼渣沼液无害化处理与资源化利用的关键技术与成套装备，并进行技术组装和系统集成。拟建设1座日处理能力×××吨的餐厨垃圾厌氧处理示范项目。研究成果为促进餐厨垃圾减量化、无害化和资源化处理提供技术支撑。			
预期成果	■集成技术系统 □技术转化推广 ■技术示范 ■技术产业化			
预期示范/推广/产业化效果（150字以内）	示范工程采用基于厌氧处理的资源化集成技术，吨垃圾沼气产量为××立方米，较目前国内同类项目产气能力提高10%～15%，与国外同类项目产气能力基本持平，优于国内外同类项目。预期示范工程能系统提供我国代表性基于厌氧发酵的餐厨垃圾资源化系统运行量化指标体系，并建立我国的运行维护及安全技术标准。			
预期经济/社会/环境效益（150字以内）	示范工程的吨垃圾投资控制在××万以内，较目前同类工程投资减少10%以上；年处理餐厨垃圾×××××吨，产生沼气×××万立方米；发电量×××万千瓦·时；毛油×××吨/年；可回收利用轻物质×××吨/年；沼渣、沼液得到适度资源化利用；除直接创造一批工作岗位外，还能够带动上下游相关行业增加就业机会；该示范工程避免餐厨垃圾的环境污染、减少温室气体排放。			
产学研联合	■是 □否			
经费需求	1 800万元，其中申请国家专项经费900万元，自筹900万元。			

评议

就相当于商业计划书，如果向国家申报项目，是可行性报告，从总的方面来讲，你做到了，但是重要性说得不够，现在大家都关心民生，关心吃饭的问题，我们现在的垃圾油问题是什么情况？你得先把这方面政府关心，老百姓关心的说明一下，要把全国的规划，比如"十三五"规划中相关食品安全的内容进行陈述，同时阐明你的项目符合规划内容，这就极大地增强了吸引力。

第二，你目前做垃圾处理的热点问题难点问题是什么，没有一下说出来。我觉得目前来讲最主要的，比如说餐厨垃圾收集，政府发文都不行，价格上有差异，餐厨垃圾根本就不给你所谓官方处理这些单位，就是给那些小商小贩，这个东西价格倒挂，

评议

没有办法。像这些东西，你们就要用这些设备提高效率，引出来你为什么要做这些事情，因为有这个需求。

在处理过程当中做成"垃圾油"，价格上有差异，为什么现在怎么也止不住，因为"垃圾油"比你做生物柴油价格高得多，大概是 4 000 元/吨，卖给饭馆。咱们要做生物柴油，出来柴油才 3 000 元/吨左右。因此，这个必须要规模化。所以我想这一点，从你的着眼点，就得打动人心，那才行。

你引用的数字少，最后关心的不是你的科研成果，包括科技部，发改委给钱，最后还是要看能否有效运转起来，能否挣钱，这个都是关心的一些热点，你这里没有说，这方面再延伸一点。

刚才听了，还有原来看你的报告，我觉得确实不错，你做的工作也挺多。

专家二：你的申报书都是请大学老师们写的，研究单位做的，在这里看到的企业色彩很少。时代在变，社会需求也在变，所以我其实挺希望企业能够提出项目申请，项目需

一、项目目标与任务

（一）项目目标与任务需求分析

1. 项目目标

本项目针对我国餐厨垃圾产量剧增、环境污染、非法利用带来的食品安全问题以及国内成套技术及设备尚不成熟等问题，结合餐厨垃圾营养成分高、利用价值大的特性，根据《"×××"国家科技计划环境领域备选项目征集指南》，研发餐厨垃圾分质收运与自动分拣技术、餐厨垃圾资源化技术、餐厨垃圾处理二次污染控制技术、智能化监测与调控技术等。本项目以城市为尺度进行技术集成并开展区域集中示范，为建立清洁、循环、生态的城市餐厨垃圾处理与资源化系统提供科技支撑。

2. 任务需求分析

（1）开展餐厨垃圾处理与资源化集成技术研发，是近年来我国"两型社会建设"领域国家政策的重点关切点。

近年来，"地沟油"和"垃圾猪"问题受到全社会广泛关注，我国相继出台了一系列政策以系统、科学地治理餐厨垃圾问题。国务院办公厅下发了《关于加强地沟油整治和餐厨废弃物管理的意见》明确了开展"地沟油"专项整治和加强餐厨垃圾管理"疏堵结合"方针。国务院批转住房城乡建设部等部门《关于进一步加强城市生活垃圾处理工作意见的通知》，提出进一步加强餐饮业和单位餐厨垃圾分类收集管理，确保工业油脂、生物柴油、肥料等资源化利用产品的质量和使用安全。国家发展改革委、财政部印发了《关于印发循环经济发展专项资金支持餐厨废弃物资源化利用和无害化处理试点城市建设实施方案的通知》，明确中央财政支持试点城市餐厨废弃物收集、运输、利用和处理体系建设和改造升级，以及法规、标准、管理体系等能力建设。接着，国家发展改革委、财政部、住房城乡建设部确定了 33 个城市餐厨垃圾管理试点，重点探讨餐厨垃圾的治本之策、长效机制和统筹解决方案，并安排循环经济发展专项资金 6.3 亿元对 33 个试点城市（区）给予支持。从上述分析可以看出，餐厨垃圾处理受到国家政策的重点关切，将是未来我国资源环境领域的重点建设内容。

（2）开展餐厨垃圾处理与资源化集成技术研发，是食品安全、废弃物治理与资源化领域的迫切科技需求。

我国每天餐厨垃圾的产生量超过 2 万吨，而且呈快速增

长的趋势，我国餐厨垃圾还未建立完善和规范的收运处理体系，存在诸多问题。一方面，餐厨垃圾提炼"地沟油"，使其经非法渠道回流到餐桌，带来严重食品安全隐患，引起社会广泛关注。为有效解决"地沟油"回流餐桌问题，切实保障食品安全和人民群众身体健康，国务院下定决心加强"地沟油"整治和餐厨废弃物管理，开展"地沟油"专项整治。传统的餐厨垃圾水解和饲料化技术，仍使餐厨垃圾直接进入食物链循环，并不能彻底解决餐厨垃圾的同源性污染问题。另一方面，餐厨垃圾成分复杂，含有碳水化合物、脂肪、蛋白质、淀粉、纤维素、长链脂肪酸等多类物质，具有含水率高、脱水性能差、高温易腐、易孳生蚊蝇、病菌，高油、高盐等特点，其收运、处理和资源化等环节有许多技术难点有待突破。我国的餐厨垃圾规范化处理工作开展得相对较晚，成套技术和装备研发相对滞后，城市系统化示范工程实例缺乏。因此，以城市为单元，通过技术的组装与集成，探索系统解决餐厨垃圾"地沟油"、"垃圾猪"和环境污染问题的长效途径，是食品安全、废弃物治理与资源化领域的迫切需求。

（3）开展餐厨垃圾处理与资源化集成技术研发，是我国把握节能环保战略新兴产业发展先机的重要科技支撑。

餐厨垃圾处理是全球性问题，欧洲国家较早开展了针对餐厨垃圾在内的有机垃圾的资源化利用，目前在技术与工程经验上占据领先地位。2006 年德国出台法律，明确禁止餐厨垃圾作为饲料喂养家禽。随后德国出台《新能源法》，鼓励利用餐厨垃圾厌氧发酵产生沼气，沼气作为新能源进行资源化利用，补充现有常规能源的不足。以德国为例，根据德国沼气协会统计利用有机垃圾厌氧发酵产生的沼气工程已达5 905 座，发电装机容量为 2 291 兆瓦/年，产生的电能能够供应 420 万家庭使用，产生的售电收益为 50 亿欧元，提供39 100 个工作岗位。产生的电量占德国全年总电力需要量的 2.46％。厌氧工程发电已经成为替代常规能源的重要来源，产生了巨大的经济效益和社会效益。欧洲各国不断开发出各种餐厨垃圾厌氧处理技术及相关配套的设备，目前我国餐厨垃圾处理设备大量需要依赖进口。为此，我国明确提出要大力发展七大战略新兴产业，我国餐厨垃圾处理产业市场刚刚起步，其前景非常广阔。大力支持餐厨垃圾厌氧发酵处理领域的科技研发和自主知识创新，为我国未来节能环保产业的发展提供重要的支撑。

评议

求。你们在市场上做的这些东西，你们十分知道解决什么样的问题，但是老师们做，他们的敏锐性、敏感性，肯定不如你们。很多人是通过科研项目，通过文献调研，知道这方面的工作我们要做什么，就报上去了。但是，实际应用和实际需求，相差有多远，老师们就不如企业掌握那么全。

这里有一个结合的问题，我们在评审项目的时候，企业报上来和研究单位报上来项目的时候，真的就不一样，企业会做不会说，其实也不完全是这样，有时候你要找到恰当的，非常好的结合点，你的技术需求找得准，定位定得准，能够形成很好的项目。

专家三：我觉得这是一个非常好的项目，我有几个建议。

第一，我们要做这件事，亮点首先说出来，一是这个事情符合国家科技中长期计划，科技项目指南，这个你说出来了。二是我们现在的食品安全问题，这是两会非常关心的问题，"地沟油"，"垃圾猪"，这个东西说得愚一

评议

点，触目惊心，实在也是这样的。我们的餐厨垃圾，资源化，我们可能有一个评估，宏观上我们资源化，做生物柴油，做肥料，把餐厨垃圾做肥料把这一块说出来，你的项目亮点就有了。

第二，国内的，我看你前面讲有一个配套，有一个判断，叫国内成套技术及设备尚不成熟，要把这个说出来，切入点就在这个地方。

第三，这个题目叫餐厨垃圾收运与处理工艺的资源化集成技术研究及示范，关键词是什么，收、运、处理，这三个关键词。但是我看完您讲的就是处理，收、运没有，我所知道的这些技术，你的生物柴油技术，我到过福建××生物柴油的企业，重庆也在做潲水油，做了很多东西，现在所有的关键的地方在哪？出不来，没法运。这么一个好东西，把这三个关键词要说清楚。

再一个方面，制度问题，技术问题，可能很多技术束之高阁了，经济学家经常讲一句话，制度高于技术，所以在这些方面

（4）开展餐厨垃圾处理与资源化集成技术研发，符合《国家中长期科学和技术发展规划纲要》的重点领域和优先主题。

我国《国家中长期科学和技术发展规划纲要（2006—2020年）》明确将"综合治污与废弃物循环利用"列为国家科技发展的重点领域和优先主题，餐厨垃圾作为近年来最受关注的城市废弃物类型，受到广泛关注。本项目符合国家科技计划环境领域备选项目明确提出的备选征集方向。

（二）项目主要技术难点和重点
（1）餐厨垃圾收运关键技术和配套容器研发；
（2）餐厨垃圾预处理及厌氧消化关键技术研发；
（3）餐厨垃圾资源化利用过程中的污染控制关键技术研发；
（4）餐厨垃圾油水分离与废油脂资源化利用关键技术研发；
（5）餐厨垃圾资源化处理全过程技术集成与综合示范研究。

二、现有工作基础与优势

（一）国内外现有技术、知识产权和技术标准现状及预期分析

1. 餐厨垃圾收运技术模式与装备

国外对餐厨垃圾的单独收运非常重视，严禁餐厨垃圾直接通过畜禽养殖进入食物链。德国等国家根据餐厨垃圾最终资源化利用途径不同实现了分级、分类收运模式。美国对餐厨垃圾产生量较大的单位设置餐厨垃圾粉碎机和油脂分离装置，分离出来的垃圾排入下水道，油脂则送往相关加工厂（如制皂厂）加以利用。

在我国，大量的餐厨垃圾流向两个渠道：个体商贩和城市生活垃圾收运处理系统。个体商贩从餐厨服务单位、学校机关食堂等餐厨垃圾产量集中地以低价或免费收购餐厨垃圾，运往郊区，直接作为养殖户的动物饲料；另有不法商贩由经济利益的驱动将餐厨垃圾炼制地沟油并重新返回食用油市场，进入人类食物链，严重威胁市民身体健康。流入城市生活垃圾收运处理系统的餐厨垃圾，多来源于城市居民家庭、城市公共场所收集点以及各类食品批发和零售市场，与城市生活垃圾、清扫垃圾混杂在一起，进入焚烧或填埋场进行最终处置。

目前，我国关于餐厨垃圾收运单项技术专利仅有×项，主要集中在餐厨垃圾源头分类收集的设备专利上，包括源头减量、分类专利×项，油水分离收集桶专利×项，源头粗挤压专利×项，源头粉碎、收集专利×项。但各项专利技术单一，缺少集减量、粗除杂、一级固液分离、油水分离于一体的集成技术专利。目前我国尚缺乏餐厨垃圾运输设备的技术专利，以及收集和运输之间接口技术专利。

2. 餐厨垃圾预处理技术

餐厨垃圾的预处理是指通过对垃圾原料的一系列机械处理过程，减小垃圾颗粒，同时完成垃圾的××工作，并调整垃圾浆液的×物质含率，使垃圾原料能够满足厌氧发酵需要。预处理的主要过程包括粉碎、分拣、××、××、巴氏消毒等工艺过程。经过处理后的垃圾颗粒降至××毫米以下，满足厌氧发酵的要求。餐厨垃圾预处理技术的主要发展方向是提高处理过程的稳定性、自动化程度；实现多种功能集成，减少工艺环节、减少耗电。预处理与厌氧消化过程有机结合，提高抗冲击能力，改善整个厌氧系统的稳定性。

欧洲国家中德国的餐厨垃圾厌氧处理起步较早，实际工程利用较多。因此其技术较为成熟，相关技术标准较为完善。

餐厨垃圾处理的专利技术主要集中在技术供应商、欧洲企业中：法国研究了湿法杂质分离改进装置；瑞士拥有底部进料的厌氧处理方法和装置，用于预处理源头分离的湿状有机废物的方法和设备。近些年来我国也自主研发了餐厨垃圾预处理技术，如餐厨垃圾废水油脂一体化分离装置及方法。

尽管餐厨垃圾处理在欧洲已有较为成熟的应用，但是中国餐厨垃圾的成分与欧洲有所不同。通过本项目实施，有望实现如下技术创新：

（1）采用多功能集成设备，同时完成垃圾原料的粉碎、杂质分拣（轻物质）、××、×××，减少工艺环节，减少能耗。

（2）采用组合除×工艺，选用新型除×设备，最大限度地减小×石对设备及运行造成的损害。

（3）改进工艺设计，设计匀浆缓冲工艺，避免高×物料在高进料率下对厌氧系统的冲击，提高抗冲击能力，提高系统稳定性。

（4）整合各设备的在线监测及控制系统，与厌氧消化系统结合，形成能够管理全厂的中央控制操作系统。

评议

我觉得是个好东西，要把它说好，一方面把企业的优势体现出来，企业做得很实，但是得跟××科技大学，和生态中心结合起来，把你的优势显示出来。

专家四：从项目来讲，意义还是很大的，从国家的餐厨垃圾量来讲意义还是非常大的，这几天电视上也在报道，我们浪费的粮食数量是相当大的，而且对环境的影响也非常大，抓住这个题目来做，从方向来讲没有错。

但是，从这个材料整个过程当中，我个人有几个感觉。一是你对于问题的分析不够透。比如你讲了一下流程，我认为可以这么来理解，化工过程当中有一个投入产出，就是一个物料平衡问题，你这个流程进去是餐厨垃圾，进去是多少量，一百吨是什么东西，你要把它分析清楚，这个没交代。因为不同的餐厨垃圾，它的成分是不一样的，可能会引起你的处理技术不一样，后面产出的东西也是不一样的。你怎么解决这些问题，把这个问题要分析透。再就是你的产出是哪

评议

些东西。我听下来好像是这么几个东西，一个是有柴油，得到的是类似于柴油这样的产品。按照你现在100吨，这个工艺做下来以后，可以得到多少的油品，做出来的产品，咱们叫生物柴油吧，这个生物柴油是多少，也有一个范围。

还有一种是沼气，100吨处理量，能产生多少沼气，这个你也没有数字。另外还有一些渣子，还有哪些东西，你应当在你的工艺流程当中，在你的物料平衡过程当中写进去，标清楚。

经济上的对比，投入的东西多少钱一吨，产出的东西能得到多少的经济效益，这个要比出来，要有一个基本的核算。

从工艺流程来讲，前面是预处理，中间是厌氧发酵的处理，后面还有一个二次污染的技术问题，还有一些其他的。实际上是这么三项主要的技术，我建议你把这三项技术，每个技术上的关键，技术上目前存在的问题，以及解决这些问题是用什么方法，自然而然把你要研究的东西就引出来了。

(5) 选用新型物料输送技术，减小传统设备的损耗率，降低成本。

3. 餐厨垃圾厌氧发酵处理技术

目前餐厨垃圾厌氧处理根据影响厌氧过程的各种因素可以分为：中温及高温处理工艺、两相及单相处理工艺、湿法与干法处理工艺和连续与续批处理工艺。根据餐厨垃圾高含水率、高有机物含率、易酸化、高冲击性的特点，目前欧洲国家的餐厨垃圾厌氧处理项目主要采用两相工艺，以保证厌氧系统的稳定性。餐厨垃圾酸化速度极快，如何控制酸化对厌氧菌的影响，是保证厌氧降解过程平稳的关键。沼气利用的脱硫与除湿技术。餐厨垃圾厌氧发酵产生的沼气中存在 H_2S、NH_3 及颗粒物等杂质，若沼气用于发电会极大地影响发电机组工作，目前已有的处理技术有脱硫、冷凝除湿、过滤除尘等，沼气的净化和储存也是餐厨垃圾厌氧发酵处理的关键技术之一。餐厨垃圾厌氧发酵技术专利成果主要分布在欧洲和日本，包括：略。

近年来中国也申请了一些专利。我国拥有餐厨垃圾高温有机废气一体化生物处理装置及方法、餐厨垃圾高效厌氧反应水处理方法及装置、半固态有机物高温消化装置，两阶段式半固体有机物消化制肥制气工艺等技术专利。总体上说，我国餐厨垃圾厌氧发酵处理技术专利储备非常缺乏，装备水平同发达国家差距巨大。通过本项目实施，有望实现如下技术创新：

(1) 采用新式两相工艺，通过控制进料速度、进料量以及搅拌，解决有机物酸化速度过快对厌氧菌的抑制问题。

(2) 研发高效发酵反应器，通过进出料位置的设定，配合高效机械搅拌，实现反应器内温度、pH、物料的均匀分布，产生沼气的顺利溢出。反应器内设计除×构件，避免罐内沉×。

(3) 培养新型耐高×负荷厌氧菌，提高反应器有机负荷能力，减小停留时间，提高单位有机物产气能力。

(4) 开发发酵后产物及沼气存储、净化一体化设备，同时实现沼气存储、沼气脱硫、沼气增产等功能。选用耐腐蚀材料双膜储气袋，储气袋与再发酵罐体一体化安装，减少占地面积。气袋与罐内液面间实现生物脱硫，净化沼气。

4. 餐厨垃圾资源化的二次污染控制技术

餐厨垃圾的资源化途径主要有沼气、沼液和沼渣。餐厨垃圾中富含淀粉类、食物纤维类、动物脂肪类等有机物质，具有高水分、高油脂、高盐分的特点，处理不当即易腐发臭并孳生蚊蝇，因此餐厨垃圾资源化利用过程中的二次污染控制技术非常关键。

（1）餐厨垃圾厌氧发酵处理工程的恶臭气体控制技术。

餐厨垃圾成分复杂，且具有高水分、高油脂、高盐分以及易腐发臭、易生物降解和量大的特点，因此在预处理和分选的过程中会因通气不良及受到微生物的作用极易腐败、变臭，不仅影响操作人员的健康，也会影响周边居民的生活，污染环境，尤其是在夏季影响更为严重。恶臭气体控制技术包括物理除臭、化学除臭和生物除臭等方法，应用得较多的工程案例有生物滤池和活性炭吸附塔除臭法。目前仅有针对餐厨垃圾除臭菌剂的相关专利，未见餐厨垃圾处理工程的恶臭控制技术方面的专利。

（2）餐厨垃圾脱油废水及厌氧发酵沼液的无害化处理及资源化利用技术。

餐厨垃圾是固液混合物，工艺过程中产生的废水 BOD 值很高，如果不加以处理直接排放会导致水体的富营养化从而引起对环境的二次污染。废水中主要成分是各种有机质分子及一些无机盐类，一般而言采用常规的生物处理方法进行处理可以达到排放标准。对于盐分和油脂含量较高的餐厨废水，常用的处理技术有膜法、吸附法等。"餐厨废水的净化方法及净化系统"专利技术采用加压气浮处理和生物转盘处理技术，实现餐厨废水的无害化处理。

餐厨废水中富含有机质，其资源化利用技术也有一定的报道。"餐厨垃圾脱油废水的利用方法（××××××1.2）"以餐厨垃圾脱油废水为主要原料，将餐厨垃圾脱油废水制成食用菌液体菌种培养基，用于生产食用菌液体菌种。"利用餐厨垃圾废水生产木霉微生物肥料（××××××9.7）"将餐厨废水作为生产木霉生防剂的原料。

（3）餐厨垃圾厌氧沼渣的脱水、脱盐、除油等无害化处理技术。

发酵剩余物经过离心脱水后还会产生含水率极高（99%）的沼液及含水率相对较低（65%）的沼渣，沼渣中富含有氮、磷、钾、微量元素等营养物质，被认为是非常理想的有机肥料。沼渣的含固率在 3.5%～4% 左右，目前沼渣固液分离的技术装备主要有卧式螺旋沉降离心机、箱式压滤机、带式压滤机和螺旋挤压式固液分离机等。餐厨垃圾经过厌氧消化后，沼渣黏稠，悬浮物多，颗粒小，采用螺旋挤

评议

另外，不光是技术问题，还有装备问题，而且装备占有很大的分量，你这个设备究竟是哪几台设备，现在国内已经有引进的了，你们对国内引进的这些设备做过分析没有，哪些设备我们可以消化吸收，不一定非要自己研制，如果你第一步能创新更好，你设备的名称都没有，究竟要研制几台设备？第一个是综合性的，又有分离，粉碎，不妨起个名字，综合预处理设备，设备名称就出来了，后面还有包括厌氧发酵等这些，应该把关键设备的主要参数、结构摸准了，为下一次产业化打基础。

专家五：从宏观的角度，从你技术上的，生产线，装备，要做细致的分析，这样的话，思路上就比较清晰了。你要搞设备，做什么样的设备，必须要有方案。同时，可以引出你的创新点，相对来讲也就比较突出了。

搞规范指南，建议搞两套。经济指标和技术指标要高于当前我们国内的水平，而且是能够符合，或者将来推广了以后，有现实意义，这样的指标才

评议

有价值，否则你定了很低的指标，完成了这个任务，你推广起来，产业化过程当中，你又碰到问题，还是不行。

项目指标的问题，需要的是实实在在的技术指标去约束你的研发任务，做完了之后能够切实解决问题，而不是看你规模有多大。

专家六：餐厨垃圾是个热点，社会呼声给政府形成了压力，国家拿出了6.8亿支持，每个项目拿到一两千万，一下子刺激了大家的积极性。所以从去年开始，各地大城市都在忙着上餐厨垃圾项目，这是一个很好的机会。

国内做得比较大的工程，比如科技部一个项目支持了重庆，300吨，二期是500吨，准备做成1 000吨，重庆的油也特别多。北京也做一个，现在是50吨，北京市支持，北京还有一个做一天200吨的项目。锡林，郑州，苏州，昆明，青岛，都在做。长沙也在做，已经投入运行。

你们提交的材料，收用和厌氧消化，这两个提得都是对的，厌氧肯定是主流技术，没有问题。收

压和机械压滤等技术的脱水效果较差；采用螺旋沉降离心法的投资成本和运营成本可能较高。

另外，研究表明，餐厨垃圾的盐分和油脂含量较高，可分别达到1.24％和6.2％～23.9％，盐分和油脂很难通过厌氧发酵的微生物代谢过程去除，长期施用沼渣会带来盐度和油脂富集的二次污染问题。目前有研究采用沸石和蒙脱石等多孔介质吸附材料同沼渣混合，实现盐分和油脂的去除，取得了较好的效果。目前未见餐厨垃圾厌氧发酵沼渣中油脂、盐分的进一步脱除技术专利的报道。

通过本项目实施，有望实现如下技术创新：①餐厨垃圾处理工程恶臭气体的收集和无害化处理技术，重点突破高效生物除臭技术；②餐厨脱油废水的资源化利用技术，针对脱油废水无机盐和有机质浓度较高的特点，开发以餐厨废水为原料的菌培养基和液态菌肥技术；③重点突破餐厨厌氧发酵处理沼渣的固液分离、精细化好氧生物处理制肥技术以及沼渣肥的盐度脱除技术等；④改变油脂在餐厨垃圾中的物理化学形态及与其他成分的结合方式，优化油脂界面特性，促进餐厨垃圾×相内部油脂高效浸出、液化、上浮，改善餐厨废油分离特性，通过离心—重力双效分离专用装置，大幅提高餐厨废油回收效率。

（二）单位及主要参与单位研究基础（已有的研究开发经历、科技成果、科研条件与研究开发队伍现状等）

本课题由×××科技有限公司牵头，联合××科技大学、×××研究中心、×××学院以及两家环保企业共同承担，课题承担单位具有餐厨垃圾收运、处理和资源化利用技术的研究基础和技术积累，为承担本课题奠定了良好的基础。

1. ×××科技有限公司

×××科技有限公司成立于2004年，总部坐落在××科技园区，是一家立足于环保行业，致力于废弃物循环再利用的综合技术及专用设备提供商。×××是一家专注于有机垃圾厌氧发酵处理与利用、低热值气体处理与利用的高新技术企业。公司的业务范围涉及餐厨垃圾处理、市政污水处理、城市生活垃圾处理、煤矿、畜禽养殖等多个领域。

×××是一家拥有专业服务团队的企业，能够全方位地提供包括需求分析、工程方案设计、设备采购供应、工程建设、运行维护、运营支持等在内的整体业务方案。

×××是一家具有雄厚技术实力的高新技术企业。经过

不断创新和发展，公司已经拥有了××项自主研发的国家专利；目前同欧美跨国企业在中国大陆市场形成了良好的合作伙伴关系；同时与国内多所大学和重点实验室展开了广泛的科研合作，并与大型国有企业和政府部门保持着良好的合作关系；参与了国家的重要课题项目的研究，并参与了多个国家行业规范的编制工作。

×××是一家致力于绿色能源和环保事业的企业。截至201×年底，×××在环保领域已承接并成功建设了×××个工程，发电机组的装机容量累计达×××兆瓦，提供的绿色电力累积达×××亿度，减少的温室气体量累计达××××万吨，提供的理论碳减排收益累计达××亿元人民币。

公司承担了××市×××吨/日餐厨垃圾处理厂厌氧消化的沼气利用工程，××省××市×××吨/日餐厨垃圾处理厂的预处理工程，××市×××吨/日餐厨垃圾处理厂预处理工程，为国内多家餐厨垃圾处理类公司提供技术咨询，参加了国家二项餐厨垃圾处理方面的技术标准编制。

项目负责人×××简介：

××××—××××年，在×国国家科学研究中心工作，获××××大学工学博士学位。目前，主要从事能源环保领域的研究、开发与利用的技术工作。主要的研究对象包括城市生活垃圾、餐厨垃圾的资源化利用技术，煤矿瓦斯的处理和利用技术等。在此期间，共发表学术论文×篇；获得专利×项，其中发明专利×项，软件著作权×项；获省部级科技成果×项；……。

主持和参与的相关工作内容及成果包括：……

2. ××科技大学

××科技大学是国家教育部直属的全国重点大学，是首批列入国家"211工程"和"985工程"的重点建设大学。××科技大学拥有十分强大的研究开发实力，近年来学校获得的国家"863计划"、"973计划"、支撑计划和自然科学基金等项目均位居全国高校前列。

××科技大学环境科学与工程学院设有固废、给水排水、环境生物、环境化学、环境材料等实验室和工程中心。实验室条件优良，试验用房面积近××××平方米，设备资产总值近××××余万元，为科研提供了较好的支撑条件。在固废处理与处置研究方面有较好的科研基础。

申请团队中的×××教授一直致力于固废资源化的研究，主持完成国家、省部级固废及循环经济方向的科研项目

评议

用说得太粗了，这两个方向是对的，很多地方收不上来，收来以后用什么技术，现在的问题是怎么做。收用，我想过去是执法大队，这是很落后的手法，以后肯定会走智能化的收用，发一个桶，上面贴一个电子标签，我知道里面能装了多少，拉到哪里，有GPS定位，一定要走这条路。不能天天派人各个宾馆去查，你不查了又乱拉了，拉到哪里去你也不知道。

厌氧这一块，这个工艺谁做都是这个工艺，问题在什么地方呢？一个技术一个装备，这个工艺过程谁做都是这样，现在的问题是说，你要搞得非常清楚，你是一个公司，在这样一个完整的工艺里面，技术的要点是在哪几个地方，这是第一步。第二步，相应的技术需要哪些核心装备，我可以配套哪些装备，整个技术，每个环节的技术你都很了解，所有的装备你都很了解。举个最简单的例子，核心是厌氧，你掌握厌氧技术，你收上来以后要储油，你不做那一块，分离不出来怎么去厌氧，这个

评议

道理非常简单。所以说分油，你有什么技术，达到什么水平，有什么装备。另外是强分离，分离什么，杯子？塑料袋？碎的瓷器？用什么技术来分，分离能达到什么效果，都要说清楚。

厌氧技术，不能笼统说，我用单项还是用两项，高温还是低温，你要有足够的实验作为前提条件，我比你高 5%，这并不是那么简单，这里面有很多的事情要去做。

你们自己已经有了一些技术，我建议你再看看国内的技术都处于什么水平，都有哪些技术，包括专家给你提的意见，一定要在你自己的研究基础上，结合专家的意见，形成非常好的技术体系，一定要从技术体系来做。厌氧技术必须分成几个节点，你有什么技术，别人有什么技术，整合到一起去，这个需要很多实际研发，现在做了这么多年，我自己也在做，像××的项目也有很多问题。说明前期的研发非常重要，如果你公司自己有研发实力，一定要结合，把工艺的技术节点分清楚，每个

××多项，固废处理与资源化成果获得多个省市科技进步奖；申报固废发明专利×项，发表固废方面学术论文××余篇，出版专著译著×部；主持环境工程和循环经济方向的规划、设计、可研、实施方案等项目××项。

×××教授的厌氧处理研发平台建有校园餐厨垃圾厌氧消化成套研发设备，承担了国内第一批多座餐厨垃圾处理示范基地的可行性论证，主持完成了"十二五"国家科技支撑计划重点项目"城市生活垃圾收运关键技术与示范研究"子课题、"生活垃圾直接收运模式关键技术和装备研究"的餐厨垃圾收运模式和压缩式餐厨垃圾收集车研发。申报了"厨余垃圾破碎××××真空抽吸器"专利，发表了"厨余垃圾处理工艺研究及设计"等多篇科技论文，目前在编餐厨垃圾方面的行业工程技术标准一项，是201×年国内首座餐厨垃圾×××吨厌氧消化设备招投标专家组成员，是工程技术标准《餐厨垃圾处理技术规范》（送审稿）的会议审查专家。

3.×××环境研究中心

×××环境研究中心是我国从事生态环境科学和技术研究的综合性科研机构，在城市生态、水污染控制与资源化、城市垃圾资源化与安全管理、生态城市规划与建设技术等方面具有强大的科研力量和研究积累。

×××环境研究中心城市与区域国家重点实验室是我国生态学领域的国家重点实验室。近些年重点实验室围绕城市生态学开展了一系列研究，开创了我国生态城市规划建设的理论和方法，围绕城市社区的垃圾、绿地、湿地等生态基础设施建设问题，在北京、杭州等地的城市社区开展了试验研究和示范工程建设。在城市生态学研究中有长期的工作积累，在国内城市生态研究中起到引领作用，是国际上城市生态系统研究的一个重要研究机构。获得国家及省部级科技奖励××项，发表论文××××多篇，出版专著×××余部。

城市生态学课题组长×××院士，完成了垃圾生态工程、垃圾资源化、无害化和产业化的关键技术参数，研究北京市垃圾减量化和社会化的关键技术参数，形成北京垃圾"五化"系统规划方案，并推广实施。开展了多处城市、社区、处理末端等不同尺度的生活垃圾、餐厨垃圾和电子废弃物管理工程技术的研究和应用推广。

4.××工业学院

××工业学院创建于1951年，是老牌名校。学校科研

优势突出。近年来，承担国家"973 计划"、"863 计划"、国家自然科学基金、国家社科基金等国家级项目××项，省（部）级科研项目×××余项；省（部）级优秀成果奖×项；出版著作、教材×××余部；发表学术论文××××余篇；发明专利××项。

参与本课题的×××教授，微生物学专业工学博士，现从事油脂工程专业研究。发表论文××篇，主持油脂工程设计项目××个，都已竣工投产，取得了较好的经济和社会效益。主持国家、省部级项目××项，获国家专利×项，鉴定项目××项，荣获省部级科技进步奖×项。

5. ××科技有限公司

公司旨在打造成一个辐射全国面向发展中国家的新型"环保"装备制造的品牌基地，企业位于××经济开发区，企业注册资金×亿。公司主要从事城乡生活垃圾的收集、处理和转运等装备的研发、设计、制造和销售。公司先后与××理工大学、××市环境科技设计院建立了科研合作联盟，属"国家高新技术企业"，相继承担×项国家重大新产品项目、×项省级项目、×项市级项目，并拥有多项国家专利。

6. ××环保集团有限公司

××环保集团有限公司专业承接城市垃圾卫生填埋场、垃圾焚烧厂的渗滤液治理工程，包括垃圾渗滤液处理的研究、设计、工程施工、设备制造、安装、调速、运营及人员培训等。为国内颇具实力的环保公司之一。凭借整体实力，加之与国内各大设计科研单位及大专院校的紧密合作，通过引进国外的先进技术和近年来对垃圾渗滤液的科研攻关及承接工程中的实际经验，掌握了大量的渗滤液水质特性，积累了丰富的实践经验和技术精华，针对性地研发、优化组合垃圾渗滤液的处理工艺和设备。目前在研餐厨垃圾处理与资源化成套技术及设备，公司未来发展方向由渗滤液处理逐步到餐厨垃圾处理。

7. 项目相关的成果、专利、获奖、论文

（1）近几年承担的主要相关科研项目（略）；

（2）部分相关成果及获奖情况（略）；

（3）部分相关专利（略）；

（4）近年来发表相关论文代表作及专著（略）；

（5）出版相关标准（略）。

评议

节点的技术，现有什么技术，我要用什么技术，能达到什么水平，这是第一步。第二步是装备，实际工程中出问题的大部分不是技术，是设备，这个问题不光是这一类的项目不重视，整个化工在研发过程当中，对装备这方面相互之间的衔接配套均不重视，如果这个问题不解决的话，你将来产业化也做不了，这个非常重要。

所有技术落实到工程中，都是装备在干，不是技术在干活，厌氧发酵你在现场是看不到什么东西的，你们的搅拌，加热装置，或者你们的破碎装置，所有活都是装备干的，这是硬东西。如果说它要是出了问题，你就"歇菜"了，很重要的问题，咱们是一个工艺过程，某个环节出了问题整个系统就"歇菜"了。

归纳起来，一个是技术，我已经说过了，从工艺角度来说，一定要突出你有什么，你的技术优势，比别人高在什么地方，如果你不高你就用别人的，或者你转让别人的。二是要高度重视装备，也不一定你都做，核

评议

心关键装备，你公司要想做大必须掌握这个。

专家七：写法上有几个地方要注意，主要内容，几大关键技术，写得太笼统了，预处理和厌氧消化技术，把所有的主要东西都概括进去了。

二次污染技术，到底是什么东西，水的问题，这个东西是什么，气的问题，渣的问题，哪里是关键的。油水分离，这个东西国内已经很多地方在用，到底要解决哪些问题，跟别人的有什么不一样，这些要突出。

创新点也是跟刚才一样的，笼统都写进去了，没有点到到底哪些地方是创新的。

另外，还有一个问题，涉不涉及知识产权的问题，这个东西将来怎么解决，将来知识产权上怎么处理，把国外先进的东西整合进来，在这个基础上进行再创新，可能更多是这个，我们怎么把装备集成。

从规模来说，100吨，是什么样的规模，从节约成本，利用率各方面规模大都是有利的，但太大了以后，一个是原料来源受

三、研究内容与考核指标

（一）研究内容、技术路线和创新点

1. 研究内容

（1）餐厨垃圾收运关键技术和配套容器研发。

■单独收运接口关键技术研发。

针对餐厨垃圾单独收运系统，研制适用于多种物料特性、集除油、粗分拣、一级固液分离于一体的源头集成处理技术及源头收集专用设备。研发餐厨垃圾桶与餐厨垃圾车倾倒、吸入接口关键技术及装备、餐厨垃圾车与餐厨垃圾处理厂卸料口自动化、无泄漏接口关键技术及设备。

■餐厨垃圾收运感知物联网技术。

基于物联网技术原理，开发餐厨垃圾源头计量付费技术及信息化设备、收运过程优化调控技术及可视化装备、收运全过程污染监测技术及装备，构建餐厨垃圾收运感知物联网，实现餐厨垃圾收运智能化监测与调控技术集成及产品应用。

■餐厨垃圾收集车及配套容器研发。

针对餐厨垃圾含水率高、易腐等特性，研制集垃圾收集、运输和预压缩为一体的新型餐厨垃圾收集运输车及其专用容器。研发餐厨垃圾车防飞溅全密封接料技术及装置、餐厨垃圾车真空排吸技术及装置、餐厨垃圾车内压控制及排压技术及装置、开发餐厨垃圾车密封的伸缩式压缩盘技术、自动夹持提升技术、食物垃圾固液分离技术、整机动力优化及作业环境冲洗自洁技术并将各类技术进行集成应用。

（2）餐厨垃圾预处理及厌氧消化关键技术研发。

■前段物料接收及固液分离技术。

与垃圾收运系统有机结合，结合国内现有餐厨垃圾收运车辆，设计合理的垃圾接收装置，实现垃圾接收的同时实现固液分离。同时考虑接收装置的密封，避免臭气溢出。

■粉碎分拣制浆技术。

研发粉碎、分拣、制浆集成设备。同时实现垃圾原料的粉碎，轻物质杂质的分拣以及制浆。在集成设备处实现调整TS的功能。研发新型物料输送设备，减小设备磨损，减少能耗。

■除砂技术。

研发新型机械除砂设备，结合缓冲罐除砂及发酵罐除

砂，提高系统除砂能力，避免砂石对管道产生的磨损，或在反应器内产生沉积，减小反应器有效容积。

■湿式中温两相高稳定性、抗冲击厌氧消化技术。

研发新型发酵反应器，实现水解酸化与发酵产气阶段的独立进行。采用新的运行控制技术，控制物料在反应器内的停留时间，增大系统有机负荷能力，提高系统抗冲击性。

■厌氧发酵技术。

研发新型发酵反应器，设计新式进出料口，配置高效机械搅拌器，安装反应器内机械排砂构件，避免反应器内沉砂。新型搅拌器设有破渣装置，破除可能产生的浮渣。培育耐冲击高效厌氧菌，提高单位有机物产气能力。

■厌氧消化、生物脱硫、沼气存储一体化技术。

研发发酵后产物再发酵及生物脱硫一体化技术，实现固液气三相物质的同时存储。配备新型生物脱硫系统，在一体化设备中实现生物脱硫。

■餐厨垃圾处理厂智能化监测与调控技术。

研发适合本工艺设计的在线监测与控制系统。实现对工艺环节各参数的实时在线监测。整合预处理与厌氧系统的监测控制系统，实现处理厂的全厂中央控制。

（3）餐厨垃圾资源化利用的二次污染控制关键技术研发。

■餐厨垃圾沼渣的离心脱水、脱盐与增肥技术。

针对餐厨垃圾厌氧发酵沼渣的含水率和黏稠度高特征，研究沼渣卧式离心脱水装备，研究装备的脱水效率及残渣理化特征。研究餐厨沼渣同碳渣、蒙脱石、沸石等多孔介质混合对盐分的脱除和氮磷钾营养元素的截留效果及优化掺比。研究餐厨沼渣同农业秸秆、园林废弃物同蓬松有机废弃物联合好氧生物处理堆肥的肥效。

■餐厨垃圾沼液的无害化处理和资源化利用技术。

针对餐厨垃圾沼液有机物浓度、盐分高和易掺杂有害病菌的特征，开发沼液灭菌、脱盐、保氮的无害化处理技术。研究沼液作为有机液肥的营养元素平衡配比，并研究无害化处理后的沼液施用农田、果园、苗圃等不同作物类型的适宜比例及对生态环境影响。

■餐厨垃圾工艺过程的恶臭气体监控与控制技术。

研究餐厨垃圾工艺过程的恶臭气体收集和无害化处理技术，研究餐厨垃圾处理厂区的恶臭自动化监控技术装备，重点突破低成本的恶臭生物滤池处理技术，筛选适宜餐厨垃圾

评议

到影响，不可能搞一个很大的规模。另外，类似沼气，将来怎么样进行布点，从行业的布点角度，不知道你的 100 吨是什么样的概念。如果 100 吨只是工艺规模的实验，将来比如说 300 吨，500 吨，1 000 吨规模比较合理，我想我们项目的目标就应该瞄准工业化，工业规模，应该把这个体现出来。我做 100 吨不是目的，你可以设计 1 000 吨，没有问题，应该是这么一个思路。装备问题，哪些设备是要研发的，现在 100 吨规模小了，1 000 吨，用两个罐子，还是放大若干倍，这些问题，在你的方案过程当中，你必须要考虑，而且要有这样的指导思想，否则利用的技术将来产业化会遇到很多问题。在总体方案设计的时候，可能还需要注意。

现在确实餐厨垃圾的处理是热点问题，对于你来讲申请项目不是目的，还是蝇头小利的问题，给你 900 万，1 000 万，解决不了你的发展和生存问题。

我们不唯上，不唯下，只唯实，我们关心的首先是这个垃圾的收集问

评议

题，×教授也讲了将来要有智能化，搜集是大问题，现在还是都要用车，怎么收？有个运输半径的问题，怎么能够辐射全，把这些东西弄实了。

现在拿"垃圾油"做生物柴油，相对来讲比较成熟，还可以从其他地方引用，这个东西还好办，怎么能够做到赚钱，包括上海我去考核，还是要靠国家补贴，做的规模既不要大也不要小，企业靠国家补贴只是权宜之计，我最关心的还是怎么能够将来自我循环，可以做生物柴油，卖油，还可以卖气。卖气还是比较划算的，海南，现在养猪的不如卖气的，卖气不如卖肥料的，所以后头对于你来讲，这几个地方都是有收成的，所以这一点得谈透了。

专家八：我们现在确实是在强调和鼓励要以企业为主体，建立这样的创新体系，你的优势到底还是在前面的技术上，不管是预处理技术，还是把它的技术转化成你的装备，成为你的优势，你要把这个事定位好，如果说你能够把技术转化成，你在制

排放气体特征的生物填料及除臭菌株，研究厂区恶臭气体的去除效率。

（4）餐厨垃圾油水高效分离资源化利用关键技术与成套化设备研发。

■油水分离技术。

研究移动式接料斗立体堆放、沥水，沥去大部分的游离水，缩短餐饮废弃物接料至处理的时间间隔，处理调用灵活方便的油水分离技术。机械化分拣量达到70%～90%，工人劳动强度大大降低。

■温控均质技术。

物料加热到适宜温度，使分子内的大部分结合水变成游离水，脱水效果得到很大提高，压榨后含水率可控制在60%～65%，且不再受季节的影响。

■絮凝、分离技术。

采用蛋白絮凝剂絮凝，絮凝后富含固形物的液相物料，再经离心机固液分离，得到含水率70%左右的固相和含固率2%以下的含油液相。

■分离油脂制备生物柴油成套技术。

以分离油脂为原料，经碱炼得到精炼油和皂脚，皂脚经酸解得到脂肪酸，然后加入甲醇进行甲酯化，精炼油直接加入甲醇进行甲酯化，研制经分离提纯得到生物柴油及分离油脂制备生物柴油成套设备。

（5）餐厨垃圾资源化处理全过程技术集成与综合示范研究。

选择××市（国家第一批餐厨垃圾处理试点）或××市（第二批试点）作为餐厨垃圾处理全过程技术集成与综合示范研究的案例，研究餐厨垃圾源头清洁收运车辆及容器、物联网监控网络、油水分离及去浮沉砂预处理、高效厌氧发酵、沼渣沼液无害化处理与资源化利用的成套装备的系统集成效果，建立餐厨垃圾管理长效机制，作为我国餐厨垃圾治理和管理的典型城市示范。

2. 技术路线（图略）

3. 创新点

（1）研发具有自主知识产权的餐厨垃圾清洁收运设备，预处理—厌氧发酵成套设备就沼气利用技术，油水分离及沼渣、沼液、油脂资源化利用关键技术，并在城市尺度进行工程应用和综合示范。

（2）首次系统提供我国代表性基于厌氧发酵的餐厨垃圾

资源化系统运行量化指标体系，并编制和颁布我国的餐厨垃圾处理与资源化运行维护及其安全技术标准。

（二）主要技术指标

1. 主要技术指标

（1）研发集成技术6套，包括：餐厨垃圾收运关键接口技术及装备集成；餐厨垃圾收运物联网技术集成及产品；餐厨垃圾预处理成套技术及设备集成；高含固率湿式高效两相厌氧发酵产沼气技术集成；沼气存储及脱硫发电一体化技术集成；全厂中央智能化监测及调控技术集成。

（2）完成技术规范与指南建议稿2套，包括：餐厨垃圾厌氧发酵处理与资源化利用技术规范；城市餐厨垃圾全过程管理技术指南。颁布技术标准1套。

（3）完成综合示范工程1处，位于××市或××市。

（4）餐厨垃圾处理系统达到如下技术指标：收运系统源头除油率＞60%，粗分拣＞5%，一级固液分离＞30%；实现餐厨垃圾车罐体有效容积＞5 000升，抗压能力＞85千帕，餐厨垃圾装载循环时间≤15秒，垃圾排泄循环时间≤40秒，百公里油耗≤12升；预处理系统轻物质去除率≥80%，砂石去除率≥85%；进入发酵罐内浆液 TS≤16%（餐厨垃圾原料 TS≥16%时）；单位有机干物质产沼气能力≥550升/千克；有机降解率≥75%；发酵罐内 pH≥6.8；发酵罐动力容积比≤10 瓦/米³；沼气中甲烷浓度≥60%；发酵后沼液 COD≤15 000毫克/升；脱水后沼液 TS≤1%；脱水后沼渣 TS≥25%。

（5）申请国家发明专利6～8项。研发产品装备2套。

（6）提交3～6份重要的行业及专业的咨询报告。

2. 预期经济、社会、环境效益

（1）经济效益。餐厨垃圾厌氧处理厂产生的可资源化利用的经济产物为沼气、毛油、分拣出的轻物质、沼渣、沼液。以100吨/天的中试处理项目为例，年处理餐厨垃圾36 500吨，产生沼气270万立方米；发电量560万千瓦·时；毛油365吨/年；可回收利用轻物质1 800吨/年；沼渣、沼液得到适度资源化利用。

（2）社会效益。

——垃圾资源化利用，产生新能源，对常规能源形成有益补充；

——避免餐厨垃圾流入不法商贩手中，提炼"地沟油"，饲养"垃圾猪"。解决食品卫生问题，保障人民健康；

评议

造装备上能解决关键的问题，我觉得也是你的关键问题。

所以，第一，要更突出你的特点，解决关键技术上，像×教授讲大家都是厌氧技术，工艺都是这样，那就很难突出你的优势。如果在制造装备上，你讲到了物联网的应用，装备集成，以及你把很多的工艺合在一起，能够一起应用实现，如果能解决装备的问题，也是你的亮点和创新点。

第二，你这个项目符合我们产业政策的方向，我们更关心的是解决行业发展中的重大关键问题，能够引领行业发展的，我们要转变政府职能，一定要支持方向性的，突破性的，带动性的问题，所以在您这个项目里面，在方向性上你有什么样的带动作用，这是关键。对你这个产业链，整个产业链上，上下游的产业链，你有什么样的带动作用。比如说物流的问题，占GDP18%，这个比重非常高，我觉得要有一个总体的考虑，而不是说只是在整个产业链上，产业上下游要算账的问题。

评议

第三，我们这个项目的发展，要在市场上有它的竞争优势，除了技术以外，还要强调市场容量，以后你这个项目成熟之后，你的产业化前景。还有你的社会效益和经济效益，你的投入是多少，产出是多少，能够带动产业发展，能不能提升我们的发展质量和效益，这是一个很关键的问题。

在我们这个项目里面一些重要的指标，不只是你的技术指标，你经济效益的指标，要和现在国内相关的一些技术也好，还是厂家也好，比较先进的，包括国外一些指标，你和它的对比。比如说你的能耗是多少，他们的能耗是多少，你的整个效益和你的产出，你出来的沼气也好，柴油也好，你怎么给人家运，你这一年能赚多少钱，这些得算账。主要大概就是这些内容，挺有希望的一个项目，希望能够把工作做得再深一点就更好了。

专家九：现在来看，大家都说餐厨垃圾整个的资源化处理是一个难点问题，不仅政府关注，公众关注，企业也是非常好的

——处理厂创造 60 个工作岗位，解决部分人就业问题。同时能够带动上下游相关行业增添就业机会；

——提高城市市政服务水平，创造良好的生活环境，和谐家园。

（3）环境效益。

——避免餐厨垃圾填埋后对地下水、地表径流的污染；

——避免餐厨垃圾堆放时产生的臭气污染；

——餐厨垃圾厌氧发酵后产生的沼气资源化利用，减少温室气体的排放。

3. 项目实施中可能形成的示范基地、中试线、生产线及其规模

拟建设 1 座日处理能力 100 吨的餐厨垃圾厌氧处理中试项目。采用××、中温、湿法、××式厌氧发酵技术。

设置完整的垃圾收运、接收输送、粉碎分拣制浆、除砂、水解酸化、发酵产气、多功能存储脱硫、脱水、沼液沼渣处理利用、沼气利用、臭气处理等工艺环节。产生出具有经济价值的产物，实现餐厨垃圾的资源化利用。通过对产物的资源化利用，达到垃圾减量化目的，变废为宝。

本项目年处理垃圾 36 500 吨，年产沼气 270 万立方米，吨垃圾沼气产量为××立方米，较目前国内同类项目产气能力提高 10%～15%，与国外同类项目产气能力基本持平。产生的沼液沼渣经过处理后可资源化利用，产生经济效益，优于国内外同类项目。

4. 人才队伍建设

培养 6～10 名博士生、硕士生和高级技术人才。

5. 其他考核指标

在国内外重要学术期刊发表论文 10 篇以上，其中 SCI、EI 收录 5 篇以上。

四、经费需求

项目总投资预算××××万元，其中申请国拨专项经费×××万元，自筹经费×××万元。

序号	预算科目名称	合计	专项经费	自筹经费
1	一、经费支出			
2	（一）直接经费			
3	1. 设备费			
4	（1）购置设备费			

（续）

序号	预算科目名称	合计	专项经费	自筹经费
5	（2）试制设备费			
6	（3）设备改造与租赁费			
7	2. 材料费			
8	3. 测试化验加工费			
9	4. 燃料动力费			
10	5. 差旅费			
11	6. 会议费			
12	7. 国际合作与交流费			
13	8. 出版/文献/信息传播/知识产权事务费			
14	9. 劳务费			
15	10. 专家咨询费			
16	11. 示范技术研发与示范工程关键设备费			
17	（二）间接经费			
18	绩效支出			
19	二、经费来源			
20	1. 申请从专项经费获得的资助			
21	2. 自筹经费来源			
22	（1）其他财政拨款			
23	（2）单位自有货币资金			
24	（3）其他资金			

五、实施机制

1. 课题的组织管理措施

本课题将加强跨部门、跨学科的资源共用、成果共享的交流互助机制的建立，最大限度地发挥科研资源潜力，促进项目各参加单位之间的合作攻关研究。

为保证课题的顺利完成、达到预定目标，在组织实施时，将本着集中领导、统一协调、分工协作、责任明确的原则进行项目全过程管理。

（1）实行课题负责制，明确分工。课题负责人对本级课题及下级课题负有全面责任。课题负责人对下级课题实行定期和不定期的督导及协调，下级课题每年均应按规定内容向

评议

点，选择这样一个题目我觉得非常好。在选择这个题目的同时，你要看企业定位在这方面要做什么，你要为社会做一些什么，为国家解决什么问题，为我们这个行业领域里面的难点问题解决什么，建立一个集中处理的大的系统，你的投入有没有那么大实力，技术方面不难解决，投入方面，在装备方面肯定要有大的投入来解决细节的系统的问题。

根据定位和市场需求，现在集中处理是个热门的话题，大家都愿意做完整全面的技术，实际我们真正缺失的是什么？我有实力，我做这个当然没有问题，也是国家的需求，我集中处理，分散处理可不可以？收运是很大的问题，收运的问题怎么解决，比如把集中处理变成分散处理，分散处理过程中研究一些低成本，小型化的装备，既能满足市场需求，又能实现这方面的技术。

我们的餐饮企业，大一点的餐饮企业每天都有一定规模的垃圾出去，它的规模是多大，你要做一个市场的分析。如果我们

评议

所有规模化的餐饮企业能够应用我们分散处理的设备，包括我们固体的资源化利用，包括我们的水和油的分离，包括我们的生物处理，整个在社会中都可以实现的话，我们的收和运的问题在某种程度上就能够得到很好的解决，这也解决了我们社会需求。

这个题目本身是集成技术，就是要拿成套的，能够产业化的技术，包括你过去已经解决的，还有没有解决的，有些设备可以买人家的，有些设备要自己开发，把过去开发的和现在要开发的都写到里面去，作为创新点来讲，你的创新点也就可以突出出来了。

还要强调定位的问题，你定位在哪里，大型设备必须面临这个问题，小型设备分散处理可能这就不是主要的，牵扯单元的企业里面可以解决这个问题。比如说它在垃圾处理之前，垃圾运送之前进行适当的分类，像类似这样的，餐馆服务员完全可以解决，你只要培训就可以。放在设备里的原料真正就是处理垃圾，没有任何其他的东西，这样技术

上级课题负责人及项目组织单位提交年度总结报告；课题结束时呈报课题研究工作报告及技术报告。研究经费实行年度滚动拨付。根据年度总结报告审查结果，课题负责人有权向项目组织单位建议拨付或缓拨下级课题次年研究经费，乃至调整下级课题负责人。

（2）研究经费实行年度滚动拨付。根据年度总结报告审查结果，课题负责人向项目组织单位建议拨付或缓拨课题次年研究费用。

（3）采用跨行业联合技术攻关，加速与城市规划、建设、研发和管理部门的联合，促进多学科和多领域的交叉、融合，加速关键技术与产品的技术升级和推广应用。

（4）积极开展国际合作，引进、消化、吸收国外餐厨垃圾处理技术、资源化利用技术、自动化监控和系统管理经验。

2. 产学研结合模式

本课题由企业牵头，在研究与实施过程中，相关工作和相应阶段积极与科研院所、高校及其他企业合作。整个项目的研究过程中，产、学、研、用各方将始终相互合作、相互支持，加强协调和沟通，共同完成项目任务。通过示范工程建设，引导和带动相关技术和产品的推广与应用。积极开展国际合作，以该项目实施为契机，加强与国外相关机构的交流合作，提高我国资源利用和环境保护技术水平。

本课题采用企业投入和政府拨款相结合的方法运作。国家资金主要投入基础研究和技术创新研究部分，技术产品研究、开发、推广及相应的技术创新投入则靠企业和地方政府。要抓好源头结合，即适合企业参与和实施的内容应以积极的姿态鼓励企业先期或源头介入。

示范城市及具体建设项目的后期支持投入，将是本研究能够顺利地将案例研究阶段完成的重要保证。通过产学研相结合的项目实施体系和若干技术研发产业基地发展，这一阶段的研究成果不但能够指导示范性城市的发展建设，并且能够使得本项目研究成果更加全面科学有效。课题积极吸引地方政府的广泛支持和参与。课题初始就应当通过项目推介与重点区域的地方政府直接挂钩，积极争取地方政府的信息与资金支持。

3. 知识产权与成果管理及权益分配

知识产权与成果的管理，严格执行科技部《关于加强国

家科技计划知识产权管理工作的规定》（国科发政字〔2003〕94 号）和《关于国家科研计划项目研究成果知识产权管理的若干规定》（国办发〔2002〕30 号）等有关规定。共同发表论文、申请专利、验收成果或申报奖项，原则上应按照贡献大小，以量化考核方式为主，共同协商署名次序。正式发表的论文、论著等作品必须标注有"国家科技计划专项经费资助"字样。

六、项目风险分析及对策

目前餐厨废弃物资源化利用和无害化处理是当前党中央和各级政府建设资源节约型和环境友好型社会的重要举措，业已成为全社会的关注焦点和工作重点。同时，推动餐厨废弃物资源化利用，变废为宝，化害为利，不仅是发展循环经济的重要内容，也是解决餐厨废弃物引发的食品安全问题的根本性措施。从餐厨废弃物资源化利用的角度，厌氧消化技术，与其他的处理技术相比，属于市场风险低、经济社会环境效益显著的项目。分析如下：

（1）技术风险：本课题涉及面广，对理论研究与技术、设备创新均要求高。但由于参加课题研究单位既具有科研能力的高校与研究所，又有具有丰富实际工程经验的企业，联合课题组具有丰富的科研与实践经验，对单项技术均有深入研究。课题组成员均主持与参加过多项国家重大项目建设，发表多篇专著文章，参与制定多项国家及行业标准，技术实力能够得到保障，因此可克服技术上的风险。

（2）资金风险：由于课题时间较长、规模大、并存在一定难度，可能会造成经费不足。在国家拨款资助之外，参与课题研究的企业自行筹措资金，提供课题研究足够的资金保障，可保证相关技术及装备的研发及生产制造。避免因资金问题带来的风险。

（3）人员风险：要保证课题按时完成，关键在于科研第一线的队伍，主要参与人员的变动会对研究进程产生不利影响。由于承担单位的科研实力及从事本课题队伍人员的相对稳定性，有关人员方面的风险，可以化解。

（4）市场风险：目前，国家安排循环经济发展专项资金 6.3 亿元对 33 个餐厨废弃物资源化利用和无害化处理试点城市（区）给予支持，探索适宜的餐厨废弃物资源化利用和无害化处理技术工艺、路线及管理模式，提高餐厨

评议

就简单得多，水和油的分离问题，固体废弃的问题，可以经过生物处理以后，直接做肥料或者什么，做堆肥的技术材料，这样成本就很低，水和油分离以后，油可以运到需要的地方，水还有后期的资源利用，这些东西你要想定位到这，很多技术问题就相应简单一些，如果你定位大型，百万吨以上，就有物料的问题。

如果企业确定分散处理，所有前期后期考虑进去，包括社会的运营都考虑进去，这些技术问题我觉得都不是难的问题。而且我觉得就你们现有的技术解决非常好，而且关键是它非常有效，一个单元处理，一个规模的单元处理以后，很快就能解决，你做一个样机分析一下，市场有多大需求，马上就出来了。这个商机远远大于你百万吨的垃圾处理，现在收运是最大的困难，根本不可能减量化。餐厨垃圾是你的基本定位，大型，分散处理，关键技术，集成里面全出来了，能解决的我们马上攻关，没有的技术必须要解决，我马上去处理，对全国各

评议

个区域都有好处，这个项目一下就提亮了。不支持你？这是国家空白，不可能不支持，你定位准确以后，技术问题不是难点。

刚才讲到有一些金属，刀叉，这不是技术问题，是管理问题，垃圾里面不能有这些东西，要从管理上解决这些问题。如果你把这些东西作为技术问题，那这个技术就复杂了。

另外，垃圾处理过程当中的难点，不只是技术，GPS，能不能做。餐厨垃圾根本就不给你所谓官方处理这些单位，就是给那些小商小贩，这个东西价格倒挂，没有办法。所以，这部分应该是一个亮点，这个弄成系统，从头管到尾。单位将来都要跟餐馆签协议，你们一定要在这方面下工夫。政府部门下文，形成系统。不然，导致这些搞生物柴油的企业没活干，因为它竞争不过那些"垃圾油"。

要真有这样一个题目，所有示范点，你可以要求所辖内所有规模餐馆一定跟你的项目配合，做一个示范，以后觉得可行再逐步推广，解决市场的

废弃物资源化利用和无害化处理水平。本课题研究的内容完全符合国家战略部署和宏观目标要求，急需大批先进、适用、成套技术与产品的支撑，因此，市场应用面广。在研究和成果推广中，只要着力提高各级部门管理人员，尤其是决策人员的信息化认识水平，提高技术人员的技能和分析水平及应用能力，在国家与地方政府的支持下，市场风险可以规避。

综上所述，餐厨垃圾厌氧处理与资源化利用的集成技术及其综合示范的市场需求巨大，研究成果有十分广阔的应用前景。项目效益好，风险小，项目的实施将有效地推进我国资源节约型和环境友好型社会的发展。

七、有关附件

与项目相关的其他证明材料或文件等（略）。

八、有关声明

项目技术负责人声明

声明：

1. 本人已完全理解申报指南的要求，并按指南要求进行申报；

2. 本人对申报材料的真实性负责；

3. 本申报材料不存在任何违反《中华人民共和国保守国家秘密法》和《科学技术保密规定》等相关法律法规的情况；

4. 本申报材料不存在侵犯他人知识产权或剽窃的情形。

如有不符，愿意承担相关后果并接受相应的处理。

项目技术负责人（签字）：

年　　月　　日

申报单位声明

声明：

1. 本单位已完全理解申报指南的要求，并按指南要求进行申报；

2. 本单位对申报材料的真实性负责；

3. 本申报材料不存在任何违反《中华人民共和国保守国家秘密法》和《科学技术保密规定》等相关法律法规的情况；

4. 本申报材料不存在侵犯他人知识产权或剽窃的情形。如有不符，愿意承担相关后果并接受相应的处理。

申报单位法人代表（签字）：

申报单位（盖章）：

年　　月　　日

推荐单位声明

声明：

1. 本单位已完全理解申报指南的要求，并按指南要求进行推荐；

2. 本单位对所推荐材料的真实性负责；

3. 本单位所推荐的材料不存在任何违反《中华人民共和国保守国家秘密法》和《科学技术保密规定》等相关法律法规的情况；

4. 本单位所推荐的材料不存在侵犯他人知识产权或剽窃的情形。

如有不符，愿意承担相关后果并接受相应的处理。

推荐单位法人代表（签字）：

推荐单位（盖章）：

年　　月　　日

评议

社会需要问题，技术是漫无边际的。一定和当地政府紧紧结合在一块，不然这个事也持久不了。

希望你们做大，不要弄小，不能眼睛就是盯着国家的补贴，一定要想办法做成规模，沼气发电，养猪的人一下要到三十万头，原来沼气都是在地下，现在都是大罐子，卖沼气比卖猪还要挣钱，是这么一个趋势。你要是没有规模就不行，这个事你们再好好整理，目的当然不仅仅是为了申报项目，更主要是在这个行业里面能够形成规模。

案例七：年出栏×万头优质精肉型肥牛繁育场项目

第一章　总　　论

第一节　项目背景

一、项目名称及建设地点

年出栏×万头优质精肉型肥牛繁育场

二、建设地点

××省××市××区××镇××村××园区

评议

专家一：项目本身是不错的。但首先要搞明白项目名称中的几个问题：第一，牛的品种问题，没完全讲明白。第二，年出栏×万头优质精肉型肥育繁育场工程。

评议

你想实现一个全产业链，但只做了产业链的50%，你到底是繁育母牛场工程，是你用来养了母牛养了小牛卖给别人，还是繁殖育肥出栏×万头，意义截然不同。我们做了这么多年，跟踪世界上任何一个国家牛企业，没有一家上市企业，光养牛能成为上市企业。但是养牛屠宰加工跟超市连着做，这样的上市企业很多。但是你要总结，上市带养殖屠宰加工到供应超市，加工育肥可以成规模，母牛繁育合作社，集团化都是这个系统，你育肥好了我买你的直接杀。这就是有一部分工作可以给农民搞。

专家二：要把市场牢牢抓住，你得解决出口，市场在哪儿？我稍微介绍一下背景，我在日本，一直搞日本的和牛，连养带加工带屠宰再带供应超市。一边留学一边干，养育肥、饲料、屠宰加工、销售

三、项目内容

依据省政府加速农业现代化建设，建立畜牧业大省的指示，在××市××区政府领导下，××××公司负责项目资金的落实、建设、实施、管理等具体工作。本着开发建设具有特色的肥牛养殖业产业，把产业做大的原则，扎扎实实地开展项目的前期工作，确保项目基地建设的配套发展。拟以建设高科技含量的优质精肉型肥牛繁育场为龙头，促进地方经济的快速发展。

为了保证足够的饲料来源，公司在繁育场同时建立了年生产××万吨颗粒饲料加工厂，为××肥牛的养殖提供可靠的饲料来源。

四、项目建设的必要性及意义

1. 项目的必要性

(1) 肥牛繁育工程项目的开发建设是为加快本地区经济发展，也是区域内农民早日脱贫致富的需要。

××镇××村在粮食生产上是以玉米为主导产业，并有大量的玉米秸秆被废弃。通过专家对××园区的考察，认为项目所在地农副产品等物质资源有待开发利用，可以为×万头牛的繁育养殖提供充足的饲料来源。

(2) 农牧业综合开发与畜牧业养殖相结合，是使农民由粮食生产单一型向综合开发经济型转化的需要。

依靠粮食等农副产品物质资源优势，又有较好的投资环境，为发展畜牧养殖业提供了较为便利的条件。畜牧养殖业规模化生产，主要是由原料输出型向深加工增值型转变。进行集约化经营，产业化发展，以市场为导向，以效益为中心，依靠结构优化升级，实现规模化经营，必将对区域性农业产业结构的调整，对农村剩余劳动力的安置起到积极的作用。

(3) 项目的建设，是提高人民生活水平的需要。随着我国人民生活水平的提高，牛肉消耗量在现有的基础上有较高的增长，尤其优质精肉型牛肉在市场上销量很大。为保证养殖目标的实现，建设一个现代化精肉型养牛场。项目的实施将会进一步拓展区域养殖业的发展。

2. 项目建设的意义

(1) 优质精肉型肥牛繁育工程项目的开发有助于粮食转化和肉类出口换汇，为提高人民生活水平起到积极的作用。

养殖业已成为农村经济的重要支柱产业，粮食生产本大利小，但可利用粮食优势积极引进推广先进科学技术，培育优良牛品种，

大力普及和运用先进科学技术，发展畜牧业是增加农民收入的重要途径，规模化经营、专业化养殖是使有限的资源和资金发挥更大的作用，是提高资源和资金利用率和产出率，增加农牧业生产总值的有效途径。

我国有悠久的养牛历史。随着科技的进步，养牛业有望发展到机械化、集约化、自动化生产的先进水平。近年来，先后出现一批规模化养牛场，但规模均在万头之内。××××公司拟建设年出栏×万头优质精肉型肥牛繁育工业园区，对我省畜牧业的发展及丰富广大城乡人民"菜篮子"将起到巨大的作用。

（2）项目的建设是农业产业结构调整的需要。

粮食转化，畜牧业多种经营，对我国传统的农业生产结构的调整、提高农民的收入、改善城乡人民膳食结构等都有巨大的作用。

国务院已明确指出，必须使畜牧业生产总值占到农业生产总值的50%以上。因此大力发展肥牛养殖业，符合国家政策。

由于近年来人民生活水平不断提高和膳食结构的改变，使营养丰富、无污染、价格低廉的优质精肉型牛肉越来越受到人民群众的青睐。

同时，项目建成后将解决一大批乡镇下岗职工的再就业问题，并带动相关产业发展，共同促进地方经济的发展。因此，该项目建设必将取得良好的经济效益与社会效益。

第二节　项目概况

一、拟建项目地址

××市××区××镇××村××园区。

二、建筑规模

建筑面积66.48万平方米（占地面积130万平方米）。

其中含：生产车间、饲料库、物料库、车库、变配电室、泵房、种牛育选间、兽医室、污水粪便处理设施、沐浴、消毒间等，饲养厂和饲料加工厂中间有60米绿化带。

管理及生活用建筑主要包括办公室、食堂、宿舍、围墙、大门等。

基础设施包括：供水系统，变电站、供电设施，污水处理系统，粪便处理系统等。

三、生产规模

建设年出栏×万头精肉型育肥牛场。

评议

他们做到餐桌上做到家庭，这条产业链，前面母牛，后边牛肉，一个大的餐饮连锁企业，厨师不用动刀，从屠宰场加工好了直接到你那，不用切了，精细加工做到这个程度。这是全产业链，我要让它把前边养母牛、配种、闹病、育肥、屠宰一切产业链上的利润点都让它一家占了。正因为产业链上风险点比较多，他全控制减少了风险，他知道什么时候要出事，什么时候要干什么，提前做好调配。再一个养母牛时间长费钱多，他在市场上赚的钱补母牛，牛都是自己的了，肉更有特色，所以说他们的定价不参考别的企业，都是自己给自己的肉定价。为什么他们到现在，没有一家赔的，我说只保证他们不赔，赚多赚少肯定是他们的事，赚得多也有年纯利润一个多亿好几家。

你们这个公司的价值取向，其实也在

四、主要建设条件

据市场预测及调研，牛肉在我国居民肉食结构中，占肉类市场的 40%，养牛业在我国有广阔的市场。

牛肉及肉制品项目所在地牧业园区地域辽阔，山清水秀，土地肥沃，牧业养殖条件德天独厚。农副产品物资资源极为丰富。这些丰富的物质资源为项目提供充分的原料保障（玉米秸秆）。

项目承办单位××××公司建立的年产××万吨优质全价颗粒饲料厂，是专门配套建立的，这样就完全可满足肥牛饲料的需要。

项目所在地，××北，距县公路1公里，贯穿南北，交通运输极为便利。

本项目在场内打深井4眼，每眼日出水量70立方米，合计280立方米。解决生产、生活用水问题。

电力资源充足，有10万千伏安高压电在场地通过。场区内安装50千伏安和250千伏安的变压器各一台用于生产和生活。

投资方案：

该项目投资分三期落实，其中：一期投资××××万元；二期投资××××万元；三期投资××××万元。固定资产投资总额为××××万元，流动资金××××万元。

项目建成达产后，年可实现利税××××万元。

主要技术经济指标表见下表。

主要技术经济指标

序号	项目	单位	指标
1	总投资	万元	99 965.00
2	总职工人数	人	1 500.00
3	总占地面积	万平方米	80.00
4	总建筑面积	万平方米	66.48
5	年销售收入	万元	85 941.00
6	年总成本	万元	62 172.41
7	年经营成本	万元	52 983.01
8	年利润总额	万元	23 768.59
9	销售收入利润率	%	27.66
10	成本利润率	%	40.39
11	投资利润率	%	23.77
12	劳动生产率	%	57.29

（续）

序号	项目	单位	指标
13	建设借款偿还期	年	4.70
14	投资回收期	年	5.63
15	生产能力盈亏平衡点	%	33.44
16	产品价格盈亏平衡点	%	72.34
17	财务内部收益率	%	23.77

第二章　市场预测

第一节　市场分析与预测

一、国际市场概况

近年来世界养牛业发展很快，据联合国粮农组织公布××年肉类产量与结构的数据表明，全世界肉类总产量为×××××万吨，其中牛肉××××万吨，占肉类总产量的××%。根据国际经济学家预测，到××××年世界牛肉产量将增加到×亿吨，据外贸部门提供的信息，周边国家的牛肉需求量也在逐年增加，如日本、韩国、俄罗斯等国家都向我国开放牛肉市场，要求精肉率高、质量好、适口性强的牛肉，而我国却短缺此类产品。

二、国内市场概况

我国是养牛大国，是世界上养牛头数最多的国家，饲养量已达到×亿头，××××年我国牛肉总产量为××××万吨，但人均占有量只为××千克，与周边地区相比相差甚远，且高品质产品严重短缺。据对北京市的调查，每年需牛肉××万吨，而北京只能供给××万吨，缺口××万吨，常年从山东、内蒙古、黑龙江、西藏等地购入。由于调入的大多数是脂肪型冻牛肉，很不受市场欢迎。

综上所述，无论是国际市场，还是国内市场，牛肉的需求都在逐年增加，肥牛生产的前景光明，尤其是精肉型牛的发展前景更为看好。

第二节　产品目标市场分析

根据对国内、国际市场的调查，精肉型牛肉市场呈逐年上升趋势。本项目引进世界优良精肉型牛种，发展饲养规模，增加精

评议

带动老百姓，不用说，那个离开老百姓是活不了的，你们企业经营方向、经营模式、产业模式、技术模式，这都是配套的。光是表面上一说是不行的，要真枪真刀干。××牛，规模是最大，光吃饲料，每天要吃×××吨，现在多少牛？这么大一个企业，一年宰育肥牛刚2.3万头，你们宰×万头，那不是开玩笑吗？

另外一种取向，你们可以参观一下速战速决型的，××省有一个（××牛）。你们可以上网搜一下视频，企业老板一开始搞房地产建筑，第一期弄了×××亩地，他要在这些地上全盖上牛舍养牛，光建筑费用还有大屠宰场总共×亿。×××亩地上全部地基牛舍弄好了，地上不敢盖了。他说找建筑规划设计院设计的牛舍，投资这么大，得找专家论证。第一拨专家来了，说你设计的不

评议

行，你们通风换气性这么大，牛就怕冬天屋里边有潮气闹病，第一拨专家论证没过。他说改，又改好之后，我再找一拨专家。第二拨专家上来又给他否了，保温性差，冬天太冷，零下30几度，牛根本不长肉，他不知道怎么办了。他说两拨专家都没说地基有问题，基地弄上了，上边怎么弄？在那种情况下我到他那去了，我有照片为证的。我说我给你出个招，你敢干不敢干。他说你是首席，两拨专家都这样了，敢也得敢，不敢也得敢，我说一言为定。我说好，把你的基地全部拔了，不盖了。他说不盖房子怎么养牛，就不盖房子，他是建筑公司，谁倒闭有废的脚手架，用废铁价买过来，做成栏杆，一栏一栏，从这头到那头，两边喂，这头到那头一里地，两边都是牛，用栏杆一围。砖从哪来？从地基来，

肉型牛肉产量。产品不但能出口日本、韩国与俄罗斯，而且供应北京、天津、大连、哈尔滨等城市，如果能以×××千克精肉型活牛上市，肯定会特别受市场欢迎。

第三章　建设规模与产品方案

第一节　生产能力

肥牛生产：按现代化养牛生产工艺流程，以"周"为生产周期，全年均衡生产共计生产精肉型商品育肥牛×万头，其中年产商品小牛×××××头，粪肥××万吨。

第二节　产品方案

一、品种选择

根据省内养牛的发展趋势，×××地区养牛业的基础条件，选定中国良种××黄牛和加拿大×××为杂交种组合，生产中国××牛。即以中国良种草原××为母本，以加拿大×××牛为终端父本，生产中国××牛。本方案是世界通用的品种组合，主要是利用国外引进品种间杂交，使产品的生产性能达到较高的指标，从而创造最佳经济效益。

二、产品质量

按目前国内技术水平实际情况，本项目产品质量、经济指标如下：

①精肉率：65％；

②屠宰率：71.26％；

③达300千克体重时间：270～280天；

④饲料报酬：1：5.5以下。

三、产业化关联度分析

（1）饲料：根据产品建设规模方案计算出年需全价优质颗粒饲料××万吨。

（2）由项目副产品引申关联的项目粪肥处理相关产业。不但能解决大批乡镇下岗人员再就业问题，而且可创造出重大的经济效益和社会效益。

四、产品销售方向

根据对国内、国际市场的调查，精肉型牛肉市场呈逐年上升

趋势。本项目利用引进世界优良精肉型种牛群，发展规模饲养，增加精肉型牛肉产量。仅×万头的产品对××本地市场不构成冲击。同时牛肉销售主要打入北京等超大城市市场。

第四章　场址条件

第一节　场址地点与地理位置

一、场址地点

场址拟建在××市××区××镇牧业园区。××镇位于××和××两市之间，距省会××市 50 公里，××市 40 公里，距×××北线公路 1 公里，距铁路×××站 1 公里，铁路、公路极为畅通，交通运输十分便利，地理位置优越，是发展畜牧养殖业的最佳选择之地。

二、场区总占地面积

场地位于××北线公路 1 公里处，厂区大门方向面对公路，下公路 1 公里进入场区，总占地面积 130 万平方米。

第二节　地质条件

一、工程地质条件

本区地形缓倾西北，地面标高 180～220 毫米，相对高差 3～20 毫米，表层多为黄黑状泥沙土。植被丛生，草木林地茂盛。

二、气候条件

雪压 32 千克/米；

地震烈度 7 度；

风压 55 千克/米^2；

最大风速 V25.7 米/秒；

最大冻结深度−1.60 米；

主导风向 SW（西南风向）；

年平均温度 16℃；

室外采暖计算温度−23℃；

绝对最低气温−36.4℃；

绝对最高气温 36.4℃；

年平均气压 98.6 千帕。

评议

装载机匹配推荐，他连设备带买栏杆带修，总共 240 万。原先建筑要×亿，当年买了 8 700 头牛，结果省一个多亿，××××年，8 700 头牛，存栏量走了不到两圈，纯利润 3 300 多万，实实在在。到了××××年，又扩大，养了 1.6 万头牛，纯利润 9 400 万，去年又扩大，增了一万头牛，现在是 2.8 万头牛，今年还是去年的规模，纯利润 1.2 亿。我刚才说铁栏杆，你啥时不想干了，拿出来一卖，一点都不赔，这才来利润。

冬天是一个问题，但是现在改了一个理念，一年一个多亿，现在纯利润可以了。当时一开始，他问我冬天不养牛干啥？我说咱们养牛的人难道就这么贱，难道这么不值钱，难道一年四季被牛拴着，今年要养一万头，冬天养 4 000 头、3 000 头，天气好的时候，

评议

插上杆子就养。冬天干啥？确实是，一年到了冬天，我还想养，养不了，你不要说拉动农民，你自己活不了还拉动谁？他现在赚了钱，不用说就在46万亩草场自己流转过来养母牛自己投资也不贷款，这是拉动牧民，里边牧民都给他放牧挣钱，这才是真正的拉升带动。可以去看××××。好多人在效仿他，这就是买价值牛育肥，他盖了大屠宰场，他赚钱觉得很容易，后边大市场觉得自己难了，屠宰场都不宰牛了，他把屠宰场租给别人，你那么多的牛卖给我，可以，产业链起来了。200多里赶过来就是他的屠宰场，你们的产业模式、经营模式、技术模式，没有三模式你们就先不要急于动手，那是专门的价值牛育肥。这些培养起来的企业，市场上的产品很少发生碰撞，因为一旦离开了西蒙塔尔、利姆占

三、水资源

作为项目在场区打深井4眼，每眼日出水量70米^3/日，合计280米^3/日。解决生产、生活用水。

四、交通运输

项目要求远离村庄，且又堪称交通方便。

第五章　技术方案、设备方案和工程方案

第一节　技术方案

一、品种

项目引进种源加拿大×××牛。已经过了精心选育，剔除了应激基因，成为杂交配套组合的最佳父本，利用此×系自然繁育，品种系间交配，即纯种繁育，用以补充基地母牛×（×××牛为母本）。

交配制度为随机交配和同胞交配并用，但在不同时期进行控×和运用。

二、繁育方式

（一）级进杂交

又称吸收杂交或改造杂交。其目的是要从根本上改变一个品种的生产性能，特别是将地方品种改造成与优良品种相似的类群。其方法是先将两个品种杂交，所生后代（××黄牛）作为母本，母牛再继续与父系品种不同个体的公牛交配，到3～5代，杂交后代的生产性能基本上与父系品种相似，从而育成了新的品种。杂交一、二、三、四、五代分别含有父系牛的血液量为50%、75%、87.5%、93.8%、96.9%。

借用一部分××黄牛等中国良种黄牛为母本，以×××牛为父本，开展级进杂交，是培育我国××牛等肉牛新品种的一项投资少、见效快、效益高的重要举措（图略）。

（二）二元育种杂交或经济杂交

又称简单育种杂交或经济杂交。即：将两品种进行杂交，所生杂交1代，若通过横交固定、扩群提高而作为种用，则为二元育种杂交；若通过快速育肥而作为商品肉牛，则为二元经济杂交（图略）。

在生产中最常用的是二元经济杂交。以中国良种××为母

本，以从国外引入品种为父本，开展杂交一代化，生产商品肉牛，是加快中国良种牛肉产业化的一项基本措施。

（三）多元育种杂交或经济杂交（略）

三、繁殖周期工艺流程

繁殖周期 150 天，妊娠 114 天，但本项目为商品育肥牛生产，因而形成 281～288 天运行周期（工艺流程图略，生产全周期运行示意图略）。

依据工艺流程，确定生产制度，亦即在一个生产周期为一年（×万头）育肥商品牛生产指标。

畜群周转全进全出式：

工厂化养牛的特点是全进全出。牛只在各类牛舍的饲料期以周划分，在一个单元内应采取全进。空怀及后备在配种舍发情配种后，观察 23 天（母牛发情期为 21 天，观察 2 天），每周转入妊娠舍 2 400～2 600 头（每批牛采取同步发情，同步配种，同步产仔的方法）。空出的牛栏以单元为单位进行彻底地清洗消毒，空栏一周后接纳新牛。妊娠舍以 52 头为一个单元，饲养×周。分娩前一周进入分娩舍，空出的牛栏，清洗消毒，一周后接纳下批牛入栏。分娩舍母牛提前一周入栏，分娩哺乳为四周，断奶母牛转回配种舍。仔牛转出后对分娩舍进行消毒，再纳新牛。以此类推，对于各类牛舍的小单元为单位，进行全进全出的饲养管理。

防疫方案：

饲养场按生产线配备畜牧兽医人员，在生产技术部指导下严格按牛群免疫程序进行接种。场区建设严格按照防疫要求设计，生产区与生活区自然分开，设置车辆与人员消毒通道。场区外设置防疫沟和防护林带。

饲养工艺：

工艺设计的基本原则是限位饲养，即个体限位或群养定位，有计划、有节律全进全出均衡生产。将空怀与配种、妊娠、分娩、哺乳、保育、育成和育肥等适当的组成不同阶段，形成流水生产线。

工艺流程为三点式生产。

第二节 主要技术措施

1. 选用高效牛种和高产配套品系

用多产和高效牛种或专门二化配套父、母品系，以生产优良种牛或商品杂交优质牛源。

评议

牛、夏洛兰牛大众市场，上边牛肉质量分了好多层，大概我们分成七层市场，除了大众市场，七层市场很少发生碰撞，只有在大众市场，现在看大企业，这么多年，跌跌撞撞也起不来。为什么？它是大航母，旁边快艇跟它耗着，都是一样的牛、一样的海水，它掉头很难，那边抢它的都是那个牛，大企业宰一头牛成本多高？一天没有屠宰 60 头赚不了钱。拿着卫生执照允许我开业小小屠宰点，我宰上 5 头牛，我都赚得比他们利润率高。要精心设计，可不能别人那么干你也那么干。

专家三：养小牛、育肥太复杂，如果说我们靠自己建厂房投资，然后请人力，现在的人工成本增加这么快，你去算这个账根本算不过来。我上个月到××，一个老板，投了一个多亿建屠宰场，收架子牛育肥收不上

评议

来，屠宰量上不来，那么大的屠宰场都是空着，几天转几次。那天跟老板算28个月出栏这个成本，没得算，算不出来，一算他赔钱。再加上这个大趋势，现在慢慢放开了牛羊肉的进口量，我们允许从澳大利亚、新西兰包括也从加拿大这些国家进口，配额的指标和没有配额指标现在进口的量应该达到上百万吨。

所以我说上百万吨还不止这个数。进口的量，别人养殖成本、饲料的资源比我们优势大得多，澳大利亚天然的牧场不需要投多少精料，肉牛就可以养好，进口来的成本比我们每千克便宜一元钱，对国内牛肉产业冲击很大。第一，你们×万头，无论你自己养还是向市场提供小犊牛，你自己育肥这个东西是没得钱赚，肯定是赔钱。第二，你是养价值牛，我们过去讲异地育肥，你现在没有

2. 配制优质全价饲料或优质混合饲料

精肉型牛具有生长快，胴体精肉多的特点，但对饲料要求高、营养需全面平衡，特别对蛋白饲料中的赖氨酸及氨基酸等搭配合理，可保证牛的正常发育，又使饲料价格稳定在较低水平。

3. 同步母牛发情与配种

对于流水式工艺流程，母牛同步发情配种至关重要，所有牛舍建筑、牛种配置、人员劳动和安排都必须有计划地进行，一切打乱计划的做法，在现代化养牛生产中绝不允许出现。

4. 牛只在各类牛舍的饲养周期

以周为单位划分，在一栋牛舍内，同一批牛实行全进全出，严格消毒。仔牛从出生到出售共饲养25～26周，体重达290～300千克。

5. 牛早期断乳技术

在我国当前条件下，仔牛于35～42日龄断乳最为适宜，对母牛的繁育性能及仔牛生长无不良影响。

6. 生长牛直线育肥

根据生长发育和营养需要，分二三个阶段配制饲料（改变组成成分），使牛一直保持呈直线状或较快的生长速度，经济合理地利用饲料，并缩短肥牛上市时间。

7. 应用"促、控"的饲养管理方法

在商品精肉牛生产中，生长牛在饲养上采取"前不限后限"的促控方法饲养，体重在260千克前敞开饲喂，260千克后限制饲喂，限制量为10％～15％，可提高精肉率2％。

8. 高密度饲养

现代化养牛要求饲养密度较高，妊娠母牛在限位条件下，单头占3.2平方米。

9. 采用现代化科学配套技术

采用人工制造良好的生活环境，跟上完整的科学配套技术，才能保证机械化饲养的成功。

10. 建立、健全肥牛的防疫免疫制度

成立卫生防疫站，配备专业高水平的兽医人员。定期对牛栏和牛舍进行检疫，绝对避免牛舍疫病的发生。

11. 用水定额

（1）哺乳仔牛。

仔牛分娩4天开始饮水。46毫升/天·头。

（2）断奶仔牛。

第一周内：0.49升/天·头；

第二周内：0.89升/天·头；

第三周内：1.46 升/天·头；

三周后水的摄入量可用下列公式计算：

摄水量（升/天）＝0.149＋3.053×干饲料采食量（千克/天）

其中干饲料采食量为变量，据权威资料为不限量供给。

（3）生长育肥牛。

生长育肥牛的自由饮水量 2.5 千克。

（4）妊娠母牛。

妊娠母牛耗水量 20 升/天，后备母牛 11.5 升/天。

（5）泌乳母牛。

哺乳母牛摄水量在 20～40 升/天。

（6）公牛。

自由饮水。但 25℃时饮水量为 15 升/天。15℃时为 10 升/天。

（7）粪尿量。

年粪肥总量为 479 000 吨/年，日均量为 1 312 吨/天。

供水要求表

序号	项目	节位	平均时	高峰时	水质	水温（℃）	水压（兆帕）
1	生产用水	M3	118.8	297.01	饮用	常温 5	≥0.6
2	生活用水	M3	8.7	21.75	饮用	常温 5	≥0.6

第三节　设备方案

根据项目所选技术和工艺，项目所需生产设备可在国内选购和制造。因现有国产设备包括公用工程设备基本能满足要求，并且价格便宜，节省设备投资。

生产设备明细表

序号	名称	规　格	单位	数量	备注
	生产设备				
（一）	牛栏				
1	公牛栏	3.4×1.6×1.2	套	300	
2	单体母牛限位栏	3.1×1.6×1.05	套	41 150	
3	空怀后备母牛栏	3.1×2.4×1.05	套	1 700	
4	分娩栏	3.1×1.7×1.10	套	16 800	限位栏架 0.6
5	保育栏	3.4×2.5×0.7	套	8 400	
6	生长栏	3.5×3.6×0.8	套	8 400	
7	育成栏	3.0×4.2×0.9	套	7 200	
8	育肥栏	3.3×5.1×1.00	套	600	

评议

异地市场，收不到价值牛，大部分的屠宰场都收不到牛，他们很困惑，几天宰一次，以前天天宰。现在拿着现金到内蒙古、东北去收牛，收不上牛。在这种情况下，你现在做这么大的投资风险非常大。国际形势和我们现在很多厂投资基本上是屠宰能力过剩。现有这个市场自己就供不上牛肉，这个时候我们上这么大的项目，有一点难，风险非常大，根本不能投这个钱，投了就要赔。既然我们现在投了4 000多万，这个钱不能打水漂，我们先想好品种、做好市场，体现我们的差异性，体现我们的特色，在这个市场不能说你就不能做下去。如果你做得好，你的理念很先进，有技术后台、技术支撑也有可能杀出一片天地。但是我们不要定到×万头，那个数字根本是不可能的。我们这个项目要调整一下思路，我

评议

们究竟要上什么样的牛，进行本地化杂交，体现我们特色，这个要找专家论证，要选好牛。牛选不好，后面怎么养，如果路线错了就会干劲越高越糟糕。

第三，这个牛怎么养好。养好可以有不同的模式，你的土地资源有限，你可以养一批核心的牛，做高端牛肉探索一下养殖技术，其他的牛可以和农户联合起来。××省，养猪做得比较成功，精气神有机农业有限公司，把精气神山黑猪肉放到农户家里养，跟农户签好协议，说农户你放心养，我们统一饲料统一管理技术，我统一回收进行屠宰。他们现在赚了钱，把政府资源充分发挥到了极致——××省重大成果转化项目，他能拿到项目，跟××农大合作，把政府资源弄得很透，有一个很好的经营模式。今年上半年肉价一落千丈，他们现在还能保

（续）

序号	名 称	规 格	单位	数量	备注
（二）	饮水器				
1	仔牛饮水器	小号	个	25 200	
2	大牛饮水器	大号	个	8 450	
3	保温箱	1.5×1.6×1.9	个	8 400	供20头仔牛用
4	可调温保温板	200伏150瓦	套	16 800	
5	红外线保温器	220伏200瓦	个	16 800	
6	仔牛补料槽	330×230	个	16 800	
7	仔牛双面料箱	0.5×0.6×0.178	个	4 200	
8	上料车	0.58×0.85×1.0	台	1 400	
9	手推仔牛车	1.6×1.7×1.0	台	200	
10	高压清洗机	×××个大气压	台	1 200	
11	舍内清粪车	0.5×0.7×0.6	台	1 400	

第四节 工程方案

一、建设规模

年出栏×万头优质精肉型肥牛。年产商品牛×××××头。

二、工程内容

本项目为全新建设，工程内容为新建牛舍×××栋、全部公用工程及辅助设施。

主要建筑工程项目一览表

序号	工程名称	规格	单位	数量
一	工程	框架		
二	辅助工程			
1	供水站	砖混		
2	变电室	砖混		
3	锅炉房	砖混		
4	门卫	砖混		
5	其他			
三	管理及生活用			
1	综合办公用	砖混		
2	宿舍	砖混		

序号	工程名称	规格	单位	数量
				（续）
3	消毒、洗浴、更衣、车库等			
4	防疫化验			
四	场地工程费			
1	围墙、路灯			
2	厂内水厂			
合计				

第六章 原材料燃料供应

一、种牛的供应

种牛的来源：项目确定生产规模为年出栏×万头精肉型育肥肉牛。所需生产种牛群为中国良种黄牛为母本牛××××头，加拿大×××牛为父本×××头（进口冷冻精液比例60：1）。

项目建设期内，可从本省内现有规模化种牛场直接购入中国良种黄牛（母牛）和加拿大×××牛（公牛）进入生产。项目建成后，自建小型种牛繁育场，生产三元杂交母牛和种公牛，以补充生产线每年所淘汰的指标。项目种牛自育自给，节约大量运输费用。

二、饲料需量与供应

根据饲养规模年需饲料××万吨。所需饲料为优质全价颗粒饲料。饲料厂总体规划与肥牛饲养繁育场一墙之隔，通过机械输送方式，直接喂料。

第七章 项目总体布置

一、项目的构成

建设优质精肉型肥牛繁育工业园区，项目由生产厂房×××××××平方米、围墙、大门、绿地、隔离带、厂区道路、变送电设备、肥牛饲养设备、给排水、消毒防疫、污水处理等构成，并为此项目专门在场区外自建净水厂供应水源：

①场址选择：按照项目要求，场址选定在×××牧业园区。位于××北线1公里处。

②场址条件：所选场址为平整地带，草原地，环境优雅、开

评议

证很好的价格，他的定价不受市场影响，它是自己的品种，山黑猪肉，走自己高端消费市场，进军北京、上海、天津的高端用户。家乐福高端市场基本上都有它的产品。在行情不好的时候，一个保证它的价格，一个保证它的销量。

专家四：首先，1万头肉牛养28个月，需要很大量的饲料。首蓿将近3 000元钱一吨。粗饲料供给体系你做不到，你没有优质牧草没有一定的精饲料，只是满足维持需要，不管养多少，你28个月都出不了栏，只能赔，这一块有一套很科学的营养供给体系来保证肉的质量。

第二，缩短出栏时间，同样养到×××千克，28个月出栏和24个月出栏效益还是不一样的，要搞营养供给体系和整个调控理论控制养好这个肉牛。

第三，屠宰。这

评议

是肉牛的特色，你的精细化加工不做好，你的升值空间就上不来，因为精细化程度做得越高，它的升值空间就越大。

第四，市场。我有这样的产品，怎么通过市场营销卖出好价钱，出好价钱最源头的是你的品种要好，这个市场竞争非常残酷了，你在这里面要杀出一片天地，要没有特殊手段，根本不可能。我认为作为企业你们要发展，一定要找一个明白人，今天不是搞项目验收，要冷静下来，不要盲目上马，我们要清醒，要根据我们牛群繁殖规律来。你可以做一些探索性的工作，每年出5 000头也可以做一做，5 000头也不是一个小数，找一些行家，当然这些行家是要能在你场子里待下来的，有些问题一步步解决，待在场里头了解实际情况，给你解决问题。

专家五：×万头，我也是吓了一大

阔、向阳，地面自然倾向排水方向，防疫条件好，符合建场要求。交通方便，有利于产品的运输。动力可直接接入场内，根据用电量负荷10万千伏可满足要求。自打深井4眼，可满足供水要求。场地由东向西逐步增高，形成自然坡度，从各方面的条件考察衡量，条件优越，适宜本项目建设。

二、总图

（1）生产区南北方向为×××米，东西方向为××××米。共建牛舍×××栋，每栋占地面积××××平方米。每栋一层，中间为10米运输路，总面积约×××××××平方米，结构为砖混。

（2）辅助建筑有消毒区，砖混结构一层。辅助建筑总面积×××××平方米。

（3）生活用建筑包括办公室、食堂、宿舍、会议室等，总建筑面积×××××平方米（选在公路北面）。

每栋间距10米，中间设6米车道，其余为绿化带。场区外设计为60米草原绿化带。

道路区由公路引出16米宽干道，直到厂内，为中央主干道，以主干道为轴，10米宽柏油路成平行网状辐射，西北及西南角分设两个出口。

场区南侧为污水处理区，设化粪池及粪肥处理厂，靠近南侧环形×车道，粪肥制成可出售成品由×车道运出。

场区自然标高为北侧高，南侧低，总高差3米，利用自然坡度每100米为一标高，共六排牛舍，每排高差300毫米，南北总高差为2.4米，正满足自然3米地形高差，减轻大量土方量，使场区建筑错落有致。

场区平面总占地×××万平方米，建筑物占地×××××××平方米，土地利用系数为××％。除去道路和构筑物所占面积，绿化系数为××％。

三、运输

（1）运输量的估算：总运输量为1 261 900吨/年，平均运出量1 712吨/天，平均运入量为1 745吨/天。

详见运输量表（略）。

（2）运输方式与运输设备。

运输量主要是饲料、原料及产品外销部分，考虑到饲料生产线是本项目的配套项目，所以饲料运输可以节省大量运力，输出量中产成品全部供应与本项目配套的年屠宰×万头的精细加工厂，也减去运力。最大量的是粪肥，外销数量大。要完成粪肥运输，需配备载重车 8 吨级 18 台，2 吨级双排座 4 台，清粪车 4 台，排污车 4 台，场内运料车 10 台（专用）。

第八章　环境保护、消防及安全生产

第一节　环境保护

本项目的生产过程中环境污染物主要有：

（1）牛排泄的粪尿，清洗牛舍污水及生活污水；

（2）锅炉房烟尘及废渣；

（3）病死牛尸体。

处理方法：

（1）牛舍内粪尿排泄管用水冲洗到舍外化粪池或通过暗沟流淌到场外沉淀池。清水部分排放到蓄水池中，沉淀的粪便用于本场或附近农户作有机肥料。

（2）烟尘及废渣处理。本项目采用多管除尘处理，使烟尘排放浓度低于国家规定锅炉烟尘排放标准。锅炉房年产炉渣供砖厂制砖用。

（3）病死牛尸体直接送焚尸间，高温熔炼后深埋处理。

综上所述，该牛场距村屯较远，离交通干线较近，地势平坦，环境条件较好，不易被周围污染，也不污染周围环境。

第二节　消　　防

根据《建筑设计防火规范××××规定》，建筑物之间留有消防通道。

室外可环装消防管网，配制消火栓，水源采用地下水，设深井泵房三座，单井出水量 30 米^3/小时。

第三节　安全生产

一、设计依据

（1）《工业企业设计卫生标准》（××××年）；

（2）《工业企业噪声卫生标准》（××××年）；

（3）国务院关于防尘、防毒工作的决定；

（4）关于生产建设工程项目职业安全卫生监察的暂行规定；

（5）劳动条件，减少、消除职业危害，保护职工在生产过程中的安全与健康；

（6）执行国家其他有关职业安全卫生的规定。

评议

跳，我们国家×万头的猪场都比较少，黄浦江扔了多少猪？我是传染病学专业，×万头在 2 000 多亩的土地上，一头牛占的面积多少？这么高密集养殖，你的繁育工作怎么做？我们不说传染病，我刚看了一下，免疫只有四个人，×万头给四个人怎么打得过来。

病死牛的处理，你通过焚烧炉来收，一只鸡都烧半天，猪为什么黄浦江里扔那么多，收是不可能的。牛挖坑埋很占土地，收死牛的焚烧炉也很难。还有粪尿的处理。在北京有个要求，不能有排放。建沼气池建粪尿处理，现在核心牛群才 600 头牛，处理系统就处理不过来，一天到晚转，粪渣运都运不出去。真的发展到一万头怎么处理，×万头你更没法处

评议

理，××山清水秀，风景很秀美，算算你污水 5 000 吨以上，都排在河里面，不可能，建地下水道也不行。你要从头至尾讲，一个一个，建牛舍，消毒措施，消毒药水都没考虑到。万一烈性传染病来了怎么处理，跟国家跟周边环境怎么交代。×万头牛，国家给不给你这么多的疫苗，你打得过来吗？这些问题都要考虑一下。

专家六：一头肉牛，一天的粪尿，粪污的排泄量相当于两个成年人，×万头牛，相当于一个小城市的排放，光粪尿，饮水量也是耗水××万人的城市，粪尿也是××万成年人，一头奶牛更厉害，是 10 个人的污染量、耗水量。

报国家项目，首先要的是你的环评许可。尤其我们从"十八大"开始

二、生产过程危害因素的分析

（1）牛舍内由于采取得力的设计，环境达到卫生标准；

（2）货车为牛饲料的垂直运输车辆，每天运量较大，且频率高、易产生事故；

（3）采暖管道在维修和使用过程中，易被烫伤；

（4）动力设备产生的噪声，主要设备为牛舍内通风系统，包括：送风机和排风机，牛舍内机械清粪设备等；

（5）电气设备较多，易产生触电、漏电或机械设备刮伤人员；

（6）雷雨季节电击事故发生或意外事故。

三、采取的防范措施

1. 技术防护措施

（1）工艺设计中尽量避免管道跑冒滴漏。教育职工按严格的操作规程生产维修，不违章作业。施工中选用优良材质，按规范施工和验收。

（2）环境设计中采用封闭隔离牛舍，自然通风与机械通风相结合。绿化隔离带达到规范标准，宽度 30 米，按要求针叶、阔叶及短科植物混合种植。场区绿化面积达 33%。锅炉及烟囱都按现行环保要求安装，做到无尘排放。

（3）电气设备完善所有接地和保护装置，烟囱及厂房全部设置防雷系统，组织工人进行安全教育。

（4）所有电气及传动系统做好安全防护罩，预防事故发生。

（5）设备安装设计中充分考虑减震措施，降低噪声的产生，该消音设备必须安装。

2. 个人保护

所有专业技术工人经公司人事部按程序进行培训，包括专业知识培训、安全知识教育，经考试合格后发上岗证。

第九章　工厂组织、人员编制与职工培训

一、企业的组织机构

本项目拟建的工厂化养殖工程是一个大型综合性项目。结合繁育、养殖工艺需要及牛场、饲料供应等长期规划，依照公司法规定，实行总经理负责制。其管理机构设置如下：

总经理 1 人；副经理 3 人；人事部 1 人；办公室 3 人；生产技术部 15 人；财务部 3 人；消防安全环卫部 2 人；供销部 7 人；卫

生部 4 人；合计 39 人。

详见劳动定员明细表（略）。

二、人员编制

本公司定员××××人，其中管理人员××名：生产一线人员××××人。

三、职工来源及培训

本公司原则上实行聘任制，尽可能从有一定实践经验的大中专毕业生中招聘一部分。并坚持知识高起点、高素质、高标准、敬业责任心强要求。

主要技术人员可由技工学校培养、选聘。所有上岗人员在设备安装、调试、试车运行中现场培训，个别人员外派学习、代培。所有人员经考试合格后方准上岗。调动工作到新岗位，也应考核合格上岗。

第十章　项目实施计划

一、项目设计、施工与安装

根据项目设计施工及有关文件精神，××××能源有限公司负责该项目规划、工艺及牛栏、公用工程等设计选型、土建工程设计及施工；并考察委托有较高资质的专业设计院负责设计。由本公司负责资金筹措及设备安装，委托研究单位及专业种牛供应单位提供种源品种、工艺配方、技术指导、单机调试及人员现场培训、指导、联合试车。

二、项目实施计划

根据国家基本建设有关程序规定，从项目建议书批准之日起，开始研究，着手设计。

（1）可行性研究报告论证会需六周；

（2）工程初步设计文件审查会需四周；

（3）施工图设计需八周；

（4）土建工程施工需二十四周；

（5）竣工验收需六周；

（6）试车投产需八周。

详见项目实施计划表（略）。

评议

生态环境、养殖环境污染问题就已提到议事日程，没有环评许可证不行。

从材料看，自己投了钱，想挣钱，需要政府支持，刚才环评许可要有，根据环境保护、消防安全等这一些要有具体方案，有措施，有你所面临环境问题的一个评估。多少粪尿，你要采用什么措施进行污染的防治，粪如何处理？尿如何处理？这些东西在里面有一个可行方案。

市场预测，要针对你这个项目，要具体、直接。将来我们的市场定位，我们究竟要生产什么样的牛肉。我们八项规定之前和八项规定之后，市场变化是非常大的。原来国家养牛要上高档牛肉，那些高档都是上高档饭店，平常百姓家一块牛肉几百元钱老百姓能吃吗？世界牛肉市场各个地区的特点是什么?世界上有两个牛肉极端市场,一个是肥牛市场,还有以欧洲为代表的瘦肉型市场,肥牛在亚洲还是非常有市场的,欧洲不会用肥牛,肥牛在欧洲相当于猪肉的价格。我们市场定位怎样?就涉及你选牛选什么品种。

专家七:一下上×万头,不可能,但是你要做,在这种情况下应稳扎稳打,逐步来,把第一批单独做一个项目。

你有一笔可观的资金,这是难能可贵的,想让国家支持,国家帮着你干事情,你要首先立足于自己,国家对农业的支持越来越多,你能干好国家才支持你。建议你找一个有实力的大学、科研单位,相关的搞牛搞畜牧业的进行合作,这个合作就帮你谋划,

第十一章　投资估算、总成本预测与效益分析

一、估算依据与说明

(一)估算依据

(1)××省城乡建设环境保护厅《××省建筑工程预算定额》土建经字〔××××〕第7号文件;

(2)××省城乡建设环境保护厅《××省建筑费用定额》吉建字〔××××〕第9号文件。

(二)编制说明

本可研建设投资估算对一些费用的计取如下:

1. 上缴费用

(1)草原征用费:公用工程及设施建筑占地费用按本地区最低价格计算;草原征用费为零使用。

(2)电增容费:电业部门暂规定不收取增容费;

(3)水增量费:本项目自开深井;水务资源费为零使用,用水量按本地区最低价收取。

(4)城市基础设施配套费:因该项目为农业项目,基础设施配套费,费率为零。

(5)投资方向调节税:本项目为农业项目,投资方向调节税为零。

2. 工程费

(1)设备费:全部按现价估计;养牛设备执行××省农业机械研究所和××市农业机械研究所的设备标价。

(2)材料费:安装材料按设备费的×%计取;建设材料按现价计取。

(3)安装费与杂费:分别按设备的×%与×%计取。

(4)建筑工程费:按"大标"估算。

3. 其他费用

(1)建设单位管理费:按工程费的×%计取。

(2)工程保险费:按工程费的×%计取。

(3)可研编制费:按工程投资的×%计取。

(4)设计费:按建设投资的×%计取。

固定资产投资估算价值为:×××××万元。

其中:工程费用×××××万元;设备购置×××××万元;其他费用××××万元。

4. 生产流动资金估算

根据总成本预测。生产期制造成本为×亿元;生产流动资金为

×亿元。

二、资金筹措与使用计划

1. 投资总额

投资总额为：×亿元。

其中：建设投资×亿元；生产流动资金×亿元。

详见投资总额汇总表（略）。

2. 资金筹措

（1）建设投资：企业自筹。

（2）资金使用计划。

三、经济效益与分析

（一）基本数据与说明

生产规模与产品方案：

（1）年产迷你精肉牛×万头；

（2）年生产种仔牛×万头；

（3）全年牛粪××万吨。

（二）总成本计算

1. 制造成本

（1）原材料，全部按现价计算；

（2）水电气，水资源费按 2.5 元/米^{3}计，电按 0.481 元/度计，煤按 234.00 元/吨计；

（3）工资及附加：平均按 550 元/计算；

（4）制造费用：折旧费，采用直线计算法，残值率按 5％计，修理费按固定资产原值计，其他制造费按实际结算。

2. 管理费、摊销费

按投入原值分 10 年摊销；其他管理费按实际结算。

3. 财务费

建设投资贷款利息 2.3％计，生产流动资金贷款利息按 3％计。

（三）销售收入计算

（1）肥牛按每千克 12.8 元计算；

（2）种仔牛每千克按 11.20 元计算。

（四）税金计算

所得税按利润总额的 33％计，按免三年计算。

四、总成本预测

正常年份，综合总成本为×××××万元/年。其中，制造成本为×××××万元/年。管理费为×××万元/年。

评议

把它的技术成果专利拿到你这来用，拿到你这来转化，包括帮你培养人，很多的作用。

一条产业链谋划设计很重要，这个链不是各个环节让你公司弄，小一点的牛让合作社、联合体养，带动农民致富，你帮他指导，让农民来养，养了最后半大的时候再收回来育肥一下，不是说整个链条都由公司弄，你好好规划一下。考虑还是按照整个产业链考虑，包括综合利用，环境废弃物的治理等都得考虑进来，我们现在搞农业不能像过去，小农经济作坊式的，落后要不断改造。我们现在要在比较高的起点上想事情。一个好的品种是你成功的很重要的问题。

还有，物联网信息系统也得要考虑，食品安全问题，整个的监测、监控

评议

处理系统，我们现代农业离不开信息支撑，在设计的时候综合利用。环境废弃物的治理，这个不能偏废，这还是更赚钱的地方，物流系统也要考虑进去，我们搞现代产业链，可以这么说，没有现代物流就没有现代农业发展。过去我们国家在农业方面，对物流都考虑不到或者不充分，物流一定要很好规划考虑。今天我觉得你这东西有搞头，不要大家一说你就泄气了，我们要立足资源，我们还是有优势资源，××粮食比较多，秸秆很丰富，这都是很好的资源，立足资源、科学规划、循序渐进，我们不是做×万头，先搞一万行不行？慢慢来，积累经验，包括管理经验，逐步扩大。包括创新发展，模式创新、技术创新、理念创新。现

项目计算期内：20 年综合总成本××××××万元，平均××××××万元/年。

在计算期内综合总成本中，可变成本×××××××万元，占 85.99%；固定成本××××××万元，占 13.96%；经营成本×××××××万元，占 90.7%。

详见总成本预测表（略）。

（一）饲料成本预测（饲料成本预测表略）

（二）总成本预测（总成本预测表略）

（三）摊销费预测（摊销费用预测表略）

销售收入与税金预测：

(1) 商品牛：正常生产期每年出栏×万头商品育肥精牛，平均体重 300 千克，年销售收入为×××××万元。

(2) 仔牛：年销售×××××头，体重 125 千克，销售收入××××万元。

(3) 粪肥：年产粪肥×××××吨，年销售收入×××万元。

(4) 销售收入合计：××××××万元/年。

(5) 销售税金：该项目为农业发展项目，按国家农业发展政策，农牧业养殖免收销售税。

正常年份：销售税金总计×××××万元/年。

（四）利润与利润分配预测（损益与利润分配预算略）

前三年所得税免缴，公积金和公益金照提，固定资产贷款偿还期 4.9 年。在项目计算期内：利税总额为×××××××万元。

上缴所得税××××××万元；提取公积金××××××万元；提取公益金××××××万元；偿还贷款本息××××××万元。

第十二章　投资回收期与贷款清偿期预测

一、投资回收期

本项目投资总额为×亿元。投资回收期为 5.63 年。

详见现金流量预测表（略）。

二、贷款清偿期

本项目贷款总额为×亿元。

其中：固定资产投资贷款×亿元；生产流动资金贷款×亿元。建设投资贷款和资本化建设期利息为××××万元。从达产年起 5.63 年还清。每年偿还本金平均×亿元。

详见借款偿还计划表（略）。

三、主要财务指标预测与分析

（一）表单指标

详见主要静态评估指标（略）。

（二）动态指标

1. 现金流量预测与分析

详见财务现金流量预测（略）。

2. 财务平衡预测与分析

在项目计算期间：资金来源总计为×××亿元。

在支付各项支出×××亿元后，有盈余资金××亿元（包括所得税××亿元），为投资总额的 4.98 倍，经济效益较好。

详见财务平衡预测与分析表（略）。

四、不确定性预测

（一）生产能力盈亏平衡点

（二）产品价格变化盈亏平衡点

可保持盈亏平衡。

（三）经济分析评价

本项目销售收入利润率 27.66％。成本利润率 40.39％。劳动生产率 57.29％。投资利润率 23.77％。生产能力盈亏点在 33.44％。产品价格变化盈亏平衡点在 72.34％。财务内部收率 23.77％。投资全部回收 5.63 年。固定资产投资回收期 4.91 年。

所以，本项目经济效益好，社会效益高，抗风险能力强，从经济角度分析，应予建设。

第十三章　风险分析与综合评价

本项目使用"项目贷款资金"建设。采用国内先进技术与设备，以玉米为主要饲料，生产精肉型商品牛。饲料来源充足，可就地以最低价格供应。牛肉是我国人民的主要副食之一。即可以鲜肉上市，又可以进一步加工制成肉食品。市场潜力很大，销路可靠，前景广阔。年产×万头商品牛的规模，对××省肉食品市场没有冲击，不会对区域市场构成威胁，且北方将成为我国的肉食品供应基地，还可以外销北京、天津、大连等地，每头牛按×××元计划利润，经济效益好，社会效益高，投资回收期短，对增加农业收入，振兴当地经济具有一定意义。

所以，本项目合理可行，符合国家的产业政策和把××省建成畜牧业大省的要求，应予建设。

评议

在老一套办法搞传统农业是不行的，传统农业本身要升级，升级靠什么？要有新办法。井冈山有个养鸡的公司，依靠家禽工程技术中心，一个企业与市里面的工程技术中心合作，马上要上投入 3 亿元的深加工生产线，120 亩地，用新办法搞传统农业，养鸡，没有后端加工，光靠前端不行，赚不到钱。肉牛也一样，肯定能搞，你们回去好好调整一下，树立信心，国家支持的渠道很多，把事情磨合好。

你们把这钱投到农业方面来，方向上是对的，一个成功的企业背后靠的是专家群。

图书在版编目（CIP）数据

国家资助农业项目政策解读及案例分析／孟繁森主
编 . —北京：中国农业出版社，2018.5
ISBN 978-7-109-23955-5

Ⅰ.①国… Ⅱ.①孟… Ⅲ.①农业技术—科研项目—
案例—中国 Ⅳ.①F324.3

中国版本图书馆 CIP 数据核字（2018）第 043659 号

中国农业出版社出版
（北京市朝阳区麦子店街 18 号楼）
（邮政编码 100125）
责任编辑 赵 刚 潘洪洋

中国农业出版社印刷厂印刷 新华书店北京发行所发行
2018 年 5 月第 1 版 2018 年 5 月北京第 1 次印刷

开本：787mm×1092mm 1/16 印张：19
字数：439 千字
定价：48.00 元
（凡本版图书出现印刷、装订错误，请向出版社发行部调换）